LA TRIPLE K

Fabián Harari

LA TRIPLE K

*Los grupos de represión paraestatales en la
Argentina reciente (1999-2016)*

Ediciones r y r

Ediciones ryr

Ediciones **r** *y* **r**

Harari, Fabián
   La triple K : los grupos de represión paraestatales en la Argentina reciente : 1999-2016 / Fabián Harari. - 1a ed . - Ciudad Autónoma de Buenos Aires : RyR, 2019.
   440 p. ; 20 x 14 cm. - (Investigaciones CEICS / Sartelli, Eduardo; Sanz Cerbino, Gonzalo; 16)

   1. Represión. 2. Política Argentina. I. Título.
   CDD 320.82

Se terminó de imprimir en Pavón 1625, C.P. 1870,
Avellaneda, provincia de Buenos Aires, Argentina.
Primera edición: Ediciones ryr, Buenos Aires, noviembre 2019
Responsable editorial: Gonzalo Sanz Cerbino
Diseño de tapa: Luis Cubilla
Diseño de interior: Gonzalo Sanz Cerbino
Corrección: Héctor Andreani
www.razonyrevolucion.org.ar
editorial@razonyrevolucion.org.ar

Ediciones **r y r**

A mis viejos, Diana y Moisés, por el cariño interminable.
A los compañeros que construyen el porvenir.

Introducción

¿Qué es el kirchnerismo? Mejor dicho, ¿qué debemos hacer, los socialistas, con él? ¿Unificarnos, aliarnos para tal o cual hecho, ignorarlos, combatirlos? En el último tiempo, se ha debatido hasta el cansancio la estrategia (o táctica) a tomar ante dicho movimiento. Para poder dar una respuesta adecuada, no hay otra opción que examinar rigurosamente el fenómeno sobre el que se quiere discutir. No hay forma de saldar los debates sin un conocimiento serio, preciso y agudo. Esto es lo que trata de hacer este libro: aportar una serie de elementos concluyentes al debate, aunque, por supuesto, no agotan la cuestión.

El problema general, entonces, es la naturaleza del kirchnerismo. No obstante, eso nos lleva al examen de un sinfín de variables: la economía, la política, la diplomacia. Elegimos una, que hace al corazón de lo que nos interesa: la represión a la clase obrera. El término puede ser muy vasto, ya que abarca diferentes mecanismos que adquiere la dominación de clase, desde los más materiales hasta los más simbólicos. También, a los diversos agentes y formas, desde las legales a las ilegales. Aquí, nos proponemos examinar la represión en tanto coacción física directa y organizada. Es decir, dejamos de lado acciones espontáneas o individuales. Tampoco abordamos simplemente la violencia "de la burguesía" a secas, porque allí entraría cualquier acto de violencia de tipo privada (el mundo de la delincuencia, narcotráfico y la rivalidad entre aparatos políticos burgueses). Lo que nos interesa es la violencia hacia la clase obrera. Por lo tanto, lo que estamos examinando es la relación entre el kirchnerismo y la clase obrera desde una variable poco examinada y más bien incómoda: el enfrentamiento.

Con todo, el libro no se ocupa de la represión en general, sino que realiza dos recortes sustanciales. Primero, nos interesa la represión física contra la clase obrera organizada. Es decir, dejamos afuera los casos de "gatillo fácil" o similares. Vamos a examinar la reacción ante un fenómeno colectivo. Esto puede implicar el hostigamiento a un delegado, un activista, un militante o un dirigente. En cualquier caso, aunque se manifiestan en represiones a individuos, se trata de reprimir corporizaciones colectivas, toda vez que ese individuo aislado, sin relaciones y sin influencia alguna, no serían objeto de preocupación.

En segundo lugar, vamos a ocuparnos de la represión irregular o paraestatal. Aquello que denominamos "patotas". Un fenómeno que salió a la luz a partir del asesinato de Mariano Ferreyra, pero que había ocupado las primeras planas en otras ocasiones (Hospital Francés, Casino). Para quienes no forman parte del mundo de la izquierda, el tema no parece cobrar más que una relevancia ocasional. Para un militante, es un problema diario. En cualquier caso, a lo largo de la investigación, pudimos comprobar que la envergadura del fenómeno es realmente alarmante y resulta, por lo menos, curioso que no se haya estudiado debidamente. Estamos hablando de bandas destinadas a producir violencia sin ningún tipo de reglamentación, reclutadas entre el mundo sindical, de las barrabravas, de la delincuencia, las fuerzas de seguridad y la política, allí donde todo ese universo se junta a nuestras espaldas. Estamos ante un problema serio, sobre el que se requiere un conocimiento sólido para poder intervenir.

Para comprender el fenómeno, nos hacemos dos preguntas que organizan el trabajo. La primera, por la envergadura del fenómeno: la cantidad de casos, su intensidad y su distribución temporal y espacial. Se examina en términos absolutos y en términos relativos (con otros gobiernos, y en relación a la cantidad de movilizaciones). En segundo, la forma: cómo se conforma, quiénes lo hacen y cuáles son sus objetivos. Se trata de preguntas sencillas de formular, pero difíciles de responder.

El libro fue hecho a medio camino entre el periodismo y el oficio de historiador. Hay un análisis, pero también la presentación de hechos, la descripción. ¿Por qué? Poner sobre la mesa ciertos acontecimientos no conocidos, las responsabilidades y complicidades es un acto que constituye, por sí mismo, una denuncia. Se hizo necesario el relato, en algunos casos pormenorizado, para saldar ciertas discusiones: se nombra dirigentes con nombre y apellido que ordenaron actos de violencia, para obtener beneficios muy concretos. Pero también nos dedicamos a realizar un análisis y sistematización de los datos. Esto nos permite conclusiones más generales, teóricas, sobre el problema. En ese sentido, el libro está ordenado más cronológica que conceptualmente. Luego de un primer capítulo donde discutimos las investigaciones sobre el tema e intentamos una aproximación teórica, los siguientes capítulos se ordenan de acuerdo a los períodos presidenciales. El segundo capítulo trata sobre la represión durante el gobierno de la Alianza y el duhaldismo. Es decir, reconstruye la represión irregular en lo más álgido del proceso revolucionario. En general, se suele hacer énfasis en la acción de las fuerzas estatales, en esos años, y muy poco se sabe del uso de patotas para la represión. El tercer capítulo se ocupa del gobierno de Néstor Kirchner. El cual, según varios analistas, habría constituido la "primavera" del movimiento. No obstante, como se verá, esta imagen oculta la fuerte represión a la que sometió el gobierno a la clase obrera. El cuarto capítulo se ocupa de la primera presidencia de Cristina Fernández de Kirchner; allí también se puede descubrir por qué el asesinato de Mariano Ferreyra no fue un hecho aislado, sino que encontramos una aceleración de la acción de estas bandas. El quinto capítulo trata sobre la segunda presidencia: las patotas en un contexto de crisis y ascenso de las movilizaciones obreras. También enfoca en los asesinatos de manifestantes.[1] En el sexto capítulo, realizamos una sistematización de todos los casos, lo que nos permitirá comprender el fenómeno en forma menos empírica y observar su despliegue en el tiempo y espacio, las fracciones que más reciben la represión, los organizadores de las bandas y la comparación con la represión estatal. A esos datos, agregamos también la represión durante el primer año del macrismo. Finalmente, las conclusiones, donde retomamos las discusiones e intentamos explicar simplemente para qué ha servido (o debería servir) este libro.

El lector va a encontrar a las acciones paraestatales clasificadas en tres campos: las sindicales, las estatales y las políticas. Las primeras ocurren en medio de una disputa sindical. Se trata de acciones de la dirección sindical contra algún elemento ajeno a ellas o en defensa de la patronal. En todos los casos, estamos ante el desarrollo de una fuerza sindical. Las segundas son represiones que se producen a partir de diferentes formas de enfrentamiento colectivo con el Estado y, normalmente,

---

[1]Con respecto al relevo de los asesinatos, vale una aclaración: para los fines de este trabajo, no contabilizamos los casos del llamado "gatillo fácil", debido a que no expresan un enfrentamiento organizado y consciente de los intereses de la clase obrera enfrentándose a la burguesía. Tampoco abordamos los motines carcelarios, porque la compleja naturaleza del fenómeno (reclamos espontáneos u organizados, mezclados con enfrentamientos entre bandas delictivas, cuyo componente no siempre es totalmente obrero) excede los límites del trabajo. No obstante, el tema amerita una investigación en toda la regla, para dilucidar estas muertes.

son organizadas por algún miembro de la administración. Por último, aquellas que se producen en el marco de luchas político-partidarias. Aclaremos: si un militante de un partido está en un sindicato y es reprimido por su acción gremial, lo clasificamos como "sindical". En cambio, cualquier colaborador que en ese momento esté realizando una actividad partidaria (pegatina, pintada) y sea reprimido, caerá en el casillero de la represión "política".

En los capítulos 3, 4, y 5, agregamos una breve cronología del período para que el lector pueda ubicarse. Además, mostramos algunos datos sobre la represión estatal, para luego poder recuperar la comparación con la irregular.

Utilizamos como fuentes, periódicos de tirada nacional y provincial, prensas y páginas web de diferentes organizaciones políticas (en su mayoría, de izquierda), archivos sobre represión (como los de CLACSO o CORREPI) y espacios de denuncias (como Indymedia). Por último, entrevistamos a militantes sindicales o políticos. Además de trabajo de archivo (on line, en muchos casos), debimos hacer varias entrevistas a víctimas e, incluso, a organizadores de la patota. Muchos nos pidieron anonimato, lo que respetamos. A todos ellos, muchas gracias. En especial, a Víctor Grossi, al Pollo Sobrero y al periodista Gustavo Grabia.

El trabajo que tienen en mano es un producto colectivo. No se trata de una frase de cortesía o una referencia general (todo conocimiento es colectivo). Este libro es colectivo porque brota de una organización. Un partido: Razón y Revolución. Por lo tanto, fue pensado, elaborado, discutido y corregido en ese marco. Por lo tanto, expresa una posición de un organismo colectivo (que puede ser revisada, claro está). Mientras varios partidos pretenden dar "libertad" (lo que no existe) a sus intelectuales para que escriban lo que se les ocurra (ideología burguesa, básicamente), sobre lo que quieran (banalidades académicas), Razón y Revolución le da suma importancia a la construcción del programa y, por lo tanto, pone a sus energías intelectuales a trabajar en ese aspecto.

Ahora bien, en concreto, este libro fue realizado en el marco del Laboratorio de Análisis Político, que dirigí durante muchos años. Realizamos allí un arduo trabajo de recopilación de datos. Esfuerzo concreto de personas concretas, a las que quiero y debo agradecer públicamente. En un lugar destacado, Santiago Ponce, quien hizo un duro trabajo de recopilación de información. Este libro no hubiese salido nunca sin su ayuda. Nicolás Grimaldi también colaboró y realizó importantes relevos. Nadia Bustos, Federico Genera y Juan Perrotat siempre estuvieron dispuestos para tareas puntuales. También quiero destacar la tarea de Gonzalo Sanz Cerbino, nuestro editor, cuyas observaciones hicieron que el texto final fuera más claro y amable.

Esta investigación fue realizada en el marco del Centro de Estudios e Investigación en Ciencias Sociales (CEICS), a cargo de Marina Kabat, quien ayuda a ordenarlo a uno con los tiempos y superar los impasses. La dirección general estuvo a cargo de Eduardo Sartelli. Y digo lo que dije en otras introducciones: más allá de que se trata de su tarea militante, no dejo de agradecerle su generosidad intelectual. Y, por este medio, agradecer a todos los compañeros de RyR, con quienes día a día construimos el futuro.

Todo esto se hizo sin un peso de subsidio estatal. Hace varios años, CONICET me excluyó de sus filas después de trabajar seis años sin cobertura social ni ningún beneficio laboral, y después de haber cumplido con creces con lo que se me pedía: el doctorado, las estancias posdoctorales y los artículos publicados. ¿Por qué? Porque si bien reconocían que mis escritos "parten de un buen conocimiento de la literatura y exhiben trabajo de investigación con fuentes primarias", no obstante "tienen un tono excesivamente polémico y militante ajeno a las reglas del arte" (estoy citando textualmente el dictamen). Es decir, una institución pública (es decir, de todos) con fondos públicos (otra vez, de todos), decide actuar como un escuadrón de control ideológico al servicio del statu quo.

Todo conocimiento, para ser útil y novedoso, debe ser polémico. Todo intelectual es un militante. Curiosamente, quienes firmaron el dictamen fueron, entre otros, Ana María Mustapic y Calos Acuña, militantes del macrismo y Dora Barrancos, ahora candidata del kirchnerismo. En fin, fueron las consecuencias de la lucha. En ningún momento me replanteé cambiar una coma de todo lo que escribí. No hay que dejarse amedrentar. La verdad es más importante.

Claro, vivir no fue fácil. Para subsistir, pasé por la docencia secundaria, la terciaria, las dedicaciones simples en la UBA y varias cosas más. Trabajé sobre el libro a pulmón, robándole el tiempo a la necesidad diaria, en medio de mis tareas militantes. Así se fue construyendo esto que aparece entre sus manos.

Mucha de esta información fue trabajada en los talleres de investigación que realiza la Cátedra Historia Argentina III B, en la Facultad de Filosofía y Letras, de la UBA. Difícilmente haya conocido un cuerpo docente tan capacitado, por lo menos en la facultad. Y sin embargo, esta cátedra está hoy amenazada por una gestión kirchnerista-macrista.

14

Uno tuvo muchos alumnos, en un recorrido largo, pero no quisiera dejar de saludar y agradecerles. A todos, por sus inquietudes y por ese clima tan cálido que me ofrecieron.

También, a los "nuevos" estudiantes (nuevos para mí). Los que cursan Historia Argentina y Americana, materia en la que estoy al frente en la Universidad Nacional de San Luis. Sobre ese punto, es necesario destacar a quien me acompaña en las tareas docentes y realiza un trabajo invaluable para la materia: Hermann Ibach.

Es difícil separar la militancia y los afectos. Luego de veinte años, y tantas cosas vividas, yo no puedo. Por eso, en calidad de amigos/compañeros quiero nombrar al Club de Pescadores (Eduardo, Gonza, Sebas, Nico y Guido), quienes debieron "donar" reeles y cañas para mi aprendizaje, y a Romina De Luca, entre tantos. A Ianina Harari, que es mi hermana. Hermana de sangre y de la vida. A Lishi, otro hermano desde hace 40 años, con el que también comparto, además de los avatares de la vida personal, la militancia. Fuera de este ámbito, nombrar a Michu, tan lejos y tan cerca. A mis viejos, que ya nombré. Y, lo más importante: a esa pandilla de flores, por dejarme entrar a su jardín y mostrarme que la vida se nos presenta "a todo color"...

Este libro es un libro sobre militantes (escrito por uno de ellos). La vida de un militante no es sencilla. Está plagada de obstáculos, de crisis, de pesares. Es el primero en ser despedido del trabajo, debe sufrir desplantes de más de una amistad, no goza de una vida familiar tranquila, brinda su valioso tiempo sin pedir un peso y no todo el mundo puede comprender de qué se trata (y a todo eso, se suma lo que voy a relatar aquí: la violencia física). Y sin embargo, la militancia es la mejor de las elecciones posibles. Lo liga a uno con lo mejor de la humanidad y le otorga una superioridad moral: haber comprendido y corporizado el carácter social de la vida humana y, justamente por eso, la voluntad de transformarla. Un militante nunca está solo. Sépanlo. Este libro lo dedico especialmente a todos ellos, porque la tarea es enorme. Y urgente...

Capítulo I

Los términos de la discusión.
Kirchnerismo y patotas

Ningún conocimiento puede alegar validez si no muestra novedad. Ninguna novedad surge sin un conocimiento riguroso de todo lo que le antecede. A examinar los trabajos sobre los temas que vamos a analizar está dedicado este capítulo. Comenzamos con lo que se ha escrito sobre el kirchnerismo. Para eso, realizamos un repaso por las principales producciones de los propios kirchneristas, las de los opositores liberales y las de la izquierda. Luego de realizar un balance propio, avanzamos sobre los trabajos que intentaron abordar el mundo de las patotas, de estos grupos de represión irregulares. Como pocos (o casi nadie) lo ha hecho, reseñamos trabajos sobre problemas cercanos: las barras, la represión estatal, el mundo oscuro donde conviven las fuerzas represivas estatales y el delito... Allí vamos, entonces.

El kirchnerismo

El kirchnerismo por los kirchneristas

Para conocer un fenómeno político, no hay nada mejor que empezar por lo que este dice de sí mismo. Es el medio de entrada porque permite comprender cuál es la vara por la que desea ser medido, la genealogía que reclama, los enemigos de los cuales se jacta y porque no hay otra forma de medir su grado de adecuación a la realidad o su capacidad para el desvarío. Además, examinados a los propios protagonistas, nadie puede

18

decir que uno pone en boca de los sujetos en cuestión palabras que no son suyas.

Normalmente, la coherencia es difícil de encontrar. Si un individuo no siempre dice lo mismo de sí, menos se puede esperar de un movimiento que nuclea a varios dirigentes e intelectuales. A esa variedad de voces se agrega el factor tiempo. A medida que se sucedieron ciertos eventos, los defensores del gobierno kirchnerista fueron acomodando sus posiciones. El llamado "relato K" no es un programa político elaborado antes del 2003, que logra imponerse luego de la aprobación popular, sino un conjunto de posiciones armadas al calor de diferentes coyunturas. Comienza oficialmente en 2008, con la crisis del campo, y se profundiza con la muerte de Néstor Kirchner y la aparición de La Cámpora.[1] Como va arrastrando un conjunto más bien variopinto de intelectuales, periodistas, mediáticos y oportunistas de toda laya, va edificándose muy irregularmente. Como se trata de una formación "momentánea", el bonapartismo, utiliza elementos ideológicos preexistentes de varias tradiciones. De todos modos, lo que nos interesa aquí no es cómo se construyeron esas posiciones, sino más bien cuáles son y qué grado de veracidad tienen.

Recordemos que el kirchnerismo expresa un empate entre las clases y, por lo tanto, sus expresiones ideológicas van a presentarse con una pátina importante de ambigüedad.[2] A ello, se le suma el hecho de que su función es la de recomponer las relaciones políticas entre la burguesía y su antagonista, luego del estallido de un proceso revolucionario que conmovió al sistema político, aunque no llegó al nivel estatal.[3] Esa reconstrucción requería la absorción y canalización institucional de un conjunto de energías sociales muy heterogéneas, entre las que entremezclaba una orientación revolucionaria, que competía por dirigirlas. Por lo tanto, había que cooptar a aquellas que fueran compatibles con la reconstrucción del orden político burgués y aislarlas de las potencialmente revolucionarias. La consecuencia es una ideología que se reclama, por momentos, "revolucionaria", capaz de cumplir los objetivos de

---

[1]Véase Sartelli, Eduardo: "El origen del 'relato'. La ideología bonapartista del kirchnerismo como emergencia de un momento de la vida social argentina", en Sartelli, Eduardo y Kabat, Marina: *Mentiras verdaderas. Ideología, nacionalismo y represión en la Argentina. 1916-2015*, OPFyL, Facultad de Filosofía y Letras, Universidad de Buenos Aires, 2018.

[2]Sartelli, Eduardo: *La plaza es nuestra*, Ediciones ryr, Buenos Aires, 2006, cap. 7.

[3]Sartelli, Eduardo, *La plaza...*, op. cit., cap. 6.

la insurrección de 2001, pero cuyo objetivo es, justamente, resolver la crisis en favor de la clase contra la cual se efectuó el levantamiento.

Esa acción "bifronte" trajo como consecuencia la formación de dos grandes caracterizaciones oficialistas. Por un lado, las que se concentran los avatares del discurso kirchnerista, el lugar privilegiado de las transformaciones virtuales (y no reales). Por el otro, aquellas que, si bien admiten que no hubo un cambio fundamental, señalan lo que consideran avances en diversas materias (económicas, políticas, jurídicas). Veamos, entonces, sus principales posiciones.

La niebla nocturna del discurso

Sobre la base de los trabajos de Ernesto Laclau, para estos intelectuales, el mundo social se reduce a los discursos. La sociedad y sus intereses materiales desaparecen en favor de articulaciones del lenguaje. La realidad aparece como un conjunto de fragmentos inconexos solo articulados a partir de estructuras discursivas y un sujeto articulante (Perón, Néstor, Cristina).[4] Por lo tanto, evaluar al kirchnerismo no es identificar las mejoras reales de la clase obrera, sino comprender los giros lingüísticos de los discursos de Néstor y Cristina. En fin, posmodernismo puro.

La cantidad de autores y trabajos, de la más diversa procedencia, que toman como eje el discurso kirchnerista es inconmensurable. Por lo tanto, decidimos abordar solo los más representativos. No tanto por la fama o trayectoria de los que escriben (a excepción de Horacio González, cuya intervención pública amerita un tratamiento especial), sino porque sus posiciones condensan mejor el núcleo del planteo.

Comenzamos con el trabajo de Paula Biglieri, quien, junto a Gloria Perelló, se encargó de reunir a un conjunto de intelectuales oficialistas en una compilación prologada por Ernesto Laclau.[5] Su contribución específica comienza con una pregunta bastante pertinente: ¿por qué se pasó del repudio al conjunto del personal político al gobierno de un dirigente del PJ, avalado por un poderoso gobernador del período anterior

---

[4]Véase Laclau, Ernesto: *Hegemonía y estrategia socialista. Hacia una radicalización de la democracia*, Siglo XXI, Madrid, 1987 y *La razón populista*, FCE, México, 2005. Para una crítica a sus trabajos, véase Kabat, Marina: "En el nombre del pueblo. Populismo, socialismo y peronismo en la obra de Ernesto Laclau", en *Razón y Revolución*, N° 26, 2do semestre de 2013 y Meiskins Wood, Ellen: *¿Una política sin clases? El post-marxismo y su legado*, Ediciones ryr, Buenos Aires, 2013, cap. IV.
[5]Baglieri, Paula y Gloria Perelló (Comps.): *En el nombre del pueblo. La emergencia del populismo kirchnerista*, Ediciones UNSAM, Buenos Aires, 2008.

(Duhalde)? Un buen comienzo, pero eso solo. En lugar de plantear el problema desde la clase obrera y preguntarse por qué la insurrección no pudo profundizarse o cómo logró la burguesía recuperar la iniciativa, Biglieri se concentra en la figura de Néstor Kirchner y su gran capacidad para "leer" la crisis del 2001. Esta lectura "correcta" le permitió dicotomizar el espacio discursivo-político en torno a un "nosotros" designado como "pueblo" contra un "ellos" como los "enemigos del pueblo". Estos últimos se identificaron como las "corporaciones". En particular, las FFAA, la Corte Suprema menemista, las empresas de servicios públicos y el FMI. La lucha contra estos implicó el boicot a Shell y Esso, la negociación con los organismos internacionales de crédito luego del default y, por último, los nuevos alineamientos internacionales. Es en esos combates que el "pueblo" adquiere una nueva identidad: el kirchnerismo.[6]

Es evidente que el universo del discurso no le alcanza para definir al gobierno pasado y se apela a elementos de la realidad material. Pero el poco apego a la información mínima convierte al artículo en un decálogo religioso que omite datos fundamentales. Por ejemplo, la "lucha" contra Shell no convocó nunca más de cincuenta personas y se trató de un pedido del gobierno sobre algunos puntos del precio de los combustibles. No hubo ninguna expropiación ni reglamentación especial. La renegociación de la deuda consistió el pago de la misma, con la quita que se hace a cualquier deudor insolvente. Otra vez, se pagó. Eso no constituye enfrentamiento alguno. Por último, los alineamientos internacionales de la Argentina no tuvieron ningún cariz revolucionario. Hasta 2012 siguieron las directivas del Departamento de Estado de los EE.UU (denuncia a Irán, tropas a Haití, no se denunció la guerra de Irak ni Afganistán). Luego, se intenta girar hacia el imperialismo chino.

Dejamos aquí, porque lo que viene es más penoso todavía: pone como ejemplo de la dinámica kirchnerista a una organización (Barrios de Pie) que a poco de escribirse el trabajo se pasó a la oposición y hoy negocia con el macrismo.

En general, el conjunto de trabajos tiene ese cariz: la capacidad del kirchnerismo de forjar un cuadro de antagonismo discursivo. Incluso, se llega a postular que la construcción de hegemonía es simplemente la capacidad de resignificar significantes.

---

[6]Baglieri, Paula: "El retorno del pueblo argentino: entre la autorización y la asamblea. Argentina en la era K", en Baglieri, Paula y Perelló, Gloria: op. cit.

Muy característico de esa variante posmodernista es el trabajo de Sebastián Barbosa y Eduardo Barros.[7] Característico, porque reproducen todo el credo del giro lingüístico de los "malditos" '90 combinado con un decálogo de ilusiones sobre La Cámpora, al punto de designarla como el instrumento de la transformación social (como aspiración máxima), aunque por el momento solo sería una cuna de dirigentes de cara a las elecciones del 2015...

Para estos autores, la sociedad no existe como tal, como realidad material, sino que se reduce a una serie de dispositivos discursivos. Por lo tanto, las relaciones sociales son, en realidad, relaciones simbólicas. El kirchnerismo, bajo ese marco, es quien permite al Estado reposicionarse en su rol articulador de discursos. O sea, de relaciones políticas. Su recuperación de "lo político" como construcción hegemónica aparece en un sentido ontológico (institucionalización de lo social) y no óntico (creación de un orden social), a través del uso de la lógica equivalencial, por sobre la diferencial.

En su primera etapa, toma el "significante vacío" que exigía "Que se vayan todos" y construye "cadenas equivalenciales", dicotomizando el espacio político. En una segunda etapa (2007-2011) se traza la frontera entre el "pueblo" y los "grupos económicos" o la "vieja política", a partir del Conflicto del Campo, la estatización de las AFJP y la Ley de Medios. Será en la tercera etapa (2012-2015) en la que el kirchnerismo finalmente logre construir una cadena equivalencial en tanto identidad popular. Como vemos, resulta muy difícil tomarse en serio este nivel de esoterismo y negación de la evidencia más elemental, como que en el último gobierno, el oficialismo perdió las dos elecciones a las que se presentó. Y, para peor, en su distrito más importante (el conurbano bonaerense). O, peor, pensar que la consigna QSVT era un "significante vacío", cuando volteó a cinco presidentes en una semana. Que esa demanda no tuviese en claro un programa específico y arrastrase serias limitaciones es otro problema. Su "resignificación" es, en realidad, la transformación en su contrario: el gobierno del mismo personal político que había sido repudiado.

Entre todos los autores que se concentran en el análisis del discurso como forma de abordar el kirchnerismo, se destaca, sin lugar a dudas,

---

[7]Barbosa, Sebastián y Eduardo Barros: "Los senderos del Tercer Kirchnerismo: equilibrio económico, estabilización política y profundización social", en *Revista Sul-Americana de Ciencia Política*, V. 1, N° 1, 2013, pp. 33-52.

Horacio González.[8] Funcionario del gobierno, fundador de Carta Abierta y el más importante de los defensores oficiales en el campo intelectual, podría decirse que es el intelectual kirchnerista por excelencia.

González comienza su análisis con una petición teórica: la necesidad de "cierta ambigüedad en torno a los significados", "que no sean soldados por resultados unívocamente comprensibles". Es decir, se opone a una correspondencia necesaria e inteligible entre lenguaje y realidad, entre el significado y el significante, lo que es caer en el reino de la arbitrariedad y la irracionalidad. De aquí en más, palabras como "revolucionario", "burgués", "transformación social" pueden utilizarse para los más diversos movimientos y acciones, eximiendo al autor de presentar pruebas en uno u otro sentido.

Bajo esas premisas, González intenta una definición: "¿A qué llamamos kirchnerismo? Al modo en que el nombre de un individuo pasa a señalar un conjunto de preceptos y ánimos para la acción. Al modo mismo en que ese nombre se hace capaz de impregnar a todos los que adhieren a él".[9] Es decir, el kirchnerismo no es un contenido político, es una forma de generar adhesión, un canal de comunicación. Lo que importa no son esos "preceptos" ni esa "acción", sino un modo de señalarlos. Es un medio, no un contenido. Nótese, además, que el autor no se pregunta "qué es el kirchnerismo", sino "a qué llamamos kirchnerismo". Es decir, lo que importa no es lo que es, sino lo que creemos o, tal vez más grave, lo que nombramos. La cuestión sobre el contenido se transforma en una discusión nominal.

El kirchnerismo, para González, emana de un individuo impregnando voluntades. Al igual que Laclau, en un universo inconexo, caótico y ambiguo, debe venir un líder "articulante" para poner orden y dar significados a los símbolos. Por eso, cuando la definición exige una mayor especificidad, alude al concepto de *superestructura agitativa*:

"Podría decirse que el kirchnerismo definió los problemas de estructura según los memoranda que figuraban en una conciencia –ya inscripta- del nacionalismo popular transcurrido. Pero sabía muy bien que esas estructuras no podían desplegarse sin más en los años que corrían, luego de la historia de devastación social que se había atravesado. Por lo tanto, las consignas pasaban a ser una superestructura con potencialidad agitativa, sin que necesariamente hubiera consonancia con las estructuras que se imaginaba poder reponer."[10]

---

[8]González, Horacio: *Kirchnerismo: una controversia cultural*, Ediciones Colihue, Buenos Aires, 2011.
[9]Ídem, p. 7.
[10]Ídem, p. 43.

En resumen, González dice que el kirchnerismo define una agenda según una conciencia inscripta del "nacionalismo popular", pero que esas demandas no pueden realizarse debido a la "devastación" -seguramente, refiriéndose a los '90- y, por lo tanto, pasan a ser simplemente llamados a una acción que no tienen que ver con su contenido. Dicho de otro modo, el kirchnerismo es un régimen que apela a consignas de un reformismo medianamente ambicioso para movilizar según las necesidades del sistema. Para el autor, el solo hecho de que se tenga que apelar a ese tipo de argucias, ya es un avance. El resultado es una concepción de las masas bastante miserabilista: son seres con poca capacidad de desarrollar una conciencia avanzada y lo que importa, entonces, es el tipo de engaño.

Con respecto a la represión, González toma el caso de Mariano Ferreyra y desliga a Cristina Kirchner de Pedraza, a pesar de todas las evidencias de su colaboración, de las llamadas de Tomada y de la actitud de la Policía Federal y la Bonaerense. Lo curioso, sin embargo, es que a pesar de manifestarse en contra del hecho, deja abierta la puerta para su reivindicación:

"Estoy seguro de que en el episodio de Kronstadt [Jorge Altamira] asumiría las posiciones de Trotsky, a pesar de que habría algo de 'gobierno kirchnerista' en la tropas bolcheviques que se mandan contra la base para sofocar la revuelta de marineros que podía hacer reclamos justos -democráticos, igualitaristas, distribucionistas-, aunque para la objetividad de la historia, amenazan las bases del poder revolucionario central, que aún no ha alivianado las premisas del 'comunismo de guerra'".[11]

Aquí es donde el intelectual muestra su verdadero rostro. Cristina es Lenin/Trotsky dirigiendo una revolución socialista. La izquierda, los anarquistas que amenazan el poder central en medio de las penurias. Por lo tanto, Pedraza sería el brazo de la dirección bolchevique encarnando un mandato de los intereses históricos de la clase obrera.

Parece difícil discutir con este grado de desorientación en un escritor que ha dado mejores ideas y se ha mostrado sensato en otras oportunidades. Comparar a un gobierno burgués, integrado por millonarios que pesan los dólares con una dirección revolucionaria es poco menos que un insulto gratuito. Llamar socialistas a una sucesión de gobiernos que se dedicó a favorecer empresarios propios y ajenos denota simplemente el poco aprecio que se tiene de la actividad intelectual. Identificar a un burócrata, empresario y mafioso, con el brazo armado de la revolución es caer en un cinismo que no se corresponde con la figura de quien escribe. Lamentamos cerrar esta reseña con este señalamiento.

---

[11]Ídem, p. 74.

24

Seguramente, la trayectoria de Horacio González no lo merezca, pero el tema del libro no podía eludir el punto. Tal vez, esas son las consecuencias de una elección teórica que implica una política: la de negar la propia realidad social y reducirla a meros discursos. Todo resulta en establecer un mejor cómo, sin preguntarse para qué. Estamos en el reino de la arbitrariedad y la irracionalidad. Una forma típicamente peronista de argumentar: porque sí.

La utopía reformista

No todos los defensores de kirchnerismo apelan al mundo de los cielos. Hay varios que intentan lidiar con la dura y poco amable realidad de la vida social. Se trata de los reformistas. Tienen la ilusión de que el capitalismo puede ofrecer un mundo para todos o, al menos, para la mayoría. Solo basta con que un agente externo a la sociedad, el Estado, intervenga y ponga límites a las tendencias más destructivas del sistema, tome donde sobra y se acumula, y dé donde falta y debería invertirse. A eso debería sumarse la acción de capitales "progresistas" o "aliados", que por el solo el hecho de ser nacionales y chicos (más bien, ineficientes) tendrían la virtud de propiciar concesiones al proletariado. Para estos intelectuales, el kirchnerismo, como antes el peronismo clásico y el de los '70, constituye el retorno del modelo "nacional y popular" al poder, luego de su marginación a partir del golpe militar de 1976.

El primero de este tramo es Julio Godio, quien ve en Néstor Kirchner a un verdadero "revolucionario". Según este autor, el kirchnerismo vino a desarrollar una "revolución por arriba". Aunque el concepto fue acuñado por Gramsci para referirse al proceso de la revolución burguesa en Italia y Alemania, Godio lo usa para la "revolución cultural" del Partido Comunista de China, en el cual un grupo político que ya tiene el control del Estado y del partido gobernante, se desembaraza con métodos relativamente pacíficos de las corrientes opositoras internas y produce un cambio en la orientación del Estado.[12] Se refiere, obviamente, a que Néstor Kirchner asume la dirección de estructuras tradicionales. Una vez allí, intenta un proceso de transformación social.

Para el autor, esa "revolución" empezó con el propio Duhalde, quien habría puesto en funcionamiento un modelo de "nacionalismo desarrollista". Néstor Kirchner, por lo tanto, debe dirigir un proceso ya iniciado

---

[12]Godio, Julio: *El tiempo de Kirchner. El devenir de una "revolución desde arriba"*, Letra Grifa Ediciones, Buenos Aires, 2006, p. 52.

y evitar el transformismo (la división y cooptación por fuerzas reaccionarias). Para eso, Néstor habría designado un "gabinete piquetero", conformado por Aníbal Fernández, Alberto Fernández y Carlos Kunkel (sin palabras...)

No obstante, Néstor se habría encontrado con un Estado híbrido, que mantiene rigideces que impiden la transformación. Para evitarlas, Godio recomienda transformar al PJ en un PT o, al menos crear una corriente obrera en un partido de lemas. Para eso, debería haber creado organizaciones políticas que le hubiesen permitido construir un poder "por abajo" (léase La Cámpora y otras).

Con respecto al problema que nos interesa, Godio niega una represión sobre los movimientos piqueteros, a los que sin embargo señala como un obstáculo a la "transformación". De hecho, explica que se deben "desactivar". Eso sí, "gradualmente". La estrategia que empleó el gobierno es mantener una relación con ellos, sin criminalizarlos: mantener la protesta social "controlada y limitada" (y uno se preguntaría cómo), mientras se canalizan esas energías hacia actividades "comunitarias y productivas". Es decir, cooperativas. Eso sí, el gobierno debió ser firme y aislar a los movimientos "más duros", que "aspiraban a provocar una crisis política".[13]

Empecemos con la idea de una "revolución por arriba". Cualquiera sea el método, la revolución no es simplemente un cambio de gobierno o de medidas económicas. Por arriba, por abajo o por el costado, es la transformación de las relaciones sociales de producción. Es decir, del modo en que la sociedad reproduce su vida. Por lo tanto, cualquier revolución implica la destrucción de relaciones capitalistas y creación de otras nuevas, es decir, las que construyen el Socialismo. Si simplemente va a cambiarse de "modelo" capitalista, no se trata de una revolución. La idea de que el kirchnerismo inaugura un nuevo "modelo" económico también es muy endeble, pero vamos a analizarla más adelante, cuando discutamos autores que se concentren en este problema.

Ahora bien, suponer que un empresario inmobiliario, que acumuló fortunas bajo la dictadura militar, que fue parte del armado del PJ en democracia, gobernó una provincia petrolera como aliado del menemismo, reprimió los levantamientos del 2001 y se postuló como la continuidad de Duhalde y su gabinete es un cuadro de la revolución o, al menos, de la clase obrera, es una verdadera ingenuidad, más propia de un propagandista vulgar que de un intelectual con alguna pretensión de seriedad.

---

[13] Ídem, p. 118.

Afirmar que esa revolución es iniciada por Eduardo Duhalde no merece el más mínimo comentario, por no hablar del "gabinete piquetero"...

Con respecto a la represión, Godio tiene algún mérito: no se coloca en campo "neutral". Él defiende los intereses del capital. Por lo tanto, para él, los movimientos piqueteros son un enemigo a vencer. Eso sí, explica que el kirchnerismo no "criminalizó", sino que simplemente aisló a los que querían "producir" de los que pretendían azuzar el conflicto. Obviamente, no se detiene a examinar qué intereses y qué programas hay de un bando y del otro. Simplemente, reproduce el sentido común de que esta es la única sociedad posible y no hay nada mejor que ponerse a trabajar. Los episodios de represión han pasado desapercibidos para Godio. Pero esta carencia no es una excepción, como veremos, sino la regla.

Con menos pretensiones, pero tal vez por eso más sensatos, son los trabajos asociados a la línea reformista de Eduardo Basualdo y Alfredo Pucciarelli. Para ellos, el kirchnerismo no constituye una revolución, aunque sí el intento de establecer un nuevo modelo económico y político, "nacional, popular y democrático".[14] Ese intento se va a revelar, para Pucciarelli (y otros autores como Ana Castellani), fallido, por oposición de una fuerza "conservadora y neoliberal", conformada por los empresarios agrarios y las empresas transnacionales. Si bien el kirchnerismo resuelve la crisis de hegemonía que provoca el quiebre del modelo neoliberal, en 2001, no pudo construir un régimen de hegemonía alternativa cuando tuvo la oportunidad, entre 2003 y 2008. A partir del conflicto con el campo, en consecuencia, se instaura un régimen de hegemonía escindida, entre los dos proyectos, que no pasan del estadio de "pre-hegemónicos". Así, la Argentina estaría atravesando, hace casi diez años, una crisis hegemónica, de características muy similares a la del 2001.

¿Por qué el kirchnerismo representa, para estos autores, un modelo "nacional, popular y democrático"? Porque, nos dicen, constituye un intento de acumular poder político por fuera de las estructuras tradicionales, a partir de "organizaciones juveniles", intenta modificar aspectos centrales del sistema judicial, establece una política exterior "independiente", una "agresiva" negociación con el FMI, una "redistribución progresiva" de los ingresos, un giro en la política de derechos humanos

---

[14]Pucciarelli, Alfredo y Ana Castellani: "El kirchnerismo y la conformación de un régimen de hegemonía escindida", en Pucciarelli, Alfredo y Ana Castellani (Coord.): *Los años del kirchnerismo. La disputa hegemónica tras la crisis del orden neoliberal*, Siglo XXI, Buenos Aires, 2017, p. 20.

y la recuperación del "compromiso popular de la gestión gubernamental".[15] En fin, se restablece la autonomía y la capacidad de intervención del Estado.

Estamos ante una doble utopía. Primero, porque se cree que el capitalismo argentino puede funcionar de una manera diferente con solo modificar algunas variables desde el Estado. Segundo, porque se considera que el kirchnerismo logró (o, al menos, quiso lograr) todo lo que se dice allí. Y se trata de una utopía ciega incluso sobre las propias conclusiones que se vierten en ese libro. En el artículo destinado a un balance de la economía, se indica que no hubo ningún cambio importante en la dinámica económica:

"Lo antedicho permite concluir que, pese al incremento de las exportaciones entre 2003 y 2011 y su importancia sobre el resultado de la cuenta corriente, no hubo un cambio significativo en su composición en la medida en que siguieron predominando bienes primarios o industriales de escaso valor agregado y/o contenido tecnológico [...] En ese sentido, se mantuvo cierta herencia neoliberal."[16]

Efectivamente, la economía argentina sigue perdiendo competitividad con respecto a sus principales competidores internacionales y el único mecanismo de compensación ha venido siendo, en estos años, el agro (la renta agraria). Lo que Schorr y Wainer no alcanzan a percibir es que esa rueda de auxilio no siempre funciona y, ante bajos precios, se debe acudir al endeudamiento. El kirchnerismo apeló a ambos métodos: retenciones y confiscación de bienes públicos bajo la forma de "deuda interna".

Ahora bien, si vamos a los números, el balance no es nada halagüeño. El salario promedio de los trabajadores en blanco, durante la década kirchnerista, cayó un 12% con respecto a la década "neoliberal". Las condiciones de acceso a la vivienda, también empeoraron. Aumentaron los índices de pobreza y la población en villas miseria, en Capital Federal, se incrementó un 156% (de 2001 a 2013)[17] y un 52% a nivel nacional, de 2001 a 2010.[18] Se trata de tres millones de personas. Menem había ter-

---

[15]Ídem, p. 27.

[16]Schorr, Martín y Andrés Wainer: "La economía argentina bajo el kirchnerismo: de la holgura a la restricción externa", en Pucciarelli, Alfredo y Castellani, Ana, op. cit, pp. 156-157.

[17]https://www.lanacion.com.ar/1725641-la-poblacion-en-villas-portenas-crecio-156-en-los-ultimos-13-anos.

[18]https://www.lanacion.com.ar/1653114-la-poblacion-de-las-villas-crecio-un-523-entre-2001-y-2010.

minado su mandato con un 26% de pobreza y la crisis la llevó al 49%, bajo el gobierno de Duhalde. Ajuste mediante, Néstor Kirchner logró cierto crecimiento y una reducción inicial, pero el saldo de la "década ganada" es del 30%.[19] Es decir, el kirchnerismo incrementó la cantidad de pobres, de indigentes y ajustó aún más los salarios.

La política de derechos humanos nunca excedió el marco burgués. Es decir, se limitó a acusar a cierto personal político (los militares), mientras que la clase que llevó adelante la masacre que siguió al golpe del '76 nunca fue acusada como tal, ni las relaciones sociales en cuya defensa se perpetraron los crímenes fueron puestas en cuestión. Pero aún dentro de este limitado campo, de todo el conjunto de represores que comenzaron a ser juzgados con la derogación de las leyes de Obediencia de Vida y Punto Final, solo el 16% cumple cárcel efectiva y, de ese total, la mitad no tiene condena firme. Es decir, luego de trece años de juicios, solo el 8% de los represores ha sido alcanzado fehacientemente por la Justicia burguesa.[20] En el medio, se cooptó y transformó a varias organizaciones de derechos humanos en apéndices del Estado y de sus negocios. Por último, sobre lo "popular" habría que señalar que, en cuanto se acabó la caja del Estado, el kirchnerismo comenzó a desgranarse y a perder elecciones con cualquier candidato (De Narváez, Massa). Finalmente, luego de perder la presidencia, ha protagonizado una implosión y una caída ininterrumpida.

Esta línea de análisis, aunque carece de base empírica seria, ha conseguido seguidores de todo calibre y color. Entre ellos, trabajos más decididamente oficialistas, como los de Nicolás Iñigo Carrera y María Celia Cotarelo. Esta última, dedicó su reciente trabajo a tratar de eliminar la lucha de clases en el período que va desde los '90 a la actualidad.[21] Para eso, desarrolla cinco hipótesis:

> 1. El kirchnerismo no representa una restauración o una continuidad, sino el triunfo de la fuerza que protagonizó la insurrección de 2001, una fuerza que comienza a conformarse en 1993, con el Santiagueñazo.

---

[19] http://chequeado.com/el-explicador/como-evoluciono-la-pobreza-con-cada-presidente/.

[20] http://razonyrevolucion.org/la-decada-ganada-los-derechos-humanos/.

[21] Cotarelo, María Celia: *Argentina (1993-2010). El proceso de formación de una fuerza social*, Imago Mundi, Buenos Aires, 2016.

2. Esa fuerza tiene un carácter nacional, popular y democrático, es liderada por la burguesía nacional, mayoritariamente industrial, con el apoyo de la clase obrera.

3. Su oponente es una fuerza oligárquica y antidemocrática, liderada por la oligarquía financiera y las empresas privatizadas.

4. No hay ni hubo en todo este período ninguna encarnación de ningún programa revolucionario en ninguna fracción de las masas. Las opciones políticas posibles se circunscriben al campo burgués. En consecuencia, toda la izquierda partidaria es, lo sepa o no, parte de la fuerza kirchnerista.

5. Por lo tanto, los muertos como Mariano Ferreyra y los reprimidos por el Estado son parte de la lucha del kirchnerismo contra la fuerza oligárquica.

Comencemos por la primera hipótesis: el Argentinazo fue hecho por una fuerza con una dirección burguesa, que arrastró a amplias fracciones obreras -en particular, la sobrepoblación relativa- y a la izquierda. Es la hipótesis que comparten los radicales y peronistas. Para los primeros, fue Duhalde quien hizo caer a De la Rúa para hacerse con el poder y para ello manipuló a las masas. Para el peronismo en versión kirchnerista, el PJ fue quien terminó con la "hegemonía neoliberal". Claro que, semejante idea, se desprende de una mirada muy superficial, reducida a las alturas de la política burguesa.

Es cierto que la burguesía le quitó apoyo a De la Rúa y es cierto, también, que preparó un recambio liderado por Duhalde, Alfonsín, la Iglesia y varios empresarios de la industria (un recambio que se hubiera contentado con la salida de ministro de Economía y el ingreso al gabinete de hombres del peronismo). Pero que hayan azuzado el conflicto y que hayan logrado finalmente hacerse con el poder y sostenerlo no quiere decir que ese fuese el único resultado posible. De hecho, tuvieron que pasar dos años para que la burguesía pudiera asentarse. En un primer momento, el estupor fue total y pasaron cinco presidentes, uno detrás del otro, caídos bajo la movilización popular. El propio Duhalde, a quien se lo considera el demiurgo de la insurrección, tuvo que provocar una masacre y entregar un millón y medio de planes sociales para no caer inmediatamente. Decimos "inmediatamente" porque renunció anticipadamente a los seis meses de asumir.

El hecho de que las clases poseedoras profundicen un conflicto, llamen a la rebelión en un proceso de descomposición política no las transforma en el sujeto de los cambios. La revolución inglesa y la francesa comienzan con una rebelión generalizada de la nobleza contra el

30

monarca. En Francia, es su fracción más reaccionaria la que llama a los Estados Generales y provoca el descalabro general. Con el criterio de Cotarelo, una de las mayores revoluciones de la humanidad habría sido hecha por la aristocracia, para poder hacerse con el poder al final (en 1815).[22]

También es cierto que la CGT y varias organizaciones reformistas (CTA, CCC) estuvieron presentes en la gestación del proceso que derivó en la insurrección. Incluso la Iglesia. Por supuesto, esa fuerza tuvo un componente de lo más variado, como sucede siempre en los comienzos. Pero lo que la mirada burguesa sobre el conflicto no puede observar es la emergencia de una fuerza con un carácter revolucionario, aún en un estado organizativo y político muy embrionario, expresada en un conjunto de organizaciones de izquierda que lograron arrastrar, por primera vez desde los '70, a las masas en un número considerable. Lo suficientemente considerable como para poner un pie en la lucha de clases real. Eso tuvo nombre y apellido: el Polo Obrero, el Teresa Vive, el MTR, la CUBa, etc. Todos ellos unificados en una conducción como Bloque Piquetero Nacional. Tomar nota de su presencia es vital para entender el proceso más álgido, el que va de diciembre de 2001 a junio de 2002, porque fue la protagonista indiscutida.

En efecto, si bien las organizaciones reformistas estuvieron en la lucha desde el fin del menemismo hasta los albores de la insurrección, se retiraron en el momento cumbre: decidieron llamar a no movilizar el 20 de diciembre. Si el PJ se conformaba con la salida de Cavallo, ocurrida el día anterior, y las organizaciones reformistas convocaban a quedarse cada uno en su casa, ¿cómo pudo producirse una batalla campal que obligase a la renuncia de un presidente, no sin antes asesinar a 30 militantes? Sencillo, porque fueron esas organizaciones, invisibles a la mirada del peronista, las que sí llamaron a la acción, las que sostuvieron y dirigieron el enfrentamiento. Podría decir que lo sé porque estuve ahí, pero no hace falta, están los documentos.

Fueron esas organizaciones las que conformaron la Asamblea Nacional de Trabajadores Ocupados y Desocupados que, desde ese momento, tomó las riendas y la dirección de la lucha con absoluta exclusividad. La CGT, la CTA y la CCC declararon la tregua al gobierno de Duhalde. Los MTD's, si bien no participaron de las asambleas, acataron cada uno de sus planes de lucha. Durante seis meses, el escenario político quedó polarizado entre el régimen y ese embrión de partido

---

[22]Véase Droz, Jacques: *Europa: Restauración y revolución 1815-1848*, Siglo XXI, Madrid, 1984.

de la revolución que fue el Bloque Piquetero. El gobierno incluso llegó a declarar por fuera de la ley la II Asamblea, la que votó el corte de Puente Pueyrredón que pasaría a la historia. Un anticipo de lo que estaba por venir. Curioso que fueran Aníbal Fernández y Felipe Solá (Gobernador de Buenos Aires en ese entonces) los responsables de la masacre de Puente Pueyrredón en 2002, ambos parte de la fuerza que, según Cotarelo, "logró asumir una expresión política mayoritaria y acceder al gobierno del Estado".[23] Para la autora, verdugos y víctimas son parte de la misma fuerza y buscan lo mismo. Por qué quienes gobernaron con Menem, De la Rúa y Duhalde son la dirección de los insurrectos que derribaron al régimen para inaugurar una etapa de cambio social, no se sabe. Por qué los que matan son los mismos que los que mueren, tampoco...

Desconocer que hubo una fuerza revolucionaria trae estos problemas. Ahora bien, que todo eso no alcanzó, es evidente. Que el desarrollo era embrionario, arrastraba defectos y fue muy insuficiente para transformar la crisis política en crisis del Estado, también. Pero que el resultado fuera el que fue no quiere decir que estuviese inscripto en el comienzo. Dicho de otra forma, no se puede reemplazar el proceso por el resultado. Mucho menos, confundir ambos campos de la lucha.

Otra discusión es si la fuerza comienza a gestarse en 1993 o en un período posterior (alrededor de 1996, con las primeras puebladas piqueteras). El Santiagueñazo no parece el comienzo de estructuración de una fuerza social, sino más bien una respuesta espasmódica y muy poco estructurada, sin ninguna consecuencia política real. Pero, de todos modos, no es la discusión central. No importa tanto aquí cuándo se forma la fuerza, como su carácter.

Con respecto a la segunda hipótesis, cabe el mismo señalamiento hecho a los trabajos de Pucciarelli y Castellani. Veamos qué nos dice Cotarelo:

"Su carácter popular está dado por contener el interés de quienes se encuentran excluidos del poder político (el pueblo); es precisamente a través de esa fuerza social que una parte mayoritaria del pueblo intenta acceder a una participación en el poder político. [...] Su carácter democrático refiere a la lucha contra la opresión del régimen vigente y a la búsqueda de las clases subalternas de influir en los asuntos públicos.
Por último, su carácter nacional refiere a la búsqueda de control sobre este territorio a partir de la capacidad de acción del Estado-nación en disputa con el capital transnacional extranjero. Para las fracciones burguesas de la alianza se limita

---

[23]Cotarelo, María Celia, op. cit., Prólogo, p. XVIII.

a asegurarse un lugar, subordinado a ese capital; la defensa del interés del capital local suele recaer en las fracciones obreras."[24]

O sea, el kirchnerismo sería "popular" porque contiene el interés de las masas. Es decir, el interés de la clase obrera es la vigencia del capitalismo. Claro que la autora podrá decir que hay que diferenciar entre intereses inmediatos e históricos, pero esa aclaración no figura en el texto, sino que se refiere a "el" interés. "El" interés es el interés histórico. Pero, aún teniendo en cuenta intereses inmediatos, no se puede decir que la clase obrera persiga la disminución de su salario, el agravamiento de sus condiciones de vivienda y de la educación, que el 87% de los asesinos de la dictadura queden libres y que se procese o asesine a quienes protestan.

La autora se refiere a la "democracia" sin más, a secas, como si esa forma de dominación diese cuenta de su contenido. La democracia es un régimen muy diferente en el esclavismo, el feudalismo y bajo el capitalismo. Ahora bien, bajo estas relaciones sociales, la democracia es el régimen de plena hegemonía burguesa. En el cual la burguesía necesita menores grados de coerción para sostener su dominio. Por lo tanto, que una fuerza sea "democrática" expresa su intención de sostener el imperio del capital.

Para Cotarelo, el kirchnerismo sería "democrático" porque estaría luchando contra el régimen vigente. El problema es a qué se refiere con "régimen". ¿Es el capitalismo, el Estado burgués o simplemente el sistema bipartidista? Régimen, en términos muy estrictos, suele referirse al régimen político, es decir, a la forma en que se ordena la dominación de clase (democracia, bonapartismo, fascismo). En términos más amplios, a las relaciones sociales vigentes ("régimen social"). Pues bien, el kirchnerismo es un movimiento que, en términos sociales, aparece en defensa de las relaciones sociales capitalistas y, en términos políticos, intenta intervenir para detener la crisis de hegemonía. Solo podría ser entendido como "democrático" si se concibe como una tentativa de restablecer la plena hegemonía de la burguesía. Pero en ese sentido, no se puede decir que luche "contra el régimen", sino todo lo contrario. Democracia y lucha contra el régimen son dos términos incompatibles.

Por último, y más interesante, es su definición del carácter "nacional" de la fuerza. Allí teoriza sobre la "búsqueda de control sobre el territorio" contra "el capital transnacional". Pues bien, primero que nada, Cotarelo no presenta pruebas sobre la incapacidad que tendría

---

[24]Ídem, Introducción, p. XXV.

el Estado argentino de controlar su territorio. El conjunto de protecciones y subsidios al capital nacional, en lo económico, y el mando de las fuerzas militares e instituciones, en lo político, desmienten semejante afirmación.[25]

Luego, aparece la "disputa" con el "capital transnacional". No sabemos aquí si se refiere al uso de las reservas para el pago de gran parte de la deuda externa al FMI o a los ingentes subsidios a las empresas de servicios públicos. Otra vez, el problema es la idea de que el Estado es un ente neutral que se encuentra asediado por la fuerza del capital, cuando su naturaleza es burguesa y, por lo tanto, su mayor o menor eficacia no está en su capacidad de autonomía, sino en su capacidad de propiciar una mayor acumulación de capital.

Con todo, no deja de sorprender la afirmación de que la burguesía acepta un papel subordinado mientras el proletariado defiende un mayor peso del capital nacional en el mercado mundial. Primero, porque el capital local sí tiene un rol preponderante allí donde se lo permite: agro, tubos sin costura, caramelos.

El problema es que para la autora, obviamente, que las relaciones capitalistas sean relaciones de explotación parece ser algo secundario, y por eso, existe un mundo mejor para burgueses y obreros. No obstante, en la vida real, la mayor acumulación de capital exige una mayor tasa de explotación y, en las condiciones de la Argentina, el despegue del capital local requiere de una degradación histórica de las condiciones obreras, comparables a las del Sudeste asiático. Sostener que el interés de la clase obrera es incrementar su explotación para que el capital nacional pueda convertirse en un actor central en el mercado mundial es, por lo menos, temeroso.

Pasemos a la tercera hipótesis: el carácter oligárquico, antidemocrático, extranjero y financiero de la fuerza burguesa opositora. En primer lugar, se trata de una fuerza democrática. Accedió al gobierno por la fuerza de los votos. El PRO no perdió una sola elección desde el 2007. Arrasó en la Ciudad de Buenos Aires, ganó la provincia (2009 y 2015) y hasta elecciones nacionales dos veces (2015 y legislativas 2017). Otra

---

[25]Para reconstruir los subsidios al capital nacional véase, entre otros, Harari, Ianina: *A media máquina. Procesos de trabajo, lucha de clases y competitividad en la industria automotriz argentina (1952-1976)*, Ediciones ryr, Buenos Aires, 2015 y Bil, Damián y Bastida Bellot, Jonathan: "Midiendo la rentabilidad de la industria argentina. Un ejercicio con las ramas autopartista y automotriz durante el período de sustitución (1948-1967)", en *Ciclos en la historia, la economía y la sociedad*, Año 23, N° 44, 2do. Semestre 2014.

34

fuerza similar, ganó las elecciones en la provincia de Buenos Aires en 2013. Esa fuerza fue apoyada por una parte importante de la burguesía agraria argentina y la UIA (industriales). Los bancos apoyaron al kirchnerismo en su primera fase. Es más, varios de ellos hicieron un meteórico ascenso gracias a Néstor Kirchner (Grupo Macro). Lo mismo con la burguesía agraria. Al comienzo del ciclo, la devaluación le granjeó las simpatías del conjunto del agro. Especialmente, la FAA y CONINAGRO. Dicho de otra manera, hasta el 2008, el kirchnerismo logró abroquelar en torno de sí al conjunto de la burguesía. Fue luego de la crisis, cuando los recursos comenzaron escasear, que esa alianza comenzó a desgajarse.[26]

La cuarta hipótesis ya la hemos examinado cuando vimos la existencia de una fuerza revolucionaria que continuó (mucho más menguada, es cierto) bajo el kirchnerismo, lo que pudo verse en la destitución de Ibarra (2005), la lucha de Kraft (2009) y el asesinato de Mariano Ferreyra (2010), entre otros episodios. La idea de que la izquierda es parte del kirchnerismo desconoce todos los enfrentamientos sucedidos en ese período e incluso los hechos de represión que vamos a analizar en este libro.

Ahora bien, vale la pena cerrar esta revisión con una hipótesis que debe ser considerada, por decirlo suavemente, penosa: Mariano Ferreyra y los muertos en situación de lucha son, en realidad, bajas de la fuerza kirchnerista. El hecho aparece en el acápite "formación de la fuerza nacional, popular y democrática", bajo el lema "hechos con bajas mortales". Citemos:

"Los protagonistas fueron, pues, trabajadores insertos plenamente en las nuevas relaciones impuestas desde los años noventa; por un lado, los que lograron insertarse o quedar insertos en las mejores condiciones posibles en la nueva situación; por otro, los que quedaron sometidos a condiciones de mayor inestabilidad y precariedad. El enfrentamiento entre ambos grupos expresó y reprodujo la competencia entre trabajadores, fomentada por el capital, aunque miles de trabajadores, desocupados y militantes marcharon para repudiar el crimen. Tras negociaciones con funcionarios del Ministerio de Trabajo, se logró la reincorporación a planta permanente de numerosos tercerizados".[27]

Pasemos en limpio: las fuerzas en disputa serían los obreros en blanco en alianza con los resabios del menemismo contra la sobrepoblación

---

[26]Véase Sartelli, Eduardo (dir.): *Patrones en la ruta. El conflicto agrario y los enfrentamientos en el seno de la burguesía, marzo-julio* 2008, Ediciones ryr, Buenos Aires, 2008.
[27]Cotarelo, María Celia: op. cit., p. 433.

relativa en alianza con el kirchnerismo. Es decir, no se trató de una lucha entre el Estado y sus grupos paramilitares y la sobrepoblación relativa, sino de una lucha entre el kirchnerismo y el menemismo y, en última instancia, "entre obreros". Que muchos trabajadores en blanco hayan apoyado a la burocracia (de hecho la lista de Pedraza ganó las elecciones), no hay duda. Que eso es parte de la fragmentación de la clase obrera que se inicia en los '90, tampoco. Pero de allí a concluir que es simplemente una lucha entre obreros, en la cual la burguesía no tiene ningún interés resulta ridículo. Es la propia empresa la principal interesada en sostener condiciones de sobreexplotación, no los obreros en blanco, que no tendrían por qué perder sus condiciones laborales y, por el contrario, de avanzar la tercerización quedarían ellos también amenazados. Que la burocracia y el gobierno los hayan convencido de lo inverso, es otro asunto. Culpar a los trabajadores del crimen es, directamente, una canallada.

Si confundir intereses inmediatos y distorsionados de los obreros con los de sus explotadores es un error que puede discutirse, sostener que el trasfondo de este tipo de enfrentamientos es el menemismo contra el kirchnerismo y que las víctimas de este último son parte de él, es sencillamente un delirio o un acto de cinismo inaceptable.

Primero, no existía, para ese entonces, ni el menemismo ni el duhaldismo. Segundo, Pedraza tenía fuertes lazos con el Gobierno. De hecho, se registra una llamada de Tomada (el ministro de Trabajo) al dirigente sindical indicándole los pasos a seguir frente a los tercerizados.[28] La alianza del gobierno no se remite a los fondos, a los apoyos políticos o a las apariciones públicas, sino también a la sociedad en la UGOFE, la empresa ferroviaria entre el Estado y el sindicato. Tercero, se ha probado en el juicio la participación de la policía federal y de la provincia de Buenos Aires en la creación de una "zona liberada". Los matones que participaron del hecho pertenecían a barras ligadas a intendentes K: Favale (Defensa y Justicia, Florencio Varela), Gabriel Sánchez (Racing, Avellaneda) y Aldo Amuchástegui (Banfield).[29] El asesino (Favale) tenía una foto con nada menos que el que sería el vicepresidente (Boudou) y el ministro de Educación (Sileoni). Dónde está el menemismo en todo esto, es un misterio. Todo este delirio sobre el kirchnerismo puede ser

---

[28]Las escuchas entre el ministro de Trabajo, Carlos Tomada, y el dirigente de la UF, José Pedraza, sobre la necesidad de poner un límite al avance de la izquierda en el gremio fue pública. Para más información véase https://www.lanacion.com.ar/1571284-el-audio-que-revela-el-estrecho-vinculo-entre-pedraza-y-tomada.
[29]http://www.lapoliticaonline.com/nota/47723/.

36

contemplado, incluso indulgentemente. Pero en un asunto tan delicado, este grupo de historiadores oficialistas debería haber consultado, no digo a los abogados del caso, sino, al menos, fuentes periodísticas, en lugar de salir a mentir lisa y llanamente. No hay mucho más para decir de estos escribas del poder.

Pasemos al último caso, Eduardo Rinesi, quien va acercándose a las posiciones liberales que examinaremos a continuación. Rinesi es uno de los intelectuales académicos más ligados al kirchnerismo. Durante el gobierno de lo Kirchner, fue miembro de Carta Abierta, integró el directorio de la AFSCA (Autoridad Federal de Servicios de Comunicación Audiovisual) y rector de la Universidad Nacional de General Sarmiento (UNGS), una universidad ligada a la intendencia peronista. Además, representó al gobierno en numerosos foros internacionales.

Rinesi no reduce el kirchnerismo a un discurso, ni fabula sobre un capitalismo "inclusivo".[30] Su perspectiva es mucho más modesta: se trata de la implementación de una serie de derechos civiles, de una cultura política y de un proyecto republicano. La cultura política es la de la "generación de los '70", con lo que no queda claro si está hablando de Montoneros, el ERP, Política Obrera, los maoístas, los grupos juveniles fascistas o de los indiferentes que se ocupaban de trabajar y salir a bailar. De todas maneras, pretender que el kirchnerismo, con todo lo que explicamos sobre él, recupera banderas revolucionarias es desconocer la diferencia entre el combate y la defensa de las actuales relaciones sociales. Aún si se pretendiese ligarlo con Montoneros, su reformismo más osado y menos ligados a las estructuras tradicionales también desmiente el parentesco.

Con respecto a los derechos civiles, no hubo interrupción de la legalidad burguesa del régimen democrático desde 1983 hasta el ascenso de Néstor Kirchner. Los (pocos) derechos que se le otorgan a la clase obrera para su manifestación se mantuvieron durante toda la restauración democrática. Como veremos, el kirchnerismo también participó de las restricciones y del accionar represivo contra la clase obrera durante su mandato.

Con respecto a la república, tal vez Rinesi esté en lo cierto. El kirchnerismo apuntaló un sistema republicano que comenzó a crujir, sin llegar a entrar completamente en crisis. La pregunta que debería hacerse es si eso es sinónimos de mayores beneficios a la masa de la población o es la estructura institucional acorde a la dominación de una minoría,

---

[30] Rinesi, Eduardo: "¿Qué es el kirchnerismo?", en AA.VV.: *Qué es el kirchnerismo. Escritos desde una época*, Peña Lillo Editores, Buenos Aires, 2011.

basada en la explotación de millones. Es decir, qué es la república. Sobre ese punto, empieza la discusión con los liberales. Más fructífera, menos delirante y más en el núcleo de la cuestión.

El kirchnerismo según los liberales

El kirchnerismo tuvo, durante su mandato, una oposición surgida de su propia clase. Algunas expresiones no eran más que un intento de practicar la misma política y, por razones electorales, se postulaban para hacerlo "sin corrupción". Otras, en cambio, procedían de una vertiente diferente, proponían medidas económicas diferentes y tenían otras preocupaciones. De aquí, de esta última oposición, provienen las críticas liberales, corporizadas en autores emblemáticos (como Botana o Novaro) o recientes (Malamud).[31]

En general, esta vertiente expresa la mirada sobre la economía de la burguesía más concentrada y competitiva a nivel mundial. Como se trata de capitales que pueden competir perfectamente, dado su nivel de productividad, no necesitan demasiados subsidios ni protección estatal. Por el contrario, son las principales víctimas, la principal fuente de riquezas que el Estado utiliza para sostener a sus pares más débiles. Especialmente, la burguesía agraria, cuya renta (en tanto ganancia extraordinaria) ha servido para ese fin durante el kirchnerismo. Por tanto, suelen proponer un Estado mucho más "barato" con menores niveles de subsidios al capital y gastos sociales, lo que se conoce como el "ajuste ortodoxo". Cualquier intervención estatal en otro sentido es considerada como un "desvío" al libre funcionamiento del mercado.[32]

En términos políticos, sus preocupaciones principales se concentran en el funcionamiento institucional, tal como lo prescriben las constituciones liberales: la división e independencia de poderes, la limitación de la arbitrariedad, la restricción de la acción ciudadana al voto y a la participación mediada por los representantes, y la eliminación de todo tipo de acción corporativa (básicamente, sindicatos). En cuanto a la dinámica política misma, tienden a ponderar la necesidad del desarrollo de

---

[31]Botana, Natalio: *Poder y hegemonía. El régimen político después de la crisis*, Emecé, Buenos Aires, 2006; Malamud, Andrés y Miguel De Luca (Coord.): *La política en tiempos de los Kirchner*, Eudeba, Buenos Aires, 2011 y Novaro, Marcos; Bonvecchi, Alejandro y Cherny, Nicolás: *Los límites de la voluntad. Los gobiernos de Duhalde, Néstor y Cristina Kirchner*, Ariel, Buenos Aires, 2014.

[32]Sanz Cerbino, Gonzalo: "La lógica del enemigo. Los programas de la burguesía argentina y sus límites, 1955-1976", en *Razón y Revolución*, N° 29, 2016.

38

varias opciones partidarias, dentro del marco republicano y liberal. Es decir, advierten que siempre debe haber un partido de recambio con políticas similares (llamadas "de Estado"), ante cualquier dificultad del elenco gobernante.

Como vemos, se trata de una visión sumamente atomista: la política es una sumatoria de individuos que bien pueden acordar en forma autónoma con los otros; las fuerzas sociales son un producto artificial que perjudica la libre iniciativa. Con ese marco, no es extraño que los grandes problemas sean reducidos a cuestiones individuales. En este caso, de los dirigentes. Vemos así un vendaval de trabajos sobre las cualidades morales o psicológicas de tal o cual presidente (Néstor o Cristina), tal es el caso de periodistas más o menos mediáticos y de autores como Marcos Novaro, para los cuales todo el problema es que Néstor y Cristina no pudieron contemplar los límites de la acción política. Otros, en cambio, con un poco más de vuelo, adjudican los problemas a una cultura colectiva, que deriva en imperfecciones institucionales. Como realmente nos interesa discutir hipótesis serias, que contemplen a la sociedad como variable, vamos a dejar de lado las primeras y nos concentraremos en las segundas.

Para Natalio Botana, el kirchnerismo no es una excepción, sino una evidencia más de un problema que arrastra la Argentina desde 1983: la incapacidad para construir una democracia republicana y su reemplazo por una democracia hegemónica.[33] ¿A qué se refiere con una y otra?

Por democracia, entiende a una forma de dar origen al poder. Específicamente, los comicios, lo que le da contenido a la gobernabilidad. La república, en cambio, refiere a las formas de ejercicio de ese poder y sus límites. Una regulación del mismo. En concreto: la división de poderes, el control institucional, la publicidad de los actos de gobierno, el pluralismo político en un sistema de alternancia partidaria y una ciudadanía autónoma que asume sus obligaciones. En definitiva, se trata de tres pilares: comicios, instituciones y ciudadanía.

Por el contrario, la democracia hegemónica contiene la primera variable (comicios), pero carece de las otras dos. Hay una carencia institucional, en la cual un poder (normalmente, el Ejecutivo) se impone a los otros, una falta de regulación del poder, el reemplazo del pluralismo por el movimientismo (cooptación de los demás partidos) y donde la ciudadanía es concebida como objeto de manipulación y clientelismo.

La Argentina, desde 1983, habría oscilado entre las tendencias a la democracia republicana y a la hegemónica, imponiéndose esta última.

---

[33]Botana, Natalio: op. cit., pp. 14-15.

En particular, en los gobiernos de Carlos Menem y Néstor Kirchner. Mientras que a comienzos del siglo XX, el problema era democratizar la república, hoy el desafío sería el inverso: republicanizar la democracia.

¿Cuál es la causa de ese fracaso? Botana admite que los partidos políticos han depuesto sus antiguos antagonismos irreconciliables y se han comprometido a respetar las libertades públicas y la alternancia de gobierno. Es decir, fueron capaces de implementar los "insumos" necesarios para construir el poder. Sin embargo, advierte que se mostraron ineficaces a la hora de entregar los "productos", o sea, los bienes públicos que se debe ofrecer a la ciudadanía: administración de justicia, educación, salud, calidad de la palabra, imperio de la ley, entre los más importantes. Como dice el autor "todo entraba y nada salía". Lo que redundó en una concepción de la experiencia cívica ligada a la corrupción y la impunidad. Esto desembocó en una crisis de legitimidad hacia 2001.

Sobre esta crisis aparece el kirchnerismo, definido como: "un aparato político construido desde el poder presidencial merced a una combinación de elementos nuevos y viejos. Esta operación es la que el jefe del Ejecutivo buscaba realizar con las palancas brindadas por la economía y el superávit fiscal".[34]

Nótese que Botana resalta específicamente que el aparato kirchnerista se construyó desde el Estado, o sea, desde su llegada al poder y no sobre la base de un movimiento de masas por fuera del mismo. Dicho de otra forma, se organiza "de arriba para abajo" y a partir del 2003. Por lo tanto, no responde, como querían ver los intelectuales afines, al espíritu insurreccional del 2001.

El kirchnerismo, entonces, no es una excepción en la política argentina, sino la confirmación de sus graves problemas (gobierno nacional como elector, primacía del Poder Ejecutivo, escasa pluralidad y transparencia) que inclinan la balanza de la democracia hacia su variante hegemónica. Pero también se presenta como el portador de cierta singularidad. En primer lugar, por su contenido: intenta reconstruir una hegemonía perdida. En segundo, por su forma: la confrontación hacia el pasado y el presente como elemento distintivo. En tercero, por el fundamento de toda esa construcción: el manejo inmediato de la macroeconomía, a partir del doble superávit. En definitiva, aduce: "Kirchner representa entonces la estabilidad económica de corto plazo más la confrontación volcada hacia el pasado y actualizada en el presente".[35]

---

[34] Ídem, p. 77.
[35] Ídem, p. 82.

La mirada de Botana tiene una serie de ventajas, en relación a la de los intelectuales kirchneristas. Primero, entiende al fenómeno como parte del sistema político y como una continuidad, antes que una ruptura real. Segundo, enfatiza que se trata de una construcción estatal y no de un movimiento de masas que logra hacerse con el poder. Tercero, reconoce e identifica la argamasa con la que se construye todo eso: el superávit fiscal producto del récord de exportaciones (renta agraria, diríamos). En definitiva, desenmascara a los gobiernos kirchneristas como engendrados por la dinámica y el núcleo duro del poder político en Argentina e identifica a sus discursos como una necesidad de legitimación.

Ahora bien, dicho esto, la formulación liberal tiene una serie de deficiencias serias a la hora de pensar los problemas políticos de largo plazo de la Argentina. Deficiencias que desembocan en una mirada algo ingenua del fenómeno kirchnerista en cuestión.

El inconveniente más importante se relaciona con la mirada general: todos los problemas políticos se reducen a lo que hace o deja de hacer la clase dominante. En particular, el personal político que ocupa la administración, lo que se llama la "clase política". Dentro de este recorte, se restringe aún más la cuestión a la necesidad de conformar un horizonte jurídico institucional, lo que se llama las "reglas de juego" y los perjuicios que causa su ausencia. No existen en esos análisis las relaciones de fuerzas reales, fuera del marco institucional. Y allí donde se presentan, se tornan una anomalía patológica. La clase obrera, obviamente, no se contempla como un actor válido en la configuración del escenario político con intereses y acción propia. Su comportamiento está sujeto a lo que le permita la clase dominante. Tampoco hay intereses materiales antagónicos en juego, de modo que la "ciudadanía" solo espera un marco apropiado para desarrollarse. Esa ciudadanía pasiva y obediente, y esa división de poderes tan tajante, suponen una sociedad en estado de completa anomia social, en donde nadie reclama nada y no existe conflictividad social. Algo que no existe en ningún país, salvo que haya mediado una masacre. La mirada liberal conforma un cuadro estático (perturbado por algún elemento extraño) combinado con una perspectiva voluntarista.

La realidad, en cambio, se manifiesta en forma dinámica. En una sociedad de clases, el antagonismo social es intrínseco y, por lo tanto, el conflicto es la norma y el motor del movimiento. El conflicto entre las clases y en el interior de las mismas, en especial, de la clase dominante. El consentimiento y la hegemonía completa son, más bien, un producto excepcional y un objetivo difícil de lograr. Es un proceso en el cual el equilibrio no se alcanza nunca y la burguesía va lidiando con una situación siempre potencialmente explosiva.

En términos particulares, Botana sobreestima la capacidad del capitalismo argentino para brindar estabilidad y bienestar general. Un capitalismo chico, agrario y tardío que ve crecer la distancia entre las necesidades de compensación de una burguesía ineficiente y la capacidad de la renta agraria para cubrirla no puede sino entrar en crisis cíclicas, que ponen no solo a la clase obrera contra la pared, sino también a gran parte de la clase dominante al borde de la extinción. Por lo tanto, no se puede analizar las deficiencias de la política solo en términos normativos.

Lo mismo puede decirse para el kirchnerismo. Esa perspectiva, tan concentrada en la clase dominante, impide observar elementos que lo diferencian de otras experiencias burguesas. Si observamos la lucha de clases en un sentido más amplio, vemos que ese tipo de legitimación y esas concesiones (bien que mezquinas), son la forma por la cual la clase dominante intenta salir de una crisis política, producto de un cambio en la relación de fuerzas con respecto a los últimos treinta años. Específicamente, un empate entre la clase obrera y su antagonista. Eso lleva a un régimen político particular, que no es el mismo que albergó a Alfonsín o a Menem: el bonapartismo. Más adelante lo vamos a definir, pero importa aquí explicar que las expresiones ideológicas del kirchnerismo (las que más desvelan a Botana) no son una construcción amasada durante varios años, como proyecto de poder, sino una respuesta -no siempre coherente- a la interpelación de una fuerza que mostraba una aspiración revolucionaria e intentaba ganar la hegemonía sobre el proletariado. Esa perspectiva más atomista, donde la "clase dirigente" aparece con plena facultad y conciencia para decidir, hacer y deshacer, deja a la sociedad de lado. En esa diatriba constante contra los personajes y actitudes más impresentables del kirchnerismo, no pueden reconocer el propio proceso social y los intereses que lo llevan al poder. En definitiva, no pueden ver a su propia clase en todo eso.

El kirchnerismo según la izquierda

A continuación, vamos a presentar la forma en la cual la izquierda abordó al kirchnerismo. La caracterización del gobierno produjo una determinada orientación. Esa orientación determinó políticas y posiciones concretas. El caso es que se hace imprescindible reconstruir la comprensión (o la incomprensión) de la izquierda sobre este período, de forma tal de entender por qué resulta importante esta investigación que llevamos a cabo. El primer eje a examinar es sobre la naturaleza del kirchnerismo. El segundo, sobre las características de la represión.

El examen abarca a los partidos y al autonomismo. En general, los primeros no han podido elaborar un cuerpo teórico compacto sobre el kirchnerismo. Ningún partido tiene un libro elaborado sobre el kirchnerismo (el de Christian Castillo es un conjunto de artículos). Lo que se encuentran son caracterizaciones generales corridas con el apuro de la coyuntura. No obstante, nuestra labor es tratar de reconstruir esas perspectivas. Vamos a tomar a los partidos más importantes: el Partido Obrero, el Partido de los Trabajadores Socialistas (PTS) e Izquierda Socialista. Dada la proliferación de partidos de izquierda en el país, identificar a todas las posiciones requeriría un trabajo que ameritaría un libro en sí mismo. También incorporamos a posiciones autonomistas, porque, justamente, se han tomado el trabajo de escribir obras de conjunto sobre el tema, que han tenido su influencia. Veamos, entonces, lo que nos arroja este recorrido.

El Partido Obrero

Habiendo liderado la fracción más dinámica de la clase obrera durante el proceso revolucionario de 2001, su posición, frente al gobierno que se apoyaba en (e intentaba prolongar) el reflujo, resultaba crucial. Toda una responsabilidad frente a las masas que buscaban una salida revolucionaria y toda una tarea para contener el retroceso y reordenar las tareas.

Sin embargo, como veremos, su dirección no tuvo la capacidad suficiente para definir claramente la naturaleza del nuevo gobierno. Para examinar sus intentos, vamos primero a abordar los elementos programáticos que, para el PO, estuvieron en juego. Luego, iremos a su intento de dilucidar la naturaleza del gobierno kirchnerista. Por último, el fenómeno de la represión.

Ante todo, una aclaración necesaria: el PO no tuvo una caracterización única del kirchnerismo, sino que fue oscilando en sus posiciones. Por eso, a pesar de que puede resultar algo tedioso, cuando citemos, vamos a aclarar el año de la cita. Es necesario, para consignar esos cambios de posición.

Empecemos, entonces por las cuestiones programáticas en juego. De acuerdo al PO, la crisis ponía de manifiesto las tareas históricas del proletariado, ¿cuáles eran? Jorge Altamira escribía en 2004:

"La independencia nacional es central a la presente crisis política y solamente podrá ser resuelta por el desplazamiento de los gobiernos capitalistas por un gobierno de trabajadores. [...] La lucha por la independencia nacional no suma, sino que opone a los trabajadores contra la burguesía nacional."[36]

Es decir, ante la crisis, la perspectiva no es el socialismo, sino las tareas nacionales. Claro que, según el Programa de Transición, eso solo podría ser resuelto por la clase obrera. Entonces, el proletariado debe tomar el poder para suplantar a la burguesía nacional y llevar adelante sus tareas. No obstante, debe aclararse que la función del partido debería ser desarrollar una conciencia nacional, no socialista. Además, la necesidad de llevar adelante tareas nacionales (es decir, burguesas) requiere una alianza con alguna fracción del capital nacional. Que la clase obrera sea la que dirija el movimiento, es otra discusión. Pero eso no quiere decir que no haya que buscar algún mecanismo de conciliación, toda vez que el gobierno de trabajadores debe llevar adelante tareas que implican el desarrollo del capital (no otra cosa es la revolución burguesa). Tal como lo reitera Altamira (todavía en 2004): "Un Estado nacional tiene que tener una burguesía nacional". Por lo tanto, la construcción del primero implica alguna alianza con la segunda.

En la mayoría de los casos nacionales, la ejecución de las tareas nacionales implicó un avance para el conjunto de la sociedad: la liberación de relaciones precapitalistas, el desarrollo de las fuerzas productivas, la unificación económica de territorios enteros, la abolición de las opresiones ligadas al privilegio de clase, entre otras medidas. Por eso, allí donde esas tareas no fueron hechas, era deber de todo revolucionario impulsarlas.

No obstante, Altamira, ese mismo 2004, advierte sobre lo contrario: "Cuando uno examina este programa [el kirchnerista], ve la profundidad del saqueo a la población trabajadora que implica la reconstrucción de la burguesía nacional". En principio, la reconstrucción de la burguesía nacional, sea cual fuere el proceso, es una requisito indispensable para cualquier tarea nacional. No otra cosa fue lo que impulsó la revolución bolchevique al implementar la NEP. Por eso, es importante dilucidar esta frase.

La primera pregunta que debería realizarse es: ¿a qué se refiere con "saqueo"? Si se trata de la extracción de plusvalía, sí, es evidente: el desarrollo de relaciones capitalistas implica el de la explotación del proletariado. Eso no obsta para que este apoye las transformaciones sociales

---

[36]Altamira, Jorge: *Problemas políticos del 2004*, Publicación del Partido Obrero, Buenos Aires, 2004, p. 13.

propias de la revolución burguesa, contra los vestigios de explotación precapitalista. Incluso, cuando esto implicase la pauperización de masas de población entera, como en Inglaterra entre los siglos XVIII y XIX.

Ahora bien, si se refiere a un retroceso de la clase obrera, entonces, o las tareas nacionales representan un camino reaccionario (y entonces hay que abandonar su reivindicación) o es la clase obrera la que se constituye en un obstáculo al progreso histórico y, evidentemente, ya no puede ser un sujeto de la transformación. En su lugar, habría que apelar a lo más progresivo de la burguesía. El PO, claramente, no tomó la primera opción, pero tampoco sacó las consecuencias necesarias de la segunda.

Menos elaborado, algo más burdo, pero no por ello menos representativo, es lo que escribió sobre ello Gabriel Solano:

"El nacionalismo ha sido un instrumento de la superexplotación de la fuerza de trabajo, de mayor entrega nacional, de extranjerización de la industria y el agro, y de primarización de la economía."[37]

Es extraño, porque más de una vez el PO se mostró como el más nacionalista de los partidos. Entonces, este párrafo, aunque redactado con poco cuidado, encierra el conjunto de problemas y contradicciones programáticas del PO en torno a las tareas principales. En una misma oración, se acusa al nacionalismo de servir a intereses extranjeros, de traer capitales internacionales a la industria, sobreexplotar la mano de obra pero, a la vez, de "desindustrializar" el país.

El nacionalismo es el programa de la construcción nacional. Es decir, del desarrollo capitalista en la región, sobre la base de la burguesía local y, por lo tanto, se enfrenta a los capitales externos. Como programa es eso. De hecho, la promoción de la sobreexplotación de la mano de obra local es parte de la competencia contra los capitales externos y un intento de llevar adelante el desarrollo industrial. Diferente es si Solano está indicando no al nacionalismo, sino a los partidos burgueses que deberían representar ese programa. En ese caso, los estaría acusando de "traición" y sería el PO quien debería toma esas banderas. Un tercer caso es que considere que el nacionalismo, como programa, es inviable en la Argentina y, por lo tanto, eso que se llama "nacionalismo" es, en realidad, su contrario. No por "traición", sino porque el contenido de ese movimiento no guarda relación con el programa. Pero, como no aclara los términos, todo queda en la nada. Claro que Solano aclara que

---

[37]Solano, Gabriel: "Congreso del movimiento obrero y la izquierda", en *En Defensa del Marxismo*, N° 42, septiembre de 2014, p. 8.

se trata del "nacionalismo burgués". Con lo cual, habría un "nacionalismo obrero". Un disparate que no podemos discutir aquí, pero referimos a nuestro trabajo sobre el tema.[38]

Así como no puede definir a qué se refiere con "nacionalismo", tampoco puede definir qué es la "entrega". El primero expresa los intereses de la burguesía local en los términos que se enfrentan los capitales: el reparto de plusvalía (o renta, según el caso). Solano habla de "entrega", pero no define qué es lo que el nacionalismo estaría entregando. En definitiva, no sabemos a qué se refiere ni qué es lo que se entrega. Sí podemos concluir que Solano no puede definir los términos y desconoce qué es el nacionalismo y cuáles son las formas de disputa entre capitales.

Este eclecticismo es la consecuencia de dos tendencias. La primera, caracterizar al kirchnerismo como un gobierno "nacionalista", que pretende "reconstruir la burguesía nacional". La segunda, a resaltar el carácter reaccionario del gobierno y, por lo tanto (según el Programa de Transición) contrario al nacionalismo necesario en los países "semicoloniales". Para dejar todo esto en claro, vamos a las citas.

En primer lugar, Altamira, en septiembre de 2004, explicaba que el gobierno de Néstor Kirchner expresaba una tendencia nacionalista "burguesa" (es claro que, para el PO, hay un "nacionalismo obrero") que enfrenta al imperialismo:

"Kirchner tiene un planteamiento estratégico junto con Lavagna de reconstruir la burguesía nacional. Un Estado nacional tiene que tener una burguesía nacional. Para reconstruir la burguesía nacional lo ha puesto a Prat Gay como presidente del Banco Central, que oponiéndose al FMI y a muchos bancos extranjeros aplicó un programa de reconstrucción de la burguesía nacional."[39]

Pero un mes antes, había dicho lo siguiente: "Bajo la verborragia nacionalista se esconde la restauración del orden que llevó al pueblo a la sublevación; por eso es apoyado por el gran capital y el Tesoro norteamericano."[40]

¿Representa entonces el kirchnerismo al programa nacionalista, según el PO? Un misterio guardado bajo siete llaves. Su dirección no lo sabe o lo sabe y decide mantenerlo en secreto. En todo caso, no parece preocuparse demasiado por lo que escribe.

---

[38]Harari, Fabián: "Casas ajenas. La naturaleza de las naciones", en *Razón y Revolución*, N° 29, 2016.
[39]Altamira, Jorge, *Problemas...op. cit.*, p. 106.
[40]Ídem, p. 44.

46

Vayamos al problema del bonapartismo, un asunto no se inscribe estrictamente en la discusión programática, sino en la cuestión del régimen político y, por lo tanto, en la relaciones de fuerza entre las clases. Al comienzo del gobierno kirchnerista, el PO evitó el término "bonapartismo" y se refirió vagamente como un intento de recomponer la autoridad política ("restauracionista") y, como vimos "reconstruir la burguesía nacional". Sí habló de gobierno "gatopardista" y de "arbitraje":

"Kirchner se ve obligado a gobernar con un método de choques cotidianos con sus adversarios reales o supuestos, porque está obligado a ratificar todos los días su condición de árbitro político. Sin una base organizada, está obligado a atacar a derecha e izquierda sin desenvolver ninguna tendencia autónoma hasta el final, porque hay un marco de contradicciones explosivas y la burguesía nacional exige que no se desarrolle ninguna".[41]

Como en otras oportunidades, no sabemos tampoco a qué se refiere con "tendencias autónomas", aunque su descripción, sin nombrarlo, remite al bonapartismo.

No obstante, años más tarde, en 2010, se realizaría un balance distinto sobre aquellos primeros años:

"Néstor Kirchner, por su lado, intentó varias formas de método de gobierno, desde un bipartidismo centroizquierda-centroderecha (que minimizaba al PJ, poblado de 'centroderechistas'), un intento luego de ponerlo en el centro, hasta el aislamiento final después de la 125 y la derrota electoral de 2009."[42]

Es decir, se intentó volver a un régimen de plena hegemonía. No obstante, en el mismo artículo, se aclara una tentativa bonapartista:

"La tentativa bonapartista del gobierno, desde 2003, ignorando a la oposición parlamentaria, buscó un apoyo en el movimiento obrero regimentado por la nueva dirección de la CGT encabezada por Moyano y los sindicatos del transporte. Ahora que el gobierno ha quedado en minoría y también enfrenta la rebelión de la Corte Suprema de Justicia, también queda al desnudo la precariedad de ese punto de apoyo en el movimiento obrero. En definitiva, estamos ante la disolución de una tendencia que nunca llegó a adquirir una real fisonomía bonapartista."[43]

---

[41]Ídem, pp. 13-14.
[42]Ibídem.
[43]Redacción: "La etapa final de los Kirchner", en *En Defensa del Marxismo*, abril de 2010, N° 37, p. 10.

Es decir, no hubo régimen "de arbitraje", tal como se propuso en 2004, sino solo una tentativa. Ahora bien, si no hubo bonapartismo, ni hubo régimen bipartidista, ¿qué es lo que hubo? ¿Cuáles fueron las características de ese régimen? La política no soporta el vacío, aunque sí lo hagan las definiciones del PO.

Es para el período que sigue a la rebelión de la burguesía agraria de 2008 y las elecciones de 2009 que el PO desarrolla una caracterización más clara (aunque no por eso más adecuada): bonapartismo tardío. Se trata de un régimen que nace a partir de la crisis de 2008 y se consagra en las elecciones del 2009. Sin la capacidad de gobernar con el parlamento y con la Justicia, con parte de la burguesía en contra, decide impulsar un régimen de arbitraje, pero ya tardío, sin "caja", con base estrecha (la burocracia sindical) y sin la capacidad de elevarse por encima de las clases. Es decir, aparece "tardíamente", en el declive del mandato y sin los recursos necesarios para sostenerse.[44]

El bonapartismo no se define por los recursos (si no hay renta, no hay bonapartismo), ni por el momento del mandato, sino por la relación de paridad entre las clases. Normalmente, aunque no siempre, aparece ligado a un proceso insurreccional que suele precederlo. Ahora bien, si no tiene capacidad de arbitraje (como lo expresan), entonces ese régimen no puede sostenerse. Pero el kirchnerismo se sostuvo siete años más, luego de que se anunciara su "incapacidad" para arbitrar. Eso es porque no se pudo identificar a las fracciones burguesas que sí apoyaron al gobierno durante la crisis del campo y, por lo menos, hasta el 2013 (burguesía industrial, pequeño y mediano capital) e, incluso, varios elementos de la clase obrera ocupada (CGT oficialista) y parte de la sobrepoblación relativa. El año que inicia la debacle debe datarse en 2013, cuando las elecciones muestran una ruptura de la clase obrera ocupada (Moyano), la mayoría de la burguesía y parte de la sobrepoblación

---

[44]"Lo caracterizamos como un 'bonapartismo tardío', porque, por un lado, llegaba como tal en una etapa de desenlace de la crisis económica y, por el otro, tenía una base estrecha, revelada en el fracaso electoral en numerosas provincias importantes y en las rupturas con sectores relevantes de la burocracia sindical", en Altamira, Jorge: *Los desafíos de una transición histórica*, Buenos Aires, 2014, p. 20.
"Este bonapartismo es 'tardío' porque nace al final del ciclo del kirchnerismo y del ciclo económico internacional que llevó el precio de la soja y los beneficios sojeros por las nubes. Los K perdieron en 2009 en el momento más fuerte del impacto de la crisis mundial en Argentina. Es también 'tardío' porque la capacidad de arbitraje político en las condiciones de la bancarrota capitalista mundial es muy estrecha", Altamira, Jorge: "'Bonapartismo con faldas'", en *Prensa Obrera*, n° 1196, 29/09/2011.

48

relativa (saqueos, tomas) y sus direcciones (rebelión de intendentes del conurbano, alejamiento de Barrios de Pie). Otra vez, si para el período 2003-2008 teníamos un panorama en blanco, aquí nos entramos con un contenido confuso y con poco apego a los hechos.

Con respecto a la represión, hay que empezar por señalar que el PO ha denunciado cada represión regular e irregular de la que tuvo noticia y responsabilizando al Estado como dirección de la misma.[45] De eso no hay dudas. A la hora de caracterizar la tarea del gobierno, apenas asumió, se dejó en claro que "se encuentra empeñado en demoler el trabajo político y social del movimiento piquetero".

No obstante, a la hora de elevarse por sobre el empirismo y trazar una definición abarcadora, nos encontramos con ciertas dificultades. En primer lugar, Pitrola enfatiza el lugar de la cooptación por sobre la represión física:

"[El kirchnerismo] vino a reconstituir una autoridad en función de estos intereses estratégicos y lo ha hecho con los métodos de lo que ellos llaman un 'gobierno nacional y popular'. No lo hizo igual que los gobiernos anteriores; lo ha hecho con un eje que ha sido la cooptación política: cooptación de Madres, cooptación de Abuelas, cooptación de piqueteros, cooptación de izquierdas, cooptación de sindicalistas, cooptación de centrales obreras, cooptación de fracciones políticas opositoras del sistema, de éste y del otro, de otros partidos".[46]

Junto con este énfasis en el consenso por sobre la represión, aparece la denuncia de la "judicialización" de la protesta. Es decir, el uso de la Justicia para combatir la acción directa de la clase obrera. Según el PO, esto sería desnaturalizar las instituciones. Tal como lo manifiesta Néstor Pitrola: "Reprimir la protesta social con el Código Penal en la mano es una criminalización en estado puro, porque el Código Penal, en mi opinión, no está hecho con ese objeto".[47] Con este criterio, el PO abandona la caracterización clasista del Derecho burgués para pasar a un reclamo liberal. Se desconoce que el Código Penal no solo tiene ese objeto, sino

---

[45]"Las patotas o las fuerzas represivas estuvieron siempre a la orden del día a la hora de atacar a la clase obrera que lucha contra la burocracia o la cooptación oficial", en Redacción: op. cit., p. 15.

[46]Néstor Pitrola: "Un régimen que agrava la criminalización de la protesta social", en Zaffaroni, Eugenio y Néstor Pitrola: *La criminalización de la protesta social. El debate Zaffaroni-Pitrola*, Ediciones Rumbos, Buenos Aires, 2008, pp. 61-62.

[47]Ídem, p. 48.

que es su objeto principal.[48] Resguardar la propiedad privada, combatir cualquier tendencia revolucionaria tipificada como "criminal", no para otro fin se elaboró esta legislación.

¿Qué queda, en definitiva, en todo ese recorrido del PO en el nacionalismo, el bonapartismo y la represión? Una serie de vacilaciones. El nacionalismo es algo reivindicable (el obrero), pero no cuando lo construyen otros (el burgués). El régimen político puede ser cualquier cosa hasta 2008 y luego es un bonapartismo que no llega a arbitrar, pero que no se sabe bien por qué, se mantiene. Y la Justicia reprime a los trabajadores, aunque no debiera, porque el Código Penal no parece tener un contenido clasista.

Esas vacilaciones, esa incapacidad para elaborar una caracterización tiene como trasfondo la propia cercanía del PO al kirchnerismo. No puede criticar enteramente su programa, pero no puede avalar lo que se desarrolla. La consecuencia es la desorientación, el balbuceo teórico y el empirismo sistemático, que requiere el uso del lenguaje y los métodos propios de la agitación. Incluso, en los espacios en que se requiere de la indispensable precisión y solidez de la actividad teórica. Sin teoría no hay claridad. Sin claridad, no hay acción eficaz. No es extraño que ese partido haya retrocedido tanto en los primeros años del kirchnerismo y que no haya podido capitalizar su crisis.

El PTS

Luego de quedar marginado de los primeros puestos del proceso revolucionario, merced a negarse a reconocer a los desocupados como parte de la clase obrera y, por lo tanto, organizarlos, el PTS caracterizó el fenómeno de 2001 como "jornadas insurreccionales" o "rebelión popular", sin decir demasiado sobre el contenido de dicha insurrección, ni sus consecuencias. Lo mismo va a suceder con el kirchnerismo, al que (al igual que el PO) no pueden terminar de caracterizar.

En 2002, el PTS indicó que el duhaldismo realizaba una "intentona bonapartista" (43), en representación de lo que llama "oligarquía diversificada", un concepto tomado del economista Eduardo Basualdo, cuyo programa se basa en un

---

[48]Véase, entre tanta bibliografía clásica, por ejemplo, Marx, Karl: *El dieciocho brumario de Luis Bonaparte*, NEED, Buenos Aires, 1998.

50

"planteo exportador sustentado sobre el infra-consumo de los sectores populares pero apoyado en la demanda, transferencias e incentivos estatales, manteniendo una economía abierta tanto en términos del mercado de bienes como de capitales y sin proyecto de reindustrialización que pudiera ponerla en situación de competir con el gran capital transnacional."[49]

Este sector político tenía predicamento en el "establishment" y procuraba recomponer el PJ.

No obstante, la crisis política se lo llevó puesto. Poco dice el PTS sobre la acción de la clase obrera que lo desplazó. En especial, en las jornadas de Puente Pueyrredón.

El kirchnerismo, por su parte, tendría un origen diferente:

"una camarilla pequeñoburguesa, que fundó su poder actuando como comisionista en Santa Cruz de las empresas petroleras y mineras. Al revés que el duhaldismo, por el momento, su principal relación con el movimiento de masas es a través del liderazgo personal de la figura presidencial, sin contar aún con un fuerte aparato propio [...]. A la vez que, a pesar de no haber realizado concesión alguna a los trabajadores, ha despertado expectativas iniciales entre la base obrera tradicional del peronismo, ha realizado una política de 'gestos simbólicos' dirigida a ganar la adhesión de los sectores de las capas medias 'progresistas' de los grandes centros urbanos no controlados por el PJ."[50]

En primer lugar, el principal empresario inmobiliario de Santa Cruz, en cuya gobernación se tejieron los negociados por las regalías petroleras y la privatización no puede ser clasificado como "pequeño burgués", es decir, quien posee medios de vida y/o medios de producción sin explotar trabajo ajeno. Que no forme parte del núcleo de la burguesía argentina más concentrada es otro problema, así como el hecho de que no haya ocupado el centro del escenario político nacional durante los '90 no lo convierte en un marginal de la política, ya que fue gobernador durante una década y manejó sus representantes en el parlamento.

Segundo, no es cierto que la relación con las masas tenga como base su "liderazgo personal", sino que logró cooptar a varias organizaciones de desocupados, a parte del movimiento sindical y una parte del PJ. Sí es cierto que no logró construir un movimiento propio, tal como pretendía, pero sin ningún aparato no podría haber atravesado sus primeros años de presidencia.

---

[49]Castillo, Christian: *La izquierda frente a la Argentina kirchnerista*, Planeta, Buenos Aires, 2011, pp. 38-39.
[50]Ídem, p. 52.

Tampoco es cierto que no realizó ninguna concesión a la clase obrera. La explosión de planes sociales, que se inició con Duhalde, pero que Néstor mantuvo, el congelamiento de tarifas, la suba del empleo no parece mantener la situación tal como estaba en 2001. Que esas concesiones resulten miserables a la luz de lo que podía jugarse en el proceso revolucionario es otro asunto. Podríamos también referirnos al weberiano concepto de "clases medias", pero no es este el espacio.

El objetivo político de la asunción de Néstor Kirchner habría sido reconstruir el régimen de dominio, luego de la rebelión popular.[51] Para ello, consiguió la unidad de la burguesía, de modo de amortigua los choques internos.[52]

Las características del gobierno habrían sido, en primer lugar, la "dualización del país", que implicaba una recuperación económica basada en el saqueo a la clase obrera y los "sectores populares", lo que "potencia la división en las clases medias y una mayor intervención obrera". En segundo, la limitada renovación del personal político, concentrada solo en el Ejecutivo. En tercero, la crisis del aparato represivo, que "apenas ha modificado su accionar desde los tiempos de la dictadura".[53]

Otra vez, nos encontramos con términos propios de la academia burguesa ("sectores populares", "clases medias") y que poco nos ayudan a identificar a las clases y fracciones de clase a las que intentamos señalar. De todos modos, queda poco claro a qué se refiere el texto con "división de las clases medias": ¿una crisis política que polariza sus posiciones? ¿Un proceso de proletarización? Son dos fenómenos de orden distinto (aunque puedan estar asociados), pero carecemos de precisiones.

Con respecto a la intervención de la clase obrera, no se observa un crecimiento, ni en términos cuantitativos ni cualitativos. No puede compararse, bajo ninguna circunstancia, los primeros cinco o seis años del kirchnerismo con los que lo precedieron. Ni por la envergadura de las acciones ni por el sentido de las mismas. No importa la cantidad de huelgas ni su adhesión, siempre se trata de acciones sindicales que, en muchos casos, están dirigidas por elementos de la burguesía. Diferente fue la irrupción de un movimiento construido, en gran parte, al margen de las estructuras tradicionales y con creciente peso de las organizaciones revolucionarias. En todo caso, sí podía avizorarse una progresiva salida del reflujo. Algo de eso parece intuir el PTS al indicar el "el

---

[51]Ídem, p. 35.
[52]Ídem, p. 36.
[53]Ídem, p. 37.

movimiento de masas fue 'pasivizado'".[54] Pero, entonces, una de dos: o hay mayor intervención o hay mayor pasividad.

En cuanto al aparato represivo, si se mantiene el mismo personal político, el mismo accionar y los mismos negocios, no se entiende por qué se habla de una "crisis". No hubo enfrentamientos internos, ni en ningún momento estuvo en juego la capacidad del Estado de retener el control de la fuerza pública. Ahora bien, si se refiere al rechazo de la población, se trata de una crisis de conciencia de la misma, que es diferente de un quiebre en la institución. Se trata de una distinción vital para comprender la profundidad de la crisis. Suponer un quiebre en el aparato represivo supone una crisis que llega al nivel estatal. Una de la conciencia de la población, una crisis del sistema político. De todos modos, esa crisis de conciencia es propia de la segunda mitad de los '90 (AMIA, Cabezas, escraches...) y afectó principalmente a la pequeña burguesía.

No obstante, para el PTS, el kirchnerismo no logró recomponer la hegemonía. La crisis fue "contenida, pero no superada".[55] Fuera de estos señalamientos muy generales, no hay una caracterización política más certera del kirchnerismo. Solo alusiones a la necesidad de Cristina Fernández de realizar un "arbitraje constante" y la "concentración de decisiones".[56] Todo gobierno burgués (y no burgués) debe realizar tareas de arbitraje entre diferentes fuerzas e intereses. Diferente es cuando se alude a un arbitraje entre las clases, propio del bonapartismo. Pero nada nos dice el PTS sobre el mismo.

¿Cuál es la base económica del kirchnerismo? Según el PTS, la misma que los '90. Literalmente, dice que "mantiene las bases del 'modelo de país' consolidado en los '90"[57] y que se trata de un "neoliberalismo de 3 a 1"[58], mostrando su apego al programa socialdemócrata, en el cual el problema sería el "modelo", el "neoliberalismo" y no el desarrollo del capitalismo en sí mismo.

No obstante, a poco de andar, parecen querer decirnos otra cosa. La economía no habría sido igual a los '90:

"se viene consolidando un realineamiento al interior del bloque dominante. Si en los '90, con el tipo de cambio equiparado con el dólar y el endeudamiento constante del Estado, quienes concentraban las ganancias extraordinarias eran las

---

[54]Ibídem.
[55]Ibídem, y p. 76.
[56]Ídem, p. 13.
[57]Ídem, p. 57.
[58]Ídem, p. 66.

empresas privatizadas, los bancos, los supemercadistas y un pequeño sector de la cúpula industrial, aún cuando existe una recuperación general de la rentabilidad capitalista, hoy vienen siendo principalmente los sectores ligados a las exportaciones (ya sea productores de insumos industriales, de bienes manufacturados, de industrias extractivas o del sector agrícola y ganadero) donde se encuentras quienes han obtenido las principales ganancias. [...] También ganaron las privatizadas, los bancos, las compañías vinculadas al boom de la construcción, las textiles y las fábricas de calzado. [...] Todas se beneficiaron en mayor o menor medida con la reactivación económica."[59]

Bien, al parecer, entonces, en los '90 ganó el capital financiero, las privatizadas y los supermercadistas, mientras que en el kirchnerismo fueron los exportadores. No obstante, más abajo se indica que también ganaron las privatizadas y los bancos y que "todos se beneficiaron". No queda para nada claro, entonces, cuál es la diferencia con los '90, salvo la incorporación del sector "exportador", que bien mirado también había ganado posiciones en los '90, a partir de la fuerte centralización y concentración del capital agrario e industrial.[60] En otro artículo, sin embargo, señalan el predominio del capital financiero sobre el industrial, como evidencia del retroceso económico. Sin embargo, la explicación adolece de deficiencias en cálculos elementales: las "ganancias" se presentan en pesos corrientes y no constantes. Es decir, no están deflactadas y, por lo tanto, no se tiene en cuenta la inflación acumulada. Realizando las correcciones pertinentes, las finanzas solo aventajan a la industria a partir de la crisis del agro y el fenómeno no refleja la opresión de la primera sobre la segunda, sino la necesidad de esta de créditos ante la merma de la renta agraria como factor compensador.[61] Por lo tanto, el llanto del pequeño capital industrial, del que se hace eco el PTS, no es más que una farsa que esconde la verdadera naturaleza del capitalismo argentino: chico, agrario y tardío, en el cual la industria (en su gran mayoría) vive subsidiada por el agro o la deuda, para compensar su

---

[59]Ídem, p. 67.

[60]Para el desempeño de la industria bajo el menemismo, véase Bastida Bellot, Jonathan y Damián Bil: "El capital extranjero y el desempeño de la economía argentina en el último cuarto de siglo. Un análisis a partir del caso automotriz", en Sartelli, Eduardo y Marina Kabat (Comps.): *Mentiras verdaderas...*, op. cit.. pp. 163-188; Kornblihtt, Juan: *Crítica del marxismo liberal*, Ediciones ryr, Buenos Aires, 2006 y Kosacoff, Bernardo y Adrián Ramos: "Consideraciones económicas sobre la política industrial", en Kosacoff, Bernardo (Ed.): *Estrategias empresariales en tiempos de cambio*, CEPAL-UNQ, Buenos Aires, 1998, pp. 155-211.

[61]Bastida Bellot, Jonathan: "La ignorancia no disculpa", en *El Aromo*, N° 82, enero-febrero de 2015.

54

creciente retraso en la productividad y, por lo tanto, su creciente transferencia de plusvalía hacia capitales más concentrados.

Con respecto a la represión, al igual que el PO, el PTS ha destacado cada hecho represivo del que tuvo noticia y ha acusado al kirchnerismo como el responsable. No obstante, a la hora de caracterizar su política represiva explica que

"Kirchner combinó una estrategia de cooptación con la política de 'ni planes ni represión' con el fin de llevar al desgaste y al aislamiento a los movimientos piqueteros más combativos y, a la vez, no desprestigiarse ante los sectores medios 'progresistas' como le ocurriera a Duhalde con la masacre de Puente Pueyrredón".[62]

Es decir, que la represión (regular e irregular) aparece más bien en un lugar secundario, lo que no parece coincidir con los innumerables hechos que ese mismo partido protagonizó.

En definitiva, al igual que el PO, carecemos de una caracterización de conjunto del kirchnerismo, ya sea en términos de relaciones de fuerza entre las clases, ya sea en términos económicos. En este caso, el agravante es un mayor acercamiento al programa del pequeño capital y, por lo tanto, una menor capacidad de diferenciación con el kirchnerismo. Lo que va a comprobarse cuando este pase a la oposición y el PTS sea quien motorice los frentes con quienes hasta hace unos años los reprimían en la Panamericana.

Izquierda Socialista

Otro partido cuya caracterización resulta importante es Izquierda Socialista (IS). Nace en 2004, de una escisión del MST en virtud de la discusión sobre el movimiento piquetero. No obstante, en su derrotero, se mostró mucho menos dispuesto a realizar frentes con la burguesía que su antecesor, con excepción del conflicto del campo, que los encontró unidos. De hecho, integró el FIT, lo que no hizo en aquellos años el MST, quien prefirió quedar cercano a partidos burgueses.

IS no ha cejado en su denuncia a la represión kirchnerista y, también, a la corrupción. Incluso bajo el gobierno macrista, su posición en el FIT fue más crítica de la alianza con sectores kirchneristas, aunque aceptó cada una de las acciones comunes con el cristinismo.

---

[62]Castillo, Christian: op. cit., p. 44.

Para una caracterización general, IS mantiene la que realizó en noviembre de 2003.[63] Allí expresaba que el kirchnerismo surgía como un "reflejo indirecto" del Argentinazo. En ese sentido, la burguesía y el imperialismo habrían recurrido a un gobierno que lograra obtener el consenso necesario para "amortiguar, desviar y, si fuera posible, derrotar el ascenso revolucionario".

IS realiza una diferencia entre el peronismo, el chavismo y el kirchnerismo. Mientras el primero habría encabezado un gobierno "antiimperialista", el segundo habría tenido "roces con el imperialismo". El kirchnerismo, por su parte, sería un "gobierno proimperialista", cuyo objetivo sería "seguir aplicando el plan del imperialismo, el FMI y las multinacionales".

De esta manera, IS excluye a la burguesía nacional que estaría marginada del gobierno y, por lo tanto, se vería perjudicada por los planes imperialistas. El enfrentamiento estaría dado por los intereses nacionales contra los extranjeros expresados en este gobierno.

No obstante, en el párrafo siguiente le endosan al gobierno "fuertes elementos frente populistas" e incluso "centroizquierdistas". El frente popular es la alianza de la clase obrera con la burguesía más débil, generalmente nacional. Un gobierno "frentepopulista" no podría expresar excluyentemente los intereses inmediatos del imperialismo y las multinacionales. Por lo menos, en el esquema trotskista en el que las contradicciones nacionales tienen una envergadura tan importante como las de clase (o más). Esta ambivalencia y ambigüedad en la definición permite realizar alianzas con partidos "nacionales" contra el imperialismo y, cuando las circunstancias lo ameritan, delimitarse de todos los partidos patronales que forman el "frente popular" del gobierno. El problema es que impide realizar una política coherente.

El autonomismo

El subtítulo tiene una generalidad importante y tal vez los implicados no se reconozcan en dicho campo. Digamos que se trata de una posición que reivindica al marxismo en general, pero que descree de la organización partidaria en particular. Partido, decimos, en el sentido leninista. Por lo tanto, en mayor o menor medida, reivindican la horizontalidad frente a la jerarquía, el consenso frente a la dirección y el disenso frente

---

[63] http://www.izquierdasocialista.org.ar/viejos_es/cgi-bin/elsocialista.cgi.php?es=019¬a=8.

56

al centralismo. En principio, estas discusiones no deberían ser un eje a la hora de caracterizar las posiciones frente al kirchnerismo y la represión, pero sucede que encontramos posiciones muy coincidentes entre los intelectuales pertenecientes a esta amplia corriente. Tal es el caso de dos de los más representativos: Alberto Bonnet y Adrián Piva.[64]

Para ambos, el kirchnerismo representa la restauración del orden burgués (o del poder político) sobre la base de la satisfacción de demandas obreras, a partir del levantamiento del 2001. Satisfacciones que en ningún caso podían superar los límites propios del sistema. En ese sentido, y a diferencia de los intelectuales kirchneristas o liberales, aquí se comienza con una definición de clase: se trata de un gobierno burgués que intenta llevar adelante las mejores condiciones para la acumulación de capital. En ese sentido, y tal como lo aclara Bonnet, "la crítica radical del kirchnerismo equivale, en consecuencia, a la crítica de la restauración del orden burgués en la Argentina contemporánea".[65] Dicho esto, según su descripción, se trataría de un gobierno de características reformista, con cierto grado de éxito en sus objetivos, por lo que la clase obrera, a partir del 2003, habría logrado cierto avance en su condición.

Al igual que los economistas regulacionistas, utilizan el concepto de "modo de acumulación". Pero, a diferencia de la mayoría de estos, sostienen que bajo el kirchnerismo este no se modificó, así como tampoco cambió lo que denominan la "forma de Estado".[66] Para Bonnet, en los '90, bajo la forma neoliberal de Estado, se llevó a cabo un disciplinamiento de la clase obrera a través del mercado. En ese marco, Menem solo arbitraba entre los técnicos de la economía. Bajo el kirchnerismo, lo que hay es una desordenada reconstrucción de la forma neoliberal: ahora los Kirchner deben arbitrar entre clases y fracciones de clase.

Para Piva, en cambio, se trata de dos fases o subperíodos del mismo modo de acumulación. La "neoliberal" que implica políticas de apertura que intensifican la competencia y producen una reestructuración productiva, y la "neodesarrollista" que se basa en una acumulación "extensiva", sobre la base del capital fijo ocioso de los '90 y una limitada

---

[64]Bonnet, Alberto: *La insurrección como restauración. El kirchnerismo*, Prometeo, Buenos Aires, 2015 y Piva, Adrián: *Economía y política en la Argentina kirchnerista*, Batalla de Ideas, Buenos Aires, 2015.
[65]Bonnet, Alberto, op. cit., p. 14.
[66]Por "forma de Estado" se refieren a las características que toma el Estado capitalista en determinado período histórico y en determinados territorios nacionales, lo que implica una "separación-en-la-unidad" de las relaciones de explotación y las relaciones de dominación. Toda metamorfosis en la forma de Estado implicaría una en las relaciones de producción y de dominación.

sustitución de importaciones basada en un paraguas cambiario y la baja de los costos laborales. En ambas fases, la orientación estaría dirigida por gran burguesía industrial exportadora de productos de bajo valor relativo.[67]

En términos más generales, ambos definen al kirchnerismo como "neopopulismo". Para Bonnet, mientras el populismo clásico es un proceso de integración de la clase obrera movilizada en el orden burgués, que cobra un carácter democrático en términos políticos (representación) y social (redistribución), el "neopopulismo" opera sobre una clase obrera ya integrada con el único objetivo de restaurar el régimen político, incorporando demandas "progresistas", como los derechos ciudadanos.

El análisis de Piva es similar. El populismo sería una incorporación "primigenia" de demandas democráticas y su articulación como "pueblo" en una alianza policlasista (y aquí incorpora elementos de Laclau). En cambio, el neopopulismo remite a una incorporación "secundaria" que reproduce y resignifica la primera.[68]

Encontramos aquí dos problemas importantes. El primero es la relación del kirchnerismo con el menemismo y, la segunda, con el peronismo clásico. La primera cuestión remite al problema del "neoliberalismo", más aún cuando se aplica a una "forma de Estado". No es el lugar para discutir qué fue el menemismo, pero resulta poco creíble la idea de que la protección y ayuda estatal a industrias ineficientes estuvo ausente (la sobrevaluación era un mecanismo de transferencia de renta y las privatizaciones y la deuda se utilizaron para subsidiar al capital). De hecho, el déficit fiscal fue uno de los serios problemas que tuvo que afrontar dicha administración.

Ahora bien, por un lado, se indica una continuidad con los '90, pero a renglón seguido se hacen una serie de distinciones que ameritan poner en duda dicha afirmación. Por ejemplo, no es lo mismo un gobierno que arbitra entre técnicos que el que arbitra entre clases. Tampoco uno que acelera la centralización y concentración de capitales y uno que se dedica a subvencionar capitales más chicos. Incluso, y aunque sea discutible en una comparación más adecuada (con el promedio de salarios de la década del '90 y no con el peor momento del 2001), un gobierno que habría disciplinado económicamente a la clase obrera no es lo mismo que uno que, según los autores, habría realizado concesiones. Como bien se señala, el carácter de clase es el mismo, pero tal como lo presentan los propios autores, no se puede hablar de continuidad de "modelo

---

[67]Piva, Adrián, op. cit., p. 72.
[68]Ídem, p. 176.

de acumulación" (si eso existiese) ni de "forma de Estado" (si eso existiese también). En el primer caso, se observa que las variables económicas básicas de la Argentina no cambian, como no han cambiado desde que se estableció el capitalismo en la región. Pero el problema está en el intento de forzar el concepto de "modo de acumulación", una diferenciación sustantiva entre períodos de la historia económica que no se sostiene en la evidencia empírica. Es que, efectivamente, la alianza que llevó a Néstor Kirchner al poder es diferente a la que sostuvo a Menem. Con elementos comunes, por supuesto, pero diferente. Para eso, resulta más adecuado el término de "régimen político" que, sin perder la continuidad de la naturaleza del Estado, da cuenta de las modificaciones en las relaciones entre las clases, que es lo que sucede luego del 2001.

Vamos al segundo problema, el término "neopopulismo", supone un primer "populismo". Es decir, se acepta, sin más, la categoría de Laclau como válida, al discurso como articulador y al "pueblo" como sujeto real, lo que diluye el análisis materialista y de clase. Además, se supone que el peronismo habría integrado a la clase obrera, sin explicar en qué consiste dicha "integración". Si se entiende por eso un acceso a mayores derechos políticos y económicos, es verdaderamente relativo, ya que el grado de represión y regimentación no encuentran a la clase obrera mejor organizada y con mayor independencia política, sino al revés. Ahora bien, si se entiende esa integración en ese sentido –es decir, en su regimentación por parte del Estado-, entonces el kirchnerismo no tiene relación alguna, ya que esos lazos se rompieron mucho antes y durante la última década no se lograron recomponer, como incluso reconocen los autores. El concepto de "neopopulismo" se concentra excesivamente en el elemento discursivo de los gobiernos de Argentina, Venezuela y Bolivia (que puede incluir Brasil) y deja de lado las relaciones de fuerza entre las clases, que también incluyen el elemento ideológico.

En cuanto a la represión, ambos autores coinciden en resaltar el elemento cooptativo antes que el ejercicio de la violencia estatal. El objetivo del gobierno habría sido subvencionar e incorporar a su política a los movimientos que se mostrasen más negociadores, mientras buscaba aislar a los más radicales. Frente a estos últimos, se habría empleado una estrategia basada en el lema "ni palos ni planes". Es decir, tolerancia a la protesta, pero negativa a otorgar concesiones. En general, sostiene Piva, la respuesta fue "no represiva":

"La respuesta a la protesta social en general, y a la de los desocupados en particular, fue predominantemente no represiva. La mayoría de las acciones represivas durante el período fueron ejecutadas por policías provinciales. La decisión de no reprimir del Gobierno Nacional estuvo en gran medida vinculada a un proceso de deslegitimación del uso de la violencia materia estatal como respuesta a las protestas sociales desde 1997 hasta los asesinatos de Maximiliano Kosteki y Darío Santillán."[69]

Sin embargo, más adelante, el propio autor señala: "Sin embargo, el gobierno apeló a la represión en casos puntuales, y se advierten en ellos ciertas regularidades". Para lo cual, Piva señala dos: los ataques a empresas privadas o toma de edificios públicos y los "piqueteros duros". Se trataría de "casos puntuales", pero con ciertas "regularidades". Como se ve, en el caso de las organizaciones revolucionarias ("piqueteros duros"), no parece haber primado la política de "ni palos ni planes"...

En fin, vemos en estos autores una caracterización del peronismo en general, y del kirchnerismo en particular, como un gobierno favorable a la clase obrera, en el marco de una continuidad con los '90. Si bien este último punto tiene elementos más acertados, en la medida que no se inaugura un nuevo proceso económico, el primero está excesivamente teñido por lo que el propio kirchnerismo dice de sí mismo. Con lo cual, y para lo que nos interesa, no se toma en cuenta su enfrentamiento con la clase obrera y su estrategia represiva.

¿Qué es (y qué no es) el kirchnerismo?

Lo que vamos a exponer a continuación es una síntesis, muy apretada, de lo que consideramos la naturaleza del kirchnerismo. Es el producto de años de investigaciones del Centro de Estudios e Investigación en Ciencias Sociales y puede encontrarse esa producción en las páginas de *El Aromo*, la revista *Razón y Revolución* y diferentes publicaciones de sus investigadores.

Síntesis apretada, resaltamos, porque lo que nos interesa no es dilucidar el conjunto de aspectos que hacen al gobierno de la primera década de este siglo, sino ofrecer una caracterización general que nos permita estructurar la base desde la que partimos y los supuestos que deberán ser probados en este trabajo.

Comencemos por lo más sencillo, lo que el kirchnerismo no es. A diferencia de lo que sostienen los kirchneristas y opositores liberales, no es el resultado de un proyecto más o menos madurado. El objetivo del kirchnerismo fue, en primer lugar, sobrevivir en medio de una crisis generalizada allí donde otros con más pergaminos habían fracasado y,

---

[69]Piva, Adrián, op. cit., p. 101.

en segundo, cerrar la crisis, relanzar la acumulación de capital y reconstruir el sistema político necesario para la dominación burguesa. Esos objetivos, tan inmediatos y tangibles y, a su vez, tan abstractos, fueron las coordenadas que establecían la frontera entre lo que había y no había que hacer.

En realidad, el kirchnerismo, como toda organización "momentánea" que emerge en medio de una crisis política de envergadura, se sirve necesariamente del material preexistente y lo va utilizando y configurando según sus necesidades más o menos inmediatas. Por lo tanto, lo que se suele llamar "proyecto" no es sino una mirada retrospectiva que intenta darle un sentido *ex ante* a lo que las posibilidades materiales y la lucha política fueron definiendo. Ahora bien, en tanto en los doce años de gobierno las alternativas de estas variables fueron cambiando, el kirchnerismo no siempre fue exactamente lo mismo. O mejor, dicho, comenzó su gobierno con una configuración de fuerzas diferente a la que lo encontró en su ocaso.

En segundo lugar, no es el gobierno "del pueblo", de la "voluntad popular" o de los herederos de la generación de los '70 que fue aniquilada, tal como lo presentan sus partidarios. Tampoco fue el de un grupo de meros "arribistas" (aunque algo de eso hubo) o "déspotas", como los tienen los opositores liberales. No representan al conjunto de la población (por más que los hayan votado) ni solamente a ellos mismos (por más que se hayan enriquecido como nunca). Se trata, aunque parezca obvio, de un gobierno burgués, que defiende los intereses generales de la burguesía y, por lo tanto, su estabilidad depende del crédito que le dé esa misma clase. No se trata solo de que el gobierno debe defender la propiedad privada y las relaciones capitalistas. Una política de gobierno está sometida a las necesidades de cada burguesía nacional. En Argentina, un país de capitalismo chico, agrario y tardío obliga a la compensación del retraso de la productividad de los capitales nacionales ya sea mediante la renta agraria, la toma de deuda, el ajuste fiscal o la baja de costos laborales. Por lo tanto, no se trata simplemente de que el gobierno debe sostener un statu quo, sino que el desarrollo del capitalismo como realidad mundial le exigen un movimiento constante.

En tercer lugar, no se trata de un movimiento de masas que llega al poder. O, como se podría decir coloquialmente, un fenómeno construido "de abajo hacia arriba". Previamente al 2003, Néstor Kirchner no contaba con ningún tipo de organización obrera (o incluso patronal) propia, ni lideró ningún movimiento reivindicativo. Su acceso al poder fue obra de Eduardo Duhalde, que lo nombró candidato (sin mucha expectativa, por cierto) para competir con Carlos Menem. El apoyo de la principal central obrera y de alguna organización de desocupados la heredó de su antecesor, lo que francamente no evitó la derrota electoral en primera vuelta. Solo luego de un arduo trabajo de cooptación mediante los ingentes recursos estatales, el gobierno logró el apoyo de organizaciones de la clase obrera ocupada (Central de Trabajadores Argentinos –CTA-) y de las que respondían a la sobrepoblación relativa (desocupados, indigenistas, cooperativas, etc.) y a la pequeño burguesía (Carta Abierta). Apoyos que, en varios casos, fueron quitados parcial o totalmente apenas mermaron las transferencias. Es decir, es una corriente que se armó desde el vértice hacia las bases ("de arriba hacia abajo"), sobre un vínculo fundamentalmente económico. Ese tipo de construcción redundó en que, una vez fuera del poder, el kirchnerismo se quedara sin nada y su base quedara en disputa.

En cuarto, el kirchnerismo no es una suerte de reformismo, ni avezado, ni tímido ni *sui generis*. No lo es porque no procede de un movimiento de ese tipo. Néstor y Cristina Kirchner no son cuadros reformistas (como pudo haber sido Lula en los '80 o Evo Morales en Bolivia). No fueron dirigentes surgidos de las filas del movimiento obrero ni de ningún reclamo parcial. Fueron puestos en el gobierno por el aparato del PJ dedicado a disolver por la fuerza y cooptación una fuerza revolucionaria. Más por la primera que por la segunda. Las concesiones a la clase obrera pueden parecer importantes, pero las mejoras solo tienen algún grado de veracidad si se las compara con el peor momento de la crisis, en 2001/2002. En cambio, si se traza una línea histórica con la década de 1990, el resultado es francamente negativo: aumento de la precarización, un salario un 12% inferior, mayor fragmentación, una desocupación que se mantiene en altos niveles, menor capacidad de acceso a una vivienda propia y un aumento de la pobreza.

Con todo, tampoco fue una mera continuidad con el menemismo, tal como lo plantean algunos autores que vimos más arriba. El Argentinazo no pasó en vano y la lucha de clases forjó una relación de fuerzas que provocó un cambio de régimen político. Básicamente, porque la clase obrera puso un límite al avance burgués sobre sus condiciones. En otro orden, mientras que en los '90 la alianza gobernante representaba a los capitales con mayor competitividad y un proyecto desarrollista, el kirchnerismo nunca dejó de tratar de cobijar a los más chicos, aunque en un principio gobernó con el conjunto de las fracciones burguesas. Es decir, representa una alianza burguesa diferente. Pero, bajo ninguna circunstancia, se inaugura un nuevo "modelo" o "régimen de acumulación". El capitalismo argentino mantiene su dinámica. Solamente, en este caso, se utilizan más recursos para sostener a la burguesía (aún) más chica.

Una vez excluidas las definiciones inadecuadas sobre el fenómeno, vamos a las características positivas (o sea, lo que sí es el kirchnerismo). En primer lugar, como dijimos, es un gobierno de clase. Un gobierno burgués. Todas sus peculiaridades están delimitadas por ese hecho y por esos intereses. Ahora bien, el elemento distintivo de otros gobiernos de la misma clase es que operó en el marco de un régimen político diferente. Específicamente, el bonapartismo. Es decir, un gobierno que, sin dejar su condición de clase, se alza y se asienta en el empate en la relación de fuerzas entre las clases. Por eso, puede reprimir a ambos lados. No obstante, suele tener por función disolver la amenaza revolucionaria y restablecer las condiciones de plena hegemonía. Decimos "suele" porque no siempre se aboca a estas tareas y, en ocasiones, intenta reproducir el empate hasta niveles críticos. La diferencia con el reformismo es importante, ya que un personal reformista tiene un lazo con la clase obrera más sólido. En cambio, un bonapartista tiene cierto grado de autonomía que le permite convertirse en un agente sumamente represivo y ajustador (Cristina) o directamente filofascista (Perón).

Por lo tanto, como todo bonapartismo, contiene elementos de varios gobiernos y aúna tradiciones contradictorias, armadas empíricamente y a medida que se presenta la coyuntura. Asimismo, en la medida que recibe una configuración de fuerzas, pero avanza hacia otras, los pilares de su alianza se van modificando. El kirchnerismo comenzó como un heredero del Duhaldismo, que apadrinó la alianza devaluacionista. Allí se congregaban la burguesía agraria (que necesitaba licuar sus deudas y revertir el atraso de la paridad cambiaria), la industrial (que, además de las deudas, requería licuar los costos laborales en dólares mediante una megadevaluación del 300%), a lo que se sumó la pequeño burguesía en la expansión del empleo estatal de todo tipo y la sobrepoblación relativa con la recuperación del empleo (precario) y el crecimiento de los planes sociales. La clase obrera ocupada también dijo presente con la reaparición de los convenios colectivos de trabajo y el congelamiento de tarifas. La recuperación de la producción se realizó, sin embargo, sobre la capacidad ociosa de los '90 y con la expansión de las formas de empleo precario, tanto estatal como privado. El empleo estatal se utilizó como forma de esconder la desocupación latente. El pato de la boda fueron los capitales extranjeros más débiles (españoles, italianos), que habían adquirido empresas argentinas mediante el endeudamiento masivo.

Todo este esquema fue sostenido por la renta agraria, algo de la petrolera y la suspensión de los pagos de deuda (el default). A medida que se fueron agotando estos recursos, la satisfacción de demandas tan amplias fue cada vez más difícil. Uno a uno los miembros del gran frente nacional fueron defeccionando: la burguesía agraria (2008), la pequeño burguesía (2009), la clase obrera ocupada (2011), la burguesía industrial (2012) y la sobrepoblación relativa (con la reaparición de los saqueos). Quedó una parte de la burguesía más chica (las pymes) y todo ese armado de lumpenburguesía que se enriqueció con los negocios sucios, más un sector de los empleados estatales (sobre todo, los calificados). Cuando la renta agraria ya no fue capaz de sostener al conjunto de la economía, hubo que acudir a la deuda: Club de París, Banco Mundial y el conflicto con los holdouts, para regularizar las relaciones con el FMI. Mientras tanto, se recurrió a vaciar el ANSES y el Banco Central, desdoblar el tipo de cambio (cepo) y la emisión sin límite, acumulando una inflación del 40%. Todo eso, sin descuidar otro elemento con el que se intentó compensar las deficiencias de productividad: la baja de costos laborales. Resultado de todo esto: la caída libre desde el 2013 y el desastre en 2015.

En ese sentido, hay una serie de elementos a tener en cuenta para analizar el fenómeno de la represión kirchnerista y, especialmente, la paraestatal. Primero, que es un gobierno de clase, que defiende intereses burgueses contra la clase obrera. Por lo tanto, la represión es una necesidad constante. Segundo, representa un gobierno que atraviesa una crisis de hegemonía, lo que lo obliga a dosis importantes de coacción. Tercero, la crisis de su armado y la necesidad del ajuste provocan un crecimiento en los enfrentamientos que requieren, por ende, crecientes dosis represivas. Cuarto, la renuncia del gobierno anterior luego de una masacre (Puente Pueyrredón) condicionan las posibilidades de una represión abierta del personal de las fuerzas represivas. Ante esto, no es extraño que se recurra a formaciones irregulares con vínculos menos visibles con el personal político gobernante y más fáciles de disolver.

La represión y el mundo en el que emergen las patotas

Vamos a examinar ahora los trabajos que trataron específicamente el problema de la represión en general y todo el mundo que se oculta tras el armado de una patota, en particular, bajo el kirchnerismo. En los acápites anteriores habíamos identificado las diferentes posiciones en torno al tema de análisis más general sobre el período. En este caso, como dijimos, vamos a enfocarnos en aquellos que trabajaron específicamente el tema.

En general, hay una sobreacumulación de trabajos sobre la represión bajo la dictadura militar. El período democrático queda, más bien,

64

relegado en investigaciones sobre la forma de la "incorporación" de las fuerzas armadas al nuevo régimen y el procesamiento del "pasado reciente".[70] Este sesgo, este poco entusiasmo en indagar sobre la represión luego de 1983, delata la marcada fe democrática que rige en el mundo intelectual hoy en día. De hecho, cuando se habla de "derechos humanos" siempre se hace referencia a lo acontecido en el último régimen militar. Quedan fuera de este concepto (ya problemático de por sí) todos los avances sobre la población obrera, tanto en derechos políticos, como en condiciones de vida bajo los gobiernos democráticos. No es extraño que, para esta gente, el "Estado terrorista" comience en 1976 y no antes (con la masacre de Trelew o la Triple A).

Con esto no queremos decir que no haya trabajos sobre la represión en democracia. Los hay, prolíficos y variados. Pero el caso es que ocupan una minoría abrumadora si sumamos todas las investigaciones del problema en los últimos treinta años. Incluso, el abordaje de la represión en democracia se concentra en los años del "neoliberalismo", más precisamente, en la segunda mitad de los '90 y en el proceso que deriva en el 2001.[71] También, se advierte un prejuicio: los gobiernos "neoliberales" ajustan y reprimen, mientras que los "progresistas" (Alfonsín, Kirchner) no. La mayoría de las investigaciones concluyen en un endurecimiento de la represión, pero pocos toman en cuenta que la lucha termina desbordando la capacidad coactiva (no en términos puramente físicos, sino

---

[70]Fontana, Andrés: *Fuerzas armadas, partidos políticos y transición a la democracia en Argentina*, CEDES, Buenos Aires, 1984; Frederic, Sabina. *Las trampas del pasado: las Fuerzas Armadas y su integración al Estado democrático en Argentina*. Fondo de Cultura Económica, Buenos Aires, 2013; O'Donnell, Guillermo: *Contrapuntos: ensayos escogidos sobre autoritarismo y democratización*, Paidós, Buenos Aires, 1997; Saín, Marcelo: "Las Fuerzas Armadas en la Argentina. Los dilemas de la reforma militar en una situación de crisis", en *Security and Defense Studies Review* n° 2, 2002, pp. 217-245.
[71]Centro de Estudios Legales, and Sociales: *El estado frente a la protesta social 1996-2002*, CELS, Buenos Aires, 2003; Almeyra, Guillermo: *La protesta social en la Argentina (1990-2004): fábricas recuperadas, piquetes, cacerolazos, asambleas populares*, Continente-Pax Ediciones, Buenos Aires, 2004; Svampa, Maristella y Pandolfi, Claudio: "Las vías de la criminalización de la protesta en Argentina", en *Observatorio Social de América Latina*, N° 14, 2004, pp. 285-296; Scribano, Adrián y Federico L. Schuster: "Protesta social en la Argentina de 2001: entre la normalidad y la ruptura", en *Medio Ambiente y Urbanización* N° 60, 2004, pp. 5-12; Auyero, Javier: "Los cambios en el repertorio de la protesta social en la Argentina", en *Desarrollo Económico*, N° 166, Buenos Aires, 2002; Frederic, Sabina: *Los usos de la fuerza pública. Debates sobre militares y policías en las ciencias sociales de la democracia*, Biblioteca Nacional, Buenos Aires, 2008.

morales) con la caída de sucesivos gobiernos y la renuncia del último, tras la masacre de Puente Pueyrredón.

Las investigaciones sobre represión bajo el kirchnerismo son pocas, pero variadas. Algunas son apologéticas y se dedican a indicar el mayor control del poder político sobre las Fuerzas Armadas (como si eso no se hubiese realizado bajo el menemismo y como si fuese un logro reivindicable).[72] Otras, se dedican a examinar los "discursos" represivos de los medios de comunicación (*Clarín* y *La Nación*), entendiéndolos como dispositivos que preparan y presionan a la acción estatal.[73] La hipótesis subyacente es que los grandes responsables de la represión son las empresas periodísticas y no quienes administran en Estado.

Dentro de la posición oficialista, se encuentra el CELS (Centro de Estudios Legales y Sociales). Se trata de un centro que ha acumulado una cantidad importante de información sobre violaciones a lo que se llaman "derechos humanos", vulneración de derechos legales y laborales y "discursos de mano dura".[74] Por eso, y más allá de lo que tengamos para decir, no puede dejar de reconocerse esa labor de reconstrucción de casos que incluso desmienten las posiciones públicas de su plana mayor (Horacio Verbitsky). A pesar de todo ese bagaje de información acumulada, la conclusión política es un apoyo al kirchnerismo y la crítica se focaliza en ciertos gobernadores y, sobre todo en la provincia de Buenos Aires al mando de Daniel Scioli, crítica que se profundiza con la asunción de Alejandro Granados como ministro de Seguridad provincial. Lo curioso es que en ningún momento asocian orgánicamente a Cristina Kirchner con este tipo de políticas.

Otros trabajos se dedicaron a examinar la variación de las fuerzas de seguridad durante los últimos 20 años. Lo que encontraron es la expansión de lo que se suele denominar "cuerpos intermedios". Es decir,

---

[72] Diamint, Rut: "La historia sin fin: el control civil de los militares en la Argenitna", en *Nueva Sociedad*, N° 13, enero-febrero de 2008.

[73] Artese. Matías y Leandro Gielis: "La protesta durante el primer kirchnerismo (2003-2004)", en *Estudios*, N° 32, julio-diciembre de 2014.

[74] El conjunto de documentos escritos por el CELS puede consultarse en www. cels.org.ar. Aquí vamos a concentrarnos en "Un estado presente no es un estado violento", "Política y policía: presiones al poder judicial, desalojo y generación de violencias. El caso del asentamiento Nueva Esperanza, de Merlo", de Manuel Tufró, Carlos Píngaro Lefevre y Santiago Sánchez Osés, publicado en *Café de las Ciudades*, Año 14, N° 153, segundo semestre de 2015 y "Construyendo roles. Democracia y Fuerzas Armadas", documento elaborado para el seminario de 2008.

Gendarmería y Prefectura.[75] La ampliación de personal y funciones de estos organismos destinados inicialmente a las fronteras produjo lo que se llama una "policialización de los organismos militares" y una "militarización de las funciones policiales". En gran parte, por la quiebra de las policías provinciales y por la necesidad de mayor control por parte del Estado nacional. Se remarca, sin embargo, como excepción el caso de la Provincia de Buenos Aires, donde este proceso da lugar a un mayor poder de los intendentes. Estos señalamientos develan un proceso cierto. Debería agregarse que la principal dificultad de las policías provinciales es la represión a la población y de la clase de donde surge, mientras que los cuerpos intermedios permiten traer efectivos no consustanciados con el lugar. A su vez, el proceso de degradación de las condiciones laborales impulsó reclamos de policías menos estructuradas, como las provinciales. Tanto Gendarmería como Prefectura permiten mantener el tipo de reclutamiento de capas más sumergidas de la clase obrera (a diferencia del ejército), en un régimen de menores costos y mayor flexibilidad (como la policía), pero mucho más disciplinado y estructurado, en reemplazo de cuerpos locales menos maleables (las policías no solo se dedican a la represión, también a diferentes tareas como tránsito, certificaciones, control comercial etc. y, fundamentalmente, manejan cajas propias devenidas del delito al que organizan).

En cuanto a los trabajos críticos del kirchnerismo, la mayoría se concentra en lo que suele llamarse "criminalización de la protesta". Es decir, la voluntad del Estado de procesar y encarcelar manifestantes y de reprimir las formas de acción directa, amparándose en el código penal. Allí aparecen autores y organizaciones de lo más diversas: Maristella Svampa, el Partido Obrero y hasta Eugenio Zaffaroni (que claramente no podría considerarse crítico del gobierno pasado), entre otros.[76] La

---

[75]Salles Kobilanski, Facundo: "¿Militarización sin militares? : los gendarmes en las calles argentinas durante los gobiernos kirchneristas (2003-2012)", en *Revista Latinoamericana de Seguridad Ciudadana*, N° 12, diciembre de 2012, Quito; Andersen, Martin: *La Policía. Pasado, presente y propuestas para el futuro*, Sudamericana, Buenos Aires, 2002; Frederic, Sabina: *Los usos de la fuerza pública. Debates sobre militares y policías en las ciencias sociales de la democracia*, Biblioteca Nacional, Buenos Aires, 2008; Dammert, Lucía: "Construyendo ciudades inseguras: temor y violencia en Argentina, en *Eure*, N° 82, Pontificia Universidad de Chile, Santiago, 2001; Escolar, Diego: *Gendarmería. Los límites de la obediencia*, Editorial SB, Buenos Aires, 2017.

[76]Svampa, Maristella y Pandolfi, Claudio: "Las vías de la criminalización de la protesta en Argentina", en *Observatorio Social de América Latina*, N° 14, Buenos Aires, 2004, pp. 285-296; Zaffaroni, Eugenio Raúl, y Pitrola, Néstor: *La criminalización*

hipótesis es que la Justicia convierte a la protesta en un crimen, con el fin de eliminarla. De allí que se denuncie la "criminalización", de convertir al manifestante en criminal.

Resulta evidente que el kirchnerismo utilizó la Justicia para perseguir a dirigentes obreros, llegando a amontonar alrededor de 4.000 procesados. Junto a la represión directa en forma física y la represión ideológica, el uso de la legislación también es una forma de imponer condiciones. También es cierto que, ante una detención o procesamiento, la tarea de los abogados, más allá de lo que piensen al respecto, es tratar de utilizar todos los vericuetos legales para liberar al compañero. Entre ellos, el argumento de que la acción directa es perfectamente legal o, a lo sumo, se trata de una falta contravencional y no de un delito penal. Esto, porque las relaciones de fuerza los obliga a operar en el marco burgués.

No obstante, hay que diferenciar una táctica de litigio de una estrategia política. En ese sentido, el concepto de "criminalización de la protesta" contiene dos elementos propios del liberalismo. Primero, que se reprime "la protesta" en general. Segundo, la idea de que la Constitución permite e incorpora el derecho de la clase obrera de desarrollar una política revolucionaria o que mantiene cierta neutralidad al respecto. En cuanto al primer punto, no se trata de "la protesta" en general, sino la acción directa de la clase obrera en particular. En cuanto al segundo, efectivamente, para la burguesía la acción directa de la clase obrera luchando por sus condiciones *es* un crimen. Y la Constitución fue hecha por esa misma clase. Se puede buscar el vericueto que se prefiera, y hay diferentes tipos de acciones (algunas, con algún amparo legal), pero eso no cambia el hecho de que la Justicia es burguesa y que la definición jurídica de *crimen* depende de los intereses de la clase dominante. Por lo tanto, lo más adecuado no es denunciar una alteración en el espíritu de las leyes y presentar la acción del proletariado como "inofensiva", sino clarificar que la ley no es un principio supremo de intereses generales y la lucha no es un perjuicio social. De manera que no se enfrentan los intereses generales consensuados (la ley) contra los intereses sectoriales (la lucha). Por el contrario, asistimos a la colisión entre la organización de la clase explotada contra una fuerza que defiende a una sociedad escindida y moribunda.

En cambio, hay una serie de trabajos que abandonan esa mirada liberal y concentran su atención en el problema de la dominación de

---

de la protesta social: el debate Zaffaroni-Pitrola. Ediciones Rumbos, 2008. También, Castillo, Christian: *La izquierda...*, op. cit.

clase. Los más importantes son los de Pablo Bonavena y el de CORREPI (Coordinadora contra la Represión Institucional).

Bonavena (en este caso con Mariano Millán) indica que, luego de un retroceso relativo del militarismo, luego de 1983, bajo el kirchnerismo se asiste a un avance significativo, corporizado en cuerpos intermedios, en grupos irregulares tolerados, en agencias privadas y en el endurecimiento de las leyes penales. Todo esto estaría digitado por los EE.UU., en el marco de su política de mayor control continental. El trabajo tiene varias ventajas, ya que desmiente la tan llevada y traída idea de que es un gobierno contrario a la represión y que defiende los derechos civiles. Es importante, además, porque visibiliza e integra la represión irregular en el análisis, variable que aparece soslayada en la gran mayoría de los autores. No obstante, hay algunos puntos conflictivos que merecerían un acercamiento más pormenorizado. En primer lugar, la capacidad efectiva del Estado de responder con una violencia semejante a la que se propone. En segundo, la tan activa participación de los EE.UU. en la definición de la política de seguridad.

Con respecto a CORREPI, cabe realizar una aclaración: se trata del organismo más serio y con el mayor trabajo hecho, hasta el momento de nuestra investigación, en cuanto a la recopilación de acciones represivas, que incorpora, además, acciones de grupos irregulares. En todos los casos, se denuncia la responsabilidad del Estado como instrumento de la clase dominante.[77] Es decir, más allá de su labor jurídica, explica la acción represiva estatal en el marco de la lucha de clases y no como una desviación de sus funciones originales, aunque en varios pasajes utilizan el concepto de "criminalización de la protesta", lo que contradice sus posiciones más generales. Su característica principal es que, según CORREPI, todo asesinato de un miembro de la clase obrera está planificado por el Estado. En ese sentido, se realiza una distinción entre una represión "preventiva" y una "selectiva". El objetivo de la primera sería:

---

[77]Verdú, María del Carmen: *Represión en democracia: de la "primavera alfonsinista" al "gobierno de los derechos humanos"*, Herramienta Ediciones, Buenos Aires, 2009. También puede verse sus definiciones en https://correpi.lahaine.org/quienes-somos/. Sobre estos temas, hemos debatido con los compañeros, la discusión puede seguirse en los siguientes artículos: Villanova, Nicolás: "La vida rota. Sobre el concepto de 'gatillo fácil'", en *El Aromo*, N° 40, enero-febrero de 2008; CORREPI: "No es un policía; el aparato represivo es el Estado", en *El Aromo*, N° 41, marzo-abril de 2008 y la respuesta en Villanova, Nicolás: "Demasiado Foucault y poco Marx", en el mismo número.

"aplicar el control social a los sectores objetivamente interesados en cambiar el injusto estado de las cosas, y que por lo tanto se descarga de manera indiscriminada sobre los más pobres y en particular los más jóvenes, que son así disciplinados en el respeto al orden y la autoridad."[78]

En cambio, la represión "selectiva" tendría otro fin: "está destinada a los mismos sectores en sus segmentos organizados, y se aplica a organizaciones y militantes populares".

Los trabajos de esta organización tienen una serie de dificultades. La primera es el rasgo más descriptivo que explicativo. Se señalan los hechos, en varios casos, la cadena de complicidades, pero no hay una explicación de conjunto, ni una diferenciación entre diferentes etapas de la lucha de clases, tanto en relación a la naturaleza de los gobiernos como del ciclo de ascenso o reflujo de la clase obrera. Entonces, los hechos pierden el marco explicativo.

Luego tenemos una serie de problemas, particularmente graves, de comprensión de los hechos. En primer lugar, no hay una caracterización de clase. No se define quiénes son "los interesados" en cambiar el estado de cosas, aunque se señala a "los más pobres", sin ninguna indicación de su lugar en las relaciones sociales. En otra oportunidad, se ha hablado de "marginales". Otra vez, se pierde la noción de clase. Se los señala como "potencial amenaza" hacia "el injusto estado de cosas". La pregunta que surge es qué estado de cosas: ¿el salario mínimo? ¿La corrupción política? ¿La cantidad de planes sociales? ¿La escasa división de poderes? La idea de que cualquier cambio implica una política revolucionaria y que ningún burgués percibe ninguna injusticia y no quiere modificar absolutamente nada es una concepción infantil de la lucha de clases. Ahora bien, más que reflejar una ingenuidad que creemos inexistente en intelectuales formados, esa frase parece tener como objetivo la apelación a sectores de la burguesía (llamados "progresistas") para el desarrollo de un programa frentepopulista frente al clasismo.

El mayor problema, sin embargo, es su populismo negro (todo "marginal" es potencialmente una amenaza al sistema) combinado con una mirada foucaultiana (por Michel Foucault) de la vida social, que reemplaza la lucha de clases por un poder omnipotente y omnisciente (una reminiscencia del pensamiento religioso). En este caso, es el Estado quien se dedicaría a planificar y/o indicar todos los asesinatos que se perpetúan en toda la geografía nacional contra "los pobres", por parte de miembros de fuerzas de seguridad. Si esto es así, entonces la distinción entre

---

[78]https://correpi.lahaine.org/quienes-somos/.

represión "preventiva" y "selectiva" no tendría demasiado sentido, ya que ambas son planificadas por el Estado para preservar el orden social. Con ello, se pierde la capacidad de evaluar el grado de profundidad de la lucha de clases y las relaciones de fuerzas entre ellas. Para la clase obrera y para la burguesía. El asesinato de un adolescente en los accesos a un recital cobra el mismo significado que una masacre de manifestantes en Plaza de Mayo que buscan destituir un gobierno. Pero no es lo mismo la muerte de un muchacho en una esquina que el de un militante revolucionario.

Con respecto al grado de "amenaza" que causan los asesinatos "preventivos", CORREPI realiza una operación lógica de muy dudosa validez. Se parte de una premisa parcialmente cierta: la clase obrera (haciendo abstracción de su fascinación por lo "marginal") tiene interés en la transformación social y, en ese sentido, cada miembro puede ser potencialmente revolucionario. Efectivamente, sobre esta certeza actúa la política revolucionaria. Pero decimos que es parcialmente cierta porque la abolición de la explotación es un interés histórico, pero en términos inmediatos, o parciales, su interés es simplemente la mejora de su condición como explotada.

Ahora bien, sobre esta base, se da un salto al vacío y se concluye lo que en realidad se debería probar: que todos los asesinatos de obreros por fuerzas policiales tienen este móvil. Es decir, que los policías tienen la orden de matar a los obreros porque tal vez en algún momento se vuelvan revolucionarios o porque, si se mata suficientes chicos en los barrios, la clase obrera va a dejar de reclamar por lo suyo.

Toda la discusión se resume a la idea de "potencia". La potencia es eso: una posibilidad. En este caso, una difícil de alcanzar porque implica un cuestionamiento a todo lo existente. Para llegar a eso, hacen falta una serie de procesos y mediaciones. Mientras no se realice, queda allí y lo que se realiza es otra cosa, que puede ser desde la indiferencia a la colaboración con la clase dominante, pasando por la descomposición personal. Y, a medida que se realizan esas otras cosas, esa potencia va perdiendo incluso su carácter latente. La semilla no es un árbol. Es una semilla. El resto es materialismo vulgar que elimina los problemas de la lucha ideológica y de las reglas más elementales del razonamiento.

Un obrero, en sí y por sí mismo, no es una amenaza. Es más, por el contrario, es un elemento necesario para el sistema. No solo como objeto de explotación, sino que la mayoría aparece como colaborador en funciones de represión (policía, educación), administración (casi todo el empleo estatal) y construcción de poder (punteros, burocracia sindical). No se ve por qué habría que eliminarlos indiscriminadamente.

Ese criterio de "amenaza potencial" olvida que los hijos disconformes de la burguesía y la pequeño burguesía son también, potencialmente, dirigentes revolucionarios de primer nivel (Marx, Engels, Lenin, Trotsky y toda la plana mayor de la izquierda argentina) y las fuerzas de seguridad no andan asesinando estudiantes a mansalva. O, con el criterio que todo pobre es una amenaza, debería producirse el genocidio de toda la clase obrera.

En lo que se llama "gatillo fácil", un policía asesina a un obrero (o a quien sea) por lo que está haciendo (o lo que el policía supone que está haciendo) en ese momento. No por su "potencia", ni porque sienta que está amenazando el orden social. El policía vive en el mismo barrio y realiza las mismas actividades (emborracharse, drogarse, escuchar música y hasta delincuenciales). Un adolescente border o un delincuente de poca monta no son la vanguardia de la transformación social. Ni real ni potencialmente. Si eso depende de gente que no puede sobrellevar su vida en el sentido más literal, el futuro de la humanidad está en graves problemas.

Con respecto a la "planificación" del Estado, como dijimos, se supone un poder que todo lo sabe y que todo lo puede. Obviamente, en este contexto la revolución es imposible. Pero he aquí que, si todo el objeto de la violencia policial es eliminar amenazas potenciales, el grado de efectividad es sumamente bajo. En lugar de estar matando adolescentes que toman cerveza en la calle o venden droga, debería utilizar toda esa fuerza para asesinar y/o encarcelar militantes revolucionarios, proscribir partidos políticos, anular centros de estudiantes y comisiones internas, cerrar periódicos y prohibir libros. Si, en cambio, gasta su energía en personas mucho menos peligrosas, mientras la política revolucionaria se ejerce a la luz del día, más que un Estado todopoderoso es un Estado bobo...

Pero, además, esas fuerzas de seguridad no solo afectan a la clase obrera, sino también a la burguesía: bandas de secuestradores, entraderas en los countries, redes de trata, etc. Es decir, lo que CORREPI no puede ver es una dinámica de los cuerpos represivos que excede su función inicial y la llevan a comportarse como una organización destinada a la acumulación económica como cualquier otra banda delictiva. En ese contexto es que aparecen los ajustes de cuenta, el "disciplinamiento" de los adolescentes para que roben/trafiquen/se prostituyan para ellos, en algunos casos, o simplemente agentes que muestran fuerza para no ser fagocitados por las bandas del barrio, en otros. En el medio, aparece una realidad: los miembros subalternos de las fuerzas represivas (es decir, los que no son oficiales) son obreros como cualquier otro, sometidos a diferentes presiones de la patronal estatal y no estatal (narcotráfico). El elemento que une todo este conflicto es la descomposición de las relaciones sociales. Justamente, el fenómeno opuesto al que ve CORREPI y que da origen a esta investigación: la incapacidad del Estado de organizar y sostener material y moralmente una fuerza represiva acorde a sus necesidades en una sociedad que se descompone.

El fenómeno de los grupos irregulares para la represión no ha tenido ningún estudio específico. Lo que se ha hecho es estudiar, muy escasa y superficialmente, las fuentes de la que se nutren esas patotas: las bandas policiales y de delincuentes asociadas al Estado, la burocracia sindical, las barras bravas y los punteros barriales. Como vemos, se trata de elementos muy diferentes cuyo estudio tiene una relación parcial con lo que nos interesa, sin llegar a la comprensión del fenómeno.

Un trabajo sumamente interesante y develador sobre las formas en que operan elementos parapoliciales, su relación con el mundo del delito, la represión y el poder político es el libro del periodista Carlos Juvenal, *Buenos Muchachos*.[79] Se examina allí el origen de las bandas de secuestradores formadas al calor del funcionamiento represivo estatal y las formas de funcionamiento de lo que podría llamarse el "Estado negro": todo un universo dedicado a la represión estatal o paraestatal, a la presión política y a la construcción de poder por fuera de los mecanismos legales y desconocido por la población. Especialmente, señala con nombre y apellido las continuidades desde la dictadura de Onganía, hasta el período democrático. Lamentablemente, llega hasta comienzos del menemismo (que fue cuando se editó el libro). No obstante, su objeto son bandas formalizadas que operaban en forma relativamente regular y estructurada, con personal calificado, mayormente proveniente de organismos de inteligencia. Es decir, del núcleo duro (y oculto) del Estado. Tienen alguna relación con las patotas que vamos a examinar, en la medida en que se trata de formaciones que pueden operar en forma asociada, pero paralela al Estado, y que estos elementos pueden ser quienes organicen esos grupos de choque. Pero difiere en la medida en que las patotas operan como un grupo de choque frontal y no clandestino, no tienen esa organicidad y sus miembros no siempre son especialistas.

Otros trabajos abordan el problema de los llamados "punteros", dirigentes barriales en contacto directo con las bases obreras, encargados de ligar a los partidos con la sobrepoblación relativa, a través de vínculos

---

[79]Juvenal, Carlos: *Buenos muchachos: la industria del secuestro en la Argentina*, Planeta, Buenos Aires, 1994.

clientelares.[80] Es evidente que los punteros arman patotas y organizan represiones, pero su actuación excede, con mucho, este tipo de actividades y, a su vez, no todas las patotas son organizadas por punteros. Por lo tanto, estos estudios, si bien ayudan a comprender la dinámica de ese mundo, no examinan el objeto que estamos estudiando. Lo mismo puede decirse de los trabajos sobre la burocracia sindical. Al igual que los punteros, son responsables de la organización de patotas para controlar sus sindicatos. Pero, también al igual que los punteros, no todas las patotas son organizadas por la burocracia, a lo que se agrega que para entender el armado y la dinámica de esas fuerzas de choque, el análisis de la naturaleza de la burocracia sindical, es decir, de una dirección, resulta muy incompleto. Queda afuera todo ese universo del cual se recluta y las formas organizativas que asume.

En cuanto al análisis de las barras bravas, los únicos análisis relativamente serios provienen del periodismo. Las producciones académicas (si se pueden llamar así) han sido arrastradas por el posmodernismo y han mostrado una preocupante tendencia al esoterismo. En general, entienden a las barras no como lo que son, sino como lo que quisieran o imaginan (o lo que les sirve para justificar la propia reproducción académica de papers). Desde trabajos tempranos como los de Archetti, hasta los más recientes de Alabarces o Moreira, las barras bravas aparece como grupos tendientes a preservar una "masculinidad", una "identidad", un "honor" y a disputar "espacios simbólicos", en donde los enfrentamientos aparecen como "rituales" y la violencia como un acto de "resistencia" al poder.[81] Es decir, todos los negocios de la barra, legales e ilegales, y sus vínculos políticos quedan de lado y no explican absolutamente nada... Para poder medir el grado de disociación de esta gente con la dinámica real, veamos brevemente las hipótesis de Pablo Alabarces.

Alabarces comienza señalando que ya no existen las clases, sino los "sectores populares" y que se tiende a excluir a los "violentos" como un cuerpo extraño.[82] Los actos violentos, explica, "señalan una dispu-

---

[80]Ossona, Jorge Luis. *Punteros, malandras y porongas: Ocupación de tierras y usos políticos de la pobreza*. Siglo Veintiuno, Buenos Aires, 2014. Zarazaga, Rodrigo y Lucas Ronconi (Comps): *Conurbano infinito. Actores políticos y sociales, entre la presencia estatal y la ilegalidad*, Siglo XXI, Buenos Aires, 2017.

[81]Moreira, María Verónica: "Etnografía sobre el honor y la violencia de una hinchada de fútbol en Argentina", en *Revista Austral de Ciencias Sociales*, N° 13, 2017, pp. 5-20.

[82]Alabarces, Pablo: "Aguante y represión: fútbol, política y violencia en la Argentina", en Carvalho, Sérgio y Marli Hatje (Orgs.), *Revista de Comunicação, Movimento e Mídia na Educação Física*, 1999.

ta por una identidad, un imaginario, un territorio simbólico (y a veces material)". Léase bien, "a veces". Y, por lo tanto, perduran porque: "las hinchadas deben su preeminencia a ser el reducto de identidad colectiva frente a la pérdida de identidad en los '90". Es decir, no perduran porque acrecientan sus negocios, sino por una cuestión meramente identitaria.

Por último, resalta la función contrahegemónica de la violencia:

"Esta ambigüedad o polivalencia de la lectura de los rituales de violencia no escapa a las líneas que venimos trazando. La violencia puede también permitir leer el *sentido de escisión* gramsciano, el sentimiento elemental de separación respecto de las clases hegemónicas que Gramsci rescata como núcleo de 'buen sentido' de las clases subordinadas, se resuelva o no en un antagonismo declarado. Los rastros de la escisión son, en el fútbol, numerosos; son los espacios donde las relaciones de oposición con un otro que se percibe como hegemónico (*poderoso*) alcanzan su máxima distancia. En el fútbol, no se puede vencer **con** el poder, **en** el poder; siempre se alcanza la victoria contra las infinitas conspiraciones de los poderosos y de los massmedia."[83]

Pablo Alabarces nos informa, entonces, que toda esa violencia organizada por los jefes de las barras, al interior de ellas, entre ellas, contra los hinchas comunes (robos, "peaje", etc.) y contra la policía, son un acto revolucionario. Es evidente que estos académicos realizan un importante esfuerzo por no leer siquiera los periódicos. Si lo hiciesen, se enterarían que las barras ("las hinchadas") son dirigidas por diferentes políticos en un nivel más alto y, en el campo, por punteros barriales que actúan para todo servicio. Además, se hubiese enterado que miembros de las fuerzas represivas participan de las barrras. También que, salvo los clubes muy chicos (que apenas tienen "barras"), manejan cantidades importantes de dinero y que eso las constituye como tales. Más aún, que las peleas al interior de la barra o entre barras tiene ese fin: acumular poder de fuego, que da poder económico. Más que un análisis, Pablo Alabarces ofrece una reivindicación de las barras y, por lo tanto, de todo ese mundo oscuro que se cobra como víctimas a la clase obrera.

No obstante, sí hay trabajos que lograron eludir el canon posmoderno y se ocuparon de abordar una realidad más tangible. Entre ellos los de Gastón Gil y Federico Fernández. El primero, muestra los vínculos entre los agentes policiales y las barras, cuestionando la dicotomía propia

---

[83]Ídem, p. 8.

del sentido común (y la academia) sobre barras/orden.[84] Fernández, asimismo, describe los mecanismos de acumulación de la barra brava de un club de Perico, en Jujuy.[85] Si bien se trata de un objeto poco central, la dinámica que muestra bien podría aplicarse a otras barras.

Sobre ese tipo de problemas reales han indagado algunos periodistas y abogados. Tanto Marcelo Parrilli como Gustavo Grabia han trabajado sobre la barra de Boca Juniors. El primero se concentró en el juicio a la banda de "el Abuelo".[86] El segundo ha reconstruido su historia y se ha ocupado de develar la dinámica de "la 12", donde pueden apreciarse los vínculos con los partidos políticos.[87] El problema es que se trata simplemente de un señalamiento de hechos, sin ningún trabajo de sistematización ni de análisis más general que permita comprender una dinámica social. Tampoco es la función del periodista. De cualquier forma, todavía queda pendiente un estudio pormenorizado y sistemático de las barras bravas. Un desafío para los investigadores que quieran comprender problemas reales y explicarlos a gente real.

Lo más cercano que puede encontrarse a nuestro objeto de estudio son los trabajos sobre organizaciones paraestatales o paramilitares, que toman diferentes formas y objetivos. En Argentina, las pocas investigaciones abordaron este tema en la represión durante los '70.[88] En Colombia o EE.UU., en cambio, se han desarrollado estudios más amplios, que en algunos casos, dieron lugar a sistematizaciones teóricas, que sirven para nuestro propósito. Si bien la mayoría trata de casos lejanos, hay algunos trabajos que brindan herramientas útiles para la comprensión del tema.

---

[84]Gil, Julián Gastón: "Criminalización, arbitrariedad y doble militancia. La Policía y la violencia en el fútbol argentino", en *Revista de Estudios Sociales*, N° 31, 2008, pp. 132-145.

[85]Fernández, Federico: "Fútbol, relaciones asimétricas y poder: Los vínculos entre dirigentes, referentes políticos y barras brava. El caso de Talleres de Perico (Jujuy-Argentina)", en *Revista de Ciencias* Sociales, N° 14, 2004.

[86]Parrilli, Marcelo: *Barra brava de Boca. El juicio*, Buenos Aires, Editorial La Montaña, 1997.

[87]Grabia, Gustavo: *La 12. La verdadera historia de la barra brava de Boca*, Buenos Aires, Sudamericana, 2009.

[88]Besoky, Juan Luis: "Violencia paraestatal y organizaciones de derecha. Aportes para repensar el entramado represivo en la Argentina, 1970-1976", en *Nuevo Mundo Mundos Nuevos. Nouveaux mondes mondes nouveaux-Novo Mundo Mundos Novos-New world New worlds*, 2016; Molinari, Lucrecia: "'Escuadrones de la muerte': Grupos paramilitares, violencia y muerte en Argentina ('73-'75) y El Salvador ('80)", en *Diálogos: Revista electrónica de historia*, N° 10, 2009.

Tal es el caso de Stathis Kalyvas y Ana Ariona, quienes han dedicado un estudio a la conceptualización de los grupos paramilitares.[89] Para ello, proponen una definición del término: "Los paramilitares son grupos armados que están directa o indirectamente con el Estado y sus agentes locales, conformados por el Estado o tolerados por éste, pero que se encuentran por fuera de su estructura formal".[90] Tomando como referencia la definición weberiana, explican que estos ponen en cuestión el monopolio de la violencia legítima que hace al Estado. Estos grupos proliferan, según su opinión, en un Estado débil (por ocupación, por baja centralización o porque deben enfrentar insurgencias), que debe "privatizar" o "tercerizar" sus funciones. Se asocian, en varios períodos, a la construcción del mismo.

Al respecto realizan una clasificación de las fuerzas paramilitares de acuerdo a dos variables cruzadas. Por un lado, su tamaño y organización. Por el otro, su alcance (local, regional/nacional). De esta manera, se forman cuatro categorías: los grupos pequeños y locales ("vigilantes"), los pequeños, pero que obedecen a una estructura mayor ("escuadrones"), las aglomeraciones masivas, pero locales ("guardianes") y las organizaciones importantes, estructuradas, que cubren casi todo el territorio ("milicias" y "paramilitares").

Si bien este estudio permite un acercamiento más riguroso al problema, porta una serie de afirmaciones que habría que revisar. En primer lugar, el término "paramilitar" sugiere una estructura asociada a las fuerzas represivas y con un grado de estructuración importante, ya que las imita. Como el mismo trabajo muestra, hay organizaciones que no tienen ese grado de organicidad ("vigilantes", "guardianes"). Tan solo podría aplicarse a los paramilitares, propiamente dichos, y a los "escuadrones". En ese sentido, el término paraestatal resulta más operativo, ya que indica dos elementos significativos: una acción que suplanta a la del Estado (represión a la clase obrera) y que tiene vínculos con él. Al respecto, Vilma Franco introduce una distinción: estos grupos pueden no tener una vinculación con el Estado, pero sí con la clase dominante. Por eso se refiere, más que a grupos paramilitares o paraestatales, a un "complejo contrainsurgente".[91] El problema es que eso supone que siempre hay una insurgencia, lo que no permite jerarquizar los grados

---

[89]Kalyvas, Stathis, y Ana Arjona: "Paramilitarismo: una perspectiva teórica", en Rangel, Alfredo, *El poder paramilitar*, Planeta, Bogotá, 2008.
[90]Ídem, p. 29.
[91]Franco, Vilma Liliana: "El mercenarismo corporativo y sociedad contrainsurgente", *Estudios políticos*, N° 21, 2002, pp. 55-82.

de estructuración política de la clase obrera. Además, tiende a separar la responsabilidad del Estado frente a la de la clase dominante. Cuando se habla de paraestatal, no solo se refiere a los vínculos con el Estado, sino, como señalamos, a una acción solidaria con el mismo.

En segundo lugar, no es cierto que las acciones paraestatales sean necesariamente un producto de la debilidad del Estado, ya que los EE.UU. ha tenido organizaciones paraestatales permanentes (Ku Klux Klan, entre otras), siendo uno de los estados más fuertes del planeta. Sí es cierto que la estructuración de estos grupos crece en forma proporcionalmente inversa a la capacidad de represión estatal, ya hablemos de su capacidad material como de su capacidad moral.

Las fuerzas que vamos a ver entrar en acción parecen tener poco que ver con los paramilitares o los "escuadrones", por lo menos en principio. Más bien, tienen una relación más cercana con lo que se denomina "vigilantismo", es decir, agrupaciones más laxas y locales. Sobre estos grupos, han trabajado Bruce Campbell y Martha Huggins. Campbell explica que se trata de grupos con un carácter más espontáneo, con un reclutamiento a tiempo parcial, que usurpan temporalmente las funciones estatales.[92] Huggins, los define como "movimientos extralegales por algunas personas que toman la ley en sus manos".[93] Indica, muy acertadamente, que estos grupos son más bien "defensivos". Es decir, que por su capacidad operativa solo pueden intervenir para mantener una situación. No sirven para aniquilar una fuerza constituida y estructurada.

El problema es que ambos autores (de la misma forma que Kalyvas y Ariona) están pensando en formaciones con un alto grado de espontaneidad y convicción política, como por ejemplo un grupo de linchamiento. Es decir, movimientos que se construyen "desde abajo", por decirlo de una manera coloquial. De allí, la imagen que los hace parecer espontáneos, cuando son el producto de un proceso ideológico y tienen una dirección moral. Parecen eso porque carecen, efectivamente, de dirección técnica. En cambio, las patotas que vamos a ver son armadas desde un vértice y el reclutamiento no es ideológico, sino económico: dinero, una propuesta de trabajo o simplemente se toma como parte de

---

[92]Campbell, Bruce: "Death Squads: Definitions, Problems, and Historical Context," en Bruce Campbell y Arthur Brenner (Eds.), *Death Squads in Global Perspective*, New York, Palgrave Macmillan, 2002.
[93]Huggins, Martha: "Introduction to Vigilantism and the State in Modern Latin America, A Look South and North", en Huggins, Martha K. (Ed.), *Vigilantism and the state in modern Latin America: essays on extralegal violence*, New York, Praeger, 1991.

las obligaciones del "trabajo" al que se accede en un sindicato, municipalidad o partido político. Quien paga, tiene mano de obra dispuesta a producir violencia. No se trata de grupos estables, sino organizados *ad hoc*. Su relación con el Estado es permanente pero laxa, y con los miembros de la burguesía, muy cambiante: pueden ser contratados, pero también convertirse en una banda que los robe o secuestre. En definitiva, entonces, podemos decir que en principio aludimos a las "patotas" como formaciones con una organicidad relativamente poco estructurada, construida para acciones puntuales con personal de tiempo parcial y no profesionalizado. No tiene una estructura formalizada (como un grupo militar) ni una desarrollada división de tareas. De todas maneras, estas son definiciones iniciales. Veamos, ya en los hechos, de qué se trata el fenómeno. A eso están abocados los siguientes capítulos.

Capítulo II

En el ojo del huracán.
Las patotas durante los gobiernos de
De la Rúa y Duhalde

El objetivo de este capítulo es reconstruir las acciones de represión irregular durante los meses inmediatos al estallido y en el momento más crítico del proceso revolucionario, entre 2000 y 2003. Es decir, la acción durante la coyuntura más aguda de la crisis política que puso en cuestión al Estado y a la dominación burguesa. En general, suele señalarse la importancia casi exclusiva del uso de la fuerza estatal, tanto en la crisis como en el período más difícil de la reconstrucción. Desde las muertes del 19 y 20 de diciembre y del 26 de junio, la acción probada de las fuerzas represivas regulares parecen ocupar todo el escenario explicativo. No obstante, la investigación sobre otras formas de represión más específica, a veces más acotada y casi siempre más direccionada, han pasado desapercibidas.

La reconstrucción de este tipo de acciones nos permite dilucidar una serie de problemas. En primer lugar, como vimos, el lugar de la acción de grupos irregulares de la clase dominante durante la crisis hegemónica y los cambios que se operaron en el transcurso de ella. En segundo, la continuidad o ruptura que puede haber tenido lugar entre la acción de la Alianza (donde la UCR –Unión Cívica Radical- jugó un papel central) y el PJ. Es decir, si encontramos una unidad de acción o las lógicas partidarias muestran tener una particular jerarquía. En tercero, nos permite apreciar los antecedentes históricos del uso de patotas bajo el kirchnerismo y en qué medida este utiliza las existentes o crea unas nuevas.

Como anticipamos en el primer capítulo, intentamos realizar una reconstrucción rigurosa de los hechos a lo largo del país. Sin embargo, este trabajo tiene dos límites. El primero es cualitativo: no realizamos

82

una reconstrucción definitiva de cada hecho. Hay hechos relatados hasta en sus más oscuros detalles y otros cuya trama aparece en forma fragmentaria. En la mayoría de los casos, no pudimos identificar a los responsables materiales en forma concluyente (y a veces en ninguna forma). Recordemos que en varios casos se tramitaron denuncias judiciales y que, en muchos de los que así fue, la Justicia pudo señalar a los culpables. Pero eso no fue así en todos los casos identificados. Una investigación que subsanara estas deficiencias judiciales hubiera requerido detenerse en solo algunos casos, perdiendo de vista la reconstrucción general.

El segundo límite es cuantitativo. En este capítulo, ese límite es mayor. La cantidad de movimientos, asambleas populares, piquetes, cortes y manifestaciones a lo largo del país fue demasiado grande. Los grandes medios poco cubrieron de todo eso. Los medios alternativos solo registraron información aislada y sin chequear y muchos de esos sitios han sido dados de baja. Aunque no parezca, han pasado ya 18 años y la identificación completa y definitiva de todos los hechos requiere una investigación propia. Las asambleas populares, por ejemplo, son un fenómeno que todavía está esperando su historiador.

Hemos separado el capítulo en tres partes. Una corresponde al gobierno de la Alianza, en el que se profundiza la crisis y la lucha de clases va en aumento, hasta desembocar en la insurrección del 20 de diciembre de 2001. La segunda examina el período bajo el gobierno de Eduardo Duhalde, el cual recorre desde la profundización del proceso y el crecimiento de las organizaciones revolucionarias, hasta la entrega del poder a Néstor Kirchner, en medio del retroceso del proceso, en un reflujo relativo inaugurado en junio de 2002. Por último, las conclusiones.

En las dos primeras partes, las acciones no están organizadas de idéntica forma. En la primera, distinguimos acciones sindicales, políticas y aquellas destinadas a militantes particulares. En la segunda, priorizamos el aspecto más territorial. Si bien hay acápites donde se particularizan las acciones protagonizadas por patotas sindicales y las universitarias, el análisis da lugar al examen de las formas de reconstrucción estatal en aquellas regiones más conflictivas: la Capital Federal y la Provincia de Buenos Aires. Allí se trabaja sobre las acciones contra organizaciones que constituían el corazón de la fuerza social revolucionaria: las organizaciones de desocupados y las asambleas populares. También se trabaja sobre los asesinatos políticos y sobre las acciones en Santa Cruz, bajo el mandato de Néstor Kirchner.

Los enfrentamientos en el gobierno de De la Rúa (2000-2001)

En general, cuando se piensa en el gobierno de la Alianza, se hace énfasis en el persistente y constante uso de las fuerzas oficiales para la represión de los reclamos que llevó adelante el proletariado. Es lógico, ya que durante ese período se asistió a importantes picos del accionar estatal, comenzando con los tres asesinatos en Corrientes y los treinta en un solo día, aquel 20 de diciembre de 2001.

No obstante, pocos han indagado acerca de la represión a través de canales irregulares o paraestatales. Nuestra investigación, con una mirada de largo plazo, ha procurado reconstruir todas las acciones de este tipo que se llevaron a cabo en su gobierno. Nuestro criterio para contabilizarlas es que el grupo de choque en cuestión actúe en defensa del orden social vigente, ya sea defendiendo a autoridades políticas y sindicales concretas, ya sea evitando un cuestionamiento más general. Por lo tanto, hemos tomado no solo las acciones que implican al aparato radical o de alguno de los aliados de la Alianza, sino también aquellas organizadas por partidos que se reclaman opositores, como el PJ.

Una vez recolectadas las acciones, queda determinar el criterio por el cual se van a clasificar. Al efecto, elegimos presentarlas de acuerdo al espacio y grado de enfrentamiento y de planificación. En primer lugar, las acciones organizadas por las direcciones sindicales contra elementos opositores. Estas pueden tomar el lugar de la represión policial, en defensa de la empresa, ante un reclamo, o pueden ser una intervención para asegurar la continuidad de la dirección sindical, evidentemente más favorable a la clase dominante.

En segundo lugar, aquella represión organizada directamente por el poder político, como el caso de intendentes, gobernadores, diputados y hasta el propio aparato del partido dominante. En estos casos, la acción suele aparecer como respuesta a un cuestionamiento de la autoridad política, ya sea por motivos de tipo sindical (empleados públicos) o por motivos más generales. Se trata de fenómenos de mayor envergadura que los primeros, ya que abarcan un mayor nivel de enfrentamiento, en términos cualitativos.

El tercer grupo está conformado por las acciones que se dirigen a militantes particulares. En los casos anteriores, el grupo de tareas se arma para repeler una acción puntual y su represión es genérica y, podríamos decir, "de posición": se defiende un lugar, independientemente de quién lo dispute, y su acción es más bien defensiva. En cambio, este tipo de

84

acciones no tienen un objetivo "geográfico", sino que apuntan a debilitar a la fuerza enemiga. No disputan un lugar, sino que buscan modificar la relación de fuerzas existentes en términos menos coyunturales. Es decir, tienen un carácter ofensivo: busca modificar la situación en su favor. La acción no es genérica, sino que se busca dejar fuera de combate a elementos calificados de la fuerza enemiga: militantes sindicales, elementos de los partidos políticos revolucionarios. No es solo un ataque, es la forma más activa de la defensa teórica de un orden, por la vía de atacar a quienes se dedican a cuestionarlo, más allá de tal o cual lucha particular.

Nuestro método de exposición será en principio estrictamente descriptivo. Intentaremos presentar la acción con el conjunto de variables que hacen al hecho. Luego, pasaremos a realizar un balance parcial del gobierno que estamos analizando (dejamos el análisis estrictamente cuantitativo para el capítulo VI).

Las patotas sindicales

Negociar bajo presión

Los primeros días del año 2000 no trajeron una vuelta de página a lo que se vivía en Argentina. Eran tiempos de suspensiones y despidos masivos. A los perpetrados por las autopartistas, ahora se sumaban los anunciados por las textiles. El motivo: la importación, es decir, la propia ineficiencia de la burguesía local. El país había perdido una mediación en la Organización Mundial de Comercio (OMC), patrocinada por la Cámara del Calzado. Como resultado, solo se toleraban las protecciones a esta rama si, a cambio, se levantaban las que se destinaban a otras. En esa puja interburguesa local, el calzado llevó las de perder y le tocó a esta industria despedir. Quien comandaba la política de protección y subsidios, y negociaba las suspensiones y los despidos era nada menos que Débora Giorgi, entonces Secretaria de Industria, Comercio y Minería. La misma administradora que luego ocuparía un cargo muy similar (ministra de Industria) en la administración de Cristina Kirchner, desde el 2008. En tiempos de Néstor Kirchner, administró una cartera estratégica: Asuntos Agrarios y Producción de la Provincia de Buenos Aires, la principal provincia productora de soja, la fuente de recaudación del Gobierno. Es decir, estamos ante un elemento que viene gobernando desde tiempos de la Alianza.

Bien, vayamos a los hechos: el 12 de enero del 2000, Alpargatas anunció el despido de 300 operarios de su planta en Florencio Varela, casi la mitad del plantel. Su plan, sin embargo, contemplaba el despido de la mitad de sus 6.000 empleados en el conjunto de sus establecimientos (que se extendían, además, a San Luis, Catamarca, Tucumán y Barracas). Todo esto, acordado con la ministra. El problema era que la empresa debía, también, salarios atrasados a sus obreros en planta, por lo que se juntaban los reclamos de los despedidos con los que iban a conservar su trabajo.

El día 27 de enero, los trabajadores de Florencio Varela decidieron resistir la medida. Luego de una serie de negociaciones, deliberaciones y asambleas, resolvieron cortar la ruta más transitada en ese mes de vacaciones: la ruta 2, aquella que une a la Capital Federal y el Conurbano con las ciudades turísticas de la costa atlántica.

Para liberar la ruta, una patota que respondía a la dirección de la Unión Obrera Textil se hizo presente, amenazó al personal y obligó a una negociación de 15 minutos, en la que se tuvieron que aceptar tres puntos: que los despidos se iban a efectivizar, que las indemnizaciones se iban a cobrar en cómodas cuotas pagaderas a cuatro años y la postergación, hasta el mes de marzo, de la cancelación de las deudas con el personal efectivo. La dirección del sindicato, por lo tanto, operó en reemplazo de las fuerzas represivas y del Estado, asegurando las mejores condiciones para la empresa y, lógicamente, las peores para los trabajadores. El conflicto no se extendió. La entonces "radical" Débora Giorgi, por el momento, podía respirar tranquila.[1]

Dirigentes resentidos

En Mar del Plata, a fines de la década del '90, las condiciones obreras en la industria del pescado comenzaron a tornarse insoportables. A los aumentos de la jornada laboral, se sumaban ahora las suspensiones y los despidos. La dirección del SOIP (Sindicato de Obreros de la Industria del Pescado) fue avalando todas y cada una de las medidas patronales. En consecuencia, no tardó en surgir una oposición dentro del sindicato, en ocasiones, ligada a la izquierda.

El 29 de junio del 2000, un grupo de obreros cooperativistas se movilizaron a la sede del SOIP para exigirle al sindicato que adhiriera

---

[1] https://www.lanacion.com.ar/economia/
alpargatas-pacto-un-plan-de-despidos-nid1434.

al paro que mantenían los trabajadores de mar. La dirección sindical se negaba. Entonces, luego de increparla, los trabajadores forzaron la puerta, ingresaron a la sede gremial y expulsaron a los dirigentes que estaban reunidos en el local. De allí surgió una Comisión Provisoria del SOIP.

Casi un mes después, el viernes 28 de julio, la Comisión Provisoria llamó a una asamblea para definir un plan de lucha. Antes de que empezara, se hizo presente un grupo armado que respondía a la dirección desplazada, con la intención de impedir las deliberaciones. La patota fue rechazada, pero volvió, disparó e hirió a un estudiante de Derecho, que estaba allí para dar su solidaridad a los trabajadores. La asamblea y el plan de lucha se desarrollaron, pero este hecho quedó completamente impune.[2]

Kraft y Daer, por duplicado

En 1993, Daer había perdido la planta de Terrabusi a manos de una alianza entre el PCR (Partido Comunista Revolucionario) y peronistas disidentes. Dos años después, el entonces secretario de la CGT comenzó una avanzada contra la Comisión Interna, que se sostenía a duras penas. A fines del 2000, la Comisión Interna y su Cuerpo de Delegados llamaron a un plan de lucha que contemplaba el corte de la Panamericana. La empresa se preparaba para responder. Por lo pronto, despidió a 79 obreros por impulsar una asamblea. Esta medida contó con la anuencia de la dirección sindical y se trataba de un claro acto de provocación.

El 4 de enero del 2001, los trabajadores de Terrabusi-Kraft decidieron cortar la ruta Panamericana en una manifestación de 500 personas, con la solidaridad de las organizaciones piqueteras (Polo Obrero, Coordinadora de Trabajadores Desocupados, Teresa Vive, MIJD – Movimiento Independiente de Jubilados y Desocupados) y el PTS. Una parte de la Comisión Interna propuso marchar a la sede del sindicato, en repudio a su inacción.

En medio del acto, se hizo presente una patota de 60 personas, en representación de la dirección del sindicato, con palos y caños, que empezó a agredir físicamente a los manifestantes con el objetivo de disolver el acto. Daer se hizo presente e incitó, explícitamente, a "quemar" la sede sindical. Diez de los despedidos fueron reincorporados.[3]

---

[2]http://archivo.po.org.ar/po/po675/movimien.htm.
[3]http://archivo.po.org.ar/po/po694/movimien.htm.

El día 8 de enero, los despedidos fueron citados a la sede del sindicato para aclarar su situación. No obstante, en lugar de tener una reunión, les entregaron un diario que titulaba que el gremio no iba a impulsar un plan de lucha. Los trabajadores no tenían más nada que conversar y se fueron. Al salir, fueron increpados en la puerta por un grupo de patoteros que los golpeó, intentando sacarles la documentación que llevaban. Los trabajadores huyeron corriendo y el hecho se transformó en una verdadera persecución, que siguió hasta el propio colectivo donde se subieron los despedidos. Allí, y delante de los pasajeros, fueron nuevamente golpeados. Les quitaron los documentos y los destruyeron allí mismo. Luego de esa acción, la Comisión Interna y el Cuerpo de Delegados comenzó a debilitarse notablemente, hasta el año 2004, en que la izquierda comenzó a hacerse fuerte.

Crónica violenta

Aduciendo problemas presupuestarios, el medio Crónica comenzó un ajuste importante. Desde septiembre de 1999, comenzó a descontar a sus trabajadores un día por mes. La excusa era evitar despidos. El acuerdo tuvo la vigencia de un año, luego del cual la patronal empezó a realizar despidos "hormiga", que afectaron a 20 personas. Sumado a eso, se produjeron importantes retrasos en el pago de salarios y aguinaldos.

El 8 de junio de 2001, los trabajadores del medio realizaron un paro, que incluyó a los contratados. El 14 de junio, el paro se extendió a los gráficos, a los trabajadores de prensa y a Mexigraf, un taller auxiliar. La medida bloqueó la salida de seis ediciones, evitó el trabajo del personal jerárquico y comprometió una antena satelital. Para enfrentar la huelga de los gráficos (el sector más fuerte), la empresa realizó una serie de agresiones físicas a los huelguistas, a cargo de personal no identificado, aunque se sospecha de su origen sindical. Mediante las agresiones y amenazas, se logró realizar una asamblea minoritaria y no convocada, que decidió levantar la huelga de los gráficos. No obstante, los trabajadores de prensa y de Mexigraf mantuvieron la medida por 12 horas más.[4]

---

[4] http://archivo.po.org.ar/po/po711/movimien.htm.

88

Las patotas del poder político

Los muchachos radicales

"El último progresista", se hacía llamar Federico Storani. Había sido un puntal del alfonsinismo y uno de los precursores del FREPASO (Frente País Solidario). Luego de despotricar diez años contra el menemismo, en nombre de los derechos de las mayorías, ahora era parte del Gobierno. Nada menos que Ministro del Interior. Sus primeros días al frente de la cartera dieron por tierra el poco o mucho prestigio que pudo conseguir. A poco de asumir, desalojó por la fuerza el puente Corrientes-Resistencia, tomado por estatales autoconvocados que habían rebalsado la conducción de ATE. El resultado fue de dos muertos y varios heridos. Francisco Escobar, de 25 años, y Mauro César Ojeda, de 19. Acto seguido, y aprovechando la crisis, De la Rúa intervino la provincia. El interventor, nada menos que Ramón Mestre, se encargó de controlar la Justicia para que nada se investigue. Cesanteó al juez a cargo y no designó reemplazante. No se tomaron declaraciones ni se citó a los heridos. Storani siempre intentó desligarse del hecho, pero el comandante Chiappe, responsable del operativo, fue bastante elocuente. Argumentó que "recibió una llamada telefónica del Ministerio del Interior, el 16 de diciembre, para que dispusiera el desalojo, aclarando que Mestre necesitaba asumir con el puente en orden y desalojado".[5]

El 17 de junio de 2000 habían pasado seis meses del hecho e HIJOS, junto a otras organizaciones de izquierda, planificaba un escrache a la casa del ministro, en Gonnet, provincia de Buenos Aires. Una semana antes, aparecieron pintadas amenazantes firmadas por Franja Morada y la Juventud Radical. No obstante, la movilización se llevó a cabo. Asistieron CORREPI, la LADH (Liga Argentina por los Derechos Humanos), CEPRODH (Centro de Profesionales por los Derechos Humanos), Izquierda Unida (Partido Comunista –PC- y Movimiento Socialista de los Trabajadores –MST-), Partido Obrero (PO), Partido de Liberación (PL) y Peronismo de la Resistencia. La columna no pudo llegar a destino. Fue interceptada por un cordón armado con cadenas y palos de militantes radicales, escoltados por la policía de la provincia, a cargo de Carlos Ruckauf. Ante las provocaciones de parte de las fuerzas

---

[5] https://www.ellitoral.com.ar/corrientes/2005-12-16-21-0-0-la-represion-de-1999-y-el-aniversario-que-refleja-el-eco-de-una-pueblada.

de seguridad y del cordón radical, la columna decidió permanecer en el lugar y no dar lugar al enfrentamiento.[6]

Si bien no hubo agresiones físicas, en este caso la patota operó como elemento de defensa de un personal dirigente, responsable de la represión de una manifestación. Esa defensa se realizó en colaboración con las fuerzas del orden, dirigidas por el Partido Justicialista (PJ). Es decir, hubo aquí una colaboración entre ambos partidos.

Una encerrona en el Sur

Carlos Infanzón era intendente de Berazategui (Buenos Aires) desde 1994, gracias su mentor dentro del PJ, Juan José Mussi. A mediados del año 2000, decidió iniciar la privatización del cobro de las deudas impositivas municipales. La crisis había dejado miles de vecinos morosos e Infanzón pensó que era la hora de recaudar y, de paso, generar algún negocio. Mandó, entonces, el proyecto de ordenanza al Consejo Deliberante.

La iniciativa no dejó de despertar la reacción de la población. Luego de una serie de reuniones, una comisión vecinal decidió una marcha a la Municipalidad. El 21 de julio, más de 200 manifestantes llegaron a la intendencia y entregaron un petitorio. Allí explicaban que la ejecución de deudas iba a poner a las familias más pobres frente a la necesidad de contratar abogados que no podrían pagar (recordemos que solo en el fuero penal se acepta un defensor público). Se trataba, obviamente, de una medida de recaudación fiscal cuya consecuencia no sería otra que la pauperización de la población obrera. En definitiva, esa primera marcha se realizó sin incidentes, pero también sin consecuencias. Por lo tanto, la comisión vecinal decidió convocar a otra movilización el 18 de agosto. Ese día, la convocatoria fue mayor y, por lo tanto, la presión política se incrementó.

Carlos Infanzón no tuvo mejor idea que mostrarse dialoguista e invitar a los manifestantes a una reunión en el momento. Claro que solo se permitiría el ingreso de 30 representantes, en fila, de diez en diez y en tres tandas. Cuando el último de los mandatados hubo de traspasar el portón de entrada, se cerraron las puertas y aparecieron 100 matones, con palos de béisbol, que se dedicaron a golpear a los representantes, sin que estos pudieran escapar. Los gritos de las víctimas despertaron los intentos de los manifestantes de violentar la puerta para ayudar a

---

[6]http://correpi.lahaine.org/?p=297.

90

sus elegidos. La presión de la movilización y la mediática obligaron a la policía provincial a intervenir y evitar lo que hubiese sido una masacre.[7] Infanzón gobernó hasta el 2002, año en el que tuvo que renunciar por los efectos de la crisis política en su municipio.

Barras tucumanos

El gobierno de Tucumán había decidido eliminar el tercer ciclo del EGB y desvincularse de los planes nacionales de implementación de la reforma educativa, para crear un sistema provincial. El motivo no era pedagógico, sino presupuestario: la provincia argumentaba que no tenía fondos para pagar la extensión de la educación obligatoria dos años más. Lo que estaba haciendo, en realidad, era eliminar el séptimo grado. La consecuencia, además de la degradación educativa, era la expulsión del sistema de miles de docentes que dictaban clase de séptimo grado a segundo año (primero a tercer año del tercer ciclo). Todo esto había sido decidido 15 días antes de comenzar el ciclo lectivo. Unos 800 docentes presentaron acciones de amparo, para no quedar cesantes. La medida afectaba no solamente a la educación pública, sino también a los fondos para las escuelas privadas y confesionales. Por lo tanto, se constituyó una alianza entre directivos, docentes y padres de escuelas públicas y privadas.

El 1 de abril, una manifestación encabezada por la Iglesia se convocó frente a la Legislatura provincial. Julio Miranda, el gobernador, ya sabía lo que tenía que hacer. Además de gobernador, era el presidente de Atlético Tucumán, el club más importante de la provincia. Obviamente, esto implicaba el control de la barrabrava, ligada al PJ.

Los muchachos de Miranda comenzaron a bloquear las calles del microcentro. Luego, se abalanzaron sobre la manifestación con palos, golpeando a los convocados. La movilización se desplazó a la Plaza Independencia, donde fueron otra vez emboscados por los barras peronistas, con cintas celestes y blancas en los brazos y al grito de "Viva Perón, mueran los curas". Oscar López, delegado del Defensor del Pueblo de Tucumán, también fue golpeado. La policía de la provincia fue un testigo privilegiado: no movió un efectivo. Según el parte oficial del jefe de Policía, Ángel Luis Valdiviezo, no se registraron incidentes...[8]

---

[7] http://correpi.lahaine.org/?p=255.
[8] http://www.tribunadocente.com.ar/notas/palostucuman.htm, http://edant.clarin.com/diario/2001/04/03/p-02003.htm.

Muertos, pero con dinero

Corría el año 2001 y Osvaldo Ostoich quería convertir sus tres hectáreas en Villa Tessei (Buenos Aires) en un negocio rentable, por lo que pidió una excepción al Código de Planeamiento Urbano. La idea: emplazar allí un cementerio privado. Como garante de los negocios, el Consejo Deliberante aceptó sin chistar. El problema era que la prohibición tenía sus razones: las napas se podían contaminar y la zona urbana no permitía actividades de crematorio. Además, se iban a cerrar cuatro calles que funcionaban como arterias. A esto, los vecinos argumentaban, con razón, que sus propiedades iban a desvalorizarse.

La población comenzó a organizarse y llegaron las primeras marchas. Los barrios de San Alberto, Virgen de la Esperanza, Los Troncos, Los Palitos y El Destino dieron a luz una comisión de vecinos autoconvocados. El intendente era nada menos que Juan José Álvarez (el mismo de Puente Pueyrredón). El 5 de julio de 2001, ante una manifestación, "Juanjo" Álvarez se comprometió a evitar el emplazamiento. No obstante, el proyecto siguió adelante.

Una nueva protesta se desplegó el día 11 de agosto. Álvarez manifestó que iba a recibir a los vecinos. No obstante, cuando estos llegaron a la intendencia, fueron recibidos por una patota que evitó su entrada y los obligó a dispersarse.[9] El delfín de Duhalde y Kirchner mostraba su vocación.

Ataques planificados u militantes

Casas tomadas

Durante el mes de julio del año 2000, Villa Gobernador Gálvez (Santa Fe) fue el escenario de importantes luchas de los desocupados. Bastión industrial en otros tiempos, había dejado un tendal de desocupados y, por lo tanto, de un potencial desarrollo político de la izquierda. Los reclamos dieron lugar a una comisión vecinal, que organizó asambleas y varios cortes de ruta, exigiendo puestos de trabajo y seguros al desocupado. El intendente, Pedro José González, del PJ, intentó clausurar la protesta con la entrega de algunos bolsones de comida. No tuvo éxito: los reclamos recrudecieron.

---

[9] http://correpi.lahaine.org/?p=224.

González entonces citó a dos delegados para "arreglar", pero ambos se negaron a ser parte de su política, por lo que se tuvieron que retirar en medio de intimidaciones y amenazas. Luego de una movilización, quien se presentó en nombre de los vecinos fue Carla Braunfels, dirigente barrial de importancia. También fue echada en medio de amenazas. En la noche del 1 de agosto, mientras Carla daba de comer a sus cuatro hijos en su precaria casa, unos desconocidos prendieron fuego el lugar. Carla no podía salir, porque la puerta ardía. En medio de la desesperación y los gritos, su hija mayor había comenzado a sufrir los efectos del fuego. Fue un vecino quien las salvó de la muerte. Llegó, derribó la puerta y sacó a las mujeres. La hija mayor quedó con secuelas. Las otras tres, con quemaduras más leves. Esa misma noche, la casa de otro de los delegados fue saqueada y luego destruida. Carla no dejó de luchar.[10]

Pedro José González, un dirigente de Reutemann y Menem, fue candidato del kirchnerismo en el 2007. Desde 2011, para curiosidad y escándalo de cualquier memorioso, gobernó la localidad con el aval del Frente para la Victoria. Por esos años, volvió a saltar a la fama por nombrar un comisario de dudosos antecedentes como Secretario de Seguridad.

El candidato único

"Me quieren tirar abajo lo que tanto me costó conquistar en ocho años", se lamentaba Juan Díaz, presidente de la Junta Vecinal del barrio de San Martín, distrito de San Fernando (Buenos Aires), empleado municipal y referente del PJ local. Corría el mes de noviembre del año 2000 y para las próximas elecciones a Junta Vecinal, Díaz ya no estaba solo. Una lista opositora proyectaba presentarse. Sus candidatos pertenecían a la Coordinadora de Trabajadores Desocupados (CTD). Nada menos que la organización que había impulsado la instalación de la carpa por "Pan y Trabajo", que ya llevaba 50 días en la Plaza Mitre. La CTD reclamaba cincuenta planes de trabajo inmediatos, otros cincuenta a implementar en plazos, asistencia alimentaria para 200 familias y una comisión de seguimiento común que garantizase el acuerdo. El bloque de concejales del PJ ya había emitido una declaración exigiendo el desalojo de la carpa, pero las relaciones de fuerza no toleraban una represión lisa y llana.

La preocupación de Díaz era bien otra: las elecciones. No podía permitir que la movilización diera lugar a una expresión política que

---

[10]http://correpi.lahaine.org/?p=255.

disputara su lugar. El jueves 30 de noviembre, una patota irrumpió en la casa de la candidata, amenazó a sus hijos y le dio una semana para que ella y sus compañeros se retiraran del barrio. Al día siguiente, otro de los miembros de la CTD fue agredido con un arma blanca. La hermana de la víctima se interpuso y recibió un golpe en la cabeza. Para la policía, se trató de una "reyerta".[11]

Saludos nocturnos

Desde el 2000, el Frente Único de Trabajadores Desocupados (FuTraDe) venía desarrollándose en La Matanza, provincia de Buenos Aires. Se trataba del frente de masas que había organizado el Partido Obrero, con fuerte presencia en gráficos, docentes y, obviamente, desocupados. Los militantes habían recibido varios aprietes por parte de punteros de Pierri en Laferrere. Durante la noche del domingo 29 de abril del 2001, el local central del PO de La Matanza, situado en San Justo, fue objeto de un atentado con una bomba molotov que rompió las ventanas y dio inicio a un foco de incendio. Se trató, claramente, de una advertencia de los dirigentes peronistas.[12] Como sabemos, nada de esto impidió el desarrollo de un fuerte movimiento de masas revolucionario en tan importante bastión.

Una Aurora persistente

El tradicional piquete de Gaona y Vergara, en Morón, provincia de Buenos Aires, se había mudado. Ahora se bloqueaba la intersección de Gaona y Marconi, frente al Hospital Posadas. Y junto con la geografía, cambió el color del paisaje. A las desabridas ropas de mujeres con hijos y de hombres con los pañuelos se sumaron el azul y el blanco de los uniformes de enfermeros y médicos en un reclamo contra el ahogo presupuestario, que implicaba no solo la baja de salarios, sino la falta de insumos e infraestructura. A ello, se agregaban los problemas de inseguridad: la escuela de enfermería había sido tomada por delincuentes que mantuvieron a 61 trabajadores como rehenes.

---

[11]http://archivo.po.org.ar/po/po691/movimien.htm;http://archivo.po.org.ar/po/po682/movimien.htm; http://archivo.po.org.ar/po/po701/movimien.htm.
[12]http://archivo.po.org.ar/po/po705/movimien.htm.

Era el miércoles 15 de agosto del 2001 y quien se paró frente al micrófono era Aurora Ríos. Enfermera y delegada del hospital, Aurora aparecía como la principal dirigente sindical, quien había organizado varias asambleas e hizo de enlace con el movimiento de desocupados, allí presente para garantizar la protesta durante días. Aurora explicó a los medios que estaban allí, porque hacía dos días (el lunes 13) la policía había reprimido la manifestación y, acto seguido, mostró su brazo lleno de moretones. Denunció, también, haber recibido más de una amenaza, ella y sus compañeros.

La noche del 9 de septiembre, Aurora manejaba hacia su casa, luego de otro día de intensa lucha. Pero allí la estaba esperando un coche desconocido, que se acercó y le mostró un arma. Aurora intentó huir y los atacantes lograron encerrarla. Ella perdió el control del auto y chocó contra una columna. Los desconocidos se acercaron hasta el auto accidentado y, al ver que la víctima se hallaba bastante desorientada, se retiraron. El auto se prendió fuego, pero Aurora logró salir.[13]

Eduardo Duhalde: la pacificación del país como premisa del kirchnerismo

La presidencia de Eduardo Duhalde marcó el comienzo del rearme de la burguesía argentina. Muy rápidamente, a diez días de la insurrección de diciembre de 2001, las corporaciones empresariales, los mandatarios provinciales, las direcciones sindicales y los principales partidos políticos se encolumnaron en torno de una nueva administración. Sin embargo, el proceso revolucionario siguió avanzando hasta, por lo menos, junio de 2002. El hecho más emblemático de la ofensiva burguesa, el signo de que se estaba dando una respuesta contundente y organizada, fue la represión del 26 de junio de ese año. El rápido rearme dio una rápida respuesta. Al día siguiente de la represión, Duhalde tuvo que enterrar sus ambiciones presidenciales y anunciar la convocatoria a elecciones para abril de 2003. Fue una victoria de la burguesía, que sacrificó a su principal dirigente del momento.

Aún a costa de enterrar su carrera personal, entonces, el nuevo presidente logró su objetivo. El conflicto se encauzó en el terreno institucional. Se celebraron elecciones y los candidatos del régimen se llevaron

---

[13]http://edant.clarin.com/diario/2001/08/15/p-02003.htm; http://archivo.po. org.ar/po/po722/movimiento.htm.

más del 90% de los votos y el caudal de votos positivos subió del 74% al 97%. No todo estaba resuelto, pero se había avanzado bastante. De allí en más, el reflujo no hizo sino profundizarse.

Varias son las hipótesis sobre las casusas de la reconstrucción estatal. La más lúcida, plantea la centralidad de dos variables. En primer lugar, la economía: luego de una devaluación de la moneda y el salario, el aumento del precio de los comodities (soja y petróleo) brindó al gobierno peronista la posibilidad de estabilizar las variables fiscales. Sobre esa base, se implementó una política de asistencia social: algo más de un millón de planes sociales, subsidios a las empresas en crisis (lo que mantiene el empleo) y congelamiento de tarifas. Recursos para la clase obrera (luego de haberla sumergido) y para la burguesía. Para la débil (industria, servicios), subsidios. Para la eficiente (el agro), devaluación. Con esa base, comenzaba una reconstrucción política.

La segunda variable: la acción represiva. La represión de junio de 2002, el asesinato de dos militantes, marcó una victoria estratégica: por primera vez en años, el Estado lograba disolver una medida a nivel nacional. Si en diciembre de 2001, las fuerzas del régimen fueron derrotadas, más allá de las bajas, aquí lograron un triunfo. Se trató de un enfrentamiento en el cual la fuerza revolucionaria puso toda su fuerza material y moral. Por eso, la derrota fue tan significativa. La burguesía logró la iniciativa. Desde entonces, las acciones mermaron en cantidad y en calidad. Muchas organizaciones comenzaron un largo retroceso que, en algunos casos, iba a llevar a la disolución (como el caso de los MTDs –Movimiento de Trabajadores Desocupados-).

Hay un tercer elemento: la debilidad subjetiva y material de la fuerza revolucionaria. La heterogénea alianza no había logrado establecer una dirección técnica. La disputa programática no se había terminado de saldar. Había acuerdos en torno de la defensa de las condiciones obreras, en la acción directa y la tendencia insurreccional. Pero la mayor parte de la fuerza portaba una conciencia autonomista, de origen pequeño-burgués. De ahí la fuerza de Luis Zamora y de los MTDs. Del otro lado, organizaciones revolucionarias que por fuertes insuficiencias teóricas, se ausentaron del proceso (PTS). Se podría agregar un cuarto elemento: el tiempo. En pocos meses, la fuerza revolucionaria difícilmente podía desarrollarse hacia el programa socialista. Habría que agregar la lucidez política del personal de la clase dominante, porque la plata por sí misma no recompone nada tan rápidamente. Y la represión debe ser organizada y disciplinada. Hay que saber cuál es la batalla principal y cómo ganarla. Para bien o para mal, la historia se hace con nombres propios.

De cualquier forma, subsidios y represión, por el lado burgués, parecen ser las variables que explican la recomposición del sistema. Ahora bien, cuando se habla de "represión", se tiende a pensar en la acción de las fuerzas estatales. La acción quirúrgica (y no tanto) de las fuerzas irregulares no ha sido tratada y, por lo tanto, parece ser que la fuerza revolucionaria retrocedió solo a causa de unos cuantos hechos. Hechos importantes, pero que por sí mismos no podrían explicar la defección de cientos de militantes a lo largo del país.

A continuación, veremos en qué medida la ofensiva burguesa se basó en acciones moleculares: la represión paraestatal sobre militantes del campo revolucionario. Para eso, organizamos esta parte en cinco acápites. En primer lugar, la represión de conflictos sindicales, donde se puede ver la acción de la burocracia contra la organización de la clase obrera en sus reclamos corporativos. En segundo, las patotas en la universidad, donde la izquierda comenzó a ganar fuertes posiciones. En tercero, y más importante, la acción represiva para desarticular las organizaciones creadas al calor del proceso revolucionario y que representaban a la fuerza que desafiaba el orden. Por lo tanto, aunque el carácter del reclamo pueda ser más bien corporativo y más allá de su programa, las organizaciones tenían una perspectiva política (a diferencia del sindicato) y la respuesta provino del poder político, en cualquiera de sus niveles. En cuarto, tomamos las acciones paraestatales en la provincia de Santa Cruz, allí donde gobernaba Néstor Kirchner. La razón es averiguar si las patotas son una "herencia" incómoda con la que el nuevo régimen debió lidiar o son un *modus operandi* ya utilizado por el kirchnerismo desde sus comienzos en la administración provincial. También, es una forma de entender qué lugar ocupó Néstor Kirchner en la crisis.

Por último, analizamos las acciones que redundan en asesinatos de militantes de la fuerza revolucionaria. Estos permiten entender en qué medida los hechos de junio de 2002 estaban prefigurados, sobre todo por el nivel en el que se mantenía el enfrentamiento. Antes, realizaremos una descripción de la primera batalla importante del régimen. La primera ganada. La que permitía que todo el engranaje que describimos en esta introducción se pusiera en marcha.

La madre de todas las batallas

El 1 de enero, Duhalde debía asumir la presidencia. Rodríguez Saá, su antecesor inmediato, había renunciado por falta de apoyo de los gobernadores, reunidos en Córdoba. En consecuencia, la Asamblea

Legislativa, es decir las dos cámaras del Congreso, decidió nombrar a Eduardo Duhalde, con el apoyo de todas las cámaras empresariales, el PJ (su partido), la UCR y el FREPASO. Su objetivo en lo inmediato era restablecer el orden en las propias filas burguesas. Su mandato, tomar la ofensiva y reconstruir el Estado en disolución.

Las organizaciones piqueteras, con la izquierda a la cabeza, llamaron a movilizarse al Congreso para repudiar el acuerdo entre el personal burgués. Algunos exigían un llamado a elecciones (Izquierda Unida), otros proponían una Asamblea Constituyente soberana (Partido Obrero). Las columnas de la izquierda se situaron en Callao y Mitre, donde se puso un vallado policial para impedir que avanzaran hacia el Congreso. El PJ también trajo su tropa. Quien organizaba las columnas oficialistas era Oscar Rodríguez, más tarde vicejefe de la SIDE y diputado nacional por el PJ bonaerense. Junto al intendente Quindimil (de Lanús), especificó que su objetivo era "disputarle la calle a los zurdos". En total, se trababa de aproximadamente 2.000 militantes manejados por punteros políticos de La Matanza, Lomas de Zamora y Lanús.

Los seguidores de Duhalde se ubicaron en las calles Entre Ríos y Alsina, Solís e Hipólito Yrigoyen y Rivadavia y Rodríguez Peña. Alrededor de las 17 horas, la columna de la izquierda, compuesta por Izquierda Unida, el PO y el Frente Obrero Socialista, entre otros, avanzaba por Mitre en dirección a Callao con el plan de llegar hasta el Congreso. Sin embargo, unos 300 seguidores de Duhalde eludieron los controles policiales, avanzaron por Rodríguez Peña hasta Bartolomé Mitre, para impedir el avance de la columna de la izquierda, comenzando a agredir a los manifestantes, que respondieron la agresión de la misma forma. Unos 100 militantes de izquierda se organizaron en cuatro filas, con palos y gomeras en sus manos, mientras que las chicas rompían veredas y acercaban baldosas a los que estaban respondiendo al ataque. Los del otro grupo, comenzaron a revolear botellas de sidra y piedras, al grito de "A los zurdos los vamos a matar, que vengan". El enfrentamiento duró unos 10 minutos, ya que rápidamente concurrió al lugar la Guardia de Infantería de la Policía Federal que, luego de disparar gases lacrimógenos y balas de goma, logró separar a ambos bandos. Una vez conseguido esto, los simpatizantes de Duhalde, identificados con banderas de Osvaldo Mércuri y Alberto Balestrini (dirigentes peronistas de La Matanza), se replegaron en la plaza del Congreso, mientras que los militantes de izquierda fueron llevados por la policía por Callao hacia Corrientes, y de allí al Obelisco, donde se dispersaron. Los incidentes terminaron arrojando un saldo de 6 heridos, uno de ellos por un balazo de goma, que fueron llevados al hospital Ramos Mejía, y ningún detenido.[14]

Se pudo ver aquí la gran capacidad de movilización para tareas de choque que ostentó el peronismo frente a la izquierda. Si bien esta última tenía una gran capacidad de convocar multitudes para reclamos sindicales –o políticos, en momentos de crisis-, no contaba con un tamaño considerable de militantes con semejante grado de convencimiento para liderar una acción de choque directo, en relación a su contrincante. Si bien esas lealtades del PJ tienen un componente financiero indudable, también es cierto que la izquierda no logró superarlas políticamente. También debe ponerse en duda la plena disposición del conjunto de las organizaciones para enfrentar al PJ. No se llamó a una jornada nacional de cortes totales, como sí se hizo para reclamos sindicales. Es cierto que la burguesía aprovechó una fecha clave: el día después de los festejos de año nuevo, pero también es cierto que organizaciones de tamaño importante (los MTDs) no participaron.

Más allá de estas consideraciones, lo cierto es que la burguesía, a través del PJ, se anotaba una primera batalla. Una muy importante, porque permitiría impulsar otras a lo largo del país.

Patotas sindicales

El nuevo director

En uno de los partidos más sumergidos del conurbano, uno de los más poblados y con mayor desocupación, se levantó en los '90 el Hospital Mercante. A fines de esa década, ya funcionaba una combativa comisión interna. El nuevo gobernador, Felipe Solá, procuró poner algo de orden, designando un nuevo director, que venía con un plan de ataque a los trabajadores. El hospital estaba bajo la jurisdicción provincial y lo que las autoridades intentaban era su munipalización, de forma tal de reducir su presupuesto. Esta avanzada encontró siempre la resistencia de los trabajadores.

En 2002, se nombró al nuevo director, quien tuvo que sufrir un férreo plan de lucha que lo eyectó a las pocas semanas. El Gobierno provincial tuvo que recurrir a un interventor, quien decidió acudir a un recurso más drástico contra la comisión interna: el 1 de abril, 300 patoteros armados, al mando de un tal Di Nucci (dirigente de la patota del

---

[14]http://www.pagina12.com.ar/diario/elpais/1-368-2002-01-02.html.

partido) irrumpieron sobre la comisión interna y garantizaron, durante un tiempo, la "estabilidad". Estos patoteros se movilizaron en camiones de recolección de basura del municipio y muchos fueron identificados como miembros del PJ.[15] Por lo tanto, su vínculo con el intendente parece poco discutible.

La embestida

Los periodistas del medio LT8, de Rosario, protestaban por un importante atraso de sueldos. El medio era parte del multimedio UNO, propiedad de José Luis Manzano, histórico dirigente peronista. El 12 de abril de 2002, en medio de la manifestación, un Renault 18 blanco embistió contra la protesta y levantó por el aire a David Narciso, un conocido periodista de la ciudad, uno de los que encabezaba la protesta. David salvó su vida aferrándose al capot del coche y la protesta continuó.[16]

La carpa de los despedidos

La empresa Chevallier se declaró oficialmente en quiebra en abril de 1999. La Justicia, sin embargo, le permitió seguir operando. En mayo del año 2000, el Grupo Gral. Urquiza y Flechabus (constituyendo una Unión Transitoria de Empresas –UTE-) adquirieron la compañía, cuyo nombre pasó a ser "La Nueva Chevallier". Una de las firmas participantes de la UTE, Almirante Brown, estaba a cargo de Juan "El linyera" Martínez, hombre ligado a Alberto Kohan, ex funcionario menemista. En el 2002, los nuevos dueños decidieron proceder a una reducción de personal, y despidieron a más de la mitad de la planta (750 de 1.100 obreros). Aquellos que no aceptaron el retiro, montaron en julio una carpa frente a la terminal de Retiro. La empresa les ofreció reincorporarlos, pero sin tener en cuenta su antigüedad, lo que significaba una baja importante en el salario. Ante el rechazo a la propuesta, el gremio, UTA (Unión Tranviarios Automotor), envió el 25 de julio a sus delegados para levantar la carpa a la fuerza. Uno de los manifestantes, con

---

[15]Entrevista a Norma Jaime, Secretaria de ATE, del Hospital Mercante.
[16]http://www.rebelion.org/hemeroteca/sociales/bonaso170602.htm.

problemas cardíacos, los enfrentó. Horas después, falleció como consecuencia de sus deficiencias.[17]

Saqueadores

Una nueva comisión interna había ganado las elecciones sindicales en el Hospital Garrahan, en la Ciudad de Buenos Aires, en 2002. Era una lista conformada por organizaciones de izquierda, que no respondía a la dirección sindical de Sanidad. La noche del 28 de noviembre de ese año, un local de la Asociación de Trabajadores del Estado (ATE), ubicado en ese hospital, fue saqueado por una patota. La computadora con toda la información de la nueva comisión interna fue sustraída y se robaron las nuevas impresoras que se habían comprado. La Comisión Interna acusó al Consejo de Dirección del hospital.[18]

Hachazos

Los problemas de Acrometálica, una empresa metalúrgica de Berazategui (Buenos Aires), se remontaban a julio de 2000, pero se habían agravado notablemente. En noviembre de 2001, Eduardo Nascimiento, su dueño, dejó de pagar los sueldos, aunque sus 180 trabajadores mantuvieron sus tareas. Al mes siguiente, Edesur cortó la luz por falta de pago, pero ellos siguieron con su actividad a base de un grupo electrógeno prestado. Paralelamente, notaron que ingresaban camiones y se llevaban materiales. Las quejas no tenían receptor, ya que el dueño parecía haber desaparecido. El punto límite fue cuando los camiones vinieron por el elevador, indispensable para seguir produciendo. El 6 de febrero de 2002, decidieron que la única opción para resguardad las máquinas era tomar la fábrica. Ese día, 40 personas se aprestaron a garantizar la ocupación del lugar y su puesta en funcionamiento, sin dejar de reclamar por los sueldos adeudados.

En julio de 2002, a instancias del fiscal Medina (probablemente Pablo Medina), la Justicia ordenó el desalojo de la propiedad. En medio de la noche, 125 efectivos sacaron por la fuerza a la guardia mínima de cinco operarios. El intendente parecía encontrarse detrás de todo este avance legal.

---

[17]http://archivo.po.org.ar/po/po764/despedid.htm#Mar.
[18]http://archivo.po.org.ar/po/po783/lomasde.htm.

No obstante, los obreros no se rindieron. Consiguieron la solidaridad del barrio, de la Unión Obrera Metalúrgica (UOM) filial Quilmes (a cargo del "Barba" Gutiérrez) y montaron una guardia en la vereda de la fábrica, viviendo en un micro escolar de un vecino. Allí pasaron el invierno. Eso, sin descuidar una estrategia legal: conformaron una cooperativa de trabajo (auspiciada por la UOM-Quilmes) y presentaron un proyecto de expropiación en la Legislatura. Su abogado, en ese entonces, era nada menos que Diego Kravetz, ibarrista, kirchnerista y ahora massista. A fines de octubre de 2002 los metalúrgicos resolvieron forzar la custodia legal y volver a entrar, con el apoyo de las asambleas barriales y la UOM de Quilmes.

Cien trabajadores se reunieron en la puerta y comenzaron a trepar el portón de la entrada principal. Uno de los más viejos probó empujar la puerta lateral y consiguió abrirla. La planta fue retomada y los obreros se hicieron cargo de la producción. Era la primera vez que se ocupaba un establecimiento que no estaba en quiebra ni en convocatoria de acreedores. Se reforzaba así la lucha por la expropiación y por el pago de sueldos adeudados.

El 5 de marzo de 2003, la legislatura bonaerense ordenó la expropiación del predio y su entrega a la cooperativa. Tres días después (el 8 de marzo), a las seis de la tarde, Jorge Rodríguez, oficial soldador de 32 años vio llegar nada menos que a Ricardo Rabin, el apoderado del que había sido dueño de la empresa. Detrás de él, otros nueve hombres con hachas, itakas y otras armas de fuego. Sin mayor presentación, comenzaron a dar hachazos al portón y a gritar que se fueran o los "cagaban a tiros". Ante la amenaza, los obreros huyeron. Algunos se refugiaron en el micro que aún permanecía en la vereda; otros fueron a buscar apoyos de solidaridad.

Las asambleas barriales y delegaciones de la UOM-Quilmes no tardaron en hacerse presentes. Rabin huyó y sus acompañantes explicaron que habían ido "para ganarse un mango", que los habían traído engañados diciéndoles que la fábrica estaba abandonada y que "había gente que quería entrar a robar".

En 2005 comenzó a funcionar formalmente la cooperativa. La empresa siguió funcionando como una más de las ligadas a la política kirchnerista: como aparato clientelar, sin demasiado futuro, y con los trabajadores teniendo que hacerse cargo de todo. Acrometálica quedó bajo la tutela del intendente, que no era otro que el "Barba" Gutiérrez.[19]

---

[19]http://www.pagina12.com.ar/diario/elpais/1-17688-2003-03-17.html.

102

La política universitaria

Reelección en Tucumán

Mario Marigliano quería ser reelecto. Había estado al frente de la Universidad Nacional de Tucumán durante cuatro años (1998-2002) y quería cuatro más. Responsable del ajuste y el vaciamiento educativo, había provocado la oposición del movimiento estudiantil. Las elecciones se llevaban adelante por claustros: estudiantes, graduados (básicamente todo el claustro docente) y profesores (docentes titulares y adjuntos regulares, una minoría del plantel). De esta forma el rector era elegido por una especie de voto ponderado o censitario. Contra la continuidad de la política universitaria vigente y contra los mecanismos de elección vetustos se realizó una movilización, con el objetivo de que, al menos, la voz disidente sea escuchada. El 6 de junio de 2002, en la capital provincial, sesionó la asamblea universitaria para reelegir a Marilgliano. La movilización que trató de ingresar al recinto, fue reprimida por una combinación de la policía provincial y un grupo patotero. La asamblea sesionó vallada y a fuerza de golpes a la multitud. El rector fue, obviamente, reelecto.[20]

La retirada radical I

Franja Morada es la agrupación estudiantil de la UCR. Construida en los '80, llegó a conquistar casi la totalidad de las facultades de la UBA y la mayoría de universidades a lo largo del país. Por ello, hasta fines de los '90, mantuvo ininterrumpidamente la dirección de la Federación Universitaria de Buenos Aires (FUBA) y la Federación Universitaria Argentina (FUA). Fue, junto con la Juventud Peronista (o tal vez, después de ella), la mayor agrupación juvenil que recuerde la historia argentina. En esos casi veinte años de dominio, acumuló no solamente cargos, clientelas y cátedras, sino fundamentalmente una importante masa de dinero. Una de sus fuentes eran las fotocopiadoras de los centros de estudiantes, regenteadas por esta organización.

El 2001 no solo fue el año en que el pueblo expulsó a De la Rúa. Unos meses antes, Franja Morada, el brazo estudiantil del radicalismo, había perdido varias elecciones en facultades claves de la UBA. Una de

---

[20]http://archivo.po.org.ar/po/po757/universi.htm.

ellas, la más grande, Ciencias Económicas, a manos de la agrupación autonomista TNT (Tontos pero No Tanto), dirigida nada menos que por Axel Kiciloff. Durante las elecciones, varios miembros de TNT fueron golpeados por una patota que habría estado al mando de Marcelo Yacobitti, hermano del presidente de la FUA, Emiliano Yacobitti.

Franja Morada no iba a ceder esos lugares tan fácilmente. En 2002 debía entregar el mando, pero se negó. Mantenía custodiado el local del centro de estudiantes, por una patota ligada al club River Plate. El 11 de junio de ese año, una patota compuesta, según se denuncia, por policías de civil y sin identificación, enfrentaron una movilización que pedía que asumieran las nuevas autoridades electas y se entregara el local del Centro de Estudiantes. La patota fue expulsada y el rector De Grossi, que hasta entonces había apoyado la "resistencia" radical, no tuvo más opción que llamar a la policía. El local fue finalmente entregado.[21]

La retirada radical II

El 11 de febrero de 2002, dos docentes y un estudiante, los tres de la agrupación TNT, se disponían a salir de la Facultad de Ciencias Económicas. Eran las 21:15. Uno de los docentes, Axel Kiciloff, era además Secretario General de la Asociación Gremial Docente de la facultad. A la salida, los esperaba un grupo conformado por diez matones, que los agredió a golpes y patadas. Una docente quedó, como consecuencia, con visibles traumatismos en el rostro. Otra vez, las miradas apuntaron a Marcelo Yacobitti y sus muchachos...[22]

Otra vez, Franja...

Era el 27 de agosto de 2002. En la Facultad de Derecho de la Universidad de Lomas de Zamora, se estaban desarrollando las elecciones para el Centro de Estudiantes. El MST, con amplias posibilidades de hacer una notable elección, tenía a sus militantes volanteando. Para evitar la disputa política, Franca Morada mandó nada menos que 30

---

[21]http://archivo.po.org.ar/po/po758/exactas.htm#La.

[22]http://www.lanacion.com.ar/473944-escalada-de-agresiones-en-ciencias-economicas; http://www.pagina12.com.ar/diario/universidad/10-16573-2003-02-14.html.

104

matones que sin anunciarse comenzaron a golpear salvajemente a los miembros de la organización de izquierda.[23]

La acción en Capital Federal

Una muestra en Caballito

El 2 de marzo de 2002, mientras se desarrollaba la asamblea, en Acoyte y Rivadavia, llegaron dos camiones y un micro. De allí salieron unos hombres armados preguntando "¿Ustedes son los que cortan?". Y agregaron: "Vamos a ver cuánto pueden cortar". Dicho esto (y exhibidas las armas), volvieron a subir a los camiones y al micro.[24]

Tiro por elevación

Scalabrini Ortiz (Canning, para los que tenemos más años) y Córdoba. Marcha del 24 de marzo de 2002. La asamblea popular había dejado una "mesa de difusión" en el barrio para hacer conocer sus reclamos y llamar a los vecinos a sumarse. Un auto desconocido se acercó a la mesa y realizó unos disparos, sin que hubiera que lamentar heridos.[25]

Recuerdos nocturnos

En Parque Avellaneda, la Asamblea Popular había tomado un local cerca del parque y sus integrantes decidieron llamarla Asamblea 20 de diciembre, en honor al levantamiento del 2001. Al frente de la misma se encontraba Gustavo Vera. La Asamblea se dedicaba a denunciar las formas más extremas de explotación en el Bajo Flores y el maltrato a los inmigrantes pobres en el barrio. En la madrugada del viernes 14 de febrero de 2003, el local de la asamblea fue baleado, sin provocar heridos.

Los miembros de la asamblea fueron a realizar la denuncia correspondiente en la comisaría 40, pero las autoridades policiales se negaron

---

[23]http://www.pagina12.com.ar/diario/universidad/subnotas/
9491-4012-2002-08-30.html.
[24]http://www.pagina12.com.ar/diario/elpais/1-2454-2002-03-02.html.
[25]Cronología del Conflicto Social, CLACSO, Marzo, 2003.

a tomarla. Por lo tanto, los activistas recurrieron a la Dirección de Prevención del Delito de la Ciudad, que se comunicó con el subcomisario de la seccional y lo intimó a dar curso a la denuncia. El oficial no tuvo más remedio que recibir a los denunciantes. Pero las represalias no tardarían en llegar.

El domingo 16, a las 6 de la mañana, Ismael Fontes salía del pub "Tabasco", ubicado en Rivadavia y Martí. Mientras caminaba hacia su casa fue interceptado por una patota y golpeado en la cabeza. Ismael no solo era miembro de la Asamblea 20 de diciembre, sino que había sido quien firmó la denuncia por los disparos. En su declaración, afirmó: "Alcancé a ver a un hombre fornido, con uniforme policial, que me golpeó con el bastón y luego subió a un patrullero Chrysler Spirit, que tenía la identificación de la comisaría 40ª".[26]

Una muerte en Zavaleta

La villa 21, más conocida como "Zavaleta" (por una de las calles colindantes), era territorio de "Los Piratas", un selecto grupo de patoteros que respondían a "Flor de Ceibo", una mutual regenteada por Guillermo Villar, puntero del ex Jefe de Gobierno Aníbal Ibarra. La mutual se encaraba de varias tareas de asistencia, pero fundamentalmente estaba en el negociado de la entrega de viviendas. Los Piratas se encargaban de que todos cumplieran su parte.

Ramón Rodríguez vivía en la villa 21 de Barracas, también llamada Zavaleta. Allí, se desempeñaba como un dirigente del Movimiento Territorial de Liberación, una organización ligada al movimiento piquetero y, en consecuencia, le disputaba territorio a la política del ex aliancista.

Ramón necesitaba una casa, y se la compró a un vecino, que la había obtenido de la gente de Villar. Nadie pagó ninguna "cometa". Ramón no lo permitía. Esa fue la excusa para poner en la mira a un constructor político adverso. El 1 de diciembre de 2002, Ramón fue asesinado. Obviamente, los principales sospechosos fueron los muchachos de la mutual. Este crimen, inadvertido por la prensa, introduce a la Capital Federal y a la política "progresista" dentro de los asesinatos que

---

[26]http://www.pagina12.com.ar/diario/sociedad/3-16704-2003-02-18.html.

106

permitieron controlar la situación luego de la insurrección de diciembre de 2001.[27]

La limpieza del conurbano

"En siete días vinieron tres veces en manifestación", dijo uno. "Yo no tengo nada más que darles, pero siguen viniendo. La semana pasada se metieron de prepo en Edenor y rompieron todo", agregó otro. "Vienen a cobrarse revancha por lo del Congreso; están en una pulseada y no les voy a aflojar", remató un tercero. Uno, otro y un tercero eran nada menos que intendentes del Conurbano bonaerense, en medio de un cónclave para diseñar una política a seguir de forma tal de eliminar las amenazas que a esta altura no solo ponían en riesgo sus gobernaciones, sino la estabilidad del Estado. A continuación, las formas de la represión paraestatal que idearon con el fin de barrer con la acción obrera.

Morón

Susana Bordalotta era docente y miembro de la Asamblea Popular de Ciudad Jardín. Además, había sido elegida como delegada del SUTEBA (Sindicato Unificado de Trabajadores de la Educación de Buenos Aires). Militante gremial, la lucha de clases la había puesto en una instancia de organización del barrio. Esta actividad le iba a traer serias consecuencias.

El 14 de febrero de 2002, su casa fue apedreada. Al salir, Susana comprobó que las paredes de la vereda contenían pintadas amenazantes. Dos días después, diez bolsas de basura aparecían sorpresivamente en el jardín de su casa. Esa noche, a la 1:30 de la madrugada, mientras dormía, una patrulla policial llamó a su puerta. Susana le abrió y preguntó qué sucedía. Al parecer, nada. Los efectivos solo querían comprobar si estaba "todo en orden". Al día siguiente (el 18 de febrero), decidió radicar una denuncia en la comisaría 7° de Tres de Febrero. No obstante, el oficial a cargo se negó a tomársela en calidad de tal y solo se la recibió en calidad de "exposición civil", sin darle siquiera una copia de la misma. El 20 de febrero, al salir de su casa, Susana comprobó que le habían abierto el portón de su garaje y seis días después el frente de su casa

---

[27]http://www.lanacion.com.ar/455765-confusa-muerte-de-un-joven-desocupado; http://archivo.po.org.ar/po/po783/el.htm.

volvió a ser apedreado. Nada de esto impidió que Susana continuara con sus actividades en la asamblea popular.

A partir del 6 de marzo, comenzó a recibir llamados nocturnos con jadeos. Susana se dirigió al Servicio de Información Telefónica, donde –según su testimonio- se confirmó que esos números no figuraban en guía, pero sus características pertenecían a los ministerios del Interior y de Justicia, así como a una comisaría. El 17 de marzo, Susana encontró una bolsa con excrementos humanos en la puerta de su casa. Al día siguiente, durante la noche, tres disparos de arma de fuego impactaron en el frente de su domicilio. Estos hechos fueron denunciados finalmente en la Fiscalía n° 10 de los tribunales de San Martín. Los responsables nunca fueron encontrados.[28]

Merlo

La Matera, en Merlo, recibe su nombre de la inmobiliaria que remató las primeras tierras del barrio, allá por 1961. En esa década, se nutrió de inmigrantes del Litoral y en los '70 se transformó en un barrio de composición netamente obrera. Las vicisitudes de la economía argentina lo transformaron en un reservorio de sobrepoblación relativa, donde faltaban servicios y necesidades básicas. En diciembre de 2001, la apertura del proceso revolucionario llevó al barrio a un salto político: la creación de una asamblea popular. En ella, se discutían las medidas de lucha por los reclamos más elementales. Entre ellos, la alimentación de la población del barrio. Sobre este punto, en la asamblea comenzó a rondar la idea de realizar una marcha a la municipalidad.

El 16 de febrero, la asamblea debía votar la marcha planificada. Esa noche, un grupo de punteros del PJ se mezcló entre los asistentes para tratar de desviar la bronca al Gobierno nacional. Estaban escoltados por varios patrulleros que se instalaron cerca de los asambleístas. No obstante, los infiltrados fueron identificados y la movilización fue aprobada para el día 22. A la marcha se sumó un contingente de despedidos de la empresa de colectivos Libertador Gral. San Martín y sus reclamos fueron incorporados.

La movilización convocó unas doscientas personas. Cuando estaban llegando al centro de Merlo, una patota del intendente Othacehé exhibió sus palos y cadenas. Los manifestantes se negaron a suspender la

---

[28]http://archivo.po.org.ar/po/po748/expulsem.htm (única fuente).

marcha y el grupo oficialista avanzó, golpeando a los que concurrieron a la medida de lucha. Varios tuvieron que ser internados.[29]

La Asamblea Popular de Merlo (Centro) era también un centro de ebullición política. Se destacaba allí Alicia Rodríguez, directora de la Escuela n° 8. Alicia era la vocera de la asamblea en la Interbarrial de Parque Centenario, una instancia de coordinación de las asambleas populares que proliferaron por aquellos días. El 25 de febrero, denunció ante el resto de los representantes la agresión que estaban sufriendo por parte de elementos de civil y acusó directamente al intendente. Esa noche, sufrió una serie de amenazas telefónicas en su domicilio. A los tres días, recibió una carta documento, firmada por el propio Othacehé, intimándola a que "ratifique o rectifique términos injuriosos".[30] Los vecinos organizaron una protesta y la denuncia no prosperó, pero el intendente no iba a retroceder. El 3 de marzo, fue incendiada la casa de Gladys Quinteros, otra dirigente de la asamblea.[31]

En Merlo, el Estado no solo persiguió a los dirigentes obreros de la asamblea, sino también a los componentes provenientes de la pequeña burguesía. Los comerciantes que participaban fueron objeto de persecuciones por parte de la municipalidad. Tal es el caso de Miguel Gaburri, que en ese entonces tenía 57 años. Miguel era un militante histórico del Partido Comunista (PC) y en su local funcionaba también una biblioteca para uso de los vecinos. Ya había recibido varios aprietes, pero en julio de 2002, Othacehé se dispuso a clausurar su negocio. El día de la clausura varios vecinos se congregaron frente al local de Miguel y lograron detener el operativo. De todas maneras, Miguel fue citado por la policía. Otros dos comerciantes también sufrieron amenazas e intentos de clausura. Uno de ellos fue Miguel Nuín, a quien los vecinos conocían como "Pilín". Pilín fue uno de los promotores de la Asamblea Popular de Merlo y, además, Secretario del Partido Socialista Auténtico. Hechos como estos daban cuenta de la crisis política de estos partidos y cómo esta arrastraba a la acción directa. Un tercer comerciante, de la asamblea de San Antonio de Padua, también sufrió amenazas, pero no nunca quiso decir su nombre ni su rubro, por temor a las represalias.

También hubo amedrentamiento a periodistas y medios de comunicación locales. Es el caso de Marisol Vázquez. Marisol dirigía un programa en la Radio Cultural de Merlo. Allí denunciaba casos de gatillo fácil, falta de insumos hospitalarios, desnutrición, entre otros. En marzo de

---

[29] http://correpi.lahaine.org/?p=39.
[30] http://www.pagina12.com.ar/diario/elpais/1-6377-2002-06-16.html.
[31] http://www.pagina12.com.ar/diario/elpais/1-13661-2002-12-02.html.

2003, Marisol comenzó a recibir llamadas a su casa, advirtiéndole que el intendente estaba "enojado" con las denuncias. Una mañana, sus hijos fueron interceptados por dos motociclistas y amenazados de muerte. La pareja logró reconocer a los motociclistas como punteros del PJ. Se realizó la denuncia, pero los agresores permanecieron en libertad.

El PJ también arremetió contra los partidos políticos de izquierda. El brazo piquetero del MST, el Movimiento Sin Trabajo "Teresa Vive", había levantado un comedor comunitario en su local. Como correspondía a los tiempos, su frente ya había sido objeto de pintadas y balas nocturnas. Sus integrantes habían sido amenazados y quienes se acercaban, abordados para convencerlos de que les iban a "lavar la cabeza".

Tal fue el caso de Norma Olivera. Norma trabajó varios años en el peronismo, en la política asistencial. La crisis la llevó al MST, donde ayudó a organizar los comedores y el reclamo por planes. En septiembre de 2002, comenzó un relevo de la población desocupada y necesitada del municipio. En el mes de noviembre, Norma sumó a Susana Barbalece. Hacía ocho años que Susana estaba desocupada, con tres hijos y un marido mecánico. La gomería no daba para mucho y, en noviembre del 2002, Susana comenzó a buscar una salida política y colectiva a sus problemas. Conoció a Norma y se sumó.

En la madrugada del 2 de diciembre, unos desconocidos se apostaron frente a la puerta de la casa de Norma y comenzaron a lanzar disparos al aire. Esa mañana, las calles cercanas amanecieron con pintadas acusando a Norma de "traidora" y a Susana de "estafadora". La gomería del marido de Susana fue asaltada por ladrones a la mañana y, por la tarde, fue visitada por una moto que filmó todos sus movimientos. Un ataque al propio MST se estaba preparando.[32]

El día 30 de diciembre del 2002, un particular (supuestamente, sería puntero del PJ) denunció que el MST estaba cobrando por tramitar Planes Jefes y Jefas de Hogar. Con una asombrosa rapidez, la comisaría consiguió autorizar un allanamiento al local, que se realizó a la madrugada del día siguiente (casi en el mismo día), entre las 2:30 y las 4:40. Al parecer, no querían toparse con los responsables del lugar (ni con testigos, claro). Como si se tratara de la liberación de algún rehén, ocho patrulleros llegaron al lugar. Entraron y secuestraron 423 planillas con datos de afiliados. Poco después, realizaron el mismo procedimiento en la casa de una integrante del partido.[33]

---

[32]http://www.pagina12.com.ar/diario/elpais/1-13661-2002-12-02.html.
[33]http://agenciaoeste.8m.com/notas0302.htm.

110

Al día siguiente Daniel Campos, diputado provincial por Izquierda Unida (coalición que integraba el MST), pidió una audiencia con el Ministro de Seguridad provincial, Juan Pablo Cafiero, y con la Subsecretaría de Derechos Humanos. Cafiero se comprometió a iniciar una investigación y, en la subsecretaría, se radicó una denuncia contra el intendente Othacehé. Ninguna de las dos prosperó.

Tres de Febrero

Hugo Curto manejaba el municipio con mano férrea. Había logrado la intendencia en 1991, bajo el paraguas de Menem, a nivel nacional, y de Duhalde, a nivel provincial. En la única acción que tenemos comprobada, logró ponerse de acuerdo con Othacehé y Descalzo (intendentes de Merlo e Ituzaingó). El 16 de abril del 2002, una conjunción de matones y policías en patrulleros impidieron que la asamblea barrial llevara adelante un cacerolazo. Estas acciones se repitieron en Merlo e Ituzaingó.[34]

Lanús

Fueron días difíciles para Manuel Quindimil, uno de los mayores barones del Conurbano. En su partido, se armaron varias asambleas populares. Dos de ellas, con un alto grado de activismo y movilización: la de Lanús Centro y la de Valentín Alsina. Su municipio estaba quebrado. El 3 de enero de 2002, tuvo que convocar a sesiones extraordinarias para aprobar un crédito internacional, para lo cual contó con el apoyo del ARI (Afirmación para una República Igualitaria, partido entonces dirigido por Elisa Carrió). Ese mismo día, los trabajadores de recolección de residuos lo increparon a la entrada de la municipalidad frente a las cámaras de televisión. Quindimil tuvo que refugiarse.

La tarde noche del 4 de enero, un día después de estos sucesos, la Asamblea Popular de Lanús Centro recibió la visita de un grupo de individuos que amenazaron de muerte e intimidaron a los activistas, incluso en sus propios domicilios.[35] El 1 de marzo, en plena reunión de la Asamblea Popular de Valentín Alsina, se presentó una patota que comenzó a golpear a los asambleístas hasta disolver la reunión.

---

[34] http://archivo.po.org.ar/po/po754/patotasy.htm (única fuente).
[35] http://archivo.po.org.ar/po/po744/lansla.htm.

Ese mismo día, la Asamblea Popular de Gerli tuvo que sufrir un episodio similar. Este hecho fue denunciado en la Interbarrial de Parque Centenario y llevó a una movilización en el municipio en repudio a estos hechos.

La ofensiva peronista iba a continuar. Esta vez, sobre los movimientos de desocupados. Uno de los reclamos principales de estos era la incorporación de sus desocupados a los planes Jefes y Jefas de Hogar, que cada intendente intentaba constituir en pieza de construcción clientelar. Se trataba de una pieza clave, tanto para construir organizaciones revolucionarias, como una base para el régimen, de acuerdo a quién ganara la pulseada. Desde un principio, Quindimil decidió avanzar sobre los dirigentes piqueteros.

El 22 de enero de 2002, Nicolás Lista, principal dirigente de la CTD fue interceptado por un auto. Una ventanilla bajó y emergió una ametralladora. Quien la sostenía, le hizo saber al amenazado que, de persistir en sus reclamos, le esperaba la muerte. El 1 de marzo, un militante del MTD Solano fue atacado por una patota, que le propino una paliza como "advertencia". Se preparaba un escenario tétrico en el Sur...

En abril, luego de dos meses de negociaciones y reclamos, el MTD y el Bloque Piquetero Nacional decidieron realizar un corte frente a la Municipalidad. Efectivamente, el 15 de de ese mes, la manifestación cortó la avenida Hipólito Yrigoyen. La policía provincial había cortado el tránsito 150 metros antes y desviaba a los conductores particulares (recordemos que las ambulancias siempre tienen prioridad). No obstante, curiosamente, una motocicleta traspasó el cordón en dirección a los manifestantes. El conductor se detiene, saca un arma y apunta. Un piquetero cae, herido, con una bala que le perfora el pulmón en el pecho. Es Juan Arredondo, de 44 años y militante del MTD. El agresor es nada menos que un oficial del Servicio Penitenciario Federal, Gustavo Antonio Cabrera.

Juan Arredondo fue atendido y quedó fuera de peligro. La denuncia se radicó en el Tribunal Oral Criminal n° 5, de Lomas de Zamora. Luego de que la fiscal intentara calificar el hecho como "lesiones graves", la movilización consiguió que se hiciera lugar al pedido del abogado Carlos Pandofi. Resultado: Cabrera fue condenado a seis años de prisión por "tentativa de homicidio". Curiosamente, los dos testigos más importantes presentados por el imputado fueron nada menos que el mismísimo intendente y su secretaria. Mano y cerebro mostraban sus vínculos por propia iniciativa.

Para Juan Arredondo el calvario no terminaría ahí. Dos meses después, participó del legendario corte del 26 de junio de 2002. Al comenzar

112

la represión, Juan recibió una bala de plomo en el tobillo. Rengueando, intentó ponerse a salvo, pero fue aprendido por un civil infiltrado. El "particular" no era otro que el ex oficial Mario Héctor De la Fuente. De la Fuente le apoyó el cañón en la sien, mientras le susurraba "acá te puedo matar tranquilo, que nadie me ve", mientras otro gatillaba con una bala de goma sobre su muslo. Juan, finalmente, fue testigo en la causa contra los responsables de la masacre de Avellaneda.

Volvamos a la acción del 15 de abril. Luego del disparo sobre Arredondo, la manifestación se dispersó y se convocó a una nueva para el día 22. Durante esa semana, las fuerzas se reagruparon. El Bloque Piquetero convocó a las asambleas populares del partido. El MTD, a Autodeterminación y Libertad, partido de Luis Zamora. Se sumaron, además, abogados de la CORREPI y Madres de Plaza de Mayo.

Por su parte, el peronismo hacía de las suyas. En primer lugar, imprimió volantes y afiches con la leyenda "El peronismo no va a permitir la anarquía", en clara alusión a las organizaciones en lucha, pero también a su disposición al enfrentamiento. En segundo lugar, Hugo Contreras, Secretario de Relaciones con la Comunidad de la municipalidad, interceptó a Luis Zalazar, dirigente del MTD Lanús y lo amenazó con graves consecuencias, en caso de concretarse la movilización. En tercero, el mismo 22 de abril, 20 militantes que se trasladaban a la sede municipal en ómnibus fueron detenidos y subidos a en un colectivo de la línea 324. Llegaron a la comisaría 8°, pero sin registro de entrada alguna, como para amedrentar a los manifestantes y amenazar a la movilización. Por último, en clara señal desafiante, Quindimil alojó en su sede nada menos que a la barra brava del Club Atlético Lanús, y lo hizo saber.

La manifestación, sin embargo, triplicó a la anterior (1.500 contra 500). Una delegación pidió por los planes y por la liberación de los 20 detenidos. Quindimil cedió a lo último, pero prolongó las negociaciones por lo primero. Y volvería a golpear...

Guillermo Javier Pérez vivía en Monte Chingolo, tenía 21 años y militaba organizando una fábrica de bloques del MTD. Había estado en la histórica jornada del 26 de junio, en la que fue encarcelado y tuvo que pasar varios días a merced de las fuerzas policiales, antes que lo liberaran.

La noche del 7 de octubre de 2002, mientras volvía a su casa, un Fiat Dina lo cruzó en la esquina de Bouchard y San Carlos. Un hombre canoso lo señaló. Otros tres se bajaron, metieron a Guillermo en el auto y le taparon la cabeza con una capucha. El auto arrancó y comenzó el interrogatorio: "Vos sos piquetero y estuviste detenido en la comisaría 1ª de Avellaneda, el 26 de junio, sentado al lado de las rejas de la celda", le espetaron sin mediar presentación. A fuerza de golpes, intentaron arrancarle la cantidad de personas que tenía su movimiento, cuáles eran sus activos y dónde vivían los dirigentes. Después de no recibir respuestas, y luego de una última amenaza, arrojaron a Guillermo a un basural de Villa Domínico. La denuncia fue presentada en la Unidad Funcional de Instrucción n° 5, de Lomas de Zamora, a cargo del juez Vaello.

La última acción que registramos es la del 14 de enero del 2003. Ese día, una patota amenazó y sometió a una fuerte golpiza a un militante del Centro Barrial Pueblo Unido.[36]

Lomas de Zamora

Dentro del distrito duhaldista, la asamblea más dinámica era la de Temperley. Había establecido relaciones con el movimiento piquetero y, especialmente, con un lavadero de lana, tomado por sus trabajadores. A comienzos del 2002, la asamblea organizó una gran manifestación frente al municipio para impedir la privatización del cobro de impuestos.

Ricardo Sayas era uno de los dirigentes de la asamblea. El 3 de septiembre de 2002, unos desconocidos se le presentaron en plena calle y se identificaron como personal policial. Lo subieron a un Renault 12 y lo trasladaron a Villa Fiorito. En el camino le advirtieron que "deje de joder con la asamblea" y que "la próxima vez tus amigos te van a tener que venir a buscar". Ricardo hizo la denuncia correspondiente, pero no obtuvo respuesta.[37]

San Isidro

Junto con las 150 hectáreas de terreno en inmejorable ubicación y los tan comentados caballos de raza, Gustavo Posse había heredado de su padre el poder sobre el municipio. Luego de su fallido paso por el PAMI, bajo De la Rúa, el patriarca, Melchor Posse, se disponía a pasar sus últimos años de vida abandonando el radicalismo para presentarse como vice de Rodríguez Saá. Mientras tanto, su hijo debía soportar la crisis en su distrito. Se habían formado asambleas populares en casi todas localidades. Las más dinámicas eran Boulogne Centro, Villa Adelina, San Isidro y Martínez.

---

[36] http://www.lafogata.org/003movi/movil/mov_informe.htm.
[37] http://www.lafogata.org/003movi/movil/mov_informe.htm.

El 7 de febrero de 2002, en San Isidro, un grupo de empleados municipales arremetió contra los asambleístas. Miguel Ángel Pisano, uno de los activistas, fue arrojado al suelo y golpeado en el rostro. En esos días, las asambleas de Boulogne Centro y Martínez recibieron amenazas sistemáticas por parte de elementos civiles al tratar de organizar una marcha contra los llamados "megaproyectos", de los grupos inmobiliarios, contrarios a la preservación del medio ambiente.[38]

El 20 de marzo de 2002, los médicos del Hospital Central de San Isidro estaban realizando un reclamo, con el apoyo del conjunto de asambleas populares de la municipalidad. La manifestación fue disuelta no por fuerzas policiales, sino por un nutrido grupo de patoteros. Según el relato de Alejandra Brito, de la Asamblea Popular de Bajo Boulogne, los asambleístas decidieron radicar la denuncia en los tribunales municipales. Al llegar, se encontraron con el mismo grupo de individuos que advirtieron que actuaban en nombre de la municipalidad. Los asambleístas los invitaron a corroborarlo frente a algún funcionario judicial o policial. Como respuesta, recibieron una fuerte golpiza allí mismo. La policía, curiosamente, los dejó ir. A la tarde, aparecieron en la Asamblea Popular de Villa Adelina a agredir a sus integrantes. Esta denuncia llegó a una comisión parlamentaria.[39]

Paradójicamente, el hospital en cuestión lleva el nombre de Melchor Posse. Gustavo, su hijo, fue aliado de Macri y en 2015 se encargó del armado del Frente Renovador de Sergio Massa en la Zona Norte.

Malvinas Argentinas

La Asamblea Popular de Los Polvorines era una de las más activas del Partido de Malvinas Argentinas. Un verdadero dolor de cabeza para su intendente, Jesús Cariglino. Su principal dirigente, la cabeza visible, era Pablo Mazparrote. En abril de 2002, la asamblea comenzó una larga lucha por instalar una salita sanitaria en el barrio.

El 3 de mayo, Pablo y un compañero de la asamblea estaban en la Secretaría de Salud, esperando reunirse con el funcionario responsable del área. Cerca de las 18 hs. un grupo atacó a ambos activistas. A Pablo lo golpearon con un palo de béisbol. Los agresores huyeron en un auto no identificado. Los vecinos culparon, obviamente, al intendente,

---

[38] http://www.pagina12.com.ar/diario/elpais/1-6377-2002-06-16.html; http://archivo.po.org.ar/po/po744/17de.htm#Merlo.

[39] http://www.pagina12.com.ar/diario/elpais/1-3068-2002-03-20.html.

que luego de revistar en las filas de Sergio Massa, se sumó al PRO de Mauricio Macri.

José C. Paz

Desde 1999, José C. Paz era el territorio de Mario Ishii, un puntero peronista sospechado por sus vínculos con el narcotráfico. Frente al proceso abierto en 2001, su gente estaba dispuesta a enfrentar a las organizaciones obreras. En particular a la Asamblea Popular de José C. Paz.

Un foco de atención estatal también se posó en el Polo Obrero del lugar. Los amedrentamientos eran constantes, pero el 13 de enero de 2002, una patota agredió brutalmente a unos militantes que habían levantado un puesto para vender su publicación (*Prensa Obrera*). Uno de ellos quedó internado en el Hospital Mercante a raíz de fuertes traumatismos en el cráneo[40].

Otro de los ataques se concentró en la Cooperativa de Transporte Primavera. Por presión de las empresas privadas, el municipio intentó, varias veces, cerrarla. Sus integrantes recibieron varias amenazas y algunos fueron objeto de golpizas por parte de matones.[41]

El 29 de agosto del 2002, trescientos manifestantes cortaron la avenida Gaspar Campos y ocuparon la puerta de la municipalidad exigiendo el cese de las persecuciones. Acusaron a los punteros del PJ y se sumaron a la movilización las asambleas populares, docentes, el Polo Obrero y la CTD, entre otros.

Hurlingham

El distrito era de Juan José Álvarez. De eso no había dudas. Junto con Alberto Balestrini y Julio Alak (intendentes peronistas de La Matanza y La Plata), integraba el grupo de los "tres mosqueteros" que debían sostener al gobernador Ruckauf. La crisis se sucedió y hubo que cambiar de planes. "Juanjo" Álvarez pasó a hacerse cargo de la discusión nacional. En su lugar, asumió en la intendencia el presidente del Consejo Deliberante y mano derecha del funcionario saliente: Luis Acuña. En

---

[40] http://www.pagina12.com.ar/diario/elpais/1-785-2002-01-13.html; http://archivo.po.org.ar/po/po738/fuera.htm.
[41] http://archivo.po.org.ar/po/po769/jornada.htm.

sintonía con lo que estaba haciendo su antecesor, Acuña comenzó una tarea de "limpieza" de su municipio.

El martes 22 de enero del 2002, una movilización de desocupados, organizada por el Polo Obrero reclamaba soluciones frente a la Municipalidad. Inmediatamente, una patota comenzó a amenazar a los presentes, incluyendo a Gustavo Mayares, un periodista que estaba cubriendo el hecho. Mayares fue amenazado de muerte. Los agresores habían salido del edificio y parecían contar con la anuencia oficial.[42]

Dos días después, una movilización del MIJD se dirigía a la sede municipal a pedir por planes sociales. La columna era acompañada por un micro, que trasladaba militantes, banderas y bombos. Doscientos metros antes de llegar a destino, los patrulleros encargados del tránsito se retiraron. En su lugar, emergieron siete vehículos, ocupados con hombres armados. Los matones rompieron los vidrios del micro, secuestraron los bombos y redoblantes y golpearon a los manifestantes y al periodista Luciano Thieberger (de *Crónica*). Veinte de ellos tuvieron que ser hospitalizados. Nina Pelozo, dirigente del movimiento, fue secuestrada y permaneció en poder de los captores durante dos horas. Luego de amenazarla, la liberaron en las vías del ferrocarril.[43]

Un año después, en plena campaña electoral, el PJ intentaba llevar al poder a sus candidatos, que no eran otros que Luis Acuña, a nivel municipal y Néstor Kirchner, a nivel nacional. El día 25 de abril de 2003, una patota entró al local del Partido Obrero de Villa Tesei, destruyó las instalaciones y golpeó a Mary Manrique (candidata a concejal), Adrián Zamudio, Edgardo Zimerman y Alberto Verón.[44]

Luis Acuña fue intendente por el Frente Para la Victoria en 2003, 2007 y 2011. En 2013, saltó al Frente Renovador, de Sergio Massa.

Almirante Brown

Hebe Maruco, la intendente del partido, estaba dispuesta a dar el salto a la legislatura provincial en las elecciones de 2003. Sin embargo, debía arreglar las cosas en su municipio, que no había pasado indemne la crisis del 2001. Maruco, como todos los jefes comunales, emprendió una ofensiva contra las organizaciones propias de la clase obrera. En este caso, la víctima fue el Polo Obrero.

---

[42]http://archivo.po.org.ar/po/po741/hurlingh.htm.
[43]http://www.pagina12.com.ar/diario/elpais/1-6377-2002-06-16.html.
[44]http://archivo.po.org.ar/po/po798/una.htm#CTA .

Indiana Reyes trabajaba como docente y realizaba actividades sindicales. La crisis la llevó a una intervención barrial más intensa. Junto con otros compañeros, levantó un merendero en tierras fiscales de Longchamps, que no estaban siendo utilizadas, y lo puso al servicio de los vecinos más carenciados. Por su trabajo, Indiana fue postulada por su partido (el PO) como candidata al Consejo Deliberante.

El día 6 de marzo del 2003, a las 22 horas, Indiana fue secuestrada por un auto en Banfield. Le advirtieron que dejara el merendero, que eran tierras del municipio, y la drogaron para dormirla. La tajearon y le marcaron una svástica. La abandonaron en Parque Lezama, donde fue encontrada a la mañana siguiente y trasladada al Hospital Argerich.[45]

San Martín

El Partido de San Martín fue uno de los pocos del Conurbano que pasó a manos radicales. En las elecciones de 1999, un importante dirigente radical, descendiente de lituanos, Ricardo Ivoskus, ganó los comicios integrando la famosa Alianza. Luego se incorporó al kirchnerismo, tras sortear los peligros de la crisis.

Las organizaciones piqueteras habían logrado una fuerte inserción en las villas. Claudia Ríos era una de las dirigentes piqueteras locales, y Ernesto Rojas, de las organizaciones villeras. Según denunciaron varios vecinos, una patota de delincuentes, que se dedicaban a desarmar autos robados, atacaron violentamente a Claudia e hirieron de un escopetazo en la pierna a Ernesto en 2002. Rojas tuvo que ser internado en el hospital Eva Perón de San Martín, con riesgo de perder la pierna. "Esta patota –dijo el abogado del asentamiento– habría recibido el aval de funcionarios del municipio de San Martín".[46]

Quilmes

La Asamblea Vecinal de Quilmes Centro se había conformado, como todas las otras, en medio de la crisis de 2001, con el fin de dar una salida a la decadencia de las condiciones de la población. Salida que no podían dar las instituciones.

---

[45]http://archivo.po.org.ar/po/po792/golpeany.htm#Padelai; http://www.tribunadocente.com.ar/notas/ireyes.htm.
[46]http://www.pagina12.com.ar/diario/elpais/1-6377-2002-06-16.html.

118

Una de las discusiones más importantes, que movilizaba a toda la asamblea, era la oposición a la rezonificación de la costa del río, para favorecer un negocio inmobiliario. El 13 de abril, la asamblea denunció el secuestro de Micaela, una asambleísta de 20 años. Al parecer, la joven fue encapuchada con una bolsa de basura y retenida durante dos horas. Se la interrogó, justamente, sobre las discusiones por la rezonificación y las acciones que iba a tomar la asamblea. Micaela finalmente apareció, a partir de la movilización de los vecinos.[47]

Berazategui

Este distrito se caracterizó por el poco cuidado con el que su intendente, Mussi, levantó su equipo de represión paralela a la legal. Gente como Francisco Acosta, Oscar Arredondo, Sergio Narciso, Héctor Antonio Marco, Rito Villafañe (mano de obra durante la dictadura) o, en su momento, Carlos Infanzón no tuvieron el decoro de esconder sus actividades ni sus nombres. Así y todo, Mussi logró montar una estructura relativamente estable en el partido, la cual heredó su hijo. Veremos aquí dos acciones, en medio de la crisis, contra militantes obreros que pudimos recabar.

Los primeros días de enero, de 2003, una patota protegida por la comisaría 10ª, junto con efectivos policiales, se dirigió a golpear a militantes del Polo Obrero, quienes denunciaron este accionar, sin resultado alguno.

Ese mismo año, el municipio embistió contra una organización de pobladores. Néstor Rojas, uno de sus dirigentes, era militante de la FTV (Federación Tierra y Vivienda, dirigida por Luis D'Elía) y había protagonizado, a comienzos de la década, una toma de tierras en el Barrio 3 de Junio. El 31 de marzo, una patota de civil, escoltada por patrulleros, sacó a Néstor de su vivienda a los golpes, mientras otros derribaban su casilla. Todo esto, a la vista de los uniformados, que se limitaron a "cuidar" el operativo. Un vecino fue detenido cuando se dirigió a increpar a los agentes. El militante logró reconocer, entre sus agresores a Jorge Osán, dirigente del PJ de Plátanos. Rojas regresó, pero un operativo montado por la comisaría 4ª de Hudson terminó la tarea que había iniciado la patota. Los vecinos decidieron levantar la toma. Una dura derrota.[48]

[47]https://www.pagina12.com.ar/diario/elpais/1-6377-2002-06-16.html.
[48]http://www.pagina12.com.ar/diario/elpais/1-18248-2003-03-31.html.

La Plata

En mayo de 2002, el gobernador ya era Felipe Solá y su ministro de Educación, Mario Oporto. Juntos iniciaron una ofensiva contra las condiciones de vida de los docentes. Además de negar un aumento salarial y las becas escolares prometidas, se intentaba reformar el estatuto docente, incorporar el "presentismo" por decreto y quitar los adicionales por ruralidad.

Contra estas medidas, los gremios resolvieron un plan de lucha. SUTEBA levantó un campamento en la calle 13, entre 57 y 56. Un grupo de docentes autoconvocados, por fuera de la posición conciliadora del sindicato, impulsó medidas más ambiciosas: la toma de los Consejos Escolares de La Plata, Berisso y Ensenada, y la instalación de un campamento en Plaza San Martín. Se conformaron como Docentes Unidos. Las tomas fueron hostigadas varias veces por personas de civil.

La noche del 28 de julio de 2002, uno de los dirigentes de la toma del Consejo Escolar de Berisso se disponía a volver a su casa. A mitad de camino, tres autos particulares le cerraron el paso. El activista comenzó a escapar, pero fue perseguido, hasta que pudo llegar a su domicilio ileso. Al día siguiente, las organizaciones solicitaron una reunión con Juan Pablo Cafiero, entonces ministro de Seguridad de la provincia, para pedir seguridad para los militantes sindicales.[49]

El Chubut peronista

En Esquel, los vecinos se habían organizado, a fines del 2002, contra el proyecto de explotación aurífera en el cerro 21, a cargo de la empresa canadiense Meridian Gold. Dos eran los argumentos. El primero, la contaminación por el uso de cianuro. El segundo, la merma del turismo que provocaría la constante explosión y el desprendimiento de rocas.

La acción de Das Neves, entonces gobernador, no se hizo esperar. Primero fueron las amenazas telefónicas a Leonardo Ferro, el geólogo que oficiaba de perito de parte de los vecinos en la querella contra la empresa. Luego, una patota intentó violentar el domicilio de Lucas Fosatti, integrante de la asamblea de vecinos. Por último, el 9 de febrero de 2003, Miguel Álvarez, militante del PJ, integrante del Consejo

---

[49]http://archivo.po.org.ar/po/po765/seviene.htm.

120

Deliberante y hombre ligado al Sindicato de Empleados de Comercio, golpeó y amenazó a Fosatti.[50]

La presión popular obligó a convocar a un plebiscito, que dio como resultado el rechazo a la minería a cielo abierto. No obstante, la nueva ley minera de Néstor Kirchner habilitó a Das Neves a una segunda ofensiva.

Los muchachos de Néstor y Cristina

El ajuste

Para el 2002, Néstor preveía un severo ajuste. En ese momento, el gobernador interino era nada menos que Héctor Icazuriaga (quien luego estuvo al frente de la SIDE). En primer, lugar, bajar a la mitad las asignaciones a empleados públicos y a los municipales. En segundo, anular el beneficio del pasaje anual bonificado a los jubilados. La resistencia, obviamente, no iba a hacerse esperar.

En enero de 2002, se levantó una guardia de empleados municipales descontentos, frente a la gobernación. Los manifestantes se movilizaban todos los viernes y realizaban escraches a funcionarios afines a Néstor.

El 26 de abril, la legislatura provincial se aprestaba a votar el presupuesto, con ajuste incluido. Sindicalistas, organizaciones vecinales y políticas, jubilados y empleados estatales intentaron ingresar, pero una patota al mando de "Rudy" Ulloa (ex chofer de Néstor) lo impidió. La intervención del radical Roberto Giubetich logró hacer pasar a un grupo de manifestantes, para que pudieran presenciar la sesión. En medio del debate, el dirigente gremial Ricardo Mercado fue golpeado cuando salió al pasillo. El presupuesto, finalmente, fue votado.[51]

Los cancerberos

El primer acampe piquetero de Río Gallegos fue en agosto de 2002 y consiguió ocho puestos de trabajo "genuinos", como reclamaban las organizaciones. Muy poco, claro. Por eso, a los diez días, se organizó

[50] http://www.pagina12.com.ar/diario/elpais/1-16502-2003-02-11.html; http://argentina.indymedia.org/news/2004/11/239178.php.

[51] http://po.org.ar/articulo/po1153005/al-servicio-de-recomposicion-del-estado; http://www.plazademayo.com/2011/12/el-argentinazo-segun-kirchner/.

otro que duró diez días. Ese logró cuarenta puestos, ligados a las obras públicas.

La Comisión de Desocupados, organismo que centralizaba las acciones de lucha, había participado de las diferentes Asambleas Nacionales de Trabajadores Ocupados y Desocupados (ANT) y estaba ligada a las organizaciones de izquierda. Se reunía en el local de ADOSAC (Asociación Docente de Santa Cruz) y en el del Frente de Unidad Trabajadora (FUT), integrado por el PO.

El lunes 7 de octubre comenzó un corte frente a la Casa de Gobierno. Durante la madrugada del miércoles 9, un grupo policial, acompañado de una patota que salió de la gobernación, desalojó a los manifestantes. La patota se quedó con las pertenencias de los trabajadores desocupados. Al día siguiente, se organizó una marcha de repudio. Obviamente, los perpetradores y sus direcciones no recibieron siquiera un llamado de atención.[52]

Asesinatos políticos: los antecedentes de Puente Pueyrredón

Javier Barrionuevo en Esteban Echeverría

Era su primer piquete. Javier Barrionuevo había ingresado hacía poco al MTD de la zona y ya lo convocaban para el corte de ruta. Se trataba de cortar el puente de El Jagüel (de la ruta 205, que comunica Monte Grande con Ezeiza, en la provincia de Buenos Aires) hasta que se permitiera la inscripción de los compañeros a los planes anunciados por Duhalde.

Alberto Groppi, el intendente de Monte Grande, ya se había preparado. Había sido intendente bajo la dictadura y creía saber cómo manejar esos casos. Lo primero que hizo fue entrar en comunicación con el otro intendente afectado por las medidas, Alejandro Granados, de Ezeiza.

El corte empezó el lunes. Estaba bastante bien organizado y el cordón policial debía garantizar el desvío de los conductores. En estos casos, las provocaciones son recurrentes, pero la dirección del piquete estaba preparada.

En la madrugada del miércoles, entre las 2:30 y 3 de la mañana (el horario más vulnerable), se desató el golpe al corte. Un Ford Falcon pasó inexplicablemente sin problemas el retén policial, eludió la fogata

---

[52]http://archivo.po.org.ar/po/po778/los.htm.

122

y embistió contra los manifestantes, que se corrieron para evitar la colisión. Pasado el piquete, el conductor sacó una pistola 9 mm y disparó hacia atrás. Ninguno fue herido, pero el Falcon no se dio por vencido: volvió contra los piqueteros y amenazó con el acelerador en punto muerto. Fue allí cuando Javier golpeó al auto y su conductor, sin abandonar el volante, le disparó con su mano libre. El proyectil atravesó su cuello y salió por la nuca. Javier cayó en el acto.

Quienes participaban del corte rodearon al conductor y lo obligaron a llevarlo allí donde lo pudieran atender. "Presentate en la comisaría y entregá el arma", fue el amistoso consejo que recibió el asesino, en el Hospital Santamaría, de parte de los efectivos policiales.

El comisario de la Comisaría 5ª de El Jagüel, Claudio Boriani, declaró que había sido un accidente o, en todo caso, un acto de defensa propia. El fiscal Lorenzo Latorre ordenó la libertad del acusado por falta de testigos. En realidad, treinta testigos estuvieron haciendo guardia en la comisaría con la intención de declarar, pero no se les quiso tomar testimonio, ni ese día ni esa noche.

Al día siguiente, la comisaría fue escrachada. Boriani tuvo que acceder a tomar declaración a los testigos. Pero escuchó solamente a seis. Lorenzo Latorre tuvo que pedir el procesamiento por "homicidio simple". La causa cayó en el Tribunal Oral 5 de Lomas de Zamora, a cargo de los jueces Pablo Little, Pedro Pianta y Guillermo Piume.

Al año siguiente, el caso lo llevaba adelante el fiscal Pablo Pando, quien curiosamente esgrimió la falta de mérito. No solamente desacreditó a los testigos de su parte, sino que incluso ordenó procesar a uno de ellos por falso testimonio. En plena audiencia, en lugar interrogarlos sobre el acusado y el hecho (el disparo, la embestida), les preguntó si llevaban palos y la cara tapada, y hasta si habían participado en los saqueos de diciembre de 2001. Lo curioso del caso es que el propio acusado reconoció haber disparado sobre el cuello de Javier Barrionuevo y que el fiscal Pando decidió procesar a los policías a cargo del operativo por no haber impedido el hecho. Ese hecho que él mismo negó, dejando la acusación vacante. Luego de dos audiencias, el acusado terminó en libertad y la causa se cerró. El asesino era Jorge "Batata" Bogado, dueño de un restaurante en Ezeiza y puntero de Alejandro Granados, en el PJ.[53]

---

[53]https://www.pagina12.com.ar/diario/elpais/1-6377-2002-06-16.html;   http://www.laretaguardia.com.ar/2013/02/javier-barrionuevo-el-crimen-impune-del.html.

Néstor Herrera en Comodoro Rivadavia

La huelga se había declarado por tiempo indeterminado. Los docentes de Comodoro Rivadavia (Chubut) estaban resueltos a triunfar. Néstor Herrera era parte de la comisión designada para coordinar las acciones y negociar con el Gobierno provincial. Estaba empezando una discusión con la agrupación FOS. Como todo dirigente, comenzó a recibir amenazas y guardaba las pruebas en una carpeta. El 1 de mayo del 2002, fue encontrado degollado en su domicilio. Su casa había sido registrada y su carpeta desapareció. La familia todavía acusa al Gobierno provincial, pero la Justicia no encontró ningún responsable.[54]

Conclusiones

Durante el gobierno de la Alianza, se desarrollaron doce acciones de grupos paraestatales contra los trabajadores y sus representantes. Puede parecer poco (y, efectivamente, lo es si comparamos con las que se organizan bajo el gobierno que le sucede), pero no deja de ser significativo que durante un gobierno que apela principalmente a las fuerzas regulares, se den este tipo de casos.

Las acciones sindicales son un cuarto del total, predominando las de carácter político y las agresiones a militantes puntuales. Esto podría explicarse por la relativamente baja conflictividad sindical de la clase obrera ocupada y sindicalizada en ese período y, consecuentemente, la escasa disputa por la dirección de esa fracción. En cambio, predominan acciones ligadas a las acciones de la sobrepoblación relativa, ligada al movimiento piquetero, ya sea bajo la forma "vecinal", ya sea bajo la alianza de los empleados públicos con los desocupados, siempre con presencia de partidos de izquierda.

En términos muy estrictos, la UCR solo conduce una acción. El resto, son organizadas por dirigentes sindicales afines al justicialismo y por el propio aparato del PJ. Esto puede deberse a la pérdida de la capacidad organizativa del radicalismo frente a un peronismo que mantiene la conducción al nivel más bajo y directo (intendencias), que le asegura esos vínculos que luego permiten ganar la elección.

---

[54]http://argentina.indymedia.org/news/2002/05/25287_comment.php; www.pagina12.com.ar/diario/elpais/1-6377-2002-06-16.html

En ese sentido, puede decirse que el peronismo se ocupó del trabajo de represión de las manifestaciones y actuó como uno de los agentes del orden. El hecho de no ostentar la conducción nacional no lo eximía de su labor dirigente. Gobernadores en provincias claves, intendentes en centros económicos y poblacionales, y dirigentes de los sindicatos más importantes convierten al peronismo en un aparato al servicio del poder. Por lo tanto, ni los radicales o los herederos del Frente Grande pueden argumentar que los dejaron solos, ni el duhaldismo o el kirchnerismo pueden presentarse como ajenos a la conducción del país durante el gobierno que fue desalojado por la propia población movilizada.

Bajo el gobierno de Duhalde encontramos 55 acciones de patotas en algo menos de 17 meses. La mayoría de ellas, concentradas en el Conurbano. Entre ellas, varios amedrentamientos, golpizas y secuestros a dirigentes políticos, incluidos dos asesinatos, que preludian a los de Puente Pueyrredón. Esta reconstrucción permite relativizar aún más tres hipótesis respecto a los mecanismos que le permitieron a la burguesía sortear el 2001.

La primera es la que se concentra puramente en el consenso. En su forma más elemental, toma la forma de la capacidad del "relato". Es cierto que el kirchnerismo invirtió grandes sumas en montar un aparato cultural destinado a legitimar al gobierno como un "heredero" de la insurrección. Sin embargo, como vemos, esta construcción es posterior a la estabilización, no anterior. Por lo tanto, no puede ser un factor explicativo de peso. En su forma más elaborada, se expresa como los límites de la conciencia de la clase obrera. Aquí sí hay una variable de peso que debe ser explicada, pero tomarla en abstracto de la lucha de clases puede hacer olvidar que el adversario también actúa. En este caso, la conciencia no solo brota de la acción de las organizaciones sobre la experiencia (porque esta nunca es neutra), sino de la intervención material de la clase a la que se combate.

La segunda hace un especial énfasis en la capacidad económica del gobierno de Duhalde y, luego, del de Néstor Kirchner. No puede negarse que el aumento de la renta agraria permite una mayor caja fiscal. Y esta, da un mayor margen de maniobra, como por ejemplo brindar un millón y medio de planes sociales y una asistencia a la burguesía más comprometida (y a la no tanto). Pero, otra vez, pretender que un alza de la renta conduce inmediatamente a determinado resultado político es saltearse la lucha de clases. ¿Por qué el alza de la renta no provoca el restablecimiento completo de la hegemonía? ¿Por qué la burguesía se dedicó a la represión legal e ilegal de forma tan sistemática y masiva?

¿Cómo pueden estos hechos resultar neutros? Son preguntas que cualquier mecanicismo económico no puede responder.

La tercera es la que hace énfasis exclusivamente en la represión estatal y, particularmente, la de Puente Pueyrredón. Como vemos, si bien esta hipótesis es correcta, se debe agregar la represión paralela, irregular, que no estalla en enfrentamientos tan directos y concentrados, como en junio de 2002, pero se reparte molecular y sistemáticamente en lugares y sobre elementos claves.

Por último, vemos una fuerte continuidad en la estructura y el personal político encargado de la represión del levantamiento del 2001 y el que se encarga de la entrega de concesiones, por las cuales quiere aparecer como "heredero" o "coronador" del proceso revolucionario. En definitiva, el kirchnerismo es la forma que toma el peronismo, no sin fuertes crisis internas e importantes disgregaciones, luego de su tarea de neutralización –en este caso, fundamentalmente militar- de la fuerza revolucionaria. El PJ intenta una reconstrucción por arriba, a través del Estado. Y junto con la asistencia, la represión es una de las vías privilegiadas. En un proceso de disolución de los partidos burgueses, esta tarea represiva opera, objetivamente, como un factor más bien cohesionador. Que no haya alcanzado para mantener al PJ en pie, es un problema que excede este estudio.

Capítulo III

La guerra de baja intensidad
(2003-2007)

Si hay un periodo reivindicado retrospectivamente por todo el arco peronista (y no peronista), ese es el gobierno de Néstor Kirchner. Todas las referencias señalan las expectativas que generó, la recuperación económica, la audacia política, el cumplimiento de postergados anhelos políticos (sobre todo, en materia de derechos humanos) y, sobre todo, el consenso generalizado en torno a su administración.

No resulta sorprendente esta caracterización compartida, ya que el primer gobierno kirchnerista logró representar y beneficiar al conjunto de las fracciones burguesas y expropiar las potencias del Argentinazo. La renta agraria, la renta petrolera y la devaluación habían logrado sacar al capitalismo del abismo y la acción política de Duhalde y la del propio Néstor habían logrado evitar una profundización del proceso revolucionario.

En ese marco, la represión bajo este primer gobierno aparece muy opacada. Lo cual resulta curioso dado que en estos años se sucedieron importantes luchas que terminaron, casi todas, con una intervención estatal violenta contra los trabajadores. Basta recordar el Casino, Parmalat, Telefónicos, Subtes, SASETRU, el Hospital Francés y la lucha docente en Neuquén, por poner algunos ejemplos. Veamos, entonces, lo que se ha escrito sobre el asunto.

Para los autores más afines al kirchnerismo, como Horacio González o Norberto Galasso, este gobierno decidió incluir la protesta. Julio Godio también reivindicaba la política sindical y social del gobierno kirchnerista.[1] Caracteriza al gobierno de Néstor como una *revolución desde arriba* que debía ser completada *por abajo*, transformando al PJ en una suerte de PT a la brasilera. Respecto al movimiento piquetero, Godio elogia la "no represión". Tan solo se justificaba con la izquierda, que "aspiraba a provocar a corto plazo una crisis política".[2] Incluso caracteriza al gabinete de Néstor como un "gabinete piquetero".

Los trabajos que observan al gobierno kirchnerista desde una concepción liberal, también coinciden en la baja incidencia del fenómeno represivo en esos años, explicándolo de la misma manera que las posiciones más favorables: la voluntad de limitar las protestas obreras.[3] Uno de los trabajos más recientes y completos sobre el kirchnerismo le dedica solamente un párrafo de sus 480 páginas al fenómeno represivo.[4] Allí afirman que Néstor Kirchner tuvo que tomar la iniciativa para el "control de la calle", y para ello:

"En sintonía con el discurso y las posiciones de las organizaciones de derechos humanos que venían criticando desde la década anterior el tratamiento del conflicto social por parte del Estado, el gobierno dejó establecida su decisión de 'no reprimir la protesta social'."[5]

Aclaran, sin embargo, que hubo excepciones. Primero, gobernadores que "no se alinearon necesariamente con esta política". Segundo, frente a cortes organizados por la CCC, el Polo Obrero, MIJD y los MTD, donde las fuerzas fueron utilizadas "para incitar el final de las manifestaciones".[6] Dejando a un lado ese eufemismo que no revela el contenido real del hecho (la violencia), los autores reducen la represión a la reacción contra acciones de la izquierda.

Desde perspectivas más críticas, pero que intentan situarse a la izquierda, la represión tampoco aparece como un elemento de peso. Maristella Svampa señala que el kirchnerismo sería el fracaso del armado de un partido de centroizquierda.[7] Sin embargo, no señala si hubo bajo el kirchnerismo un grado represivo "necesario" para restablecer el

---

[1] Godio, Julio: *El tiempo de Kirchner. El devenir de una "revolución desde arriba"*, Letra Grifa Ediciones, Buenos Aires, 2006.
[2] Ibídem, p. 118.
[3] Botana, Natalio: *Poder y hegemonía*, Emecé, Buenos Aires, 2006.
[4] Novaro, Marcos; Bonvecchi, Alejandro y Nicolás Cherny: *Los límites de la voluntad. Los gobiernos de Duhalde, Néstor y Cristina Kirchner*, Ariel, Buenos Aires, 2014.
[5] Ibídem, p. 134.
[6] Ídem.
[7] Svampa, Maristella: "El final del kirchnerismo", en *New Left Review*, N° 53, 2008.

poder estatal. Clara Marticorena, por su parte, señala que la estrategia de Néstor Kirchner habría consistido en conceder al sindicalismo peronista la exclusiva representación en la negociación colectiva, devolviéndole un espacio en la canalización de los reclamos obreros.[8] Así, Marticorena caracteriza una "institucionalización" del conflicto social en el marco de un momento distributivo, complementado con un cierre de las políticas flexibilizadoras. Lo que no parece responder es cuál era el rol de ese elemento represivo durante la reconstrucción del poder del Estado y si le cupo al propio gobierno la responsabilidad en su utilización.

Si bien los partidos de izquierda tuvieron un papel muy importante en la denuncia de cada uno de los hechos de represión, a la hora de recapitular y caracterizar al gobierno de Néstor Kirchner, han priorizado el elemento de "cooptación". Al subestimar el problema no han emprendido ningún estudio sistemático. Diego Bruno (ligado al Partido Obrero), señala que el "fracaso" de la política represiva de Duhalde, haría a Kirchner tomar otros canales para recomponer el poder del Estado, articulando relaciones con las masas y con los gobernadores.[9] Es decir, la represión estatal y paraestatal habría tomado un lugar secundario.

Lo que vamos a hacer a continuación es presentar todos los hechos de represión paraestatal, divididos de la misma forma que en el capítulo anterior: los ataques de tipo sindical, los de tipo estatal y los estrictamente políticos. Por una cuestión de orden, decidimos presentar un relato respetando la cronología. Es decir, desde los más tempranos a los más recientes. A continuación, realizaremos una breve reseña de los principales hechos de la acción estatal contra manifestaciones obreras y, por último, realizaremos un señalamiento sobre los asesinatos en este periodo. Antes de eso, ofrecemos una breve cronología del gobierno que vamos a examinar, para que sirva como contexto general de las acciones.

Un breve repaso por la presidencia de Néstor Kirchner

El 25 de mayo asume Néstor Kirchner con la tarea de poner fin a la crisis política argentina que se había llevado puestos a cinco presidentes

---

[8] Marticorena, Clara: "Apuntes sobre la relación entre sindicalismo y kirchnerismo (2003-2013)", en *XXIX Congreso ALAS, Crisis y emergencias sociales en América Latina*, 2013.

[9] Bruno, Diego: "El régimen de la crisis permanente. Un balance de nueve años de kirchnerismo", *Hic Rhodus. Crisis capitalista, polémica y controversias*, N° 12, Buenos Aires, Facultad de Ciencias Sociales, Instituto Gino Germani, 2012.

132

en dos semanas y que había obligado a la renuncia de su predecesor, Eduardo Duhalde.

El nuevo mandatario se presentaba como un elemento externo a la política tradicional, aunque había estado en ella desde la restauración democrática, habiendo sido intendente y gobernador y su mujer, diputada, senadora y convencional constituyente. Pero la necesidad de canalizar el descontento que gritaba "que se vayan todos" obligaba a estas mistificaciones. Más aún por el hecho de haber accedido a la presidencia con el 22% de los votos, y simplemente porque el candidato que más votos había sacado (Carlos Menem) desistió de competir por la segunda vuelta.

En su discurso inaugural, Kirchner prometió un "cambio responsable", hacia un "país normal". Explicó que se requería un "incremento en la calidad institucional" y que su función principal era "reconciliar la política, las instituciones y el gobierno con la sociedad".

El armado del gabinete obedecía, en cambio, a una fuerte continuidad con los gobiernos peronistas anteriores. Cuatro ministros eran legados de la presidencia de Duhalde: Roberto Lavagna (Economía), Aníbal Fernández (Interior), José Pampuro (Defensa) y Ginés González García (Salud). Tres funcionarios claves provenían del riñón menemista: Juan Carlos Mazzon (encargado de las relaciones con los gobernadores), Juan Carlos Pezoa (encargado de las relaciones fiscales con las provincias), que ocuparía el cargo de Vicejefe de Gabinete, y Alfonso Prat-Gay (presidente del Banco Central -BCRA). A su vez, el PJ de la Capital Federal aportaba su personal. Junto a Alberto Fernández (Jefe de Gabinete), y de la mano de este, asumían Daniel Filmus (Educación), Gustavo Béliz (Justicia), Rafael Bielsa (Relaciones Exteriores) y el ex abogado de la CGT menemista, Carlos Tomada (Trabajo). Como personal propio, quedaban Carlos Zannini (Secretaría Legal y Técnica), Sergio Acevedo (Inteligencia), Oscar Parrilli (Secretaría General), Alicia Kirchner (Desarrollo Social) y Julio De Vido (Planificación).

Para construir un poder propio, decide descabezar las Fuerzas Armadas y la Policía Federal, intervenir el PAMI (expulsando funcionarios de Barrionuevo) e iniciar un juicio político a la Corte Suprema para colocar sus propios jueces. En reemplazo de la "mayoría automática" menemista, ingresaron Eugenio Zaffaroni (ex Alianza), Elena Higton de Nolasco y Carmen Argibay (recomendadas por Alberto Fernández), y Ricardo Lorenzetti (auspiciado por Nicolás Fernández, del PJ de Santa Cruz). El nuevo comandante de las FFAA es un leal de Santa Cruz, Roberto Bendini.

Muchas organizaciones que habían protagonizado la lucha en los años anteriores se pliegan al oficialismo: FTV, Barrios de Pie, PC (MTL), varios MTD's y el Movimiento Evita, entre otros. Con ese empuje y con la intención de realizar una concesión al movimiento del 2001, Kirchner avala la derogación de las leyes de Obediencia Debida y Punto Final, con la intención de reabrir los juicios contra los funcionarios de la dictadura militar. A su vez, establece una alianza con Madres, Abuelas de Plaza de Mayo y diversos organismos de DDHH, aunque varios de ellos se mantienen independientes (como Madres Línea Fundadora). Recibe, además, el apoyo de los intelectuales ligados a la renovación peronista en los '80, la revista *Unidos* (Horacio González, Mario Wanifeld) y el Club de Cultura Socialista (Portantiero, Altamirano). A eso se suma la colaboración de los principales medios de comunicación, a los que la devaluación les había garantizado la licuación de sus deudas.

Con respecto a gobernadores e intendentes, Kirchner mantiene el pacto de territorialización por apoyo, que implica la reelección indefinida (allí donde se puede) y el desdoblamiento de las elecciones.

En el año 2004, Kirchner anuncia su proyecto de "transversalidad" con el objetivo de evitar la dependencia del PJ liderado por el duhaldismo y reunir un caudal de apoyos que le permita cierta autonomía. A su vez, intentaba hacerse con los restos de los partidos que habían implosionado: UCR, Frepaso, PS y PC, entre otros. En respuesta, el PJ realiza un Congreso en Parque Norte para limitar esa apertura, pero fracasa. Uno de los agentes presidenciales allí fue Felipe Solá, que se convierte en la cabeza de playa para el desembarco en la Provincia de Buenos Aires.

El mes más importante del año, y el más emblemático para la presidencia de Néstor Kirchner fue el de marzo. El 24, se realizó el famoso acto en la ESMA, en donde el presidente hizo descolgar el cuadro de Videla y realizó un discurso pidiendo "perdón" a los familiares de desaparecidos por la poca respuesta que había dado el Estado. Pero ese mismo mes fue también el de las manifestaciones por la muerte de Axel Blumberg, protagonizadas por su padre Juan Carlos. El Gobierno atendió los reclamos endureciendo las leyes punitivas para los delitos comunes. Con ese movimiento doble, sumó a izquierda y a derecha.

El problema más importante que se le presentaba era la necesidad de poner fin al "doble comando", por el que compartía el poder con el ex presidente Duhalde, que mantenía su influencia dentro del PJ. Las elecciones legislativas de octubre de 2005 se presentaron como la oportunidad para realizar la ruptura y enfrentar al aparato duhaldista. Habiéndose puesto de acuerdo en las listas a diputados, Néstor Kirchner intentó poner de candidata a senadora a su mujer, por sobre la del ex presidente. Duhalde se quedó con el sello del PJ y Aníbal Fernández replicó con una frase famosa que expresaba la crisis ideológica que atravesaba la sociedad: "Que se meta el escudo y la marchita en el c..." El caso es que el Frente Para la Victoria, que llevaba la candidatura de Cristina Fernández de Kirchner, se impuso con la colaboración de radicales y ex frepasistas, por el 45,7% contra el 23% de Chiche Duhalde. Ningún opositor logró juntar el 10% a nivel nacional. El duhaldismo comenzó una fuga y nunca se pudo recomponer. Comenzaba oficialmente el kirchnerismo.

Al mes siguiente, se realizó la IV Cumbre de las Américas, en Mar del Plata, una reunión de los presidentes del continente, de ambos hemisferios. EEUU, México y Canadá presentaron la propuesta de un tratado de libre comercio, el ALCA. Su principal enemigo era la industria brasileña, con apoyo de Venezuela y Argentina, que se expresaron en contra. Esa diferencia no impidió que Argentina colaborara militarmente con los EEUU mediante el envío de tropas a Haití y que Bush, presidente norteamericano, intercediera a favor del gobierno argentino en las discusiones con el FMI y el Club de París.

Esa cumbre tuvo dos oposiciones. La primera fue una masiva marcha repudiando la presencia de George W. Bush, que fue duramente reprimida por las fuerzas estatales del gobierno. La segunda, propiciada por el propio gobierno, fue una "contracumbre", precedida por un "tren del ALBA", que propiciaba un mercado común de los países andinos. Esa "contracumbre" se realizó en el polideportivo de Mar del Plata y contó con la presencia de Hugo Chávez, Evo Morales y diversas personalidades de la cultura y el deporte (Silvio Rodríguez, Maradona, Emir Kusturica), además de varios partidos políticos argentinos, Madres de Plaza de Mayo (Hebe y Línea Fundadora), sindicalistas ligados a la CTA y a la CUT de Brasil, y diversas personalidades, como el escritor y periodista Miguel Bonasso.

A los pocos días, renunciaba Roberto Lavagna, el Ministro de Economía, desplazado en un intento de homogenización del gabinete, por el cual el presupuesto iba a ser manejado por Julio De Vido.

En 2006, el kirchnerismo va por una mayor concentración del poder. Entre junio y agosto completa su avanzada sobre el Consejo de la Magistratura (que fractura al llamado "peronismo federal"), la reglamentación de los DNU (Decretos de Necesidad y Urgencia) y la Ley de Administración Financiera (que permite al Ejecutivo modificar las partidas presupuestarias).

El 18 de septiembre de ese año, se produce un hecho crucial en términos políticos: la desaparición de Jorge Julio López, testigo en los juicios contra los responsables de la represión durante la última dictadura. Específicamente, contra Miguel Etchecolatz. Las sospechas de la complicidad del aparato represivo y la poca atención del gobierno al asunto provocan una crisis en los organismos de DDHH, entre quienes se mantienen en el campo oficialista y quienes deslizan críticas.

Durante ese año, la principal preocupación del Gobierno se concentra en la sucesión presidencial. Sobre esta cuestión comienza a girar el resto de los problemas políticos: las alianzas transversales, el PJ y los gobiernos provinciales.

El proyecto inicial era una reelección de Néstor Kirchner o, a lo sumo, una sucesión familiar (Cristina). Para que la transversalidad no provoque una ruptura en el PJ se propone la "reelección para todos", promoviendo la de todos los gobernadores a cambio del apoyo a la presidencial. Así se obtura la competencia interna por cargos ejecutivos y se logra el apoyo necesario para la candidatura presidencial. Ya había provincias con reelecciones, otras con mandatarios con alta popularidad. El problema se presentaba en Misiones, Entre Ríos y, fundamentalmente, en Buenos Aires. Allí, Felipe Solá hizo una presentación judicial para consultar la posibilidad de ser reelecto (había sido vicegobernador de 1999 a 2002). El presidente no lo avala ni lo critica. Simplemente, espera a ver cómo se desarrollan los hechos.

La prueba de fuego será en Misiones. Allí, el gobernador Rovira dispuso un plebiscito para reformar la constitución. De un lado el gobernador Rovira y el apoyo del matrimonio presidencial. Del otro, el Frente Unidos por la Dignidad, conducido por el obispo jesuita Joaquín Piña Batllevel, que nucleaba a la CTA, la UCR y parte del PJ disidente, con el apoyo del Cardenal Bergoglio.

El 26 de agosto se desmorona el proyecto de "reelección para todos". El oficialismo, en Misiones, solo saca el 42% contra el 56% de la coalición que apoya Bergoglio. Solá debe archivar sus ambiciones y Néstor Kirchner decide buscar un candidato neutro para la provincia, que finalmente será Scioli.

Al año siguiente, estallan los escándalos de Skanska y Antonini Wilson, ligados al financiamiento de las campañas electorales.

En 2007, el oficialismo sufre las primeras derrotas electorales en Neuquén, Ciudad de Buenos Aires, La Rioja, Santa Fe y Tierra del Fuego, en elecciones desdobladas, pero triunfa en las generales frente a una oposición dividida y sin candidatos de peso. Cristina Fernández de

Kirchner obtiene el 45,23% contra el 23% de la segunda, Elisa Carrió. Atrás, el ex ministro Lavagna.

En términos económicos, la presidencia de Néstor Kirchner exhibe, durante sus primeros años, un crecimiento "a tasas chinas", producto de un alza histórica de los precios de los comodities. Se producen así los llamados superávits "gemelos" (comercial y fiscal). La devaluación bajo la administración anterior (tipo de cambio "competitivo") ya alentaba las exportaciones y evitaba la importación masiva.

Luego de diez años, y empujado por la inflación, el gobierno llama al Consejo Nacional del Empleo, la Productividad y el Salario Mínimo Vital y Móvil, donde comienzan a negociarse Convenios Colectivos de Trabajo. Si bien se consiguen algunos aumentos lógicos, teniendo en cuenta la inflación, estos convenios incluyen varias cláusulas de flexibilidad. El empleo se recupera con respecto al 2002, pero con un alto porcentaje de trabajo precario, ya sea bajo modalidades de contrato o de trabajo temporal, cuando no directamente en negro.

La devaluación y la inflación traen las exigencias de las empresas de servicios públicos para una actualización tarifaria. El gobierno intenta evitar un espiral inflacionario y un descontento popular, por lo que no permite liberar las tarifas. Esto provoca una demanda de las empresas en el CIADI. Para evitar sanciones, el gobierno firma una serie de Actas Acuerdos, que incluyen cierto congelamiento tarifario para consumidores domésticos, el retiro de la tarifa social, los aumentos para los consumidores grandes, la dolarización de algunas tarifas (teléfonos, aeronavegación), reducción de compromisos de inversión a mínimos legales, condonación o reducción de deudas con el Estado y el compromiso estatal de financiar las obras necesarias.

El gobierno decide regularizar su relación con el FMI, luego del default en enero de 2002. En primer lugar, pacta una Ley de Responsabilidad Fiscal y se renegocia con los tenedores de bonos. Para todos estos tratos, recibe el respaldo expreso de los EE.UU. En especial, del presidente George W. Bush.

En 2005, el gobierno decide cancelar la deuda con el FMI, utilizando el 32% de las reservas monetarias del BCRA, y financiarse mediante préstamos de PDVSA (la petrolera estatal de Venezuela) a tasas más altas, pero que no exigen metas fiscales.

En 2006, ante el avance de la inflación, comienza la política de "acuerdos de precios", poco exitosa. A partir de la apertura del mercado mundial de la carne (por la gripe aviar en Europa), se hace imposible sostener el precio, lo que lleva a Néstor Kirchner a nombrar a Guillermo Moreno, un marginal, como Secretario de Comercio Interior.

En 2007, la política económica muestra sus límites. Ese año, caen los llamados "superávits gemelos" y la inflación supera a la del 2002 (25,9%). Kirchner, entonces, decide intervenir el INDEC y anunciar una moratoria previsional (idea de Sergio Massa, director del ANSES). Sin embargo, los primeros síntomas del ajuste se ven en los aumentos tarifarios y recargos residenciales para obras de infraestructura.

A su vez, se intenta negociar con el Club de París, para salir formal y definitivamente del default, pero este exige el aval del FMI, lo que limita cualquier acuerdo.

En cuanto a su relación con las cámaras empresariales, durante la primera presidencia, Néstor Kirchner consigue el apoyo abierto de CAME y APyME, de la UIA. La propia central industrial da su apoyo, al igual que Federación Agraria y CONINAGRO. En cambio, hay una distancia de AEA, CARBAP y SRA.

En cuanto a los sindicatos, podemos adelantar que aunque se pide (y consigue) el apoyo de la CTA, nunca se le da la personería jurídica. Se prefiere, en cambio, el respaldo de la CGT, para lo cual se negocia que la conducción quede en manos de un triunvirato que luego va a devenir en el poder casi absoluto de Hugo Moyano, del gremio de camioneros. El pacto es la moderación salarial contra contraprestaciones estatales y sumas por fuera de convenio.

Por su parte, la izquierda pierde su predominio en la sobrepoblación relativa, pero comienza un trabajo en la clase obrera ocupada que va a rendir frutos importantes (subtes, FFCC, docentes, alimentación), no en términos absolutos, pero si si se lo compara con la década anterior. Este escenario, con luces y sombras, marca el apogeo del régimen kirchnerista y, a su vez, los límites a la reconstrucción proyectada.

Una vez repasada la presidencia de Néstor Kirchner en general, vamos, entonces, a las acciones represivas.

Acciones paraestatales de tipo sindical

UTA hay una sola

Uno de los dirigentes que impulsaba el nuevo sindicato del transporte era Ariel Basteiro, diputado por el PS y Secretario General de la Asociación de Personal Aeronáutico. Basteiro había colaborado con el Gobierno en la creación de la empresa estatal LAFSA.

138

La CTA había fijado al sábado 24 de abril del 2004 como fecha para el lanzamiento de su nuevo sindicato. En medio del acto, apareció una patota que comenzó a agredir a los presentes. Se desató una batalla donde cinco miembros de la CTA resultaron heridos. El plenario fue levantado. Según el testimonio de Fabio Basteiro (hermano de Ariel, dirigente de la CTA y presente allí en el acto): "Ellos armaron un operativo a tres cuadras del teatro, y fue una cacería. Pero si no hubiéramos avisado todavía estaríamos contando muertos".[10] Los participantes denunciaron que los agresores portaban armas de fuego. Varios dirigentes fueron seguidos en un micro hasta la propia sede de ATE, en Belgrano y Alberti.[11]

La CTA responsabilizó a la UTA, de Juan Manuel Palacios, integrante de la CGT "disidente", liderada por Hugo Moyano. Los dirigentes de la UTA no negaron su participación. En cambio, señalaron al Jefe de Gabinete, Alberto Fernández, por "impulsar" a la CTA a "darle pelea a gremios que son nuestros". Incluso, anticiparon que, de persistir esta actitud, "se vienen días negros".[12]

Candidatos afuera

En abril de 2004, Raimundo Ongaro, dirigente gráfico, afrontaba otros comicios difíciles en su gremio. Del otro lado, tenía a la histórica Lista Naranja, protagonista de luchas históricas en los '90, como la de Editorial Atlántida. De allí había surgido nada menos que el dirigente Néstor Pitrola, del PO. Pero, además, esta elección transcurría en el contexto del cierre de un conflicto importante en la obra social, ya que la burocracia estaba embarcada en el cierre de las clínicas zonales como forma de ajuste, con el subsiguiente despido de trabajadores. La concentración de atención en la Clínica de Once resultaba un verdadero problema para los afiliados que debían trasladarse desde el conurbano o desde distintos puntos de la Capital Federal. Aquí, la burocracia se comportaba como cualquier patrón.

Una semana después de las elecciones, el sindicato decidió despedir a dos de los candidatos de la Lista Naranja, a una embarazada y a un enfermo renal sometido a diálisis. La reacción no se hizo esperar. El lunes 27

---

[10]http://edant.clarin.com/diario/2004/04/25/p-02101; htm; http://www.pagina12.com.ar/diario/elpais/1-34828-2004-05-03.html.
[11]Ídem.
[12]Ídem.

de abril, Miguel Bravetti (Secretario General de Interpack) y Sebastián Rodríguez (Secretario de Organización de Morvillo), acompañaron a los despedidos para entrevistarse con la Comisión Directiva del sindicato. No obstante, el Secretario Adjunto se negó a reincorporarlos.[13]

En consecuencia, el martes 28 comenzó un acampe para pedir la reincorporación de los despedidos, que recibió la solidaridad de los vecinos de la zona. La burocracia plantó una patota para custodiar el lugar y bloquear cualquier manifestación.

La comisión por los despedidos, junto a la Lista Naranja, programaron un acto para el jueves 13 de mayo. Durante toda la semana, los acampantes sufrieron hostilidades por parte de la patota ongarista. El jueves, la patota salió a disolver el acto. Agredió brutalmente a María del Carmen Martínez, una ex delegada gráfica que participaba del acto y a Gabriel Beati, miembro de la Lista Naranja, entre otros.[14] El acto debió mudarse a la esquina de Alberti y se convocó a otro acto para el día siguiente.

Ese viernes 14 de mayo, la patota esperaba, pero la manifestación recibió varias solidaridades, incluyendo una delegación de Brukman. Se produjo un enfrentamiento, en el cual la patota tuvo que retirarse y el acto se realizó.

El hecho tomó una repercusión pública notable. En una solicitada de Clarín, la CGT de Moyano indicaba que los despidos habían sido por "mala atención a los pacientes" y que "los reclamos gremiales no deben hacerse a través de la violencia y el avasallamiento de los derechos de otros compañeros". El Secretario de Derechos Humanos, Eduardo Luis Duhalde, salió a apoyar al "compañero Ongaro", según sus propios dichos, y a repudiar públicamente a la manifestación. Es decir, que respaldó el armado de grupos de choque, por parte de la dirigencia sindical.[15]

Wild West

María Nélida Rodríguez era telefonista del Sanatorio Santa Rosa de Lima y, para el 2004, candidata por la lista opositora a West Ocampo en

---

[13]http://64.22.103.243/articulo/po849129movimob/
reincorporacion-de-los-trabajadores-despedidos-por-burocracia-ongarista.
[14]*Prensa Obrera*, 13/5/2004.
[15]Carta disponible en http://po.org.ar/articulo/po853141movimob/
naranja-grafica-le-responde-luis-duhalde.

el gremio de sanidad, la Blanco-Bordó, conformada por agrupaciones de izquierda (MST-PO), algunas kirchneristas y sectores "independientes".

El 3 de junio de 2004 llegó a su trabajo normalmente, pero se encontró con una sorpresa: su escritorio estaba ocupado. Tres personajes desconocidos ocupaban su lugar de trabajo y la estaban esperando. Ella ya sabía por qué estaban ahí. No sin estupor, les pidió que se retiraran. Los matones, comenzaron a insultarla y amenazarla: debía renunciar.[16] María se negó. Debió sufrir, además, varios acosos administrativos por parte de la patronal.[17] No obstante, se mantuvo firme como candidata.

Al parecer, estos hechos no amedrentaron a la Blanca-Bordó. West Ocampo, a esta altura, pensó en una intervención algo más estridente. El lugar elegido fue el Hospital del Centro Gallego, que nucleaba otro de los bastiones de la oposición.

El 18 de julio de 2004, los delegados del Centro Gallego estaban reunidos en el Hospital junto a los principales miembros de la lista opositora. Avisado del encuentro, West Ocampo mandó una patota liderada por Sergio Romero (Secretario de Prensa del sindicato), Raúl Leite (Secretario de Deportes), Norberto Maschio (Secretario de Cultura) y Pablo Guzzetti. La patota propinó una fuerte golpiza a todos los participantes de la reunión. Uno de los patoteros, sacó un arma de fuego y la exhibió amenazando a los opositores.[18] El cuerpo médico del hospital tuvo que atender a las víctimas del ataque. La lista de West Ocampo ganó la elección.

Violencia de clase

Claudia Fernández era delegada paritaria de la industria del pescado, que llevaba adelante el SOIP. Era, además, militante del Partido Obrero. El día 31 de julio de 2004, Claudia sufrió la agresión de una patota, presuntamente comandada por la dirección del sindicato. Al parecer, la delegada en cuestión se oponía a entregar conquistas. Claudia tuvo que ser internada por los golpes recibidos.

---

[16]Comunicado de la lista Blanca-Bordó, en *Prensa Obrera* N° 853.
[17]*Prensa Obrera*, 3/6/2004.
[18]Artículo en *Prensa Obrera* N° 857.

¿Mejor argentino?

A mediados de 2004, la empresa láctea Parmalat (de origen italiano) inició la venta de sus instalaciones, con el objetivo de retirarse del país. Luego de una serie de negociaciones y compulsas, en diciembre de ese año, su lugar fue tomado por las sociedades argentinas Molinos, Establecimientos Harineros Bruning e Industrias Argentinas Man, pertenecientes al empresario argentino Sergio Tasselli.[19] La empresa declaraba una facturación anual de 50 millones de dólares, unos 1.200 empleados y tres plantas productoras. Una en Pilar, otra en Chascomús y una tercera en Lamarque (Río Negro). A eso se agregaba un centro de distribución en Carapachay. Recordemos que Taselli era uno de los dueños, junto con Mario Montoto, de Trenes Metropolitanos (que administraba las concesiones de los ferrocarriles Roca, Belgrano Sur y San Martín), y se había hecho con Yacimientos Carboníferos Fiscales, con la venia de Néstor Kirchner.[20] ATILRA (Asociación de Trabajadores de la Industria Lechera de la República Argentina) decidió darle el apoyo a Tasselli, en contra de la voluntad de los trabajadores de Parmalat.

A diez días de asumir, el empresario "nacional y popular" declaró la convocatoria de acreedores. Según el empresario, era para "reordenar financieramente" la compañía y "comprobar cuál es la real situación" de la misma. No era su único frente de batalla. Desde diciembre, los trabajadores estaban en lucha por los sueldos adeudados desde noviembre.

Taselli decidió jugar fuerte y, junto con la reestructuración de las deudas, sumó un proyecto para reorganizar la empresa, despidiendo trabajadores. En principio comenzó con el despido de 39 de ellos. Su argumento era que hacía falta una "racionalización", para mantener a la empresa en manos nacionales. Según los delegados, se intentaba desmantelar gran parte de la empresa para quedarse solo con aquellas producciones destinadas a la exportación. Ante la falta de respuestas de la patronal argentina, los obreros se declararon en huelga el día 20 de diciembre. El conflicto derivó en una toma de las instalaciones de las plantas de la Provincia de Buenos Aires y de la distribuidora. La conducción sindical comenzó a acusar al Partido Obrero por esta desobediencia de la comisión interna. Fuera del intento de criminalización de la burocracia, el dato era en parte cierto. El Polo Obrero había logrado una inserción en la fábrica. Ahora bien, tener el apoyo de los trabajadores

---

[19]*Infobae*, 22/12/2004.
[20]*La Voz del Interior*, 23/7/2007.

142

en un momento de conflicto, lejos de ser un pecado, constituye un verdadero orgullo.

Los trabajadores convocaron una marcha de Congreso a Plaza de Mayo para enero de 2005.

El 6 de ese mes, una patota de 200 personas, movilizada en micros de ATILRA, llegó a la planta de distribución en Carapachay. Otra similar se dirigió con destino a la planta de Pilar. Se utilizaron siete micros, seis trafics y catorce autos particulares. Todos los integrantes iban con remeras naranjas del sindicato. Algunos ostentaban armas de fuego. Al frente de la caravana iba nada menos que Héctor Ponce, su Secretario General. El grupo de tareas que intervino en Carapachay fue encabezado por el dirigente Serio Gómez.

Antes de empezar su tarea, el grupo se presentó frente a Crónica TV y declaró que iba a librar a las fábricas de "activistas políticos", en defensa de "los verdaderos trabajadores". La patota tiró abajo el portón y comenzó a romper las líneas de producción y a confiscar mercadería de las plantas, con el fin de acusar a los huelguistas del delito de sabotaje. Luego de golpear a los ocupantes, cinco personas tuvieron que ser internadas. "Paco" Trejo, uno de los delegados y dirigentes de la lucha, tuvo que huir en medio de un tiroteo y debió permanecer varios días escondido, ya que había sido amenazado de muerte.[21]

La patota, según las denuncias, se dirigió luego a la planta de Pilar. Allí también destruyó máquinas, golpeó a delegados y se robó mercadería. Lo curioso del asunto es que la mercadería saqueada no solo fue transportada en las combis sindicales, sino que, siempre según las denuncias, se utilizaron también los patrulleros de la policía provincial, que estaba escoltando a los dirigentes sindicales.[22]

El hecho suscitó un escándalo político importante. Un empresario "nacional" se dedicaba a despedir trabajadores y liquidar la empresa. El 27 de enero, Taselli y la dirección del sindicato decidieron crear una "comisión especial" para el seguimiento del conflicto. Los delegados por parte de los trabajadores fueron puestos a dedo por Ponce y, obviamente, rechazados por los obreros.

Luego de una lucha denodada, el 27 de junio de 2005, Taselli aceptó las condiciones de los huelguistas. Sin embargo, el 11 de diciembre desconoció el convenio e inició nuevamente el ataque a los trabajadores.

---

[21] http://argentina.indymedia.org/news/2005/01/253747_comment.php. Visto el 21-09-2015.

[22] http://www.argentina.indymedia.org/news/2005/01/253706.php. Visto el 21-09-2015.

Incluso, llegó a desconocer un fallo judicial que le ordenaba retrotraer las acciones y reconocer el convenio. En enero de 2006, los trabajadores decidieron cortar la ruta 2, con el objetivo de hacer valer sus reclamos. El corte fue desalojado por la policía.[23]

El estado calamitoso de sueldos atrasados (más de seis meses) y despidos obligó a la burocracia a dar alguna tímida señal. Tuvo que instalar una carpa "del silencio" en la puerta de la fábrica y realizó una demostración en Chascomús.

Durante el 2006 y 2007 se sucedieron los atrasos y hubo nuevos despidos.[24] ATILRA tuvo que realizar algunas acciones, porque ya se estaba quedando sin aportantes. Finalmente, en enero de 2008, Taselli, con el aval del gobierno, vendió su empresa a Ipasa, Industrias para el Agro S.A.[25]

¿Quién es Héctor Ponce, el Secretario General de ATILRA? Ponce nació en Santiago del Estero, pero adoptó como su ciudad preferida a Sunchales, Santa Fe. Allí, después de haber sido albañil y mozo, logró ser relator de combates de boxeo. Sin demasiada suerte en ese camino, consiguió empleo en la empresa Sancor, donde empezó una carrera sindical. En 2002, logró desplazar al titular del sindicato, Vicente Troncoso.[26]

Bajo el gobierno de Néstor Kirchner, ATILRA pasó de 10.000 afiliados a 25.000.[27] El gremio esponsoreó boxeadores (como Maravilla Martínez) y al club Atlético Rafaela. ATILRA nunca integró la CGT bajo Ponce, que siempre prefirió mantener un vínculo directo con la Casa Rosada. Fue aliado de Moyano hasta al ruptura con el Gobierno Nacional. Ponce siempre apoyó a Néstor y a Cristina. En agosto de 2015, asoció al gremio con Sancor, para gestionar algunas empresas.[28] Se lo relaciona con la barra brava de Rosario Central, a la que habría utilizado como fuerza de choque en 2008.[29]

Ponce, además, tuvo un fuerte vínculo con Héctor Capaccioli, Superintendente de Servicios de Salud durante la presidencia de Néstor, que tuvo que renunciar tras ser procesado por dirigir la "mafia de los

---

[23]*Página 12*, 31/01/2006; *Prensa Obrera*, 02/02/2006.
[24]*Prensa Obrera*, 04/01/2008.
[25]*Prensa Obrera*, 17/01/2008.
[26]http://www.clarin.com/politica/Etin-poderoso-sindicalista-comun_0_950905237.html.
[27]Ídem.
[28]http://ceresciudad.com/el-titular-de-atilra-hector-ponce-hablo-de-la-situacion-de-la-lecheria/.
[29]http://www.lanacion.com.ar/1077556-vinculan-a-barras-con-el-crimen-de-rosario.

144

medicamentos". Ponce inauguró junto a él, la clínica 10 de Septiembre, en Sunchales, en diciembre de 2007.

Vemos aquí la expresión de una vasta red que va desde el poder político (Kirchner, De Vido –que administraba las concesiones de ferrocarril-), pasando por los empresarios "nacionales" (Taselli, Montoto) y termina en la burocracia sindical (Ponce) y los organismos represivos (Policía de la Provincia). Una verdadera "unidad nacional". En el balance, profundizaremos sobre esta asociación, particularmente, sobre la figura de Taselli y su relación con el poder político.

Telefónicos[30]

El 9 de noviembre de 1990, desembarcaban en Argentina las empresas Telefónica Argentina y Telecom Argentina, luego de la privatización de la empresa ENTel, imponiendo la tercerización como práctica común para recortar gastos. La privatización contó con la resistencia de los trabajadores, que valió le pérdida de la personería jurídica de la Federación de Obreros y Empleados Telefónicos de la República Argentina (FOETRA) y el retorno de Julio Guillán, alineado con Menem. En el año 1997, ganaron la conducción del gremio Osvaldo Ladarola junto con Claudio Marín, con una postura más combativa. Sin embargo, con la llegada del kirchnerismo, esta conducción iba a ir acercándose cada vez más al gobierno, tendiendo vínculos con La Cámpora y Unidos y Organizados. A pesar de esto, la existencia de diferentes corrientes políticas, como el PO, el PTS, Izquierda Socialista, MST, militantes de la CTA y algunos independientes dentro de FOETRA Buenos Aires, permitió que los telefónicos protagonicen importantes luchas.

Una de estas luchas se produjo en el call center ATENTO, donde el 19 y 20 de agosto del 2004 realizaron una toma del edificio ubicado en Barracas, donde trabajaban 800 personas, la mayoría para Movistar, para que se los reconociera como trabajadores telefónicos y no de comercio. También tomaron el edificio de Martínez, aunque solo por unas horas. Como parte de la organización, se formó un cuerpo de delegados de FOETRA. El cuerpo de delegados convocó a una toma del edificio que contó con la participación de casi 2 mil trabajadores. Hasta allí fue la empresa (a través de la supervisión) para atacarlos, aunque consiguieron sostener la toma. El 12 de octubre del mismo año comenzaría el

---

[30]La mayor parte de los datos señalados fueron obtenidos en entrevista al dirigente sindical Pablo Eybusic, militante del PO, a quien agradecemos.

conflicto salarial de los trabajadores telefónicos. En las provincias del interior, los trabajadores pedían un 25% de aumento, mientras que las patronales de Telecom y Telefónica, solo ofrecían un 7%. Finalmente, se terminó cerrando en un 20%.[31] Con este precedente, lo trabajadores de Buenos Aires se largaron a la lucha con un primer paro de 72 horas con una marcha hasta las instalaciones de Telecom y Telefónica en la Capital Federal, exigiendo un 25% sobre los básicos y las categorías. El 26 de noviembre, y luego de acatar la conciliación obligatoria, se iba a decretar un nuevo paro por 6 días, que iba a afectar diferentes servicios telefónicos. El día 30 la convocatoria del paro fue a nivel nacional y desde el 2 de diciembre se sumó Rosario a la lucha. Aquí también se decidió ocupar los edificios de Telecom y Telefónica desde el día 30. Estas medidas fueron ratificadas el 1 de diciembre, luego de una negociación entre la empresa y el gremio, que fracasó según evaluaban del sindicato. Fue así que el día 2 de diciembre, un grupo de empleados de seguridad privada de la empresa, que oficiaba como patota, intentó romper con una amoladora la puerta. Los trabajadores dentro comenzaron a llamar a los medios y al resto de los trabajadores que se encontraban reunidos en una asamblea. De esa forma consiguieron evitar que la situación pase a mayores. La magnitud del conflicto produjo que intervenieran la CGT y la CTA, que amenazaron con convocar a una huelga general. Néstor Kirchner, en persona, sugirió partir la negociación a la mitad y cerrar en un 12,5%, en la primera mitad del año. Finalmente, los trabajadores consiguieron subir ese monto parcial al 18%, para seguir negociando luego.

En el 2005, volvieron a aparecer las agresiones cuando los trabajadores de ATENTO buscaban elegir un nuevo cuerpo de delegados. El 2 de noviembre, 300 trabajadores eligieron 17 delegados en Martínez, mientras que 400 trabajadores eligieron 16 delegados en Barracas. La tensión crecía porque la empresa desconocía la resolución 766/05 del 20 septiembre del 2005, dictada por el Ministerio de Trabajo, que proponía discutir paritarias bajo el convenio de telefónicos, en detrimento del de comercio.[32] Más aún, la empresa resolvió despedir a cuatro trabajadoras por "finalizar el período de prueba", y suspender a doce delegados. Durante los comicios, una trabajadora del edificio de Martínez resultó herida en el brazo debido a la agresión del personal de seguridad,

---

[31]*Alternativa Socialista*, 16/12/2004.

[32]Henry, Laura: "Call centers tercerizados: Los desafíos para la organización de los trabajadores en una actividad económica emergente", Tesis presentada para la obtención del grado de Licenciatura en Sociología, FaHCE-UNLP, 2007.

mientras intentaba evitar que le despegaran un comunicado de una de las paredes del edificio.[33] El 9 de noviembre, los trabajadores del call center del edificio de Barracas, realizaron una toma reclamando, entre otras cosas, la reincorporación de los delegados de Martínez suspendidos por 12 días, y contra el vaciamiento de la empresa que buscaba llevarse las campañas a las zonas de Córdoba o Mar del Plata para evitar conflictos. Allí entró una patota conformada por la seguridad privada de la empresa, y algunos extras contratados para la ocasión. Como saldo de la agresión, quedó una trabajadora con una herida sangrante en la cabeza.[34]

El 19 de septiembre del 2006 se inició un plan de lucha de los trabajadores efectivos y tercerizados por aumento salarial y el pase a planta los tercerizados. La lucha llevó a la ocupación de los edificios más importantes en una huelga que duró casi un mes. La empresa envió nuevamente patotas conformadas por la seguridad privada, y consiguió desalojar algunas de las tomas. Finalmente, se obtuvo el compromiso de las empresas para discutir un nuevo convenio para los tercerizados en un plazo de entre 12 y 14 meses, mientras que se aumentaba $140 en el básico de los trabajadores.

Como vemos, la responsabilidad de la dirección sindical se enlaza con la acción del propio presidente, Néstor Kirchner.

¡Coca-Cola es así...!

FEMSA-Coca Cola tenía un privilegio, heredado de administraciones políticas anteriores: en su planta no había delegados ni comisiones internas, y la dirección sindical del SUTIAGA (Sindicato de Aguas Gaseosas) quería dejarlo así. El problema era que la empresa inició una ofensiva sobre las antigüedades y adicionales, lo que generó un lógico descontento.

Los trabajadores se organizaron para exigir al sindicato una lucha para levantar una comisión interna, que reconociera a 20 delegados que habían sido electos en asamblea. La dirección sindical comenzó con dilaciones y esgrimió que, por "cuestiones estatutarias", era imposible la elección de delegados en esa empresa. Paralelamente, informaba a la empresa quiénes eran los obreros "conflictivos", que fueron oportunamente separados, despedidos o trasladados.

---

[33] *Prensa Obrera*, 10/11/2005.
[34] *Prensa Obrera*, 17/11/2005.

Uno de ellos fue un importante dirigente de la lucha, Oscar Rombolá. Oscar fue despedido, pero mantuvo su trabajo sindical en la fábrica, organizando una huelga por la reincorporación de todos los despedidos y por el establecimiento de una comisión interna.

El jueves 3 de agosto del 2006, a las 5:45 de la mañana, Oscar fue interceptado en la calle por cinco personas que salieron de dos autos. Los agresores lo golpearon hasta que Oscar cayó. Ya en el piso comenzaron a patearlo y gritarle: "No vengas más a la planta".[35] Ante la denuncia, la burocracia explicó que lo que le pasó a Oscar fue un "accidente".

Derechos Humanos, pero no sindicales

La reconstrucción política de la dominación requería también la lucha ideológica. Esta tuvo su eje en el intento de instalar al personal político gobernante como heredero de la lucha de los '70. Por ello, el Gobierno nacional inició una cruzada por la "memoria", es decir, por la resignificación de la lucha de ese entonces (en clave puramente "peronista" y "democrática") y por su clausura a partir de la llegada del kirchnerismo al poder. Para ello, entre otras medidas, había creado la Unidad Ejecutora de Proyectos de Sitios de Memoria (UEPSM), dependiente del Ministerio de Derechos Humanos y Sociales. Una de las tareas de esta unidad era la recolección de datos sobre sindicalistas desaparecidos.

Lo curioso es que las condiciones de los trabajadores públicos en aquella dependencia eran deplorables: pasantías y diversos contratos precarios eran la tónica dominante. Como SUTECBA (Sindicato Único de Trabajadores y Empleados de la Ciudad de Buenos Aires), el sindicato en el que estaban enmarcados, era cómplice de esta situación, los trabajadores decidieron, partir del 2006, afiliarse a ATE.[36]

Los trabajadores habían acordado con ATE la elección de delegados para el 23 de mayo, con la autorización de las autoridades y sin ninguna impugnación. Sin embargo, el día de la elección, se presentó una patota de SUTECBA para impedirla. Se instalaron en la puerta e impidieron el ingreso de los afiliados. Según María José Méndez, luego elegida delegada, se tuvo que realizar la elección "en la vereda".[37]

---

[35]*Prensa Obrera*, 17/8/2006 y *El Socialista*, 9/8/2006.

[36]Comunicado disponible en http://www.agenciawalsh.org/index.php/a/2007/05/30/p1074#more1074.

[37]http://argentina-socialista.blogspot.com.ar/2008/12/patotas-en-el-gobierno-porteno.html.

148

La ruleta de Cristóbal

En mayo del 2007, con la ayuda del Gobierno y de la Justicia, Cristóbal López desembarcó en el casino de Puerto Madero, asociándose a la española CIRSA, en medio de un escándalo que dio lugar a un conflicto gremial de 40 días.[38] La reestructuración de la empresa tenía como eje la reducción de derechos sindicales: reducción de salarios, aumento de la jornada laboral y disminución de los delegados. Para poder llevarla adelante había que reencuadrar sindicalmente a los 1.500 trabajadores, la mayoría en ALEARA, el Sindicato de Trabajadores de Juegos de Azar, dirigido por Daniel Amoroso (diputado del PRO). El proyecto era llevarlos al SOMU, sindicato de marítimos, dirigido por Omar "Caballo" Suárez, quien había sido "ultramenemista" y entonces estaba muy ligado a Kirchner. Suárez había acompañado a Cristina, una vez electa, al congreso de la Organización Internacional del Trabajo (OIT), en Ginebra. Allí tuvo un desempeño muy particular: se embriagó, provocó un escándalo y tuvo que ser desalojado.[39]

Suárez era uno de los sindicalistas preferidos de Cristina. De hecho, le entregó la empresa Maruba, dedicada al transporte de soja.[40] Además, el gremio también tenía a su gente en las jerarquías de varias empresas, como Patagonia Rural, San Jorge Marítima, Puerto Gastronómico, Latitudes Azules, Doña Antonia Agropecuaria y El Pértigo.

Los trabajadores del Casino, lógicamente, se negaron al nuevo encuadramiento, que suponía una pérdida de sus conquistas. Pero fueron por más: aprovechando la interna entre ambas conducciones, iniciaron una lucha por la reducción de la jornada laboral de 8 a 6 horas, lo que implicó la convocatoria a asambleas y elección de delegados[41].

El 17 de mayo del 2007, los trabajadores realizaron un corte en la Avenida Libertador, reclamando permanecer en el sindicato ALEARA y evitar su pasaje al SOMU.[42] Entre otras cosas, este pasaje vulneraba el derecho a cobrar propinas de la caja de empleados, que permitía tener un sueldo mucho mayor. Como parte del conflicto, se retiró el capitán del barco (con el que debe contar para funcionar) lo que ocasionó su

---

[38]Véase Nabot, Damián: "Dueños del juego: Cristóbal López, la carta del poder K", en La Nación, 1/6/2008.

[39]http://www.infobae.com/2007/06/14/321729-papelon-sindical-suiza.

[40]*Clarín*, 24/11/2014.

[41]*Prensa Obrera* N° 1018, 21/11/2007.

[42]*La Nación*, 24/05/2007.

cierre.[43] El conflicto se trasladaría al Hipódromo de Palermo (también en manos de Cristóbal López), con dos marchas el 23 y el 28. Para el 31 un grupo de trabajadores se encadenaron a la pirámide de Plaza de Mayo reclamando la solución al conflicto, el pago de los meses adeudados y el rechazo del reencuadramiento.[44] El 1 de junio se realizó una movilización de más de 100 obreros, y poco después otra al Ministerio de Trabajo, donde intentaron instalar una carpa, aunque fueron reprimidos por la policía. El saldo fue de 2 heridos y 11 detenidos, algunos dentro del edificio.[45] La situación alcanzó su primer impasse cuando el 8 de junio el Ministerio de Trabajo y el SOMU firmaron la conciliación obligatoria para que el casino pudiera funcionar normalmente. No obstante, los trabajadores siguieron organizándose y negándose al nuevo encuadramiento.

En ese contexto, el 10 de junio se produjo la primera agresión por parte del SOMU. Un grupo trabajadores fueron agredidos en el comedor y zonas de vestuarios por personal ajeno a los barcos-casino. Los empleados denunciaron que se trató de 20 desconocidos que golpearon y amenazaron con revólveres y cuchillos a los presentes. Como consecuencia de esos incidentes, 10 trabajadores resultaron heridos, entre ellos una joven de 25 años que fue internada en el hospital Argerich[46]. Todo comenzó a las 14:25, en el sector de descanso del personal. Allí, unas 20 personas que se identificaron con el Sindicato de Obreros Marítimos Unidos (SOMU) empezaron a insultar a los empleados que se preparaban para comenzar a trabajar. "Sacaron revólveres y comenzaron a gritarnos. Una chica se interpuso para que no comenzara una batalla, pero ella recibió una trompada y cayó al piso. Este grupo de patoteros comenzó a patearla en las costillas y en la cabeza. Los chicos trataron de ayudarla, pero también fueron golpeados", relató a *La Nación* Patricia Calvo, empleada del casino flotante de Puerto Madero.[47] Los trabajadores denunciaron las agresiones ante el Ministerio de Trabajo, la justicia y ante el gremio de juegos de azar. Hubo respaldo por parte del cuerpo de delegados de las cinco líneas de subterráneos y el Premetro. Esta situación derivó en que 400 trabajadores ocuparan el casino como protesta.[48]

---

[43]*La Nación*, 18/05/2007.
[44]*La Nación*, 31/05/2007.
[45]*La Nación*, 05/06/2007 y 06/06/2007; *Prensa Obrera*, 07/06/2007.
[46]*La Nación*, 10/11/2007.
[47]*La Nación*, 12/06/2007.
[48]*La Nación*, 12/06/2007.

150

El 30 de julio del mismo año, los trabajadores denunciaron que la patronal intimidó a dos trabajadoras de la empresa "Sobreaguas"[49], para que firmen su renuncia, aunque estas no accedieron. Pero igual fueron despedidas. Por aquellos días, la empresa tenía una "lista negra" de 30 trabajadores a los que pensaba despedir. Por este motivo, los obreros se convocaron en asamblea, a lo que la patronal respondió con tres nuevos despidos. Algunos trabajadores y representantes del Cuerpo de Delegados del Casino se acercaron a la asamblea de Sobreaguas. El plan, que se votó unánimemente, consistió en colocar un petitorio a la patronal, exigiendo la reincorporación inmediata de los despedidos y la desactivación inmediata de cualquier tipo de "listas negras". Los trabajadores se declararon en asamblea permanente, sin toma efectiva de los puestos de trabajo, a la espera de la negociación con la patronal. Según la evolución de esas tratativas, se avanzaría en la declaración de una huelga. Los trabajadores encuadrados en ALEARA, alertados ya de los despidos, votaron en una masiva asamblea declarar el estado de "alerta permanente y solidaridad incondicional" para con los reclamos de los obreros de Sobreaguas, exigiendo su reincorporación inmediata. Tres horas más tarde, al canto de "unidad de los trabajadores", los cinco obreros estaban reincorporados y la lista de despedidos desactivada. La burocracia del SOMU, acorralada, no tuvo otra alternativa que sentarse a firmar el acta.[50]

El 9 de noviembre, la patota volvió a aparecer. Los trabajadores nucleados en ALEARA se encontraban realizando una asamblea, cuando se produjo el ingreso 30 personas del SOMU. Ricardo Bonani y Mariano Lerer, delegados de ALEARA, declararon que se encontraban deliberando acerca de las negociaciones con la empresa por la reducción horaria y por la eliminación de condiciones de insalubridad, cuando ingresaron los miembros del SOMU, los agredieron e hirieron a un grupo de trabajadores.[51] El conflicto derivó en la intervención de Prefectura. El secretario general del SOMU, Oscar Suárez, amenazó con que, si los empleados del casino no eran transferidos a su organización, las salas de juego se cerrarían[52].

---

[49]Empresa de servicios gastronómicos que se desempeñaba en los casinos flotantes y que tenía a sus trabajadores afiliados al sindicato marítimo SOMU.

[50]*Prensa Obrera*, 16/08/2007.

[51]http://www.panyrosas.org.ar/Ante-las-agresiones-de-las-patotas-de-SOMU-y-la-represion-de-Prefectura-TODO-EL-APOYO-A-LAS-Y-LOS.

[52]*La Nación*, 10/11/2007.

El 12 de noviembre, trabajadores de ambos gremios marcharon hasta los tribunales porteños exigiendo seguridad laboral. Utilizando como excusa estas agresiones, la patronal despidió a casi 100 trabajadores de ambos gremios, por lo que trabajadores de ALEARA, el día 16 de noviembre, convocaron a un paro contra los despidos y contra la intención de reabrir el Casino, que se encontraba cerrado desde los últimos enfrentamientos. Como parte del plan de lucha, también se convocó a una movilización al Ministerio de Trabajo y un piquete frente a Casino.

El conflicto se extendió y, al cuarto día, el piquete ya contaba con casi mil manifestantes. Si bien la empresa había montado un complicado dispositivo para trasladar en lancha a los clientes desde el Riachuelo, y así sortear el piquete, el Casino estaba casi inoperativo.[53]

En ese marco, la burocracia de ALEARA comenzó a intentar desactivar el conflicto. Primero, se negó a notificar al Ministerio de Trabajo de la huelga y del conflicto en general, por lo que los delegados no pudieron realizar reuniones formales con el Ministerio. Además, por no informarse, la medida podía ser declarada ilegal y, por lo tanto, reprimida con la fuerza.

En segundo lugar, comprometió la presencia del Secretario General para una asamblea el 4 de diciembre, cuando se iba a discutir la movilización al Ministerio de Trabajo. Cuando los trabajadores se reunieron, se encontraron con la Prefectura Naval vallando uno de los accesos y con la negativa del secretario a asistir. Los trabajadores ocuparon la calle, pero fueron desalojados por la fuerza, mediante el uso de gases lacrimógenos y bastones, dejando cinco heridos y varios detenidos. Fue una emboscada.

Al día siguiente de la represión, los trabajadores realizaron una marcha desde la Dársena Sur hacia el Ministerio de Trabajo para luego retornar a bloquear el Casino, logrando la liberación de los detenidos.

El 6 de diciembre se dictó la conciliación obligatoria, aunque según los trabajadores esto no volvía a foja cero con los 97 despidos. A su vez, toda la burocracia se unió para respaldar los despidos, mediante un acta firmada por toda la dirección sindical: los gremios de Sindicato de Trabajadores de Juegos de Azar (ALEARA), el de Obreros Marítimos Unidos (SOMU), el de Electricistas Navales (SEEN), de jefes y oficiales maquinistas navales, de capitanes de ultramar de la Marina Mercante y de la Unión de Trabajadores Hoteleros Gastronómicos (UTHGRA).[54] Más aún, exigieron "la no intervención" de la cartera laboral y señalaron

---

[53]*Perfil*, 20/11/2007.
[54]*La Nación*, 06/12/2007.

que en caso que "se intime a la empresa a reincorporar a los despedidos, los gremios retirarán la totalidad de los trabajadores, los bajarán de los barcos".

La jueza Servini de Cubría ordenó a la Prefectura Nacional evitar el ingreso de los trabajadores despedidos. Producto de esta situación, el 13 de diciembre fue clausurado preventivamente el Casino, lo que generó que los trabajadores se movilizaran a Plaza de Mayo para exigir la intervención desde la Casa Rosada. El 17 de diciembre se produjo una movilización a los tribunales porteños, para pedir que dejasen ingresar a los delegados al establecimiento. Otra medida tomada fue el encadenamiento de trabajadores a la pirámide de Plaza de Mayo y la instalación de una carpa.[55]

El 2 de enero del 2008, los trabajadores volvieron a dirigirse al Hipódromo de Palermo aunque se encontraron, a pocas cuadras de la sede de juegos, con decenas de agentes de la Policía Federal rodeando el lugar, con el fin de evitar un eventual enfrentamiento con los sindicalistas del turf. La burocracia de Quiroga (Secretario de la Asociación Gremial de Empleados de los Hipódromos de Buenos Aires y San Isidro) organizó una contramovilización, con 60 patovicas, que llevó como contratados de una empresa de seguridad, y unos 100 integrantes del gremio. Este grupo cortó la Avenida Libertador para enfrentar la movilización de los trabajadores del Casino en nombre de la "defensa de los puestos de trabajo". La patota hizo ostentación de armas de fuego, y llegó a amenazar incluso a periodistas. Uno de ellos, por ejemplo, le puso una pistola en las costillas a Carlos Reyes, camarógrafo de América TV, como para que no quedaran dudas acerca de quiénes eran. La columna de manifestantes del hipódromo estaba encabezada por hombres que decían ser de seguridad del casino. Algunos llevaban los rostros cubiertos.[56]

Finalmente, de 16 delegados que tenían prohibida la entrada, se permitió el ingreso de diez.[57]

El 11 de enero, el Casino reabrió sus puertas al público, aunque se produjeron incidentes entre la Prefectura y los trabajadores en lucha, por lo que los jugadores no pudieron ingresar. Estos hechos volvieron a suceder el 14 con el desalojo, por parte de Prefectura y Policía, de los trabajadores apostados en uno de los muelles del Casino. El saldo fue un trabajador detenido. Para fines de enero los trabajadores volvieron a

---

[55]*Prensa Obrera*, 20/12/2007.
[56]*La Nación*, 03/01/2008.
[57]*La Nación*, 02/01/2008.

realizar una asamblea de 400 personas, donde se votó una movilización al obelisco. La misma terminó con una represión y con 16 detenidos, que denunciaron haber sido víctimas de torturas.[58] El conflicto culminó en una derrota: el 28 febrero una asamblea decidió el levantamiento de la huelga.

Vemos aquí la imbricación de intereses entre el kirchnerismo (a través de uno de sus principales empresarios, Cristóbal López), la burocracia sindical de "Caballo" Suárez (también ligada al kirchnerismo) e incluso el macrismo. Quien debería defenderlos, Amoroso, decidió priorizar sus intereses políticos más generales en vinculación con el PRO. Las víctimas, en este caso, fueron los propios trabajadores.

Ciudadanos cuidados

"Ciudadanía Porteña" es un programa inaugurado en 2005 por el kirchnerismo, y continuado por el macrismo. Su objetivo es garantizar las asignaciones y subsidios, así como centralizar reclamos que afecten a derechos civiles. Su director, Pablo Pucciarelli, fue designado por Aníbal Ibarra y confirmado, luego del 2007, por Mauricio Macri.

Los trabajadores de la oficina respondían a ATE, en conflicto con SUTECBA, de Amadeo Genta. El 20 de junio debía elegirse a la junta interna. Fue un día lluvioso. A las once de la mañana, se presentó el propio director Pucciarelli, junto con el dirigente Mario "Turbina" Ledesma, liderando una patota de 25 personas.[59] Los trabajadores se organizaron y formaron un cordón para garantizar las elecciones. En medio de la tensión, se hicieron presentes fuerzas policiales que obligaron a los trabajadores a desalojar el edificio. En medio de la lluvia, se procedió a efectuar la elección. Ganó la Lista Púrpura, integrada por organizaciones de izquierda.

Rana viejo

Aníbal "Rana" Benítez lideraba el sindicato de canillitas de Misiones desde hacía 25 años. Tenía, además, una importante influencia en el

---

[58] http://www.pts.org.ar/Brutal-represion-a-los-trabajadores-del-Casino; *Ámbito*, 16/01/2008; http://www.anred.org/spip.php?article2452.
[59] Ídem.

154

poder político. Fue asesor de Rovira, el gobernador y estuvo ligado a Fonchi Duarte, considerado el "monje negro" del gobierno misionero.

En junio de 2007, un grupo de canillitas decidió presentar una lista opositora. Pero el 2 de julio, el "Rana" mandó una patota para apretar a sus candidatos. Estos realizaron una denuncia en el diario *El Territorio*, que fue objeto de aprietes por parte de Duarte.[60] Toda una junta...

Seccional carnera

Los trabajadores del Banco Nación habían decretado un paro para el 13 de julio de 2007. Era su octavo paro en el marco de un plan de lucha para contrarrestar un agravamiento de las condiciones de trabajo. En particular, para hacer frente a la inflación. Pero la seccional Buenos Aires y su comisión interna intentaron levantar el paro para poder negociar con el Estado. Para eso, llevaron su patota a varios lugares. En el sector Talleres, de Casa Central, Mauro Cejas, uno de los activistas por el paro, fue duramente golpeado y tuvo que ser internado a raíz de los varios traumatismos sufridos.[61]

Ascenso desde los subsuelos

El 3 de enero de 1994 comenzaba la administración del subterráneo por parte de la empresa Metrovías S.A. conformada por los grupos Benito Roggio e Hijos y Cometrans. Apenas asumió, la nueva conducción despidió a 2.543 empleados. Ni siquiera se hizo cargo de las indemnizaciones, ya que las pagó el Estado. Luego de tal "limpieza", contrataron empleados nuevos con nuevas (y lógicamente peores) condiciones de trabajo: se bajaron los salarios, se extendió de 6 a 8 horas la jornada laboral y se amplió la tercerización en limpieza y seguridad.

La UTA, el sindicato que debía defender a los trabajadores, apoyó la privatización, presionando a los trabajadores para que aceptasen los retiros voluntarios. Por este motivo, los trabajadores comenzaron a organizarse de manera clandestina, construyendo una corriente propia. Ya en 1996, logran colocar dos candidatos al cuerpo de delegados con ciertas posibilidades de ser electos. Ante esto, la patronal los echó, con la

---

[60]http://www.paperpapers.net/2007/07/buenos-muchachos.html.
[61]Disponible en http://www.agenciawalsh.org/index.php/a/2007/07/13/p1217#more1217.

información que le proveyó la UTA. Ante este hecho, los trabajadores realizaron una protesta hacia la sede de Metrovías, exigiendo la reincorporación de los despedidos. Si bien no se consiguió la reincorporación, quedaba claro que los trabajadores del subte estaban despertando.

Luego de una serie de luchas, en el año 2000, la organización independiente ganó el cuerpo de delegados y en 2002 consiguió aprobar la reducción a 6 horas de trabajo en la Legislatura porteña.

Esta lucha iba a ir creciendo, hasta llegar al punto del surgimiento de los metrodelegados, que buscaban crear un nuevo sindicato, la Asociación Gremial de Trabajadores del Subte y el Premetro (AGTSYP), en contraposición a la burocracia de la UTA, dirigida por Arturo Fernández, que actuaba como ladero de Metrovías.

Por lo que dijimos, el enfrentamiento de los trabajadores del subte contra la patronal y la UTA, y la lucha por conseguir un sindicato propio, sería recordado como uno de los más largos. Pero también, fue uno de los que mayores agresiones por parte de patotas ha recibido. Una de esas agresiones se produjo el 13 de mayo del 2004, donde una patota de la UTA agredió a los trabajadores que ya por aquellos años mostraban su disconformidad respecto al gremio.[62]

El 16 de mayo del 2007, Segovia, uno de los activistas opositores a la burocracia, sería agredido en la sede laboral ubicada en Callao al 100, producto de un enfrentamiento con los dirigentes de la UTA debido a que los trabajadores rechazaban el acuerdo salarial. Segovia tuvo que ser trasladado al Hospital Ramos Mejía por los golpes sufridos.[63]

En septiembre del mismo año, los trabajadores denunciaron a Benito Roggio e Hijos, debido al mal estado del servicio. La respuesta de la empresa fue pedir a la justicia que se le sacara los fueros sindicales a los delegados para poder despedirlos. La UTA no solo se manifestó a favor de esta expulsión, sino que también armó un grupo de 30 hombres para amenazar a los trabajadores y agredir al propio Segovia, junto a su esposa y su hijo en su propia casa, el día 5 de septiembre. Un día después sería agredido a patadas Claudio Dellecarbonara, luego de que los matones lo siguieran hacia el taller Rancagua donde se produjo la agresión. El 11 de septiembre, la Viceministra de Trabajo, Noemí Rial, dijo que había una "interna gremial" y ella iba a "terminar con los sabotajes".[64]

El 17 de diciembre del mismo año se produjo la agresión a los metrodelegados que iban a realizar una conferencia de prensa en el Hotel

---

[62]*Prensa Obrera*, N° 850.
[63]*Clarín*, 17/05/2007.
[64]*La Verdad Obrera*, 13/9/2007.

156

Bauen. Allí, iban a anunciar un paro de 24 horas reclamando el incumplimiento por parte de UTA de las actas firmadas en el 2006, referida a Programas de ascenso y Bolsas de trabajo, a lo que se sumaba el pedido por una bonificación con el aguinaldo que compensara la suba de precios. De la agresión participaron talleristas, colectiveros, y miembros de la Agrupación 17 de octubre.[65] A pesar de las agresiones, no pudieron evitar que el paro del día siguiente se realizara.

Bajo la primera administración kirchnerista, entonces, se conformó una fuerte corriente clasista en el subte, que por el momento logró evitar ser desplazada, pero también una serie de conquistas en las condiciones de trabajo, que le dieron autoridad frente a los trabajadores y, por lo tanto, la fuerza necesaria para defenderse de los ataques de la UTA. Más adelante, pasaron a la ofensiva y protagonizaron una importante ruptura.

Periodismo militante

La Unión de Trabajadores de Prensa de Buenos Aires (UTPBA) estaba dominada por una lista cercana al kirchnerismo. Para las elecciones de 2007, un frente de organizaciones sindicales de izquierda (Naranja-Violeta), lideradas por la Lista Naranja (cercana al PO), decidió presentar sus candidatos y disputar la conducción del gremio. La Justicia había tenido una importante complicidad con la conducción, al proscribir la lista opositora.

El día 14 de septiembre, la oposición iba a realizar una asamblea en la planta baja del diario Perfil. Mientras los trabajadores acudían a la puerta de la empresa, un vehículo arrojaba volantes con la inscripción: "Ni Fontevecchia, ni Partido Obrero [...] la UTPBA es una organización de periodistas afiliados, no de partiduchos y oportunistas".[66] Luego montó una provocación con el fin de intentar disolver la asamblea.

El periodista y militante de la Naranja, Tomás Eliachev, fue hasta la sede gremial a hacer oír sus quejas y garantizar la seguridad de todos los compañeros. Sin embargo, al llegar lo esperaba una patota del gremio que lo agredió a golpes. Tomás tuvo que ser internado en el Hospital Argerich, debido a los varios traumatismos.[67]

---

[65]http://www.metrodelegados.com.ar/spip.php?article1374.
[66]http://po.org.ar/articulo/po1010067/hay-que-echar-burocracia-de-utpba.
[67]http://trabajadoresdeperfil.wordpress.com/2007/09/14/
brutal-agresion-a-tomas-eliaschev-redactor-de-perfilcom/.

El hecho despertó la indignación general. Se realizó una movilización a la sede central de la UTPBA, repudiando la agresión y las provocaciones. Al día siguiente, la Justicia revocó la proscripción de la lista opositora.

Los heroicos 60

Desde mediados de la década del '90, la patronal, por aquel entonces MONSA, comenzaba a avanzar sobre las condiciones de trabajo de los empleados de la línea de colectivos 60. Ejemplo de ello fue la implementación en 1996 del "trabajo a porcentaje", que hacía depender el salario de la cantidad de boletos vendidos por los chóferes de las unidades. Es a partir de la lucha contra estos avances, que los trabajadores comenzaron a sentar los pilares de la organización que sería la protagonista de los futuros combates. En torno a discutir esta forma de trabajar, comenzó un reclamo que puso fin al "trabajo a porcentaje" a fines del 2001.

Sin embargo, en la práctica, esto terminó convirtiéndose en una "opción": cada empleado podía elegir si trabajar a porcentaje o trabajar por un sueldo fijo. Claro que quienes eligieron la última opción sufrieron persecuciones, malos horarios, vehículos en malas condiciones, etc. El Cuerpo de Delegados, en ese entonces, estaba conformado por 15 miembros, de los cuales solo tres se enfrentaban a la patronal, sin ninguna organización que los respalde, por lo que terminarían despedidos.

En este contexto, hacia fines del 2001, un grupo de 10 trabajadores con experiencia en partidos políticos de izquierda (MAS-PRS) comenzó a formar "La Agrupación", que luego tomaría el nombre de "Al Volante". En un principio, esta organización se dio de forma clandestina, donde había coordinadores que funcionaban de nexos entre los grupos de la cabecera, pero donde no se conocían todos los miembros. Se llegó, de este modo, a las elecciones del 2003, donde triunfó la lista de la UTA, que utilizó prácticas fraudulentas, como colocar la urna solo en la cabecera de Constitución, evitando que voten los trabajadores de Maschwitz. Esta lista también obligó a votar a los trabajadores de la línea 204, que recientemente había pasado a manos de la misma empresa que controlaba la línea 60.

No obstante, la elección siguiente, en 2003, fue ganada por la agrupación, aunque la mitad de los ocho delegados se pasaron al bando de la burocracia. Entre los cuatro que se mantuvieron firmes, estaban quienes iban a dirigir la lucha futura: Fabián Farella y Hugo Schvartzman.[68]

Farella, de los más antiguos de la empresa, había sido despedido con el argumento de que el trabajador no se había hecho tratar una enfermedad en sus oídos, lo que impedía llevar adelante el trabajo (aunque había presentado certificados médicos y la orden para una intervención quirúrgica). Con el apoyo gremial y material de "La Agrupación", Farella logró ir todos los días durante dos meses a las cabeceras y repartir volantes denunciando su situación. Ante la cercanía de las elecciones, los delegados se vieron obligados a pedir su reincorporación. Finalmente, sería reincorporado, con una licencia médica de un año.

Para las elecciones del 2005, "La Agrupación" consiguió que se instalasen urnas en la cabecera Maschwitz, Constitución y Rincón, a diferencia de lo que había sucedido anteriormente. Con esa ampliación de los votantes y su trabajo político previo, esta lista combativa alcanzó el 65% de los 700 votos emitidos.

A partir de ahí, comenzó la lucha por conseguir el pase a planta de los tercerizados y el cierre de libreta.[69] En el caso de la lucha por la tercerización, se consiguió que los conductores, que estaban en planta permanente, pararan para conseguir que los mecánicos y los carroceros pasen a dicha condición. Desde el 2005, y a lo largo de cuatro años, se consiguió que los trabajadores de los talleres, gomerías, lavaderos, carroceros, pasaran a tener relación laboral directa con MONSA. El cierre de libreta se consiguió en el año 2006, desafiando la lógica que existía en el resto de las empresas de transporte. A partir de este contexto, surge la publicación *Al Volante* que luego daría nombre a "La Agrupación".

El crecimiento en la organización y conciencia de los trabajadores de la línea 60, se vería plasmado en la solidaridad que tendrían con otros trabajadores en lucha. Ejemplo de esto, es que el día 2 de octubre del 2007, cerca de 30 trabajadores de la línea 60 se acercaron a solidarizarse con la lucha de los de la línea 102. Al lugar también se trasladaron cerca de 50 delegados de la UTA, que terminaron propinándoles una

---

[68]Testimonio de Héctor Cáceres, obrero y activista sindical de la línea 60, protagonista de estos hechos.

[69]En la libreta de trabajo, figuran los horarios que debía cumplir el chofer. Usualmente, por razones ajenas al trabajador, el tiempo del recorrido se extendía. Ese tiempo extra no era abonado. El cierre de libreta implicaba que el cómputo del salario debía hacerse en base a al tiempo de trabajo efectivo y no al que figura formalmente en la libreta.

fuerte golpiza a varios trabajadores.[70] Hugo Schvartzman, confirmó que los protagonistas de aquella agresión eran delegados de UTA.

Durante estos años, se produjo entonces el desarrollo de una corriente que mantuvo una importante independencia de las direcciones sindicales que imponía el kirchnerismo. Con su crecimiento y la llegada a la dirección, los conflictos tendieron a agravarse. Por ahora, vimos una sola acción importante de grupos paraestatales armados por el sindicato. En virtud de lo visto, a este período podríamos considerarlo "preparatorio" para los fuertes combates que vinieron con la crisis, luego de 2008, que serán tratados en los próximos capítulos.

Guardianes de la asistencia

Como los trabajadores de "Ciudadanía Porteña", los de la Dirección General de Niñez y Adolescencia de la ciudad comenzaron a organizarse por fuera de SUTECBA, acercándose a ATE. Para intentar detener este proceso, el sindicato más ligado al Gobierno de la Ciudad replicó su trabajo de amedrentamiento. El día 31 de agosto de 2007, una patota cercó a uno de los delegados en las dependencias del Hospital Rawson y le propinó una seria golpiza.[71]

Las organizaciones sindicales no se quedaron de brazos cruzados: se convocó a una movilización de repudio para el día miércoles 5 de septiembre a las 13 horas. Los manifestantes se concentraron en la puerta del Ministerio de Derechos Humanos y Sociales que, paradójicamente, sufría protestas por ser cómplice en la vulneración de derechos sindicales y políticos elementales. En concreto, por perseguir y golpear trabajadores con grupos de tareas.

Acciones paraestatales de tipo estatal

Agrupamos aquí a las acciones que fueron perpetradas directamente por el personal estatal o que, aun organizadas indirectamente, tienen como objetivo defender a la autoridad estatal directa. Veremos en esta sección dos tipos de acciones. Las primeras son aquellas en las que la dirección del Estado actúa reprimiendo un conflicto sindical que lo tiene como empleador. En las segundas, el Estado actúa reprimiendo un

---

[70] http://www.pts.org.ar/spip.php?article8203.
[71] http://argentina.indymedia.org/news/2007/09/545210.php.

conflicto de tipo político. Es decir, no actúa en tanto empleador (o no solamente como tal), sino que reprime en tanto organizador de la vida social.

La intervención en SASETRU

Desactivar el movimiento piquetero implicaba, ante todo, liquidar sus conquistas más importantes, aquellas que le permitían sostener la envergadura de la experiencia política. Uno de esos puntales eran las fábricas recuperadas, que aparecían como elemento político de administración, de creación de empleo militante, y representaban un ejemplo para la población sobre la capacidad de la izquierda para poner en pie y gestionar una estructura productiva con miras a solucionar los problemas de la población. Por último, a su vez, amenazaban con la formación de un polo centralizador de todas esas experiencias, con el objetivo de amenazar al poder político.

Gran parte de esa experiencia fue liquidada por la acción del peronismo, a través de la cooptación de dos organizaciones ligadas al régimen: el Movimiento Nacional de Empresas Recuperadas (MNER) y el Movimiento de Fábricas Recuperadas por su Trabajadores. El primero era liderado por Eduardo Murúa, Miguel Bonasso, el "Barba" Gutiérrez y Diego Kravetz. El Segundo por Luis Caro, peronista aliado a Aldo Rico.

No obstante, había tres experiencias que constituían un verdadero problema: Brukman, Grisinópoli y SASETRU. Duhalde se había encargado del desalojo de la primera. La segunda no parecía tener mayor proyección, pero la tercera era realmente crítica. En primer lugar, porque su ocupación era el producto de un proceso que involucraba la participación de un organismo obrero deliberativo que centralizaba decisiones de otros menores, como la Asamblea Interbarrial. En segundo, porque la fábrica tenía un vínculo geográfico con la población que debía ser controlada por el Estado (a diferencia de Brukman). En tercero, porque el movimiento estaba dirigido por el Polo Obrero, un organización que no podía cooptarse y contaba con una proyección política y una base de masas importante.

Duhalde intentó un desalojo violento y el procesamiento de sus dirigentes y fracasó. Más aún, la acción represiva le dio más fuerza al Partido Obrero dentro de la fábrica. En cambio, Néstor Kirchner buscó una vía menos rápida pero más eficiente: la cooptación de algunos dirigentes.

El PO había puesto al frente de SASETRU a una simpatizante reciente del PO (lo que suele llamarse "periferia"): Alicia Gutiérrez. Más aún, la encumbró a niveles importantes de decisión y la llevó como candidata en las elecciones. Por esa línea de menor resistencia llegó la intervención estatal. En primer lugar, Néstor puso al Instituto Nacional de Asociativismo y Economía Social (INAES) a disposición de la fábrica: créditos, subsidios y asesoramiento técnico. Luego, logró cooptar a Alicia Gutiérrez y cinco miembros más del directorio. A continuación, puso como condición de la ayuda la expulsión del PO de la experiencia, tarea que emprendió Alicia Gutiérrez.

Luego de una asamblea fraudulenta, anulada por la mayoría, Alicia Gutiérrez recibió la sugerencia de una intervención estatal directa. Para eso, tomó la planta con una serie de matones al servicio de Felipe Solá y el intendente de Avellaneda. El Polo Obrero se movilizó para impedir la usurpación, pero la manifestación fue recibida con tiros desde la fábrica. A pesar de la resistencia de los matones, SASETRU fue recuperada.[72] No obstante, el aislamiento y desfinanciación por parte del gobierno y el reflujo de la movilización provocó el fracaso de la experiencia.

Municipalización en Malvinas Argentinas

Corría el año 2003 y el intendente de Malvinas Argentinas, Jesús Cariglino, iba por más. Había logrado la municipalización de los hospitales públicos de su distrito. El retiro de fondos del Estado central provocó que los pacientes tuvieran que pagar un arancel. Ahora iba por la educación, nada menos. Enfrente, tenía a los docentes nucleados en el SUTEBA de General Rodríguez.

La dirección del SUTEBA del distrito logró convocar a docentes de Malvinas Argentinas, José C. Paz y San Miguel para una marcha el 7 de noviembre, con la consigna "En defensa de la educación pública". La movilización iba a recorrer la calle principal hasta llegar a la Municipalidad, donde se iba a realizar un acto.

Al llegar al destino, los esperaba un nutrido cordón policial y una patota. "Eran beneficiarios de los planes sociales, reconvertidos en fuerza

---

[72] http://argentina.indymedia.org/news/2003/11/151921.php; http://www.socialismo-o-barbarie.org/argentinazo/argentinazo_031204_cruz_bernal_sasetru.htm; http://archivo.po.org.ar/po/po826/sasetru.htm; http://archivo.po.org.ar/po/po828/sasetru.htm; http://www.pagina12.com.ar/diario/sociedad/3-24899-2003-09-01.html.

162

de choque de la intendencia", relataba Rita Asfacio, Secretaria Gremial. Incluso, una docente reconoció a un ex alumno, Eduardo Pérez, entre la fuerzas de choque. Al frente de la patota los docentes reconocieron al Secretario de Seguridad Municipal, Eduardo Cuevas. Denunciaron también que uno de los patoteros allí presente los había golpeado en plena calle anteriormente, cuando estaban volanteando para la marcha.[73]

La columna de docentes intentó realizar el acto, pero la patota comenzó a forcejear y, para evitar mayores incidentes, la movilización se retiró. A la semana siguiente se convocó a una movilización más numerosa, con la participación de varias comisiones de padres y organizaciones políticas (Polo Obrero, MTL, FTC, MST). El acto pudo desarrollarse.

El 4 de diciembre de ese año, una nueva movilización provocó una escisión en el movimiento. La mayoría de las organizaciones convocó a un acto frente a la Municipalidad para repudiar el plan "piloto" de municipalización y las declaraciones del intendente, que había acusado a los docentes de "corruptos". En cambio, la CTA y la CCC pretendían realizar un acto en la Legislatura con la consigna "Un mejor presupuesto es posible". En un cruce, la gente del FTV comenzó a golpear a dos integrantes de maestranza de ATE Sur, que portaban pancartas con la consigna contraria a la municipalización.[74]

Finalmente, y a pesar de las acciones de la CTA-FTV y CCC, el proyecto "piloto" de Cariglino fue derrotado.

PJ y PS, juntos

Santa Fe era gobernada por Jorge Obeid, del PJ. Rosario, por Miguel Lifchitz, del PS. Ambos estaban embarcados en un proyecto común: ajustar el presupuesto de salud, por la vía de no aumentar los salarios, a pesar de la inflación y la devaluación ocurrida en 2002 y 2003.

El Hospital Centenario, en el que trabajan alrededor de 1.200 personas, fue el escenario del surgimiento de los Autoconvocados, un grupo de activistas sindicales por fuera de las estructuras gremiales. ATE, por su parte, comenzó a brindarles su apoyo e impulsó un paro de 48 hs.

El 31 de marzo de 2004, en el Hospital Centenario, el sector de Autoconvocados iniciaba una masiva asamblea para decidir el apoyo al paro. En medio de la misma, una patota de la Unión Personal Civil de la Nación (UPCN) irrumpió y comenzó a agredir y golpear a los

---

[73]http://www.pagina12.com.ar/diario/elpais/1-28747-2003-11-30.html.
[74]http://www.tribunadocente.com.ar/notas/prensa828.htm.

trabajadores. Contaron, para ello, con la complicidad de las fuerzas policiales y la dirección del hospital.[75]

Al día siguiente se convocó a una movilización de repudio, a la que acudieron 400 personas. Concejales del PS y del ARI lograron una declaración curiosamente unánime de repudio a los hechos, frente a una movilización de 1.000 trabajadores. Finalmente, el paro se llevó a cabo exitosamente.

¿Cuáles eran los vínculos de UPCN con el poder político? Para responder, hay que mirar la figura de Alberto Maguid, el verdadero líder de UPCN-Santa Fe, que respondía a Andrés Rodríguez a nivel nacional. Luego de un pasado combativo en los '70, Maguid fue candidato a gobernador por el MID (Movimiento de Integración y Desarrollo) en 1991. En el año 2000, la normalización de la CGT lo encontró como Secretario Regional. En 2003, fue elegido diputado provincial por el PJ. Puntal del peronismo en la provincia, en 2010 construyó su propio bloque, Producción y Trabajo. Al año siguiente, luego de una negociación, decidió apoyar la fórmula de Cristina Fernández de Kirchner. Maguid falleció en 2013.

Pero Maguid no era la única conexión importante con el poder político. Jorge Alberto Abero, integrante del directorio de la Caja del Seguro Mutual del sindicato y mano derecha de Maguid, estaba acusado de formar parte del grupo D2 de inteligencia, durante la dictadura.[76] Su participación estaría probada en el expediente de la llamada "Causa Brusa"[77], que investigaba al ex juez federal Víctor Brusa y a los ex policías Eduardo Alberto "Curro" Ramos, Héctor Romeo Colombini, María Eva Aebi, Juan Perizotti y Mario Facino, por delitos de lesa humanidad en la dictadura.[78] Es decir, tenemos aquí una combinación de elementos represivos vinculados al núcleo duro del Estado, ya sea institucionalmente (inteligencia) como temporalmente (agente de su reconstrucción en 1976), combinados con el PJ en su etapa kirchnerista. En su carácter de dirección sindical, operaban también como agentes estatales.

---

[75]http://www.mst.org.ar/nueva/?p=459; http://www.ate.org.ar/home/index.php?acc=il_ma_fa&id_m=17; http://64.22.103.243/articulo/po848125movimob/hospital-baigorria-gran-triunfo-de-los-trabajadores.

[76]http://www.redaccionrosario.com/nuevo/2010/08/24/9473/.

[77]http://www.pagina12.com.ar/diario/suplementos/rosario/10-25004-2010-08-23.html.

[78]https://www.santafe.gov.ar/index.php/web/content/view/full/137146/(subtema)/93806.

164

Regimentación tecnológica

El Estado argentino suele tener a sus científicos y técnicos en condiciones laborales precarias. En el INTA Castelar, abundaban las sumas en negro y la inestabilidad laboral. A comienzos del 2003, sus trabajadores comenzaron un proceso de organización, que implicó el llamado a asambleas, la elección de delegados y medidas de fuerza. Reclamaban el pase a planta permanente y el blanqueo de las sumas en negro. Las autoridades no iban a dejar que el movimiento creciera y en marzo de 2004, se lanzaron a un fuerte amedrentamiento, que incluyó, según denuncian los trabajadores, un apriete a cargo de patotas.[79]

El Puntanazo

El 2004 fue el peor año para Alberto Rodríguez Saá (el 2002 había sido el peor para su hermano). Tuvo que enfrentar una masiva movilización que pedía su destitución y una amenaza constante de intervención federal por parte del gobierno nacional. Mayo fue su peor mes, aquel en el que los enfrentamientos llegaron al punto más alto. Lo que comenzó con un conflicto docente terminó con una movilización masiva y una batalla campal en el centro de la capital provincial. En este apartado, no podemos reconstruir el conjunto de los hechos y toda la problemática. Nos limitamos, en este caso, a registrar los hechos que involucran el uso de patotas por parte del Estado.

La primera acción de este tipo aparece consignada el día 6 de mayo, en una movilización a la Casa de Gobierno que involucró a más de 20.000 personas. Para evitar la llegada de las columnas a la plaza central, el gobierno dispuso de un cordón conformado por hombres con remeras de la UOCRA. La patota atacó a los manifestantes con palos y botellazos, pero el gran número de manifestantes la desbordó y la movilización pudo llegar a destino.[80]

La segunda acción es del 27 de ese mes y se produjo en el marco de una marcha que acompañaba una huelga general. Esa movilización fue atacada por una patota que respondía a Rodríguez Saá. A diferencia de la anterior, que estaba identificada con la UOCRA, esta estaba compuesta

---

[79]http://archivo.po.org.ar/po/po850/universidad.htm.
[80]http://www.pagina12.com.ar/diario/elpais/1-35031.html;   http://edant.clarin.com/diario/2004/05/07/elpais/p-01501.htm.

por trabajadores recién incorporados a los Planes de Inclusión Social (PIS).

Registramos una tercera acción, sumamente interesante y posterior al conflicto. El 4 de abril de 2006, la policía se declaró en huelga y se autoacuarteló. Para reemplazarlos, el Secretario de la UOCRA provincial y concejal por el PJ, Marcos Sosa, sacó a sus "muchachos" a la calle a patrullar la capital provincial, en reemplazo de los efectivos.

Vecinos molestos

Mónica y Armando eran un matrimonio más que feliz. Ella era la intendente de una de las ciudades más prósperas de Santa Fe, San Lorenzo. En sus costas, las cerealeras hacían su abril. Él era nada menos que senador por el PJ. Había sido aliado de Reutemann, pero ahora soplaban vientos "nacionales y populares" y Armando supo adaptarse.

Claro, había algo que amenazaba su buen pasar: unos vecinos demasiado preocupados por la salud de sus hijos. Denunciaban los efectos nocivos de las fumigaciones y de los residuos en el río. Pedían, al menos, un estudio serio de las consecuencias de la actividad en la salud de la población. Obviamente, ni Mónica ni Armando pensaban posponer su bienestar en función de lo que juzgaban una nimiedad. Mónica era Mónica Quintana y Armando, Armando Traferri.

A mediados de septiembre de 2005, una manifestación de vecinos se dirigía a la sede municipal en protesta por la negativa de la intendente a escucharlos. Mónica entonces les envió una patota para disolverlos, que golpeó a los vecinos a la vista de las fuerzas policiales. No contenta con ello, les armó sendas causas judiciales. Armando tampoco se iba a quedar atrás. Va a tener presencia en otros hechos vinculados a las patotas, pero algunos años más tarde.

Desocupaciones

La crisis habitacional, la miseria social que se agravaba en el Conurbano bonaerense, también dio ocasión para ciertos negocios. La entrega de terrenos fiscales para que algún puntero lo pueda lotear ofrecía la posibilidad de construir lealtades políticas. En Almirante Brown, en 2005, el barrio San José era el objeto codiciado por varios punteros. Figuraban allí unos terrenos catalogados como "parque", que en realidad no eran sino un basural. Eso no importaba: según las denuncias, un delegado de apellido Alegre pretendía entregar esas tierras a un puntero de apellido Soto, para que las entregara a $500 el lote.[81]

Sin embargo, la organización de vecinos se les anticipó. Cien familias, con la ayuda del MTD de Claypole, ocuparon los predios. Eran, en su mayoría, desocupados o cartoneros. Los ocupantes fueron varias veces amenazados por las fuerzas policiales, pero no resultaba sencillo su desalojo legal.

El intendente Manuel Rodríguez consiguió una orden judicial para evitar que nuevos vecinos se instalaran y para que nadie pudiera edificar allí. Para intentar amedrentarlos, el 30 de octubre de ese mismo año, una patota, que según las denuncias estaría ligada al intendente, habría agredido a los ocupantes para que se fueran. Sin embargo, estos se mantuvieron en el predio durante varios meses.

La fuerza del Tano

Veinte días. Hacía veinte días que los docentes de Comodoro Rivadavia (Chubut) venían sosteniendo una huelga. Habían empezado un 11 de octubre de 2005. Pedían que se contemplara un sueldo básico de $1.500, una jubilación que abarcara el tan reclamado 82% móvil, con 25 años de servicio y sin límite de edad. Además, exigían modificar el sistema de control médico.

La huelga llegó a un acatamiento del 90% e incluyó docentes de escuelas confesionales. Se realizaron numerosas movilizaciones, marchas nocturnas (con antorchas), cacerolazos y banderazos. Pero nada de esto parecía modificar la actitud del gobierno de Das Neves, entonces aliado de Néstor Kirchner. Los docentes, entonces, decidieron dar un carácter provincial a su lucha.

A fines de octubre, decidieron mandar una delegación de 300 docentes a Rawson, la capital provincial. El 1 de noviembre, recorrieron 350 km para llegar hasta la Casa de Gobierno. Pero no fueron recibidos, ni por el gobernador, ni por los legisladores. Sí, en cambio, por una patota de 200 personas, quienes les indicaron el camino de vuelta a la ciudad de origen, no sin varias amenazas.[82] Tenían que volverse. Das Neves estaba por recibir, en acto oficial, al ministro de Salud, Ginés González García, en el Teatro Español y había que asegurarse que nada empañara ese encuentro frente a cámaras.

---

[81] http://argentina.indymedia.org/news/2005/10/341938.php.
[82] http://www.madryn.com/contenido/paro-docente.

Al día siguiente ocurrió lo previsto y temido (por las autoridades, claro). Los docentes no se iban a dejar amedrentar. Pensaban presentarse nada menos que en medio del acto, para tratar de hacer oír sus reclamos. No se podía permitir, claro. Se citó, entonces, a quien según las denuncias se ocupaba de estas cosas: Néstor "El Tano" Di Pierro. Entonces titular de Petrominera y miembro del círculo íntimo de Das Neves, pero muy cercano también al propio Kirchner, quien lo nombró al frente del Correo Argentino. El "Tano" se ocupó de formar un grupo que esperara a la manifestación en las afueras del Teatro Español. Allí, comenzó la agresión al llegar la columna de docentes. El hecho fue un escándalo y derivó en una denuncia judicial de un diputado de la UCR.[83]

Néstor Di Pierro fue impulsado por el kirchnerismo a la intendencia de Comodoro Rivadavia, en 2011. Luego tuvo varias cusas judiciales por amenazas a periodistas y hechos de corrupción.[84] Su policía fue varias veces acusada de connivencia con el narcotráfico.[85]

Sobisch, antes y después de Fuentealba

El 5 de abril de 2007, cerca del puente de Arroyito, en medio de una protesta docente, la policía neuquina fusilaba por la espalda a uno de los manifestantes, Carlos Fuentealba, maestro y militante de izquierda. Fuentealba murió al día siguiente. Este hecho provocó una reacción de la población de todo el país, marcó uno de los hitos fundamentales de la historia reciente (tal como el asesinato de Kosteki y Santillán, y el de Mariano Ferreyra) y, en el mediano plazo, habría de terminar con la carrera política de Jorge Sobisch.

La muerte de un maestro, fusilado por la espalda, por una policía particularmente violenta, en la provincia de un líder opositor y candidato presidencial (que finalmente tuvo que aceptar el pliego de los reclamos), concentró todos los condimentos para transformarse en un escándalo político. La difusión se concentró en lo sucedido en ese día (o

---

[83]*La Nación*, 20/10/2005.

[84]http://www.elcomodorense.net/di-pierro-amenazo-con-romperle-la-cabeza-a-un-periodista/; http://enmadryn.info/imputaron-penalmente-a-buzzi-y-di-pierro/; http://opisantacruz.com.ar/home/2015/07/10/escandalo-politico-en-chubut-el-intendente-nestor-di-pierro-envuelto-en-posibles-coimas-retornos-y-corrupcion-con-la-obra-publica/29562.

[85]http://www.elpatagonico.com/di-pierro-yo-no-defiendo-ni-ladrones-ni-narcotraficantes-n622738.

noche, para ser exactos). Con ello, se recortaban las aristas más incómodas de un proceso rico en desarrollos y perspectivas.

En primer lugar, el conflicto tenía varios años de desarrollo y en ellos había madurado de dos formas. La primera, hacia otras fracciones de la clase obrera. La segunda, superando la dirección kirchnerista de ATEN, que intentaba acotar la protesta a lo que había firmado CTERA a nivel nacional, que era un salario obviamente menor al que se pretendía. Recordemos que Fuentealba no compartía la perspectiva de la dirección de su sindicato y que el plan de lucha se impuso a pesar de la negativa de la conducción. En tercero, que la lucha de Neuquén era parte de un movimiento nacional que, aunque todavía no coordinado, se expresaba también en Salta y Santa Cruz. De hecho, el día de la muerte de Fuentealba, hubo una fuerte represión en Salta, que también pudo terminar con algún muerto. Por lo tanto, el desarrollo de los conflictos iba ubicando a las fuerzas en dos campos: un núcleo de trabajadores estatales y petroleros que se extendía a otras capas y, del otro lado, el Estado nacional, las provincias (oficialistas y opositoras) y la dirigencia sindical de la CTA. Las represiones y negociaciones posteriores desactivaron este desarrollo. Pero más allá del resultado, vemos que detrás de la capacidad de intervención estatal (fuerza y recursos), encontramos una tendencia a la reaparición de las alianzas que llevaron al Argentinazo, pasibles de ser inhibidas en un contexto de reflujo.

Más allá del contexto, lo que nos interesa remarcar aquí es el uso de fuerzas irregulares en el conflicto. Pues bien, para ello debemos retroceder un año respecto del crimen, a comienzos de marzo de 2006, cuando se inicia un fuerte conflicto docente.

Las clases debían empezar los primeros días de marzo. Pero no empezaron. Sobisch se negaba a reconocer los aumentos salariales y la inversión en infraestructura. Ofrecía un aumento de $8,50 para las categorías con mayor antigüedad. Una verdadera burla. Los docentes se declararon en huelga hasta que sus demandas fueran satisfechas.[86]

El paro tuvo una fuerza inesperada. Habían pasado dos semanas y el acatamiento se mantenía elevado. La huelga comenzó a tomar otras proporciones. Primero, los docentes comenzaron a superar a su dirección. Segundo, los vecinos (o sea, la población obrera del lugar) se empezaron a sumar. Tercero, se metió la interna política y se disparó una dinámica que ninguna dirección pudo controlar.

Los vecinos ayudaron a los docentes con una modalidad que acompañaba a las huelgas: el corte de ruta. La interna se coló con la

---

[86]*Prensa Obrera*, 23/6/2006.

intervención indirecta de Jorge Sapag, quien competía en la interna del Movimiento Popular Neuquino (MPN) por la candidatura a la gobernación de Neuquén. Su rival era Pedro Salvatori, que tenía el apoyo (silencioso, pero real) del gobernador Jorge Sobisch. Sapag estaba asociado con el sindicato de petroleros y mandó a la dirección del gremio a apoyar la huelga y colaborar con los cortes. Sin embargo, los trabajadores petroleros tenían sus propios reclamos y aprovecharon la movilización para hacerlos escuchar. Se creó un organismo por fuera de la burocracia, los "autoorganizados".

A las dos semanas, la dirección kirchnerista de ATEN (la lista "Azul y Blanca") intentó levantar la huelga, pero perdió la asamblea destinada a decidir el levantamiento o la continuidad. Resultado: la movilización continuó.

Se realizaron cortes en los yacimientos de Rincón de los Sauces, Buta Raqnuil, Añelo y Trapial. Se reclamaban dos mesas de negociación: una para los docentes y otra para los petroleros. Esta dinámica no convenía a Sobisch, pero tampoco a Sapag. El día 15 de marzo, una patota de la burocracia y de camioneros intentó desalojar el piquete de Trapial, pero los manifestantes le hicieron frente y lograron hacerla retroceder. [87]

El conflicto recrudeció y la huelga se extendió otros quince días. En Rincón de los Sauces, se llamó a un congreso de todas las fuerzas en lucha, llamado "Cabildo Abierto". Allí se votó un programa de 21 puntos que incluía no solo los reclamos docentes y petroleros, sino toda una seria de reivindicaciones de la población obrera neuquina. Se estaba gestando una fuerza importante y la izquierda tenía un lugar allí.

A esta altura, ya se había formado toda una coalición "del orden" que incluía al oficialismo provincial, al kirchnerismo y a la dirección sindical. La dirección de ATEN se mantenía dentro de la movilización, pero obstaculizándola. Había que tomar medidas. La oportunidad se presentó en la batalla del 30 de marzo.

Ese día, la movilización procuró llevar a cabo una decisión fuerte: el corte del acceso a la destilería de YPF, en Plaza Huincul. El mismo punto que había sido referencia del movimiento piquetero a fines de los '90. Pero Sobisch y el kirchnerismo estaban bien perpetrados. En una acción común, grupos del MPN y de la UOCRA, con apoyo logístico de la policía provincial, atacaron violentamente al corte. [88]

Según las denuncias, del lado de Sobisch, la patota estaba conformada por fuerzas de choque del MPN, movilizadas con la promesa de

---

[87] http://argentina.indymedia.org/news/2006/03/386487.php.
[88] *El Socialista*, 29/3/2006.

170

algún plan, y barrabravas del club Cipolleti, manejada principalmente por David "Tigre" Ancao, secundado por "Fito" Oyarzún, "Camacho", "Cholo" y "Pelusa" Solís. Estos personajes habrían actuado también en el desalojo de Zanón en 2002.[89] La cúpula policial fue llevada a juicio por haber dejado la "zona liberada". Pero también fue procesado el mismísimo gobernador Jorge Sobisch, por haber dado la orden de despejar la zona para que actuaran los grupos de choque. Los propios jefes policiales declararon que el mandatario les dio una orden expresa de no intervenir.[90]

La respuesta no se hizo esperar. Una movilización de 5.000 personas inundó las calles de Neuquén. La huelga continuó y en abril Sobisch debió sentarse a negociar. Tuvo que ceder en cuanto a los salarios docentes, pero se mantuvo firme en relación a la infraestructura edilicia.[91]

Con respecto a los hechos que culminaron con la masacre del día 5 de abril 2007 en el puente de Arroyito, donde asesinaron a Carlos Fuentealba, no registramos acciones de patotas, más allá de la acción de policías de civil en el corte. El protagonismo de las fuerzas regulares parece haber opacado, en la prensa y en los recuerdos, la acción de grupos irregulares, aunque no descartamos su presencia. En cambio, sí se observaron acciones en días posteriores al hecho, que buscaban evitar que las denuncias al gobernador acabaran con su carrera política.

En primer lugar, el gobierno emitió un decreto, el 417/07, para "reemplazar" sin concurso a los docentes titulares que estaban en huelga. Con ese instrumento legal, Sobisch comenzó a colocar punteros políticos dentro de las escuelas. Especialmente, se nombraron en la escuela donde trabajaba Sandra Rodríguez, viuda de Fuentealba. Los punteros comenzaron a "apretar" a los compañeros de Sandra y llegaron a tomar el colegio.[92]

El día 24 de abril, a la medianoche, una patota atacó la casa donde vivía Marcelo Guagliardo y su familia. Marcelo era el Secretario General de ATEN. Lo acusaron de querer perpetrar un "golpe de Estado" o, al menos, "desestabilizar la provincia". Marcelo había perdido el apoyo de

---

[89]Información relevada con la ONG "Salvemos al Fútbol" y *La Verdad Obrera* N° 14, Año 2009.
[90]http://www.telam.com.ar/notas/201404/59087-sobisch-sera-juzgado-por-la-causa-de-la-zona-liberada-en-neuquen.html.
[91]*Prensa Obrera*, 6/4/2006.
[92]http://www.minutouno.com/notas/39689-la-viuda-fuentealba-denuncio-que-patotas-jorge-sobisch-apretaron-docentes-neuquinos.

la dirección de ATEN Capital, debido a que no había podido detener la "radicalización" del movimiento.[93]

Como vimos, la represión del 5 de abril de 2007 y el asesinato de Fuentealba fueron la respuesta del Estado a un proceso de radicalización en la provincia. Una radicalización que parecía reconstruir los pasos del movimiento piquetero a fines de los '90 pero que, a diferencia de aquel, encontró un límite en la lucha de clases a nivel nacional.

Agencia vigilada

Télam es la agencia de noticias gubernamental. Martín Granovsky era el presidente del directorio, pero la entidad estaba a cargo de Alberto Fernández, que tomaba las decisiones, casi sin intermediarios.

En abril de 2006 se desató una huelga de los trabajadores de Télam, en reclamo de un aumento salarial. El enfrentamiento se cobró dos despedidos, lo que recrudeció el conflicto. La huelga duró 38 días y los trabajadores en lucha denunciaron que varias veces tuvieron la "visita" de patotas amenazándolos para reanudar sus tareas laborales. A ello se agregó la intervención de los teléfonos de los dirigentes de la huelga, con el fin de escuchar sus conversaciones.

El conflicto terminó con una extorsión por parte del gobierno nacional. Alberto Fernández llamó a los trabajadores a negociar personalmente con él. En medio de la negociación, Néstor Kirchner en persona se hizo presente, no una sino tres veces. Decía que pasaba solamente "para saludar" y "para ver cómo andaba todo".[94] La CGT recomendó varias veces levantar el paro y la UTPBA se negó a representar a los trabajadores, a quienes acusó de gestar un "paro político".

Festejo arruinado

El pueblo (hoy partido) de Quilmes data de 1666, levantado como reducción. Pero fue un 14 de agosto de 1812 cuando el Triunvirato le dio entidad de pueblo. Un 2 de agosto, pero de 1916, la gobernación provincial la declaraba "ciudad". El 14 de agosto, pero de 2006, debía celebrarse un aniversario de la ciudad.

---

[93]*Página 12*, 25/4/2007.

[94]Reconstrucción realizada en base a datos y declaraciones extraídos de http://www. radiodifusiondata.com.ar/2006/jul06/utpba-telam.htm y http://www.lanaranjade-prensa.com.ar/t%C3%A9lam-38-d%C3%AD-de-huelga-%C2%BFy-ninguna-flor.

Sergio Villordo, su intendente, planeaba realizar un festejo importante, con la presencia de las más altas figuras políticas. Sergio había sido chofer, asesor y luego candidato de Aníbal Fernández. Pero Sergio tenía una complicación: estaba acusado de atropellar un hombre llamado Sebastián Giancristóforo, guardarlo en su freezer durante un tiempo y luego enterrarlo en forma clandestina. Sí, así como se lee. Para colmo, sus concejales habían sido acusados de gastar la suma de $60.000 para bajar contenidos de internet. Ellos podrían haber argumentado que se trataba de información indispensable para la gestión, si no fuera porque las denuncias mostraban videos y fotos pornográficas...

Pero esa no era su única preocupación, ni la más inmediata. Desde hacía un tiempo, la Escuela Municipal de Bellas Artes (EMBA) estaba tomada por estudiantes y docentes en reclamo de mejoras edilicias y un aumento presupuestario. En una serie de asambleas, se decidió marchar hasta la intendencia el mismo día del aniversario de la ciudad para hacer oír sus reclamos. Los principales dirigentes de la toma habrían sufrido amenazas telefónicas, según denunciaban.

El día de los festejos por el aniversario, junto con Villordo, estaban Néstor Kirchner y Aníbal Fernández, obviamente. Pero también se hicieron presentes los docentes y estudiantes del EMBA. El intendente colocó un fuerte cordón policial. La plaza había amanecido cercada y así parecía que iba a permanecer. De lado interior de la cerca, custodiando la entrada al acto, se hallaba una patota, encabezada por empleados municipales y barrabravas del club Quilmes.[95]

Villordo y las autoridades entraron a la iglesia a escuchar una misa en honor a la ciudad. Al terminar el servicio religioso, se abrieron las vallas y la patota fue directamente a golpear a los manifestantes, que comenzaron a retirarse. Quince estudiantes fueron heridos. Uno de ellos, gravemente. La manifestación se reagrupó en la EMBA, para tratar de llegar a la plaza nuevamente, pero se encontraron con militantes de Patria Libre, que custodiaban la salida de la institución, de forma tal de que la manifestación no "arruinara" los festejos de su intendente.[96]

En principio, dirigía la patota Sergio "Tuta" Muhamad, de quien ya hablaremos. Lo secundaban los siguientes personajes: Pedro Ramón Reyes, Juan Alberto Pereyra da Silva, Andrés Ricardo Aguirre, Ricardo Gallardo, Víctor Tamagnon, Víctor Bermúdez, Sergio Gallardo,

---

[95]http://diarioepoca.com/114221/Enfrentamiento-entre-funcionarios-municipales-y-estudiantes/.

[96]http://www.po.org.ar/noticia/comunicado-de-prensa-del-partido-obrero-de-quilmes-fuera-villordo-y-sus-matones-de-la-emba-y-del-municipio.

Marcelo Galeano, Jorge Rodríguez, Carlos Rodríguez, Daniel Trocci y Oscar Fiaño. Todos ellos fueron procesados en 2006. La patota incluía barrabravas de Chacarita, Nueva Chicago, Argentinos Juniors, gente del SUTECBA y "10 camioneros", según testimonios.

Francés: el primer gran escándalo público

Episodio sumamente conocido. Uno de los hechos con más repercusión de la primera presidencia de los Kirchner: la lucha del Hospital Francés.

El proceso comenzó en el 2005. En la lucha participaron organizaciones como la Agrupación Sindical Independiente de la Sanidad, dirigida por el PO, sectores del MST, IS y el MAS, así como también la agrupación 1° de Mayo (independientes), y la burocracia de la Asociación de Trabajadores de la Sanidad de la Argentina (ATSA). También, se conformó una Asamblea de Pacientes, donde se trataron las problemáticas particulares de ellos, como la falta de tratamientos y de turnos.

¿Cuál fue el origen del conflicto? En el año 2002, Provincia Salud (Grupo BAPRO) firmó un acuerdo de colaboración con el hospital por 25 años con el supuesto objetivo de alcanzar una cobertura en Capital Federal y Gran Buenos Aires. El convenio fue firmado por Pablo Tossi (por el Hospital Francés) y Alejandro Mayoral (por Provincia Salud). De esta forma, se creó Cefran-Provincia Salud, que pasaba de 60 mil a 160 mil afiliados, sin modificaciones en su estructura. A esto se sumaba que se incorporaría un grupo de afiliados que pagaba una cuota menor de la que pagaban los afiliados a Cefran, prepaga del Hospital Francés. Fue un fracaso. La relación terminó en el año 2005, con el retiro del grupo BAPRO de la sociedad, llevándose las ganancias pero sin hacerse cargo de los costos y desatando la crisis.[97]

Una asamblea realizada el 30 de junio del 2005, inició un plan de lucha por un salario igual a la canasta familiar, un aumento de emergencia de 300 pesos en el bolsillo, la normalización de los aportes jubilatorios, una jornada de 35 horas y el pago de salarios y aguinaldos atrasados, mientras denunciaban la falta de insumos y las pésimas condiciones de trabajo. Con el apoyo de otros sectores, votaron comenzar con la modalidad de una hora de paro-asamblea por cada turno.[98] A pesar de conseguir ciertas conquistas -como la devolución de los adicionales

---

[97]http://www.anred.org/spip.php?article1305.
[98]*Prensa Obrera*, 09/06/2005.

174

salariales y la jornada de 7 horas en algunas secciones-, la lucha se enfocó contra el intento de vaciamiento del hospital. Mientras la dirección de ATSA y sus delegados proponían la conformación de un "comité de emergencia" para garantizar el pago a los acreedores y la "paz social", los trabajadores propusieron una "comisión fiscalizadora" para garantizar la compra de insumos, el pago de salarios y definir cuánto de la deuda era válida. Tossi sería luego reemplazado por Héctor De Leone en la dirección del hospital. La lucha de los trabajadores consiguió la renuncia de tres miembros de la dirección y la rescisión del contrato con el Estudio Llerena, que preparaba la presentación del concurso de acreedores.

Para el mes de marzo del 2006, los trabajadores lograron una victoria importante: que el Gobierno de la Ciudad (entonces en manos del kirchnerismo) se hiciera cargo de los meses de sueldo adeudado, a través de la Ley 1.923. Luego de la lucha llevada adelante, que incluyó una protesta masiva en la 9 de Julio, se produjo la intervención del Estado a través del secretario de Salud de la Ciudad, Donato Scapavento, y de Ginés González García, en representación del Ministerio de Salud nacional. En abril, el gobierno intentó nombrar a Víctor Dosoretz como interventor, vinculado a las empresas privadas de salud, allegado a Ruckauf, y ex miembro del directorio de IOMA. Luego de su salida de IOMA, Dosoretz había incursionado en la rama de las ART, siendo un hombre del grupo BAPRO, a través de ART Provincia. Finalmente, el interventor designado sería José Luis Salvatierra, hombre de Héctor Cappaccioli, superintendente de Servicios de Salud, que a su vez era un cuadro de Alberto Fernández.

Salvatierra llevó adelante un proceso de "racionalización" del trabajo con, por ejemplo, supresión de guardias, eliminación de las rotativas y de los franqueros. Durante esta situación, se produjeron intimidaciones a los trabajadores, sobre todo a la Comisión Interna, que el interventor buscaba neutralizar.[99]

En este clima se produjo el despido de un trabajador acusándolo de "abandono de trabajo". En realidad, había concurrido a una radio abierta en repudio al intento de armar una causa penal contra los trabajadores que venían protestando. En total serían tres los despedidos. En la negociación, la patronal pidió que se estableciera una "paz social" a cambio de reincorporar a los despedidos. La Comisión Interna se comprometía a votar en la asamblea la aceptación o no del pacto. Pero el mismo fue rechazado y la burocracia de ATSA, que apoyaba el pacto, solo recolectó siete votos a favor. La tensión fue en aumento, los despidos continuaron

<hr>

[99]*Prensa Obrera*, 08/06/2006.

y se cerró el área de de Atención Primaria, junto con cuatro pisos de internación. Esta situación derivó en asambleas masivas, con más de 300 personas. La Agrupación Sindical Independiente de la Sanidad (ASIS), integrada por el PO, fue una de los elementos más activos del conflicto. La burocracia de ATSA y el kirchnerismo buscaban impulsar un "convenio de crisis". Los despedidos y ASIS decidieron impulsar un acampe frente a las puertas del hospital, donde también se acercaron trabajadores, socios del hospital y vecinos. Al acampe también se acercaron la Junta Interna del Hospital Garrahan, integrantes de la Naranja Gráfica, de Parmalat, Combativos Mercantiles, Telefónicos, Tribuna de Salud, Tribuna Docente, la Federación Universitaria de Buenos Aires (FUBA), la Asociación Gremial Docente (AGD) y no docentes de la UBA, y el Polo Obrero de la Capital.[100]

Salvatierra convocó a una reunión a los trabajadores para negociar la solución al conflicto de cuatro meses de salarios atrasados, la falta de insumos y los cierres de ciertas partes del hospital. El martes 10 de octubre, antes de la reunión, un grupo de más de 40 personas interrumpieron la asamblea del personal y agredieron a los empleados. Los agresores, al grito de "la gloriosa JP", echaron a los trabajadores, cerraron las puertas y se atrincheraron dentro, ante la atenta mirada de la policía y la infantería. El saldo fue de 10 heridos, cuatro de gravedad. También fueron agredidos periodistas que estaban cubriendo la reunión, pacientes y el diputado nacional Carlos Tinnirello, del bloque unipersonal RedES, que se había ofrecido como mediador. Luego, el comisario se encargó de la salida de la patota, cubriendo sus identidades, mientras la policía golpeaba a los trabajadores que buscaban acercarse.

¿Quiénes fueron los agresores? Entre los matones, se encontraban miembros de la barra brava de Chacarita, Argentinos Juniors, All Boys e integrantes de unidades básicas kirchneristas como la de Villa Órtuzar. Uno de los agresores identificados fue Sergio Omar "Tuta" Muhamad, indicado como miembro de la barra brava de Chacarita. "Tuta" se desempeñó como Coordinador General de la Subcomisión de Desarrollo Social" del club, y terminaría siendo cesanteado de su puesto en el Ministerio de Descentralización del Gobierno de la Ciudad. El propio Muhamad sostendría que era un colaborador "ad-honorem" de Salvatiera.[101] También se dijo que era un congresal metropolitano del PJ y militante de la agrupación Jóvenes K. El titular de dicha organización, Nicolás Trotta, sostuvo que "Tuta" no formaba parte de Jóvenes K,

---

[100]*Prensa Obrera*, 11/11/2006.
[101]*Clarín*, 12/10/2006.

176

aunque sí era un militante del kirchnerismo en Villa Ortúzar. Capaccioli declaró a Clarín:

"No reniego de mi amistad con Salvatierra y Muhamad, pero será la Justicia la que deba resolver qué participación tuvieron en los hechos del (Hospital) Francés y todos deberán aceptar lo que se disponga."[102]

El origen de la actividad de Muhamad puede datarse desde 2003, cuando participó de la campaña de Kirchner. En julio del 2004, Capaccioli le otorgó un contrato de locación para que trabajara en el CGP 15, con jurisdicción en el barrio de Chacarita, que luego se convertiría en una relación laboral. Producto de su rol en el club Chacarita, mantenía una unidad básica y un centro de jubilados, a partir de los cuales aportaba gente en cada acto justicialista, como en el cierre de campaña de Rafael Bielsa en el estadio cubierto de Argentinos Juniors. También se desempeñó como seguridad del PJ porteño, liderado por Alberto Fernández.[103]

De la agresión también formaron parte los custodios Carlos Rodríguez y Jorge Solís.[104] Al día siguiente de la agresión se produjo otro incidente en el anexo del hospital, situado en Honorio Pueyrredón y Ángel Gallardo, donde los interventores del hospital realizaron una conferencia de prensa y se registraron peleas entre los que apoyaban la intervención y aquellos que estaban a favor de la medida de fuerza.[105] Entre ellos, se encontraban el interventor, José Luis Salvatierra, y los directores Walter González y Alejandro Cilento. Javier Anzoátegui, juez de instrucción en quien recayó la causa, declaró que:

"al menos Muhamad, Rodríguez y Solís tenían estrecha relación con el interventor y los dos directores del hospital, procesados. De tal manera, la presencia de estas personas en el lugar y los motivos de ella no han sido desconocidas para Salvatierra, González y Cilento, sino, por el contrario, ha sido cabalmente premeditada".[106]

El juez consideró que Cilento fue el que indicó a la policía que los matones eran estudiantes de enfermería, y que por ese motivo podían ingresar a las instalaciones. Si bien uno de los matones portaba un

---

[102]*La Nación*, 11/10/2006; *Alternativa Socialista*, 11/10/2006; *Izquierda Punto Info*, 10/10/2006; *Clarín*, 12/10/2006.
[103]*Página 12*, 12/10/2006.
[104]*La Nación*, 31/10/2006.
[105]*La Nación*, 11/10/2006.
[106]*La Nación*, 31/10/2006.

arma, lo cual hubiese agravado más la causa, la misma nunca fue secuestrada. Salvatierra terminaría siendo destituido y su reemplazante sería el doctor Castrillón. Sin embargo, el magistrado también procesó al delegado David Garruti "por considerarlo coautor de los delitos de lesiones leves, amenazas simples, atentado a la autoridad agravado por haber sido cometido por una reunión de más de tres personas, y daño agravado por tratarse de bienes destinados al uso público". La fundamentación sostiene que:

"Aproximadamente entre las 16 y la medianoche [del 10 de octubre] oportunidad en la cual, pese a los insistentes y pacientes pedidos de la autoridad policial Garutti y compañía impidieron que la Policía Federal hiciera ingresar en el Hospital Francés a más efectivos para dominar la situación."

Garruti dijo que la medida ponía en la misma bolsa a trabajadores y barras. De hecho, el juez también procesó a gremialistas, por lesiones y daños, pero también porque pusieron a disposición de la asamblea autorizar o no el ingreso de la policía, y el resultado de está fue negativo.[107] Otros delegados procesados fueron José Garay y Cóceres, pero también lo serían los asesores Pablo Heller y Gustavo Mendieta.[108]

El acampe fue finalmente levantando por decisión de la Asamblea, para poder negociar la reincorporación de los despedidos. Esto se consiguió, aunque no se levantó el procesamiento contra alguno de ellos. La lucha por solucionar la situación continuó, y el gobierno presentaba ofertas que consistían en descontar una parte del salario durante algunos meses, topes salariales y eliminar los aportes previsionales. El conflicto terminó con la expropiación del establecimiento y el pasaje al PAMI con una ley presentada en el 2007. Comenzó, entonces, la lucha de los trabajadores por el pasaje definitivo al PAMI, el pago del total de los salarios atrasados y el reconocimiento de su antigüedad en el Hospital Francés.

Como vemos, los vínculos entre la dirección sindical, la dirección política (PJ) y los intereses de las empresas estatales (BAPRO) aparecen fuertemente ligados económica y políticamente. Para hacer valer sus intereses, recurren en conjunto a fuerzas paraestatales.

---

[107] *La Nación*, 31/10/2006.
[108] *Página 12*, 31/10/2006.

178

Aguas turbulentas bajo el puente

En 2002, el gobierno uruguayo de Jorge Batlle suscribió un tratado con las empresas Botnia (de Finlandia) y ENCE (de España), para instalar dos plantas productoras de pulpa de celulosa (materia prima para la producción de papel) en las costas del Río Uruguay. Más allá de cualquier debate numérico, representaban una de las inversiones más importantes en la historia de ese país. Las sospechas de contaminación llevaron a la oposición al Frente Amplio y a la central de trabajadores uruguayos, la PIT-CNT. En 2004, el Frente Amplio accedió al poder y, lógicamente, cambió de posición. Junto con Tabaré Vázquez, también se pronunció a favor la PIT-CNT.

En cambio, en Argentina las posiciones fueron contrarias. El propio kirchnerismo alentó la protesta contra las pasteras. En 2005, sin embargo, el movimiento comenzó a tener una dinámica propia. Ya para 2006, la población de Concordia y Gualeguaychú, lindera con Uruguay, se había organizado en forma independiente y apeló a los cortes de los puentes internacionales. Busti, el gobernador entrerriano, se encargó de amedrentar en ambos puentes.

En Concordia, el 9 de diciembre de 2006, los vecinos se disponían a garantizar el corte en el puente Concordia-Salto. Sin embargo, fueron recibidos por un grupo de 300 personas adictas al gobernador Busti, que consiguieron desalojar el puente.[109]

En Colón, la movilización era más importante, y por lo tanto, los problemas también. El 5 de febrero de 2007, Busti alentó a un grupo de choque a desalojar el puente. Los muchachos se perpetraron con bidones de nafta y hachas. Llegaron en un auto de patente uruguaya y una camioneta. Cortaron las vallas, las rociaron con el combustible y las prendieron fuego. Los gendarmes, que debían custodiar la seguridad de los manifestantes, simplemente observaron. Ya era la segunda vez que intervenían.[110]

Luego de este tipo de ataques, la asamblea decidió pasar a una modalidad de cortes sorpresivos y esporádicos.[111]

---

[109]http://www.agenciawalsh.org/index.php/a/2006/12/14/p54#more54.
[110]http://www.diariodecuyo.com.ar/home/new_noticia.php?noticia_id=204483; *La Nación*, 6/2/2007.
[111]*La Nación*, 6/2/2007.

El tren del Oeste

Durante el proceso que lleva al Argentinazo, el ascenso de la izquierda en el seno de la clase obrera no se limitó a la fracción desocupada (el mayor componente de la sobrepoblación relativa), sino que también abarcó fracciones de obreros ocupados. Un caso emblemático y de sumo peso fue la victoria de la Lista Bordó en el Ferrocarril Sarmiento, que desplazó al grupo de Pedraza en 2001. La lista triunfante llevaba como candidato a Rubén "Pollo" Sobrero, militante del MST (más tarde, de Izquierda Socialista, un desprendimiento por izquierda de aquel partido). La nueva comisión interna mostró una voluntad de lucha mucho mayor que la anterior, en cuanto a la defensa de las condiciones laborales, y una menor tendencia a la conciliación política con el Gobierno. Las consecuencias no se hicieron esperar: los ferroviarios del Sarmiento fueron quienes mayores aumentos han percibido en la rama. Ese proceso tampoco resultó sencillo para Sobrero, que fue hostigado sistemáticamente por el Gobierno Nacional, el cual llegó a utilizar a la Justicia para armarle causas judiciales que luego se revelaron evidentemente falsas.

Durante el año 2006, la comisión interna organizó al menos tres huelgas importantes (en marzo, en junio y en agosto). Los reclamos no se limitaban a las cuestiones salariales, sino que se extendía a las condiciones del servicio. La desinversión en infraestructura mantenía en funcionamiento material obsoleto, con obvio riesgo para trabajadores del ferrocarril y los usuarios (ellos también trabajadores). En diciembre de ese año, luego de un plan de lucha, se abrieron una serie de negociaciones en torno a un pliego que incluía mejoras salariales, del material y de las condiciones de servicio. El Gobierno, sin embargo, tenía sus propios planes.

El 17 de diciembre de ese año (2006), el Pollo volvía a su casa, luego de un día de intensa actividad. No usaba autos de alta gama, ni ostentaba chofer. Volvía en tren. Caminaba por la estación Ramos Mejía, seguramente, pensando en lo que habría de hacer la jornada siguiente. A la madrugada, ya 18, siente un dolor indescriptible en los ojos. Alguien le había rociado el rostro con gas pimienta. Debilitado, sintió que lo agarraban. Lo sintió porque lo agarraban. Lo redujeron, lo trompearon, lo tiraron al piso y, ahí, acostado y sin posibilidad de resistir, lo patearon. El Pollo terminó internado en el Hospital de Haedo.[112]

Al día siguiente, una gran concentración en el hall de la estación Once repudió el hecho. Partidos políticos de izquierda, organizaciones

---

[112]*El Socialista*, 17/1/2007.

180

sindicales y el Encuentro Memoria, Verdad y Justicia estuvieron allí. Incluso, se hizo presente una columna de trabajadores del Hospital Francés, también víctimas del accionar de las patotas.

Indec: para mentirte mejor...

Se había terminado la corta (muy corta) primavera kirchnerista. La economía argentina volvía a mostrar su fragilidad. La renta agraria, su incapacidad para sostener el conjunto de las compensaciones necesarias. La brecha se empezó a cubrir con emisión y devaluación. El resultado fue el crecimiento de la inflación. A ello, se agregaban los pagos de bonos con los organismos internacionales, sujetos al índice inflacionario (CER). Para evitar la notoriedad de la primera y pagar menos por los segundos, el kirchnerismo decidió una medida drástica: alterar arbitrariamente las estadísticas, por la vía de destruir la institución que las elaboraba, el INDEC. Esta avanzada no resultó sencilla para el Gobierno, los trabajadores del organismo presentaron una fuerte resistencia. Sin embargo, la estrategia kirchnerista terminó por imponerse de la mano del afamado Secretario de Comercio, Guillermo Moreno. Veamos los hechos.

El 29 de enero del 2007 fue desplazada Graciela Bevacqua, quien estaba a cargo de la medición del IPC (Índice de Precios al Consumidor). Bevacqua fue reemplazada por Beatriz Paglieri, de suma confianza de Guillermo Moreno. A Bevacqua se la obligó a tomarse "vacaciones", para luego trasladarla. Lo mismo le ocurriría a Clyde Trabucci, la Directora Nacional de Condiciones de Vida. En su lugar, asumió Ana Edwin. A partir de ese momento, los trabajadores del INDEC comenzaron a trabajar "a punta de pistola" (según sus testimonios), debido a las amenazas de despidos o traslados, la militarización por parte de fuerzas de seguridad, pero también por la presencia de patotas.

El primer caso de acción patotera apareció ni bien asumió Paglieri. Ese lunes 5 de febrero, se debía elaborar un índice de precios bajo la presencia de la nueva funcionaria, rodeada de policías uniformados y personal de civil.[113] En esa misma fecha, se envió un memorandum dirigido al coordinador informático del IPC, Lelio Mármora, con copia a Paglieri, Trabuchi, Faigón (director de Metodología que no respaldaba a los técnicos del IPC) y Fernando Cantantore (director del área de Informática), explicando que estaban trabajando sin instrucciones ni fórmulas. Luego

---

[113] *Prensa Obrera*, 08/02/2007.

de este hecho, el coordinador informático no pudo ingresar a su oficina, que estaba cerrada con llave y con custodia policial, y fue llevado a la oficina de Paglieri, quien lo instó a modificar la información de prensa. Mármora también tuvo que reunirse con Edwin y Cantatore por el mismo motivo, y le solicitaron que se despreocupara por las fórmulas. De esta manera, se publicaba el primer índice "nuevo" del INDEC. Esto desató la primera denuncia de los trabajadores, el día 8 de febrero, e iniciaba así el proceso de lucha y denuncia contra la intervención.

El 5 de marzo se produjo la primera marcha al Ministerio de Economía por parte de la Junta Interna de ATE-INDEC. En abril, la Junta Interna inició una serie de clases abiertas denunciando la adulteración del IPC. El 13 de junio, el gobierno despidió a una trabajadora del IPC, que realizaba tareas de monitoreo a alimentos y bebidas, y se encontraba afiliada a ATE siendo una asidua participante de las asambleas. No obstante, fue reincorporada luego de las movilizaciones de sus compañeros.

El 6 de julio se dio una vuelta de tuerca más: desplazaron a Cynthia Pok, Directora de la Encuesta Permanente de Hogares (EPH). Detrás de ella, fueron reemplazados también trabajadores de la EPH. Algunos de ellos fueron directamente despedidos, y a los que quedaron se los inhabilitó para entrar al sistema informático donde se cargaban los datos para realizar el cálculo del IPC. Por otra parte, el relevamiento de la encuesta en el Gran Buenos Aires, el más importante del país, quedó en manos de Rubén Zampino, uno de los referentes de la patota enquistada en el INDEC.

A raíz de esto, el 11 de julio se inició un paro que duró 45 días, hasta fines de agosto. El 8 de agosto se procedió a mudar todo el material de la EPH, que estaba en la sede de Balcarce 140, a la sede de Carlos Calvo 190, 2do piso, y se estableció una entrada restringida y una seguridad con fuerzas policiales y patotas. A esta sede se impedía el ingreso del personal que había acatado el paro. El 22 de agosto, la policía reprimió a los trabajadores del INDEC que intentaban instalar una carpa. Luego de este hecho, se creó una Comisión de Seguimiento del conflicto en el INDEC (Jefatura de Gabinete, ATE y CTA) y se levantó la medida de fuerza.

El 14 de septiembre de 2007, la patota reapareció en escena. Ante el desplazamiento de Marcela Almeida (Coordinadora del sector Índice de Precios al Consumidor, que fue reincorporada por un fallo judicial en el 2010) y su equipo, se produjo una movilizaciones de los trabajadores hacia el 3° piso, donde se encontraba la oficina de Paglieri, para protestar por lo ocurrido. Sin embargo, las oficinas estaban ocupada por

182

Edwin, Brahim, Zampino, Itzcovich (Director del INDEC), y la patota. Los matones hostigaron y amenazaron a los trabajadores, que fueron sumariados por "copamiento". En octubre, la patronal impugnó las elecciones de delegados sosteniendo que los elegidos por la lista "Carlos Fuentealba" (integrada por el PTS), Fabio Peñalva, María Rosa Vera y Marcela Almeida, no pertenecían a su planta de personal y que el número de candidatos era insuficiente. Esta elección fue reconocida recién en abril del 2008, mediante la intervención del Ministerio de Trabajo. Las elecciones siguientes también fueron ganadas por esta lista y vueltas a impugnar por el Gobierno. La acción de las patotas continuaron bajo el gobierno de Cristina, pero eso será objeto de análisis en el próximo capítulo.

¿Cómo estaba conformada la "patota" de Guillermo Moreno en el INDEC? En principio, la dirigía Hernán Leonardo Brahim. Un ex puntero del Mercado Central (y según dice, ex policía, aunque no se encontraron registros que lo probaran) reclutado por Moreno a través de Guillermo Cosentino. Primero trabajó en la Secretaría de Comunicación y luego migró a Comercio Interior. El prepotente secretario fue, además, padrino en su casamiento.

Brahim fue uno de los que se presentó en la Quinta de Olivos durante los cacerolazos de 2008, para desalojar a golpes a los manifestantes. Sin cargo alguno, se paseaba por las oficinas del INDEC amenazando a sus trabajadores. Uno de sus laderos era nada menos que "Acero" Cali, un ex luchador que oficiaba de guardaespaldas de Moreno.[114]

En 2010, le llegó su premio: el decreto 499/2010 lo designó flamante director de Legales del Área de Comercio Interior, dependiente de la Secretaría Legal y Administrativa del Ministerio de Economía.[115] El alejamiento de Moreno y la llegada de Axel Kicillof no cambiaron su situación. Al parecer, todavía se lo necesitaba. Fue removido recién en febrero de 2014.

Lo que Néstor dejó...

Era sábado a la noche y, a pesar de los primeros fríos de Río Gallegos, Santa Cruz, en el Gimnasio Verón, los compañeros se las arreglaban

---

[114]http://www.perfil.com/politica/Quien-es-el-hombre-de-Moreno-que-inquieto-al-Senado-20080710-0030.html.

[115]http://www.lanacion.com.ar/1256587-de-patotero-de-moreno-a-director-de-legales-del-ministerio-de-economia.

para entrar en calor. La música, la comida, el baile y –por qué no- el vino se combinaban de forma curiosa para la tarea de alegrar, despejar la cabeza y juntar fuerzas. La huelga docente era dura y hacía falta energía. Energía de cada uno, energía colectiva. Las escuelas estaban ocupadas militarmente. La Gendarmería patrullaba las calles. El Gobierno había lanzado un spot contra los docentes, acusándolos de "delincuentes". Hacía falta temple, decisión y claridad. Pero no estaban solo para eso. La huelga necesitaba algo más que energía, temple, decisión y claridad. Necesita plata. Plata para sostener carteles, volantes, viajes, piquetes y compañeros. Por eso, más allá de lo bien que la estaban pasando y de la camaradería, el festival era para juntar fondos.

Podían estar orgullosos: la huelga se había llevado puesto a un gobernador, Carlos Sancho. La primera derrota fuerte de Néstor. Su otro delfín Daniel Peralta, también habría de morder el polvo más adelante.

La huelga era grande y, por eso, más difícil de sostener. Eran 8.000 trabajadores en Río Gallegos y otros 4.000 en el resto de las localidades. Todos estatales. Comenzó como una huelga docente, pero se extendió al resto de las actividades: estatales, judiciales, municipales, entre otras. Para nuclear a todos, se creó un órgano propio: la Mesa de Unidad Sindical. Sabían que no estaban solos. Otros compañeros, en Neuquén, mostraban la misma decisión.

El festival tuvo que ser interrumpido. La música se detuvo. Una bomba molotov rompió la ventana y hubo que controlar el fuego. Afuera, un auto del sindicato ardía en llamas.[116]

El movimiento no retrocedió. En Río Gallegos, ocuparon el Ministerio de Asuntos Sociales e instalaron una carpa por 36 horas. En Río Turbio, tomaron el Consejo Deliberante.

El 4 de abril, en la capital provincial, se realizó un acto frente a la Casa de Gobierno. Carlos Mandatori brindó un discurso que, al parecer, indispuso al gobernador Peralta y al kirchnerismo santacruceño. Le esperaban días duros al dirigente gremial...

Cuatro días más tarde, alguien tocó la puerta de la casa de Carlos. Eran las 21:30 hs., y tal vez su compañera estaría volviendo del trabajo, así que abrió despreocupado. Pero no, no era ella. Eran unos muchachos que lo arrojaron contra la pared y luego contra el sillón. Carlos escuchó muy atentamente lo que tenían para decirle: "Déjate de romper las p..., no llames más por teléfono, no participes más en las marchas, porque si no, tus hijas y tu señora..." y se oyó un chasquido de dedos.[117]

---

[116]*Prensa Obrera*, 5/4/2007.
[117]http://www.agenciawalsh.org/index.php/a/2007/04/12/p953#more953.

184

Carlos no fue el único. Dos delegados más sufrieron ese tipo amenazas: Carlos Mansilla y Gladis Uribe. Pero el Gobierno apeló también a otro tipo de modalidad, algo más drástica. El hijo de la delegada Beatriz Constantino fue secuestrado por una hora e interrogado por las actividades de su madre.[118]

El accionar de grupos de tareas no era obra de ningún resabio de la dictadura ni del menemismo. Era una metodología creada por el kirchnerismo más puro y aplicada por los hombres de su riñón, en su propia provincia.

Rectores

Las universidades, como el Estado del cual forman parte, tienen fuertes mecanismos restrictivos que reproducen las relaciones de clase que le dan lugar. Pero en el caso de las casas de estudio, estos son más fuertes y extendidos. Mientras que conducción estatal permite al menos la elección universal de presidentes y legisladores, en las universidades todavía predomina el voto estamental o por "brazos" (según la denominación del derecho feudal), aquel que fuera desconocido por los representantes del Tercer Estado, un 10 de junio de 1789, dando origen a la Asamblea Nacional con la que comenzó la Revolución Francesa. Por lo tanto, es lógico que, en el conjunto de demandas de estudiantes y docentes, aparezca la consigna de la democratización como un elemento fundamental. Y es lógico que en cada una de las renovaciones de las autoridades, se presente un agudo conflicto entre las autoridades y la comunidad educativa. Veremos a continuación tres casos en los que certificamos el uso de patotas para dirimir el conflicto.

El primero ocurre en la UBA, en mayo de 2006. Se intentaba la elección como rector de Atilio Alterini, decano de la Facultad de Derecho. El movimiento de estudiantes y docentes solicitaba la democratización de la elección, más allá de la poca simpatía que despertaba la filiación procesista del funcionario. El 2 de mayo debía reunirse la "asamblea" universitaria (que era, más bien, la reunión de consejeros) en la Facultad de Medicina. La FUBA, la AGD-UBA (gremial docente) y varios trabajadores no docentes se movilizaron para impedir que sesione. Para tratar de despejar esta movilización, una patota al mando de la dirección de APUBA (sindicato no docente) corrió las vallas y obligó a la

---

[118]http://www.pagina12.com.ar/diario/ultimas/subnotas/20-27322-2007-05-17.html.

movilización a retroceder.[119] Varios manifestantes fueron duramente golpeados, incluyendo a no docentes (apaleados por la conducción de su propio gremio). Nicolás Marrero, dirigente de la FUBA, tuvo que ser hospitalizado. El propio Gobierno nacional admitió que dio la orden a la policía federal de no intervenir. A confesión de partes, relevo de pruebas...

El caso es que, curiosamente, Alterini no pudo ser electo. En su lugar, el kirchnerismo logró ubicar a Rubén Hallú.

El segundo caso se produjo en mayo de 2007, durante la elección de rector de la Universidad Nacional de Rosario. El día 17 debía realizarse la elección. De un lado estaba el candidato del kirchnerismo, Darío Maiorana, dispuesto a terminar con la hegemonía radical. Del otro, el "socialista" y ladero de Hermes Binner y la UCR, Ricardo Silberstein. No obstante, ese día no se pudo elegir a nadie: la Federación Universitaria de Rosario (FUR) convocó una movilización masiva y lo impidió. Se pedía que, antes de cualquier elección, se democratizaran los mecanismos de gobierno universitario. En el proceso de enfrentamiento, hubo un fuerte cruce entre una patota de Maiorana y los estudiantes nucleados en la FUR.

Se realizó entonces un segundo intento, el 5 de junio. Otra vez, la FUR se dispuso a movilizarse para pedir la abolición del voto estamental.[120] Esta vez, Maiorana habría apelado a una patota liderada por conocidos barrabravas de la hinchada de Newell's Old Boys, pero tampoco ese día se pudo llevar a cabo la elección.[121] Maiorana, finalmente, fue elegido un 4 de agosto de 2007 y gobernó la UNR hasta el 2015.

El tercer episodio registrado es la designación del Rector del Colegio Carlos Pellegrini, dependiente de la UBA, en mayo de 2007. Para reemplazar a Abraham Gak, el rector de la UBA, Rubén Hallú designó a Juan Carlos Viegas. Poco tiempo antes se había nombrado por el mismo mecanismo a la directora del Colegio Nacional Buenos Aires, Virgina González Gass. En este caso, Viegas parecía desembarcar con un proyecto de ajuste.

Un proceso de lucha que abarcó a estudiantes, docentes y padres derivó en la toma del colegio y el bloqueo de la asunción del nuevo rector. Sin embargo, el gremio kirchnerista UTE-CTERA, decidió allanarle el camino y actuar como fuerza de choque. El 28 de mayo, un grupo al servicio de esta dirección sindical enfrentó a los estudiantes y a los

---

[119]http://www.izquierda.info/modules.php?name=News&file=article&sid=198.
[120]http://old.clarin.com/diario/2007/05/18/sociedad/s-03801.htm.
[121]http://www.derf.com.ar/despachos.asp?cod_des=156635.

186

docentes nucleados en AGD (la gremial que corresponde a los docentes que trabajan para la UBA).[122] Finalmente, el rector logró asumir.

Como vemos, el kirchnerismo logró introducir autoridades en las principales casas de estudio, articulando no solo los mecanismos de tipo estamentales, sino, como comprobamos en estos casos, utilizando la fuerza irregular.

Predio propio

En 1991, el gobierno de Río Negro había entregado a ATE un predio en Viedma, para la construcción de instalaciones propias del sindicato. Allí, en 2007, el sindicato intentaba levantar una nueva sede. En agosto, Miguel Saíz, gobernador kirchnerista proveniente del radicalismo, decidió quitárselo. Para ello, intentó llevar topadoras para demoler la construcción. Sin embargo, el gremio opuso una férrea resistencia, que incluyó un acampe y la solidaridad de gremios docentes.[123]

Como la Justicia parecía no darle la razón, se apeló al uso de patotas para amedrentar a los dirigentes sindicales que custodiaban el predio. Finalmente, Saíz tuvo que desistir de sus intenciones.

Ataques políticos

Hasta aquí, vimos la represión que puede darse en una interna sindical a líneas más combativas, radicalizadas o directamente, que construyen una estrategia revolucionaria. Vimos también aquellos ataques dirigidos por el Estado, ya sea para reprimir un reclamo sindical o un reclamo político. En todos esos casos, la represión es más bien genérica. Es decir, se intenta detener una manifestación de una fuerza, cuando ella se produce, o a los elementos que la están motorizando. En todos esos casos, también, las acciones a las que enfrenta la patota tienen una tendencia al reclamo parcial, aunque encontramos algunos reclamos políticos.

Lo que vamos a observar ahora es el ataque a elementos particulares en tanto corporizan una construcción política con una tendencia revolucionaria. Es decir, es la represión al elemento más dinámico de esa

---

[122]http://agdsociales.blogspot.com/2007_05_01_archive.html.
[123]http://www.pctargentina.org/viedma-21-8.htm.

fuerza social. Veamos entonces cuáles son esas acciones, para medir su envergadura y la profundidad del conflicto que revelan.

Radio abierta

Estos hechos que vamos a relatar son particularmente conflictivos. No en cuanto a la gravedad del ataque, sino a que las víctimas no son militantes de ningún partido, ni tenemos registro que hayan profesado adhesión a un programa revolucionario. No obstante, se trata de periodistas que realizaban denuncias sobre el accionar del Estado, las fuerzas represivas, los punteros políticos y los fraudes electorales, en Merlo. Además, daba difusión a las diversas luchas que se realizaban en el municipio bonaerense. Por lo tanto, situamos a estas acciones en el marco de un ataque político, porque se trata de detener un desarrollo de ese tipo. Vamos a los hechos.

Lo mejor del deporte era un programa con una ambición desmedida: que todo el partido de Merlo escuchara una transmisión sobre artes marciales. Difícil, muy difícil. Más aún en diciembre de 2002. Pero Eduardo Delbono, el director de Radio Ciudad de Merlo, lo mantenía en el aire. José Luis Romano y Marisol Vázquez, sus conductores, agradecidos.

Tal vez haya sido la poca respuesta de la audiencia, el consejo de algún amigo o la realidad, la dura realidad, que comenzó a tocar a su puerta. O quizá, simplemente, José Luis y Marisol se fueron internando en las "cosas de este mundo" porque nunca las habían abandonado del todo. El caso es que el programa comenzó, en el 2003, a denunciar al gobierno municipal y nacional: casos de gatillo fácil, aprietes de punteros, fraudes electorales, desnutrición, estado de los hospitales y las escuelas. Hubo que cambiar de nombre también: ahora el programa se llamaba *Crónicas urbanas*, y daba voz a fuerzas políticas opositoras, especialmente de izquierda, y organizaciones de DDHH o sindicales. Todo, en territorio del mismísimo Othacehé. Un verdadero acto de coraje.

Pero hubo un caso que, extrañamente, provocó una reacción particular: el "caso Marisa". Marisa Noelia Araujo, una chica desaparecida en 1999 y encontrada muerta en un zanjón cercano a la ruta 200, con nueve puñaladas, golpes en la sien y la cara con quemaduras de cigarrillo. Los acusados eran un remisero, Guillermo Germán Troncoso -hijo de un importante puntero político-, y los hermanos "Caio" y Roberto

Zalazar, líderes de la barra brava de Deportivo Merlo. La complicidad salpicaba a la policía provincial y al propio intendente.[124]

Othacehé acompañaba a Néstor Kirchner y a Felipe Solá. El clima electoral y la necesidad de Néstor de presentarse como una variante de "izquierda" limitaban la acción del intendente. Pero luego de las elecciones, parece que le habrían dado luz verde. Primero, fueron los acosos durante las marchas. Pero José Luis y Marisol identificaron a los "infiltrados" como funcionarios municipales y realizaron las denuncias correspondientes. Luego vinieron los llamados telefónicos a su casa, a la noche. Como estos aprietes no hicieron efecto, los actos subieron el tono. Primero, un patrullero cruzó e intentó atropellar a Marisol. Luego, un grupo de personas se acercó al taller donde trabajaba José Luis para darle un consejo: que se dedicara a otra cosa. Marisol debía lidiar con motociclistas que la seguían a paso de hombre, cada vez que llevaba a sus chicos del colegio a su casa. Resultado: ninguno. Para el municipio, era hora de subir la apuesta.[125]

El 18 de septiembre, Eduardo Delbono (recordemos, el director de la radio) tenía una cita. Alguien quería contratar publicidad, y de la grande. Contento, entonces, recibió a esos dos hombres que decían representar empresas importantes y los llevó hasta su oficina. Pero sus esperanzas se derrumbaron muy rápidamente: al sentarse, uno de ellos le mostró su revólver. Eduardo fue llevado a un baño, fue puesto de rodillas y le colocaron el cañón del arma en la sien. Percutieron dos veces, pero con el cargador vacío. Un simulacro. Una amenaza. "No sigas más...", escuchó antes de desplomarse.[126]

A los pocos días, un auto cruzó a Marisol, cuando llevaba a sus hijos al colegio. Dos hombres. Uno le advirtió y el otro apuntó con un arma. "Tirale a las piernas", aconsejó el primero. Pero ya era tarde: llegaron más madres, y el otro guardó el revólver.

Marisol y José Luis conformaron una comisión para el esclarecimiento de todos los delitos de amedrentamiento desde 1992. Juntaron información y armaron un detallado expediente que entregaron al Ministerio de Derechos Humanos, a cargo de Eduardo Luis Duhalde. El ministro se comprometió a recibirlos. Pero eso nunca sucedió. *Crónicas urbanas*

---

[124] http://www.clarin.com/policiales/Juicio-remisero-chica-asesinada-Merlo_0_792520854.html.
[125] http://www.pagina12.com.ar/diario/elpais/1-37968-2004-07-12.html.
[126] http://agenciaoeste.8m.com/notas0302.htm.

fue levantado de la programación. Al igual que *Hablando claro*, otro de los espacios de denuncia.[127]

El aguantadero

Los delincuentes de José C. Paz tenían donde descargar el botín. Un aguantadero en un predio abandonado servía para diversas tareas. En el proceso que se inició en el 2001, la crisis habitacional y alimenticia forzó a una serie de ocupaciones colectivas y ese fue el caso del predio. A mediados de septiembre de 2003, el MTD del partido decidió tomar el predio para actividades políticas y asistenciales.

Los amedrentamientos no se hicieron esperar. El intendente estaba decidido a evitar el desarrollo de organizaciones piqueteras en su partido. Una patota compuesta por "transas" y afiliados al PJ se presentó con armas en la mano dispuestos a expulsar a los militantes, quienes tenían a sus abogados a mano (en los primeros días de una toma se toman todo tipo de precauciones).[128] El predio no tenía dueño y en vano la patota argumentaba defender al "legítimo propietario". Al día siguiente, se realizó una marcha desde la estación de tren hasta el predio. A partir del día 3 de octubre, el lugar contó con una custodia permanente de los militantes del MTD. El intendente tuvo que abandonar su estrategia.

Campaña violenta

La izquierda había logrado hacer pie en Salta. Hacía varios años que el PO era una fuerza política de peso. En las elecciones presidenciales de abril de 2003, había logrado en la provincia nada menos que el 20% de los votos. En noviembre, se elegían legisladores. Romero, el gobernador, no podía arriesgarse, ni permitir que su provincia fuera señalada como la única que no logró detener la "marea piquetera". Y puso manos a la obra.

El 12 de octubre, un grupo golpeó a un militante del PO y destruyó su vehículo. A la noche, en el Valle de Cafayate, una banda atacó con armas de fuego a un grupo de militantes. Al día siguiente, la dirección provincial del partido decidió dar una conferencia de prensa, denunciando estos hechos. Señaló a la dirección del PJ provincial y al

---

[127]Ibídem.
[128]http://correpi.lahaine.org/?p=120&print=1.

gobernador como responsables.[129] Se realizó la denuncia penal y, como debe imaginar el lector, nadie investigó a nadie.

Un ataque en Quilmes

En La Rioja 1662, en Quilmes, funcionaba un comedor del Polo Obrero. Allí se desarrollaban no solo entregas de bolsones y ollas populares, sino actividades políticas de diverso tipo. El día 8 de diciembre de 2003, un grupo anónimo rompió la puerta de entrada, ingresó al local, rompió ventanas y se llevó cosas elementales para el funcionamiento del comedor (comida, sillas, utensilios, ollas).[130]

Pic-nic invadido

Jorge Monasterolo gobernaba en Fray Luis Beltrán (Santa Fe) desde 1989. Menemista fiel, ahora le tocaba reciclarse, como tantos otros. Tenía una pesada carga encima. En su gestión se había cerrado Fabricaciones Militares, que dejó un tendal de desocupados sin cobertura social alguna. Ahora, en su faceta "nacional y popular" ofrecía la instalación de una planta de reciclaje de residuos domiciliarios, industriales y patológicos, la Royal Ambiental, subsidiaria de Royal Logistic.

En diciembre de 2001, Santa Fe, como el resto del país, asistió a la conformación de diversas asambleas populares, verdaderos núcleos de organización independiente de la clase obrera. En Fray Luis Beltrán, se formó la Asamblea "20 de diciembre", que decidió indagar acerca de la nueva promesa del intendente, junto con la asamblea "Villa Margarita", de Capitán Bermúdez. Lo que descubrieron resultó espeluznante: la empresa no contaba con el capital necesario, estaba endeudada y había emitido unos 239 cheques sin fondos. A eso se sumaba la conjetura que sus altos hornos liberaban dioxina, una componente causante de patologías cancerígenas.

A raíz de ese proceso de lucha, el PO logró una inserción importante en ambas asambleas. Para diciembre de 2003, decidió organizar un pic-nic que nucleara a todo el cordón industrial de la provincia, incluyendo a simpatizantes de Fray Luis Beltrán y Capitán Bermúdez. El día 14 de diciembre, en medio de la actividad, se presentó una patota que, según

---

[129]http://archivo.po.org.ar/po/po824/salta.htm.
[130]http://archivo.po.org.ar/po/po831/santiago.htm.

las víctimas, respondía a Monasterolo.[131] El objetivo: disolver todo eso. La tensión fue subiendo. Pero los militantes del PO ya estaban advertidos, por lo que se presentó un fuerte cordón de seguridad. Luego de una serie de escaramuzas, la patota se retiró.

Más allá del conurbano

Vamos a relatar ahora dos acciones violentas. Ambas en el interior bonaerense. Ambas, contra militantes del PO. La primera en Bragado y la segunda en Pehuajó. Ambas, luego de una serie de movilizaciones.

Lo sucedido en Bragado se inició con un corte de ruta liderado por el Polo Obrero, en febrero de 2004. Allí mismo, el concejal Aldo Picini (PJ) amenazó directamente a Guillermo Molina, militante del PO y dirigente del Polo Obrero. Luego de una serie de aprietes verbales, el 21 de febrero, tres hombres se bajaron de un Renault 19 y arrinconaron a Guillermo. Contra la pared, una navaja le apretó el cuello del lado sin filo. "Si volvés a cortar la ruta, te vamos a hacer boleta", fueron las palabras de este grupo de tareas. Guillermo no dejó sus actividades militantes, ni el PO su desarrollo.

El segundo hecho se produjo en Pehuajó, luego de otro corte de ruta y de un acampe en la Plaza Rocha (la que daba a la intendencia). Ambas actividades, lideradas por el Polo Obrero. La víctima fue Sandra Izaguirre, la responsable del PO en la ciudad. En la madrugada del 28 de febrero de 2004, mientras Sandra y sus hijos dormían, su casa fue atacada a piedrazos por una patota. Rompieron los vidrios de las ventanas y las persianas.[132] Sandra tuvo que buscar refugio y sus hijos corrieron grave peligro. Otra vez, nada de esto impidió que Sandra siguiera adelante.

Testigos en peligro

El 3 de julio de 2004, tres militantes del MTR-CUBA salían del local de Remedios de Escalada, para realizar una actividad. Dos de ellos, habían sido testigos en la causa por las muertes del 20 de diciembre de 2001. En eso, los interceptó un auto de civil y comenzó a realizar

---

[131]http://archivo.po.org.ar/po/po832/picnic2.htm.
[132]http://archivo.po.org.ar/po/po840/tapa.htm.

192

disparos contra los militantes. Uno de ellos, Luis, fue herido. El resto, salió ileso.[133]

Video prohibido

La Lista Verde de docentes (ligada al MST) estaba realizando una actividad en Tigre. Se trataba de la exhibición de un video en homenaje a Carlos Fuentealba y una discusión política posterior. La idea original era vincular los reclamos de los docentes neuquinos con la situación nacional. En eso, irrumpió un grupo ligado a la dirección de la Lista Celeste (kirchnerista) de SUTEBA Tigre, dirigido por Orlando Zapata, Secretario de Organización de la seccional. Zapata comenzó una discusión con Alfredo Cáceres y su compañera Marisa Carlino. Adrián Calderón, también militante de la Lista Verde, intentó interceder, pero fue golpeado por Zapata y por Javier Oliva. Oliva era empleado administrativo de SUTEBA y miembro de la barra brava de River Plate.[134] Adrián Calderón tuvo que ser trasladado a un hospital y permaneció internado durante cuatro días.[135]

Material inflamable

La recomposición parcial del régimen y la profundización del reflujo tras el ascenso del kirchnerismo, puso en crisis a las organizaciones más endebles programáticamente. Los MTD, de fuerte componente autonomista, acabaron integrándose al Estado o disolviéndose. La herencia, con un menor autonomismo, quedó en el Frente Popular Darío Santillán (FPDS), de tendencia reformista y oscilante, pero que supo ligarse, en ciertos momentos, con las organizaciones revolucionarias.

El FPDS había logrado una red de centros, desde los que llevaba adelante sus actividades. En 2006, a raíz de su actividad, sufrieron dos incendios en sus locales. El primero en Florencio Varela, El segundo en La Plata, en el Centro Social Olga Vázquez, uno de los locales más importantes de la agrupación, ya que allí concentraban insumos para más de 20 comedores. En la noche del 7 de abril, 30 personas empezaron a apedrear el lugar. Luego entraron y atacaron a los militantes

---

[133]Información suministrada por CORREPI.
[134]http://argentina.indymedia.org/news/2007/09/550395.php.
[135]http://www.mst.org.ar/nueva/?p=5508.

que estaban haciendo guardia. Dos de ellos fueron heridos con armas blancas. Luego, iniciaron el incendio. Uno de los patoteros fue identificado como Juan Manuel Fourouge, empleado de la Secretaría de Prensa bonaerense.[136] Estos hechos marcaron un fuerte retroceso del trabajo del FPDS en la provincia.

Milagro, por cuatro

Alto Comedero se ubica a 5 kilómetros de San Salvador, la capital provincial. Se llama así porque hasta mediados del siglo XX era una zona rural utilizada como pastura para el ganado vacuno y porcino. Pero a partir de la década de 1970 empezó a ser habitado precariamente. En los '80, el problema habitacional era muy evidente y, en 1986, se lanzó un plan estatal de viviendas. La crisis habitacional de la capital y la migración de las zonas rurales convirtieron, en los '90, al Alto Comedero en un verdadero contenedor de sobrepoblación relativa. Era una especie de "ciudad paralela" con 50.000 habitantes, donde la mayoría levantó su casa sin permiso oficial. Una escuela y una sala de primeros auxilios era todo lo que había. Faltaban servicios esenciales y construcciones básicas. Para bañarse, se utilizaban "hogares colectivos".[137]

El barrio tenía algunas características que desde el origen dificultaron la organización y la vida. En primer lugar, el centro del barrio lo ocupaba una pista de aterrizaje de 1,5 kilómetros de longitud. Es la zona más llana y la más propicia para la urbanización, pero pertenecia a un aero-club privado. En 1995, las autoridades del club lograron hacer votar una ley que impedía cualquier tipo de urbanización en esas tierras o su expropiación futura. Pero ese terreno constituía una tentación lógica y no dejaba de ser un problema constante. A eso se debe agregar que en el extremo sudoeste, funcionan las lagunas de oxidación para el tratamiento de aguas servidas, una actividad que repercute perjudicialmente en las condiciones de vida de la población. En el otro extremo, la cárcel provincial.[138] Era un barrio que convivía también con el bajo mundo.

Durante los '80 y '90 se expropiaron terrenos, y se organizaron varios proyectos que apenas cubrían la demanda. Por ejemplo, en 1987,

---

[136]Fuente Comunicado del Frente Popular Darío Santillán, 9/4/2006.

[137]Bergesio, Liliana y Golovanevsky, Laura: "Un fenómeno llamado Alto Comedero. Crisis económica y crecimiento demográfico en San Salvador de Jujuy", en *4to Congreso Virtual de Antropología y Arqueología*, 2004.

[138]Ibídem.

el Estado prometió viviendas sociales. Pero de 16.000 familias inscriptas, solo se dio trámite a 3.000. El Instituto Provincial de Vivienda y Urbanismo de Jujuy (IVUJ) y el Banco Hipotecario Nacional, bajo el menemismo, se convirtieron en un articulador de clientelismo, aunque bastante ineficiente. De 1991 a 2001, el crecimiento de la población en el barrio fue siete veces el de la capital, lo que produjo una situación propicia para el surgimiento de conflictos realmente explosivos.[139] En ese barrio, y en ese contexto, creció la figura de Milagro Sala.

Su debut político fue una huelga de hambre en la cárcel de San Salvador, donde estaba presa, y su trabajo sobre la población carcelaria.[140] En 1999, fundó la Organización Barrial Tupac Amaru, al calor del crecimiento del movimiento piquetero. Surgió en el seno de la Federación de Gremios Estatales (que se había conformado en 1988). Una alianza para la acción entre la CTA y la CCC en Jujuy, que protagonizó, entre otras luchas, el recordado corte de Libertador General San Martín en 1997 (conocido como "Libertadorazo"), en un proceso que se llevó puesto al gobernador.[141] Milagro Sala tenía un fuerte vínculo con el barrio y con ese submundo de la delincuencia.

En principio, Tupac Amaru aparecía como una rama de ATE, de la CTA, pero destinada al trabajo "barrial", es decir, a la organización de desocupados. Aunque tenía vínculos con la FTV (la rama encargada de ese trabajo), se manejaba en paralelo. Su característica más saliente no era solo el haberse desplegado fuera de la capital, en Alto Comedero, más allá de los empleados estatales, sino una definición particular: se negaba al corte de ruta. Movilizaba a la gobernación, acampaba, pero no se incorporaba a los cortes. "No vamos a los cortes de ruta porque sentimos que perjudicamos a los que no tienen la culpa", era la justificación que esgrimía Milagro.[142]

La explosión de planes en 2002 terminó quebrando el frente CTA-CCC. La CCC era la organización mayoritaria y le correspondía, por lo tanto, la administración de la mayor cantidad de planes. El control de los planes, claro, potenciaba y consolidaba la capacidad de intervención política. La CTA no iba a rendirse tan fácilmente y, en consecuencia,

---

[139]Ibídem.

[140]http://www.pagina12.com.ar/diario/elpais/subnotas/134056-43247-2009-10-25.html.

[141]Battezzati, Santiago: "La Tupac Amaru: intermediación de intereses de los sectores populares informales en la provincia de Jujuy", en *Desarrollo Económico: Revista de Ciencias Sociales*, 2012, pp. 147-171.

[142]Ibídem.

comenzaron las disputas. En algunos casos, muy fuertes. Milagro Sala intervino en esas disputas, en favor de la CTA. La crisis de la CCC (producto de la cooptación de sus miembros, como consecuencia de su tregua), permitió a la CTA crecer en militantes y en planes sociales, convirtiéndose en el interlocutor privilegiado del gobierno en Jujuy.

El gran cambio y orientación de la organización Tupac Amaru se produjo con el ascenso de Néstor Kirchner, en 2003. Más precisamente, con el acuerdo para liderar la construcción de la obra pública en el barrio: el Plan de Vivienda de Emergencia Habitacional y, luego, la administración de los planes sociales. ¿Cuál fue (y es) la característica más importante de estos manejos? Que los fondos no provienen de la gobernación, sino directamente del Estado nacional. Por lo tanto, la planificación tampoco está a cargo de la provincia, sino del Ministerio de Planificación. La organización Tupac Amaru tenía línea directa con la Casa Rosada, lo cual no solo la dotaba de mayores fondos y autoridad, sino que, en algunos casos, frecuentemente entraba en conflicto con el propio gobernador. Su base de acción, según ella misma habría admitido, era una fracción de 500 personas, de la barra brava de Gimnasia y Esgrima de Jujuy, que llaman "La barra de La Flaca".[143]

Pero veamos la acción de Milagro Sala que nos interesa aquí: la represión de aquellas fracciones de la clase obrera que dan un combate (parcial o total) contra el Estado. En este caso, más precisamente, aquellas que expresan, además, alguna tendencia hacia la izquierda.

La primera acción conocida y pública fue en marzo de 2005. Se iba a realizar una marcha por el Apagón de Ledesma. Se preveía una marcha en la plaza central de San Salvador. Tupac Amaru pretendía encabezar y manejar la movilización, pero la izquierda tenía intenciones de participar, y masivamente. Veinte días antes de la cita, la organización de Milagro Sala amenazó y agredió a un dirigente histórico de la CCC, Lucas Arias. Lucas era un cuadro muy importante de su agrupación. Era un reconocido líder de las puebladas y había recibido orden de captura en 2002, por el levantamiento de la población de Libertador General San Martín, ante el asesinato impune de un joven, ese mismo año. Durante el 2002, el gobierno provincial se dedicó a reprimir, encarcelar y procesar a la dirigencia de la CCC.[144] Sala iba a continuar con ese trabajo. El segundo hecho se produjo en la misma marcha. Allí, miembros

---

[143]http://www.infobae.com/2009/10/20/478941-la-polemica-milagro-sala-un-peso-pesado-la-barra-brava-gimnasia-jujuy; http://www.lanacion.com.ar/1190351-el-increible-estado-paralelo-que-levanta-milagro-sala.
[144]http://www.pagina12.com.ar/diario/elpais/1-10537-2002-09-23.html.

de Tupac Amaru agredieron a militantes del MST, con el objetivo de que se retiraran de la movilización.

El tercero ocurrió un año después. En la misma marcha, ahora por los 30 años del Apagón. En este caso, quienes recibieron la golpiza fueron los militantes del PO, que con una columna de 60 compañeros, intentó participar de la movilización. Allí, Milagro Sala con 20 guardaespaldas, dirigía a un grupo de 2.000 personas. A los golpes, los expulsaron de la movilización y rompieron sus volantes. Su dirigente, Gabriela Arroyo, fue amenazada.[145] El PO decidió mantenerse fuera de la marcha y repartir volantes en sus alrededores.

La cuarta acción fue, otra vez, contra Lucas Arias. El 22 de julio de 2006, Lucas y su compañero Juan Maidana fueron interceptados por 15 matones al servicio de la Tupac Amaru, que comenzaron a golpearlos. Ambos tuvieron que ser internados. Lucas, con una fractura de cráneo.[146] Esta era la forma en que Tupac Amaru se comportaba como un grupo de tareas al servicio del régimen.

"Si el Estado fuera eficiente, nosotros no existiríamos", esgrimía la dirigente jujeña.[147] Y, en cierto sentido, es cierto. Milagro Sala es la expresión más genuina del bonapartismo, de la crisis que lo hace posible y del intento de superarla. Allí donde se han quebrado todas las representaciones institucionales burguesas (los partidos, la CGT), se toma un cuerpo especializado, liderado por elementos semi-lúmpenes (recordemos los orígenes delictivos de Milagro), con relación informal, pero directa con el poder central. Su función es asegurar el orden, pero en ese tránsito no solo reprime a la clase obrera con formaciones irregulares, sino también obtiene beneficios arrancados a la propia burguesía (expropiaciones de tierras, impuestos). Predomina una relación personal sobre la institucional, producto de la precariedad de la hegemonía burguesa. Si la hegemonía tiende a restablecerse, estos elementos encuentran un lugar en el Estado o desaparecen. En 2015, Milagro Sala apoyó al gobernador Fellner y se postuló como presidente de Gimnasia y Esgrima de Jujuy, cuya barra brava dirigía. Pero Fellner perdió estrepitosamente la elección provincial a manos del radical Gerardo Morales y la presidencia del club.

---

[145]*Prensa Obrera*, 3/8/2006.
[146]*Alternativa Socialista*, 3/7/2006.
[147]http://www.lanacion.com.ar/1190351-el-increible-estado-paralelo-que-levanta-milagro-sala.

La represión estatal

Los hechos no resuelven, por sí mismos, los problemas, pero saldan ciertas discusiones y permiten concentrarse en otras. Como vimos, la mayoría de los estudios soslaya el fenómeno de la represión. Como vimos también, lo soslaya particularmente para este período. Por eso, vamos a señalar una pequeña muestra de hechos de represión durante el gobierno de Néstor Kirchner. Algunos, de particular importancia. Procuraremos abarcar con amplitud el espacio geográfico y las fracciones reprimidas. Luego de un repaso muy general del accionar represivo, mostramos los casos que involucran el asesinato de obreros en lucha. Creemos que la envergadura de lo que vamos a presentar habla por sí sola.

- El 15 de junio de 2003, a menos de un mes de asumir Néstor Kirchner, se produjo una pueblada en Arequito (Santa Fe), a raíz del asesinato de Luis Cignoli, un obrero de 29 años, en un hecho de inseguridad. Los vecinos se reunieron frente a la comisaría y pidieron entrar. La represión no se hizo esperar y la policía disparó con balas de goma.[148]

- El 24 de septiembre, se produjeron dos acciones de represión. En Neuquén, se disolvió por la fuerza una movilización docente. En Rosario, sucedió lo mismo con una marcha de organizaciones piqueteras.[149]

- El 10 de octubre, en Libertador General San Martín (Jujuy), la policía reprimió con balas de plomo una movilización, en repudio al asesinato de un militante de la CCC. Allí murió otro militante de la misma organización.[150]

- El 2 de noviembre, en General Mosconi (Salta), la policía desalojó, por orden del juez, un acampe frente al descargadero de Refinor, de ex trabajadores de YPF, exigiendo su indemnización.[151]

---

[148]http://www.pagina12.com.ar/diario/sociedad/3-21744-2003-06-22.html (consulta: 26-09-2016).

[149]http://correpi.lahaine.org/?p=119. (consulta: 26-09-2016).

[150]http://www.pagina12.com.ar/diario/elpais/1-26619-2003-10-11.html (consulta: 26-09-2016).

[151]http://edant.clarin.com/diario/2003/11/25/p-00401.htm (consulta: 26-09-2016).

198

- El 25 de noviembre de 2003, la policía provincial realizó una razzia en el barrio de San Lorenzo (Neuquén), para atacar una asamblea de vecinos, en el marco de la lucha por la expropiación de la fábrica ocupada Zanón. "Pepe" Alvear, militante del MTD y obrero de la fábrica, recibió 64 impactos de bala de goma y perdió un ojo.[152]

- El 30 de enero de 2004, en Santa Fe, se produjo una feroz represión en inmediaciones de la gobernación, ante una masiva marcha de vecinos perjudicados por las inundaciones.[153]

- El 2 de octubre de 2004, en Caleta Olivia (Santa Cruz), Gendarmería y la policía santacruceña desalojaron la toma de la planta Termap y el corte de la ruta 3, con un saldo de 80 trabajadores detenidos.[154]

- El 1 de noviembre de 2004, en Capital, se reprimió una huelga de la seccional Oeste de la Unión Ferroviaria, que exigía la reincorporación de un trabajador despedido. Los obreros tomaron las cabeceras para garantizar la huelga y la policía actuó con gases lacrimógenos y balas de goma. Además, detuvieron a doce trabajadores. Entre ellos, al dirigente de la Comisión Directiva, Rubén "Pollo" Sobrero, entonces militante del MST.[155]

- El 15 de noviembre de 2004, en la ciudad de Banda de Río Salí (Tucumán), la policía provincial desalojó el corte del puente Luca Córdoba, que sostenían trabajadores azucareros nucleados en FOTIA (Federación Obrera Tucumana de la Industria Azucarera), en reclamo de planes interzafra. El gobernador Alperovich (kirchnerista) justificó la represión, argumentando que "los obreros del surco son unos inadaptados".[156]

- El 1 de diciembre de 2004, en Las Heras (Santa Cruz), en un operativo conjunto, la policía provincial y la Gendarmería desalojaron a obreros

---

[152]http://argentina.indymedia.org/archives/archive_by_id.php?id=6956&category_id=19 (consulta: 26-09-2016).

[153]http://www.lanacion.com.ar/568549-atacan-la-gobernacion-en-una-marcha-de-inundados (consulta: 26-09-2016).

[154]http://correpi.lahaine.org/?p=541 (consulta: 26-09-2016).

[155]http://argentina.indymedia.org/news/2004/10/226908.php (consulta: 26-09-2016).

[156]http://argentina.indymedia.org/news/2004/11/236499.php y http://correpi.lahaine.org/?p=541 (consulta: 26-09-2016).

petroleros que habían tomado las instalaciones de Oil ONS, contratista de Repsol-YPF, exigiendo la reincorporación de 70 detenidos y la liberación de los detenidos en el desalojo del corte del 2 de octubre.

- El 11 de febrero de 2005, en La Rioja, la policía desalojó la toma un policlínico que había sido recuperado por los trabajadores hacía un año e impidió que lo volvieran a tomar. El gobernador Ángel Mazza (del kirchnerista Frente para la Victoria –FPV) justificó la represión.[157]

- El 30 de mayo de 2005, la policía provincial de Neuquén, reprimió con gases lacrimógenos a docentes y empleados públicos que exigían mejoras salariales frente a la gobernación, e intentaban levantar una carpa.[158]

- El 1 de abril de 2005, en la ciudad de Salta, la policía provincial disolvió una marcha docente con el saldo de 28 heridos y 20 detenidos. En Buenos Aires, el lunes 4 de abril, se convocó a una marcha a la Casa de Salta, en repudio a la represión.[159]

- El 18 de agosto de 2005, el Pico Truncado (Santa Cruz), la policía santacruceña disolvió una manifestación de desocupados en reclamo del cumplimiento del plan de incorporaciones a YPF-Repsol. Luego de encarcelar a 19 manifestantes, reprimió también una movilización de sus familiares, a quienes fueron a buscar hasta en sus casas.[160]

- El 14 de septiembre de 2005, la Policia Federal disolvió un corte de trabajadores telefónicos, en la calle San José, en la Ciudad de Buenos Aires. Un trabajador debió ser internado por traumatismo de cráneo.[161]

- El 30 de septiembre de 2005, en Ushuaia y el 1 de octubre, en Río Grande, la policía provincial de Tierra del Fuego disolvió asambleas docentes con gases lacrimógenos. En el segundo caso, cinco docentes resultaron heridos.[162]

---

[157]http://www.lanacion.com.ar/678885-la-rioja-la-policia-reprimio-a-trabajadores-y-a-dos-diputados-nacionales (consulta: 26-09-2016).

[158]http://www.lanacion.com.ar/708983-impiden-una-protesta-docente-en-neuquen (consulta: 26-09-2016).

[159]http://www.lanacion.com.ar/693268-salta-marcha-de-docentes-en-repudio-a-la-represion-policial (consulta: 26-09-2016).

[160]http://correpi.lahaine.org/?p=639 (consulta: 26-09-2016).

[161]http://correpi.lahaine.org/?p=646 (consulta: 26-09-2016).

[162]http://correpi.lahaine.org/?p=649 (consulta: 26-09-2016).

- El 20 de octubre de 2005, en la Ciudad de Buenos Aires, 200 policías entraron a las vías del subte B y dispararon con gases lacrimógenos para dispersar una protesta con corte de vías. Luego, reprimieron a una comisión de trabajadores del Garrahan que acudió en solidaridad. El saldo fue de cinco trabajadores internados.[163]

- El 6 de febrero de 2006, en Las Heras (Santa Cruz) la policía provincial detuvo al dirigente petrolero y militante del Polo Obrero, Mario Navarro, mientras brindaba una entrevista radial.[164] El hecho se produjo en medio de paros y cortes de ruta en defensa de puestos de trabajo. La detención provocó una pueblada que también fue reprimida. Al efecto, el gobierno nacional le envió al gobernador Das Neves 300 gendarmes para restablecer el orden.[165] Los enfrentamientos dieron por resultado la muerte del oficial Jorge Sayago. La Justicia imputó a trece petroleros y condenó a cuatro de ellos a cadena perpetua, en una instrucción ilegal y un juicio que estuvo viciado de nulidades. Entre ellas, el uso torturas para arrancar testimonios.[166] En más de una oportunidad, Cristina Kirchner se refirió públicamente a estos obreros como "asesinos".

- El 11 de julio de 2006, en Mar del Plata, luego de 11 días de huelga de los trabajadores del pescado, la policía provincial reprimió a los obreros que intentaban ingresar en la planta Arhepez.[167]

- El 3 de agosto, en 25 de Mayo, un pueblo en el sur de La Pampa, el Grupo de Operaciones Especiales desalojó un corte de la ruta 34, en reclamo de "trabajo digno" y en repudio al intendente (del FPV).[168]

---

[163]http://correpi.lahaine.org/?p=651 (consulta: 26-09-2016).

[164]http://www.diariodecuyo.com.ar/home/new_noticia.php?noticia_id=141152 (consulta: 26-09-2016).

[165]http://www.pagina12.com.ar/diario/ultimas/20-63653-2006-02-27.html (consulta: 26-09-2016).

[166]http://www.po.org.ar/prensaObrera/1300/libertades-democraticas/un-fallo-politico (consulta: 26-09-2016).

[167]http://correpi.lahaine.org/?p=714 (consulta: 26-09-2016).

[168]http://argentina.indymedia.org/news/2006/08/428825.php (consulta: 26-09-2016).

- El 21 de septiembre, la Policía Federal desalojó violentamente a vecinos que ocupaban terrenos en Villa Lugano, Ciudad de Buenos Aires, con el saldo de 12 detenidos.[169]

- El 19 de diciembre de 2006, en Rawson (Chubut), la policía provincial disolvió una manifestación de los trabajadores de la planta pesquera Flota Amarilla S.A., que reclamaban por salarios adeudados. El saldo fue de 20 obreros heridos y 4 detenidos, entre los cuales se encontraba Fabián Molina, Secretario General del Sindicato de la Industria de la Alimentación.[170]

- El 20 de diciembre de 2006, en Jujuy, el GEOP (Grupo Especial de Operaciones), disolvió una manifestación de desocupados, organizada por la Asociación de Trabajadores Desocupados, en el barrio Alto Comedero, en las puertas de un hipermercado.[171]

- El 5 de abril de 2007, un día después de la muerte de Carlos Fuentealba, la policía reprimió una movilización docente en la capital salteña.[172]

- El 25 de mayo, en la Provincia de Buenos Aires, asistimos a dos acciones represivas. La primera es en Moreno, contra los trabajadores de la empresa Fargo, que reclamaban por condiciones laborales. La segunda, en Lisandro Olmos, en las afueras de La Plata, donde la policía desalojó la toma de la planta textil Mafissa.[173]

- El 9 de agosto, en la capital de Formosa, la policía provincial desalojó violentamente a los acampantes frente al Instituto de Vivienda Provincial. Las familias eran del asentamiento El Mirador. El encargado del operativo no era otro que Ángel Insfrán, de la familia del gobernador.[174]

- El 27 de noviembre, en Villa Mercedes (San Luis), un grupo especial de la policía provincial desalojó la toma de la fábrica textil Pagoda,

---

[169]http://www.lanacion.com.ar/842335-incidentes-en-un-desalojo-en-villa-lugano (consulta: 26-09-2016).
[170]http://correpi.lahaine.org/?p=751 (consulta: 26-09-2016).
[171]http://correpi.lahaine.org/?p=751 (consulta: 26-09-2016).
[172]http://www.lanacion.com.ar/897372-paro-docente-por-la-represion-policial (consulta: 26-09-2016).
[173]http://correpi.lahaine.org/?p=793 (consulta: 26-09-2016).
[174]http://correpi.lahaine.org/?p=809.

en reclamo de salarios y en defensa de los fueros gremiales de sus delegados.[175]

- El 22 de agosto de 2007, la policía reprimió una marcha de trabajadores del INDEC, que repudiaban la intervención del gobierno y la expulsión de trabajadores.[176]

- Ese mismo día, en Mendoza, los trabajadores estatales de salud, que exigían una reunión con el gobernador, fueron reprimidos en una operación conjunta entre la custodia del mandatario y candidato a vicepresidente del FPV, Julio Cobos, y la policía provincial.[177]

-Antes de dejar el gobierno, Néstor Kirchner ordenó una última intervención. El 4 y 5 de diciembre reprimió a los trabajadores del Casino, propiedad del empresario Cristóbal López, ligado al oficialismo.[178]

Como dijimos, esta es solo una pequeña muestra (muy pequeña) del despliegue represivo sobre la clase obrera del gobierno de Néstor Kirchner. Resta aún, la reconstrucción de hechos de suma gravedad: el asesinato de militantes o manifestantes por parte de fuerzas estatales. Aquello que el kirchnerismo dijo que venía a poner fin.

Los asesinatos

Dos golpes a la CCC en Jujuy

El 4 de octubre del 2003, Cristian Ibáñez, militante de la CCC, apareció muerto en la comisaría de Libertador General San Martín, Jujuy. Horas más tarde, también sería asesinado su compañero Marcelo Cuellar, producto de la represión policial. Ibáñez fue detenido, según el informe policial, "por estar borracho y causar desórdenes en la vía pública". Como Cristian tenía una herida cortante en la cabeza, antes de llevarlo a la comisaría, lo habrían llevado al Hospital Oscar Oría, donde

---

[175]http://puntania.blogspot.com.ar/2007/11/martes-27-de-noviembre-de-2007_27.html (consulta: 26-09-2016).
[176]http://correpi.lahaine.org/?p=813 (consulta: 26-09-2016).
[177]Ídem.
[178]http://www.lanacion.com.ar/968607-sancionaran-a-prefectos-por-los-disturbios-en-el-casino-flotante (consulta: 26-09-2016).

también, según la policía, generó disturbios, por lo que fue llevado a la comisaría y puesto en una celda junto a otros 9 detenidos. Una vez allí, tuvo un altercado con el resto de los detenidos, por lo que fue trasladado a una celda solo, donde fue encontrado ahorcado con el cordón de su bermuda. Los familiares y la CCC, al enterarse de lo sucedido, se movilizaron a la comisaría, descreyendo de la versión policial.[179] La movilización se convirtió en una pueblada, que derivó en duros enfrentamientos con la policía. Allí fue asesinado Marcelo, quien, antes de morir, reconoció al policía Subia, como el que efectuó el disparo mortal.[180] La represión estuvo a cargo del jefe de policía del gobernador, Carrizo Salvadore, que no tiene ninguna causa abierta. Subia fue imputado por la causa penal, pero el juez Argentino Juárez lo sobreseyó. El gobernador de ese entonces era Eduardo Fellner, parte del PJ y del kirchnerismo.

Esteban Armella, también en Jujuy

El 27 de noviembre del 2004, fue asesinado, por fuerzas policiales, Esteban Alejandro Armella, militante de la Tupac Amaru, coordinador del comedor comunitario "Los Chirolitas", en el barrio Belgrano, de San Salvador de Jujuy. Esteban fue detenido el 23 de noviembre, por la Brigada de Investigaciones para averiguación de antecedentes. Debido a los golpes recibidos, tuvo que ser traslado al hospital Pablo Soria, donde 4 días más tarde moriria. Producto de este hecho, fueron detenidos siete policías, que fueron dejados en libertado poco tiempo después.[181]

Fuentealba

El 4 de abril del 2007 fue asesinado Carlos Fuentealba, docente de la provincia de Neuquén. Los docentes estaban en lucha por aumentos salariales y no llegaban a ningún acuerdo con el gobierno de Jorge Sobisch. Por eso iniciaron un plan de lucha, que implicaba cortes diarios de tres horas en las rutas más importantes de Neuquén. El 4 de abril, unos 600 docentes llegaron a la localidad de Arroyito, para cortar la ruta 22 y obstruir el paso hacia los centros turísticos, en el marco de los feriados por Semana Santa. Sin embargo, fueron reprimidos por la

---

[179]*La Nación*, 11/10/2003.
[180]*Clarín*, 12/10/2003.
[181]http://correpi.lahaine.org/?p=567&print=1 (consulta: 26-09-2016).

policía local, para evitar el corte. Para ello, utilizaron gases y balas de goma, con lo que lograron dispersar la manifestación. En ese contexto, el policía José Darío Poblete disparó su pistola lanzagases sobre el Fiat 147 donde se encontraba Carlos Fuentealba. El disparo se produjo desde una corta distancia, por lo que el impacto le produjo una fractura y hundimiento de cráneo, que derivaron en su muerte. Poblete huyó de la escena con la complicidad de sus compañeros, y logró esconderse por varias horas con el amparo de la institución policial. Finalmente, el policía fue condenado a perpetua, pero Sobisch, responsable político del hecho, jamás fue imputado, a pesar de que luego del asesinato, dijo antes las cámaras que "la responsabilidad política es mía, la asumo y tomaré las medidas necesarias para que esta responsabilidad política se convierta en una respuesta seria y responsable a la sociedad neuquina". En la causa estaban además involucrados el subsecretario de Seguridad, Raúl Pascuarelli, y el jefe de la Policía, Carlos Zalazar, el subjefe de la Policía, Moisés Soto, el director de Seguridad, Adolfo Soto, el jefe del operativo, Mario Rinzafri, y el jefe de los grupos especiales, Jorge Garrido, junto a otros nueve efectivos policiales.

Todos los acusados fueron sobreseídos el 23 de febrero de 2016. En su fundamentación para pedir el cese de la imputación, el fiscal Andrés Azar, sostuvo, entre otras cosas, que "las directivas eran dadas por el gobernador Jorge Sobisch".[182] Este argumento, sirvió para liberar a los policías, pero no para imputar a Sobisch. El Gobierno Nacional, ni en su momento ni después, pidió juicio político alguno, ni la intervención provincial del Ejecutivo o del Poder Judicial. Más aún, Jorge Sobisch, quien admitió su responsabilidad política, llegó a ser incluso candidato presidencial en las elecciones de 2007, sin que ningún miembro del Poder Ejecutivo Nacional interpusiera ninguna impugnación.

Juan Carlos Erazo en Mendoza

En noviembre del 2007, trecientos obreros de la empresa Campo Grande, dedicada a la exportación de ajo, llevaron adelante una huelga. Fundamentalmente, pedían por el fin del trabajo en negro, que aparecía encubierto bajo la forma de "cooperativa". El 29 de noviembre cortaron el acceso a la empacadora, por lo que la fiscal Liliana Ginner ordenó su desalojo. El mismo fue llevado a cabo por la infantería y la policía de Mendoza. Entre los 75 trabajadores que terminaron golpeados, estaba

---

[182]*Clarín*, 06/04/2007.

Juan Carlos Erazo, trabajador y delegado. Al día siguiente, el 30 de noviembre, le detectaron un absceso cerebral.[183] El 9 de abril del 2008, en Mendoza, Juan Carlos murió a causa de la patología provocada por la represión. El gobernador de Mendoza de ese entonces, Julio Cobos, era un aliado del gobierno nacional, fue el compañero de fórmula presidencial de Cristina Kirchner y luego ocupó la vicepresidencia de la Nación.

Sandra Cabrera en Rosario

El 27 de enero del 2004 asesinaron, en Rosario, a Sandra Cabrera, dirigente de la Asociación de Mujeres Meretrices de Argentina (AMMAR), con un disparo a quemarropa, en las cercanías de la Terminal de Ómnibus de Rosario. Sandra había denunciado la complicidad entre la policía y los proxenetas, el 10 de septiembre del 2003. Esa denuncia derivó en el descabezamiento de la sección Moralidad Pública de la policía provincial. Específicamente, había dado los nombres del jefe de la sección, Javier Pinatti, y Walter Miranda, subjefe, que hostigaban a las prostitutas de las cercanías de la Terminal de Ómnibus de Rosario, para proteger a los prostíbulos de la zona. También, junto a sus compañeras, denunciaron a los jefes de calle que les pedían dinero. Cuatro días antes de su asesinato, Sandra había acompañado a Stella Maris Longoni a radicar la denuncia por las amenazas sufridas por la policía unas horas antes. El único que estuvo imputado fue Diego Víctor Parvluczyk, ex oficial de la Brigada antinarcóticos de la Policía Federal, pero en 2007 el juez Alfredo Ivaldi Artacho lo declaró sobreseído. Tres años después, la causa prescribió.[184]

El "Oso" Cisneros, en La Boca

El 25 de junio del 2004, Martín "Oso" Cisneros, dirigente del comedor Los Pibes de La Boca en la Capital, y miembro de la Federación Tierra y Vivienda, dirigida por Luis D'Elía, fue asesinado por varios disparos a quemarropa en su casa a manos de Juan Carlos Duarte, un sicario protegido por la policía de la comisaría 24°. Según los compañeros de Cisneros, Duarte era un puntero, con varias causas en La Boca

---

[183]*Prensa Obrera*, 17/04/2008; https://goo.gl/mrR8Ow; *Los Andes*, 09/04/2008 (consulta: 26-09-2016).
[184]*Página 12*, 30/01/2004.

y el Dock Sud. Por este motivo, el "Oso" ya habían realizado denuncias al ministerio de Gustavo Béliz (Justicia). Entre ellas, la acusación por haber robado documentación y una CPU con información del comedor.

Luego del crimen, Duarte fue arrestado y encarcelado y condenado a 18 años de prisión en julio del 2006. Sin embargo, salió en 2016, al cumplir poco más de la mitad de la pena, y se alojó en un edificio que queda a solo 200 metros del lugar del asesinato.[185] Ninguna autoridad nacional intentó investigar a la cúpula de la comisaría.

Jorge Julio López

El 18 de septiembre, en la ciudad de La Plata, desapareció Jorge Julio López, luego de salir de su casa con dirección a la audiencia de los alegatos en la causa contra el represor Miguel Etchecolatz. En el marco del juicio, López, ex militante peronista, realizó reconocimientos oculares de los lugares donde estuvo detenido durante la última dictadura, entre ellos, la comisaría quinta de La Plata y el Pozo de Arana. Sin embargo, nunca llegó al destino en cuestión. Esta segunda desaparición, se produjo en el barrio platense de Los Hornos, a los 77 años de edad. Aníbal Fernández sostuvo la hipótesis de que podía estar en la casa de algún familiar con algún "shock emocional". La investigación por la desaparición de López fue llevada adelante por la Policía Bonaerense, la Policía Federal y la SIDE, pero contó con varias irregularidades. Por un lado, llevaron adelante procedimientos de pesquisa sin criterios o control judicial. Esto permitió que miembros de la fuerza de seguridad, sospechados de haber participado de la desaparición, tuvieran acceso a la causa. Por otro, muchas pistas no fueron profundizadas, como por ejemplo aquellas que apuntaban hacia ex represores.[186] Pasados más de 10 años, no se ha llegado a ningún resultado concreto.[187]

Conclusiones

Es difícil hablar de un gobierno tolerante con 236 hechos (estatales y paraestatales) de represión en tan solo cuatro años y medio, lo que da

---

[185]*Página 12*, 13/07/2006, *Los Andes*, 07/07/2006.
[186]http://www.analisisdigital.com.ar/noticias.php?ed=1&di=0&no=208427 (consulta: 20-08-2016).
[187]*Infobae*, 18/09/2016.

un escalofriante promedio de 52 acciones represivas por año. De ellas, teniendo en cuenta las salvedades que aclaramos al comienzo, podemos asignar al gobierno de Néstor Kirchner un mínimo de 70 acciones represivas paraestatales. Con un promedio de 15,5 acciones por año. Estas cifras, aunque parezca increíble, no son mucho menores que el conflictivo del periodo inmediatamente anterior, sino mayores. Los gobiernos de la Alianza y Duhalde suman un mínimo de 67 acciones, con un promedio de 15,4 acciones por año. Es decir, Néstor Kirchner impulsó una mayor represión que sus antecesores en este campo.

De los 236 hechos represivos, 166 corresponden a hechos de violencia estatal organizada contra acciones de la clase obrera, entre los que se cuentan cinco asesinatos. Si tenemos en cuenta que Néstor Kirchner estuvo 74 meses en el poder (desde el 25 de mayo de 2003 al 10 de diciembre de 2007), el promedio de acción por año es de 37,1, algo más de dos acciones por mes. Difícilmente, puede caracterizarse, con estos datos, como un gobierno que no reprime a la clase obrera.

Las cifras deben compararse con algún otro período y con otra administración. Elegimos, entonces, el período gobernado por la Alianza y la presidencia de Eduardo Duhalde, desde diciembre de 1999 a mayo de 2003. El total de las acciones estatales, protagonizadas por las fuerzas represivas del Estado, de ambas administraciones, es de 153. Es decir, en términos solo de volumen total, ambas administraciones han llevado adelante menos acciones represivas que el primer gobierno kirchnerista (153 contra 166 del kirchnerismo). En cuanto al promedio anual, también el tándem Alianza-Duhalde registra un resultado sensiblemente menor: 35,3 (contra 37,1 del kirchnerismo).

En cuanto al tipo de represión paraestatal, como anticipamos, separamos aquellas que se refieren a una disputa por la conducción sindical, las que organizan elementos estatales contra acciones dirigidas al personal político y, por último, las que están dirigidas a algún elemento obrero dirigente. Las primeras reúnen 27 acciones, las segundas 29 y las terceras, 14. Es decir, hay un leve predominio de acciones montadas por elementos estatales. Detrás, las más estrictamente políticas. De estas, 7 son contra militantes de izquierda.

Con todo, ¿qué es lo que nos dicen los asesinatos? Simplemente, el grado de violencia necesaria y posible (material y políticamente) para poner fin a la acción de una fuerza. Esa intensidad no está determinada por las concepciones ideológicas de quien ostenta la dirección del Estado, sino por el nivel de desafío al mismo. En 2001, asistimos a un ciclo insurreccional que termina con un enfrentamiento con el poder político en la capital del país. Es lógico que la dosis de coacción estatal sea gigantesca y difícilmente se repita hasta tanto no se asista a un fenómeno similar. Lo interesante es el contenido de esos asesinatos. En su gran mayoría, si no en su totalidad, se trata de militantes (Fuentealba, el "Oso" Cisneros, Jorge Julio López, Sandra Cabrera, miembros de la CCC). Por lo tanto, se trata de acciones que tienen por objetivo principal el disciplinamiento político, tanto de las organizaciones que enfrentan al gobierno (CCC) como las que estaban siendo cooptadas (FTV).

En definitiva, como vimos, bajo el primer gobierno kirchnerista, el Estado sigue la misma línea que sus antecesores y reprime la acción de la clase obrera en forma sistemática, con la intensidad que juzga necesaria. Fue un elemento de la reconstrucción del Estado capitalista. Como balance, no obstante, deja un país sin una recomposición completa, que para sostener la dominación requiere dosis de represión estatal y paraestatal crecientes, que tienden a superar, en su frecuencia, a las más altas que haya registrado el régimen democrático restaurado en Argentina y con una tendencia en ascenso.

Capítulo IV

La aceleración
(2008-2011)

Luego de los años iniciales, los años de la "primavera", los límites económicos comenzaron a asomar. A partir del 2008, la crisis comenzará a presentarse y, con ella, los cambios en la política. En este capítulo, vamos a examinar la represión paraestatal (sin descuidar la estatal, claro está) en estos años, en los cuales el tema del libro toma una repercusión central, debido al asesinato de Mariano Ferreyra. Como veremos, este no fue sino un caso. Uno muy importante, por tratarse de un militante de izquierda. Pero uno entre muchos. Varios trabajadores fueron asesinados o agredidos por patotas armadas por sindicalistas, funcionarios y elementos de partidos burgueses. Muchos de ellos eran militantes. La pregunta, entonces, es si ese caso fue una excepción o más bien es la consecuencia lógica de una tendencia. Eso es lo que trataremos de responder aquí.

Como en el capítulo pasado, presentaremos primero una breve cronología de la situación política general, para pasar luego al examen de la represión paraestatal, dividida en acciones de tipo sindical, estatal y política. Luego, una breve descripción de algunas de las represiones con fuerzas regulares y, por último, los asesinatos de trabajadores a manos del Estado en situación de lucha.

Breve cronología de la primera
presidencia de Cristina Fernández de Kirchner

El 10 de diciembre asumía Cristina Fernández de Kirchner. La primera mandataria mujer luego de Isabel Perón y la primera, después de Alfonsín, que no ocupó previamente ningún cargo ejecutivo. Al igual que su antecesor, recibía un elenco de funcionarios ya instalados y un plan económico en marcha. No obstante, al tomar el cargo realizó algunos cambios en el gabinete: Juan Carlos Tedesco reemplazó a Daniel Filmus en Educación, Ginés González García a Ocaña en Salud, Martín Lousteau a Peirano en Economía y Florencio Randazzo por Aníbal Fernández en Interior, mientras que este último pasó a Justicia, por Iribarne. Además, se creó el Ministerio de Ciencia y Técnica, a cargo de Lino Barañao.

El FPV se aseguraba el 80% de los gobernadores, el 70% de los intendentes de la Provincia de Buenos Aires, el 66% de las bancas del Senado y 140 diputados nacionales. Además, se habían pasado a sus filas la gobernadora Fabiana Ríos (de la Coalición Cívica -CC-) y el Movimiento Popular Neuquino (MPN, el partido de Jorge Sobisch). Es decir, contaba con una de las mayorías más importantes desde el regreso de la democracia.

Con ese caudal, Néstor se lanzó a la conquista del PJ. En lugar de disolverlo en un frente amplio y transversal, decidió introducir todos esos elementos dispersos en el peronismo. Para eso, organizó un congreso y trasladó sus oficinas a Puerto Madero. Se declaró presidente e incluyó en la conducción a intendentes puramente kirchneristas, como los de Quilmes, Esteban Echeverría, La Plata, Tigre y Almirante Brown. También gobernadores, como Capitanich, Urribarri y Maurice Closs. Al congreso asistieron, incluso, dirigentes como D'Elía, Edgardo Depetri y Emilio Pérsico, que habían construido estructuras paralelas al PJ. La novedad fue el ingreso de Hugo Moyano a la estructura partidaria como vicepresidente del PJ de la Provincia de Buenos Aires, detrás de Alberto Balestrini.

La intención del kirchnerismo, sin embargo, era reemplazarlo en la CGT por dirigentes más afines como Andrés Rodríguez (UPCN), Gerardo Martínez (UOCRA) o Pedraza (UF). De hecho, instigó a Ocaña a investigar los manejos de las obras sociales y la mafia de los medicamentos en la Administración de Programas Especiales. Además, impulsó a la Corte Suprema a emitir un fallo en el que se permitía la sindicalización de base en aquellas actividades sin representación gremial.

Un arma para amenazar con permitir más de un gremio por actividad. Sin embargo, negoció con Moyano una suba de aportes a las obras sociales sindicales a cambio de la moderación en las paritarias.

A nivel más general, el nuevo gobierno se vio sacudido por una serie de conflictos que explotaron apenas asumió. El primero, el escándalo de las valijas de Antonini Wilson. A dos días de asumir la nueva presidente, se descubrió que un funcionario venezolano había entrado una suma sideral de dinero sin declarar al país, para financiar la campaña electoral de Cristina. El segundo, el crecimiento del conflicto por las pasteras en Fray Bentos y los cortes en Gualeguaychú. A eso se agregó el fallido viaje de Néstor Kirchner como presidente de UNASUR (Unión de Naciones Sudamericanas) para negociar la paz con las FARC y el Estado colombiano, que resultó en un verdadero fracaso.

El año 2008 se caracterizó, a nivel internacional, por un nuevo estallido de la crisis mundial. En medio del desbarranque general, el Gobierno comenzó a pensar en el "desacople" (un intento de vincularse privilegiadamente con China), pero no pudo evitar la escalada inflacionaria ni el déficit en materia de combustibles. Ante la necesidad de fondos, el aumento de las commodities disparó un proyecto de retenciones móviles destinada a elevar los impuestos a la exportaciones de bienes agrarios (conocida como "la 125", por el número de resolución) que dio origen al conflicto con la burguesía rural. Como ya es conocido, terminó con el triunfo de la rebelión fiscal agraria en el Congreso, con el voto "no positivo" del Vicepresidente, Julio Cobos, el desgranamiento del FPV (renuncia de Alberto Fernández, Felipe Solá) y la aparición de un cuerpo de intelectuales vinculados directamente con el gobierno: Carta Abierta. Esta derrota abriría una crisis política y se constituía como el preludio de otra más importante.

Luego de la derrota en la crisis del campo, el Gobierno avizoraba otra en las elecciones legislativas. Por eso, decidió una batería de medidas de blindaje. En primer lugar, adelantó los comicios nacionales para que coincidiesen con los de las provincias y la Capital. En segundo, obligó a 50 intendentes a presentarse en candidaturas "testimoniales", para asegurarse de que hicieran campaña en sus distritos y que no le formaran listas colectoras. El segundo candidato, luego de Néstor Kirchner, fue el propio gobernador bonaerense, Daniel Scioli, quien parecía marcar un rumbo divergente con el kirchnerismo. Los gobernadores lograron eludir la propuesta y se negaron a que Néstor hiciera campaña en sus distritos. A cambio, ofrecieron su aprobación para unificar los comicios. La oposición se nucleó en el Acuerdo Cívico y Social (CC, UCR y PS) y en Unión-PRO, la alianza entre Mauricio Macri, Francisco De

214

Narváez y Felipe Solá, que consiguió formar "colectoras invertidas"[1] en intendencias claves. Es decir, se aseguraron cierta "neutralidad" de los barones del conurbano. Para comenzar a tener una base de empleo propia (y a causa de la crisis del Grupo Marsans que la contaba entre sus activos), el Gobierno impulsó la estatización de Aerolíneas Argentinas, previo pago de una suma fabulosa.

En consecuencia, el 28 de junio, durante la noche del escrutinio, el Gobierno iba a tener que asimilar su primera derrota electoral seria. A nivel nacional, había obtenido un 29% contra el 28% del ACSyS y frente al 26% del peronismo disidente. Pero lo grave era que sus mejores candidatos habían perdido en el corazón del sistema político, la provincia de Buenos Aires, contra un verdadero ignoto, De Narváez, que logró el 35% contra el 32% del FPV. En Capital, la ruptura de Alberto Fernández lo había dejado sin el apoyo del PJ y tuvo que recurrir a Carlos Heller. Resultado: Pino Solanas lo relegó al tercer lugar. En términos de bancas, en diputados el FPV pasó de 119 bancas propias, a solo 87 y se quedó sin quorum propio. El ACyS pasó de 24 a 43 diputados y el peronismo disidente, de 23 a 35.

Lejos de un contraataque irracional contra los intendentes, la respuesta fue meditada y, en términos políticos, más ambiciosa: lejos de tomar represalias, se inició un operativo doble: por un lado, la "seducción" de los díscolos; por el otro, la ampliación y concentración de recursos en el Estado central.

Esa concentración de recursos se efectuó, en primer lugar, con la reestatización de las AFJP, idea de Amado Boudou, que estaba al frente de la ANSES. Este avance representaba nada menos que una suma acumulada de 30.000 millones de dólares y un flujo de 500 millones por mes. El Poder Ejecutivo puso manos a la obra y consultó con las 40 empresas más importantes del país. Estas, que tenían parte de sus acciones en manos de los fondos de las AFJP, recibieron la propuesta con los brazos abiertos, porque implicaba mayores subsidios estatales en su favor. Solo pusieron una condición: que el Estado no ocupara, en el directorio de las empresas, el lugar que le correspondía por ser el nuevo

---

[1] Las "colectoras" son las boletas de diferentes candidatos a cargos menores (concejales, legisladores, intendentes o gobernadores, según el que caso) que llevan un mismo candidato al cargo mayor (presidente, gobernador, etc.) Así, un candidato a gobernador, por ejemplo, puede recibir votos de candidatos rivales a una misma intendencia. La "colectora invertida" invierte el abanico: un intendente, legislador o gobernador puede aparecer en la boleta de más de un candidato del cargo superior y recolectar votos de varios partidos.

accionista (en reemplazo de las AFJP). Salvado este problema, con la promesa de Néstor Kirchner de dejar ese lugar vacío, la ley tuvo todo el apoyo. Incluso la Justicia hizo lo suyo: Claudio Bonadío y Guillermo Marijuán investigaron a las AFJP por "administración fraudulenta", suspendieron sus actividades y allanaron las oficinas de los fondos de pensión, que se aprestaban a resistir legalmente. En noviembre, se aprobó la expropiación de los fondos.[2] Luego, se siguió con la reestatiazación de Aerolíneas Argentinas, que implicó un fuerte desembolso para una caja a futuro. En ambos casos, se consiguió una fuente para repartir empleo a los adictos. Allí va a empezar a crearse la "juventud" kirchnerista, como La Cámpora.

Como complemento (y en función del aumento de los gastos), el Gobierno decidió lanzar un tarifazo del 300% e intentar recomponer su relación con los organismos internacionales para volver a pedir deuda. Sin embargo, ninguna de estas dos opciones va a poder implementarse plenamente. El tarifazo fue rechazado en el Congreso y la normalización de las relaciones con las entidades financieras llevará una ardua negociación infructuosa, a pesar de los pagos al Club de París y los diferentes ofrecimientos. Lo único que logró imponer es el impuesto al cheque.

Sin embargo, no todo fue oposición en el Congreso, ya que Cristina consiguió prorrogar la Emergencia Económica y el pago a impuestos a las ganancias y bienes personales. Condonó deudas a las PyME, rebajó al 50% las cargas patronales a empresas que tomaran trabajadores e impulsó un blanqueo de deudas fiscales para quienes repatriaran capitales. Ese mismo año, promulgó las exenciones impositivas para las industrias de Tierra del Fuego. Además, entregó a los gobernadores la suspensión por dos años de la Ley de Responsabilidad Fiscal, lo que les permitió endeudarse y aumentar su déficit. De hecho, las condonaciones de deudas permitieron una reconciliación con el agro que se expresó en la incorporación al FPV de la diputada ruralista María del Carmen Alarcón (ex PRO) y la creación de un Ministerio de Agricultura, a cargo del empresario rural Julián Domínguez.

Los gastos no se detuvieron ahí: para volver a "seducir" a los intendentes, un mes después de la derrota, se implementó el Plan Argentina Trabaja. A diferencia del Programa Empleo Comunitario y del Plan Jóvenes, aquí los subsidios fueron para tareas a nivel municipal, con fuerte incidencia de los intendentes en el armado de las cooperativas y

---

[2]Novaro, Marcos; Bonvecchi, Alejandro y Cherny, Nicolás: *Los límites de la voluntad. Los gobiernos de Duhalde, Néstor y Cristina Kirchner*, Ariel, Buenos Aires, 2014, pp. 348-350.

en la selección de obras. Si bien los salarios se pagaban desde el Gobierno nacional, los municipios recibieron sumas para "materiales y herramientas". Para no perder el manejo de los fondos, en diciembre, se lanzó la ya famosa Asignación Universal por Hijo, un fabuloso instrumento a cargo del Estado central.

En ese mismo sentido, se lanzó la Ley de Servicios Audiovisuales, con el fin de hacer entrar a empresas extranjeras en el negocio del *triple play*, con la excusa de la "democratización" de los medios de comunicación, y se forzó a Clarín a desprenderse de ciertas empresas. En ese contexto, se anunció la estatización de las transmisiones de fútbol de primera división, lo que se llamó "Futbol para Todos" y representaba una importante erogación de fondos estatales a cambio de poder pasar propaganda gubernamental allí. El intento de control de los medios se complementaba con la obligación de contratación de toda la publicidad de organismos públicos a través de la Secretaría de Medios, dependiente del Jefe de Gabinete (Aníbal Fernández). Se homogeneizaron los medios públicos, con la aparición del "periodismo militante", que no era más que el oficialismo desembozado.

El Gobierno realizó ciertos cambios en el gabinete. Amado Bodou, impulsado por el manejo de los fondos del ANSES escaló hasta el Ministerio de Economía, y tomó su lugar en la ANSES Diego Bossio. En Cultura, se reemplazó a un elemento díscolo como José Nun por un militante más comprometido como Jorge Coscia.

En ese contexto, la oposición se disolvió y se dividió. Unión-Pro se quebró en dos después de las elecciones. Felipe Solá volvió al oficialismo, De Narváez al peronismo disidente y Macri giró hacia la UCR.

Quedaban dos materias pendientes. En términos políticos, evitar a futuro la dispersión electoral. En la economía: hacer frente al primer año sin superávit fiscal, en medio de un escenario internacional que no permitía pedir más deuda.

Para lo primero, Aníbal Fernández ideó las Primarias Abiertas Simultáneas y Obligatorias (PASO), por las cuales todos los partidos estaban obligados a dirimir sus internas públicamente y todos los ciudadanos, obligados a votar. Este sistema pretendía eliminar colectoras y forzar a las minorías internas a disciplinarse. Además, el Estado iba a ser el encargado de distribuir la pauta de publicidad, en forma equitativa.

En relación con el problema económico, si bien hubo un repunte de la soja a fines del 2009, la ausencia de créditos internacionales obligó a pensar en una nueva fuente de fondos: el Banco Central (BCRA). El Bicentenario fue una oportunidad para avanzar.

Efectivamente, la idea era armar un Fondo del Bicentenario, que reunía unos 6.500 dólares provenientes del BCRA para pagar vencimientos de deuda y aceitar una nueva apertura del canje. Martín Redrado, su Presidente, se negó a ceder los fondos y se atrincheró en el cargo. La oposición lo defendió, pero no insistió demasiado. El resultado fue su reemplazo por Mercedes Marcó del Pont, una dirigente proveniente de la UIA. El problema era que la Justicia evitó el pago de deuda con esos fondos y, en el medio del escándalo, el juez Griesa de Nueva York, embargó los activos del BCRA en el exterior para pagarle a los acreedores que no entraron en el canje 2005. El resultado fue que la Argentina no pudo volver en condiciones normales al mercado de crédito internacional. El financiamiento se buscó entonces por el lado de China y Venezuela, así como con los fondos del BCRA y el ANSES.

El 2010 marcó el inicio de la recuperación del Gobierno y del empuje político que derivaría en la reelección de Cristina. A su vez, esa acumulación de poder desataría una puja por la administración de porciones del mismo. En primer lugar, el kirchnerismo decidió "homogeneizar" sus medios adictos, con la transformación de Canal 7 en "Televisión Pública" se realizó una depuración ideológica y apareció el programa 678, dedicado a la propaganda oficial. En segundo lugar, lanzó el programa "Conectar Igualdad", por el que se repartían notebooks de pésima calidad (que se bloqueaban a los pocos meses) a los alumnos de las escuelas públicas, todo financiado con fondos de la ANSES. En tercero, se promulgó la Ley de Matrimonio Igualitario, por la cual los homosexuales podían contraer matrimonio legalmente y adquirir derechos similares a un matrimonio heterosexual. En cuarto, se habilitó a la Fundación de Madres de Plaza de Mayo a la construcción de viviendas, lo que luego derivaría en un escándalo de apropiación de fondos públicos. Pero por el momento, todo el arco progresista de DDHH celebraba ese desvío de fondos. Las "cooperativas" de construcción de organizaciones oficialistas proliferaron, con jornadas laborales extenuantes y salarios miserables. Pero no dejaban de ser un instrumento de construcción clientelar de peso.

De todas, la medida más impactante fue la celebración del Bicentenario de la Revolución de Mayo. Una semana de eventos en diez cuadras de la avenida 9 de Julio, transformada en peatonal. Eventos artísticos gratuitos, radios abiertas, conferencias y ferias de comidas y ropa regional en el centro de la Capital. Por allí pasaron nada menos que tres millones de personas de todo el país y cerró con un discurso de Cristina Kirchner. Hizo su ingreso en la política La Cámpora, una organización de funcionarios con ramificaciones estudiantiles muy magras en la vida real, pero con presencia mediática.

Sin embargo, no todo fue a pedir del matrimonio presidencial. En el PJ bonaerense, la licencia de Balestrini provocó el avance de Moyano, que pidió su lugar y comenzaron los escarceos con la CGT oficialista. La CTA, por su parte, sufrió una fractura entre el sector oficialista, liderado por Hugo Yasky y el opositor, conducido por Pablo Micheli, que respondía a Víctor De Gennaro.

Por su parte, la Corte Suprema iba mostrando ciertas señales de mayor permeabilidad hacia otras influencias del PJ o de la oposición. En cuanto al frente empresarial, la AEA (Asociación Empresaria Argentina) comenzó a tomar una prudente distancia del Gobierno y dio su apoyo al Grupo Clarín. Ese movimiento fue acompañado por Scioli, que desobedeciendo a Néstor, se reunió con Macri, con Aznar y con peronistas disidentes, como forma de reclamar su cuota de poder en el armado oficialista. Además, acordó con los intendentes una refinanciación de las deudas sin la mediación del Estado nacional. Ante este desafío, Néstor Kirchner amenazó con poner un candidato "puro" para gobernador en la provincia (y no autorizar la reelección de Scioli) o ir él mismo. Sin embargo, una rebelión de intendentes, liderada por Massa, Bruera y Cariglino, se manifestó en contra y amenazó romper con el FPV. Néstor retrocedió y volvió a inscribir su domicilio en Santa Cruz. Pero se apoyó en el sindicalismo y realizó un acto multitudinario con Moyano en el estadio de River. Allí hubo críticas a Scioli y el líder sindical pidió "un trabajador en la Casa Rosada".

En medio de una conflictividad sindical ascendente, el 20 de octubre se produjo un hecho que marcó un antes y un después en el kirchnerismo, en la izquierda y en el mundo político: el asesinato de un militante del PO, por parte de un sicario de la burocracia sindical, en el marco de una lucha por el pase a planta de obreros tercerizados del tren Roca. Frente a la conmoción general, la declaración de Néstor Kirchner fue de contundente apoyo a los asesinos: "Hay algunos que hace mucho tiempo que buscan un muerto [...] no quiero vivir más en una sociedad donde se salga a manifestar con palos y armas".[3]

Una semana después, quien murió fue el propio Néstor Kirchner, pero por una descompensación cardíaca. El PJ se abroqueló en torno a la figura de Cristina, que creció en las encuestas merced a esa imagen de viuda en el velatorio. Sciolistas e intendentes advirtieron a Moyano que podrían dejarlo afuera del partido si intentaba una avanzada. En medio

---

[3] *Clarín*, 21/10/2010.

del crecimiento de la imagen de la presidenta en las encuestas, Scioli, Massa y Felipe Solá le ofrecieron la presidencia del PJ a Cristina e impulsaron su reelección. En medio de la campaña, apareció Tecnópolis, una muestra tecnológica, como propaganda oficial. Frente a Cristina, los principales candidatos opositores (en especial Macri) decidieron resguardarse. Efectivamente, frente al FPV solo se presentó el insípido Hermes Binner (Frente Amplio Progresista), Ricardo Alfonsín (UCR más De Narváez) y Eduardo Duhalde. Resultado: Cristina obtuvo el 48% en las PASO y el 54% en las generales, todo un récord histórico.

Acciones paraestatales de tipo sindical

Culminado este breve repaso por los hechos salientes de la primera presidencia de Cristina Fernández de Kirchner, pasaremos a analizar la represión paraestatal. Comenzaremos, como en el capítulo anterior, por las acciones de tipo sindical, para luego analizar las de tipo estatal y los ataques políticos.

Grupo privado

Esta acción tiene un componente distintivo. No se trata de la intervención de un grupo sindical, sino de un grupo de tareas privado, contratado particularmente por un empresario (o un conjunto de empresarios) para amedrentar reclamos que apoyaba el mismo sindicato. Nos referimos a la patota que intervino en la curtiembre Américo Gaita, en Valentín Alsina, a cargo de Gabriel Gaita.

La Obra Social del Personal de la Industria Curtidora y Afines (OSPICA) había denunciado a los empresarios del sector por no pagar los aportes del sistema de seguridad social y previsional, que representaba el 40% de la recaudación mensual y afectaba a 35.000 obreros. En la curtiembre Américo Gaita se estaba realizando, además, un proceso de asambleas para reclamar por los aumentos salariales y el cobro de las horas extras.

El 17 de enero de 2008, un grupo de tareas, disfrazado de trabajadores de la empresa, ingresaron y comenzaron a agredir a los delegados. Luego mostraron sus armas de fuego y amenazaron con volver si continuaban los reclamos. Se trataba del grupo "Los Changarines", conocidos dese el

220

2007 por actividades delictivas.[4] Los agredidos fueron Antonio Maluf, Gustavo Caballero, Claudio Espíndola, Aldo Barrionuevo, Enrique Isa, Ramón Muños, Gabriel Olivo y Gustavo Montes quienes, realizaron la denuncia correspondiente, ante la Unidad Fiscal de Instrucciones (UFI) Nº 16, a cargo del Fiscal, Dr. Nicolas Vitturi, bajo el expediente 829.275/08, con intervención del Juzgado de Garantías Nº 5 de Lomas de Zamora.[5]

Las guardias blancas

Alfredo Ayala era el presidente de la Federación de Asociaciones Civiles Bolivianas (FACBol), una entidad que se proponía defender a los inmigrantes del país andino.[6] Como sabemos, estos, en su mayoría, son obreros desposeídos. Pero no todos: algunos dirigen talleres clandestinos. O sea, son patrones. Patrones bastante particulares, porque obligan a producir a sus obreros en condiciones infrahumanas. Ese es el caso de Ayala, que defendía a los dueños de los talleres. Simple remisero, como se definía, tenía fuertes contactos con el poder político y judicial como para evitar allanamientos a los talleres. Cuando le fallaban los amigos, apelaba a grupos de choque, las llamadas "guardias blancas".[7]

El aporte de las marcas de indumentaria y el manejo de la federación no eran sus únicas fuentes de ingresos. Además, manejaba radios comunitarias y tenía participación en las líneas de micros regulares e irregulares que realizan el trayecto que va de Liniers a la frontera de Bolivia. Por último, controlaba espacios del Parque Indoamericano y los "alquilaba" para recreación y venta ambulante.[8] Hasta 2006, respondía a Aníbal Ibarra y Telerman. Luego del 2007, comenzó su acercamiento a Mauricio Macri, que se concretó en 2009.[9] No obstante, mantuvo su contacto con el CELS.[10]

---

[4] http://www.cronicasindical.com.ar/actualidad/2008/01enero2008/240108/240108socgaita.html.
[5] http://www.po.org.ar/prensaObrera/1026/partido/curtiembre-gaita.
[6] http://razonyrevolucion.org/paisanos-contra-la-toma-las-divisiones-de-clase-en-el-interior-de-los-colectivos-migratorios/.
[7] http://tiempoargentino.com/nota/90978.
[8] Ídem.
[9] http://razonyrevolucion.org/paisanos-contra-la-toma-las-divisiones-de-clase-en-el-interior-de-los-colectivos-migratorios/.
[10] https://laalameda.wordpress.com/2011/07/25/el-cels-de-horacio-verbitsky-respalda-al-esclavista-alfredo-ayala/.

El día 10 de julio de 2009, el colectivo La Alameda realizó un escrache frente a un taller clandestino, ya que la Justicia no se ocupaba del tema. Los obreros del lugar trabajaban de 7 a 23 hs., por un salario de $3,5 por prenda. Empleaban, además, a una menor que habría sido objeto de abusos físicos por parte del dueño del taller.

Al escrache asistieron varias personas y medios de comunicación. Los inspectores no tardaron en llegar. Al finalizar el acto, una vez que se retiraron las cámaras y la gente desconcentró, la policía se retiró, dando paso al ingreso de una patota de 100 personas que golpearon a Gustavo Vera (dirigente de La Alameda) y otros cinco manifestantes. Se radicó una denuncia en la comisaría 40°. Al día siguiente, la gente de Ayala intentó realizar un escrache a La Alameda, pero una multitud de vecinos se lo impidió.

Esperanza cañera

El ingenio La Esperanza le daba vida económica a la ciudad de San Pedro, en Jujuy. Se trataba de un predio de 64.000 ha., de las cuales se utilizaban alrededor de 9.000 para la cosecha de caña. El resto, se usaba para otras producciones agrarias. El establecimiento también poseía una planta de procesamiento que empleaba a 1.800 trabajadores. Luego de un largo período de administración judicial, el ingenio fue arrendado al grupo BRAI Agroindustrial, propiedad de Benito Roggio S.A., en 2010. El plan era reorganizar la producción introduciendo maquinaria y expulsar mano de obra. El contexto, sin embargo, no ayudaba. El creciente descontento obrero en la rama provocaba numerosos conflictos en la provincia y en Tucumán. El 29 de julio de 2011, en Ledesma (Partido de Libertador, Jujuy), la represión se había llevado la vida de tres obreros.[11]

Ese mismo año, la dirección sindical, a cargo de Santiago Bonilla y José María Castrillo, había pactado el ingreso a planta de 160 trabajadores a La Esperanza, dejando a 434 fuera del convenio. O sea, en negro. Esos trabajadores comenzaron a organizarse y a editar un boletín. La falta de respuestas (luego de una fallida conciliación obligatoria) los llevó al corte de los accesos al ingenio.[12]

---

[11]http://www.lanacion.com.ar/1393324-violento-desalojo-en-jujuy-tres-muertos-y-30-heridos.

[12]Véase Trodler, Emiliano: "Informe sobre la industria azucarera y la lucha de clases en los ingenios del NOA", s/f, disponible en https://drive.google.

Ante esta medida, la propia dirección sindical radicó una denuncia en el juzgado del Juez Jorge Samman, responsable legal del desalojo del ingenio Ledesma. Samman no dudó en ordenar la dispersión del corte. No obstante, Bonilla y Castrillo no esperaron al accionar de las fuerzas policiales, sino que organizaron un grupo de choque que fue directamente a agredir a los manifestantes con palos y piedras, quemando además sus bicicletas. El saldo fue de ocho obreros heridos.[13] No obstante, la lucha continuó y, finalmente, los trabajadores lograron su incorporación.

Los muchachos del ex ministro

El área en litigio eran las siete hectáreas denominadas "parcela 620 E", en el barrio Bongiovanni, en Moreno Norte (Provincia de Buenos Aires). El predio se encontraba junto a la maderera de Piero Dato, probable testaferro de José Dagnino Pastore (ministro de Economía de Onganía y Bignone). Allí, en ese descampado, 230 familias comenzaron a levantar sus viviendas. Obviamente, el acoso de quienes se reclamaban "propietarios" (Piero Dato, en nombre de Pastore), comenzó sin cuartel.[14]

En principio, radicaron una denuncia y el Estado decretó un desalojo con personal policial, que fue resistido a partir de la asistencia política de organizaciones como el FOL, COB-La Brecha y la CCC.[15]

El 10 de octubre de 2011, una patota compuesta por empleados de la maderera de Piero Dato, se dirigió hacia el barrio para golpear a varios militantes del FOL, que había organizado la resistencia y las movilizaciones en el barrio. La patota fue rechazada, pero continuó amenazando a los pobladores. La connivencia entre Piero Dato y el intendente kirchnerista Mariano West parece evidente, según las fuentes.[16]

com/file/d/0B1urj1HszbCFc3VuMkpyNU5pNjEyS0x0b0RkYjFTV0V5dWtF/edit?pref=2&pli=1.

[13]http://www.pts.org.ar/Ingenio-La-Esperanza-los-jovenes-zafreros-le-torcieron-el-brazo-a-Roggio.

[14]http://www.pagina12.com.ar/diario/elpais/1-197774-2012-07-03.html.

[15]http://www.anred.org/spip.php?article5641.

[16]http://www.lapoliticaonline.com/nota/61741/.

Nueva limpieza

Este hecho es también peculiar. Aquí también hay una acción patronal, pero combinada con la sindical. No en el sentido de colaboración entre la empresa y la burocracia, sino en el hecho de que ambas partes están corporizadas en la misma: la burocracia en carácter de patronal. Vamos a los hechos.

El directorio de IOMA mantenía a los trabajadores de limpieza de la obra social bajo contratos precarios. Por lo tanto, los obreros se habían organizado para luchar por el pase a planta permanente. Para evitar este tipo de desarrollos y, de paso, abaratar costos, la dirección decidió tercerizar los servicios, contratando una cooperativa llamada "25 de Mayo", lo que también servía como elemento clientelar.

Los trabajadores de limpieza decidieron realizar una marcha a la mutual, el 3 de marzo de 2008. Ese día, en las puertas de IOMA los esperaba una patota y, detrás, una guardia de infantería.[17] La patota golpeó a los manifestantes, con la anuencia de las fuerzas regulares.[18] Finalmente, IOMA consiguió tercerizar los servicios mediante una empresa fantasma.

De la puerta para afuera

El martes 11 de marzo de 2008, un grupo de militantes del Partido Obrero de San Martín y Tres de Febrero se acercaron a la puerta de la planta de Peugeot, en Palomar, para denunciar las paritarias firmadas por Yasky y Moyano con el Gobierno nacional. Llevaban, al efecto, volantes informativos de lo que estaba en juego. Luego de algunos minutos, vino la primera advertencia. Y la segunda. Como los militantes continuaban la actividad, se acercó un grupo de 40 personas que los echó a los golpes.[19] Según denunciaron, esta patota fue concertada con el intendente Hugo Curto, y también era usada para bloquear otras fuerzas políticas burguesas.[20]

Si bien esta acción tiene como víctimas a militantes de izquierda, se trata de una intervención para evitar la disputa a la conducción sindical.

---

[17] http://argentina.indymedia.org/news/2008/03/585251.php.

[18] http://lafragua-fpds.blogspot.com.ar/2008/03/las-patotas-sindicales-cobran_03.html.

[19] *Prensa Obrera*, 03/04/2008.

[20] http://www.lapoliticaonline.com/nota/nota-92748/.

224

No se agredió a los militantes en tanto pertenecientes a tal o cual partido, lo mismo hubiera dado que representaran al PO o a cualquier variante de tipo reformista. Tampoco se lo hizo como parte de una disputa de tipo política. Por eso es que ubicamos al hecho en este acápite.

La tarde de los cristales rotos

Orlando "Chiquito" Reyes festejaba. A comienzos de abril de 2008, bajo su liderazgo, el Sindicato de Obreros de la Industria del Vidrio y Afines (SOIVA) había firmado un acuerdo salarial que soldaba su relación con los empresarios: un mísero 16% y en tres cuotas. Hubo que saltarse asambleas y fraguar consensos en la fábrica clave, Rigolleau (en Berazategui), pero se consiguió. Ahí estaba "Chiquito", en el sindicato, festejando con sus compinches, cuando una movilización se presentó en las puertas del sindicato, para repudiar el acuerdo.

A los pocos días, el viernes 4 de abril, una nueva movilización intentó entregar un petitorio a Reyes, quien recibió a la comitiva. Sin embargo, en algún momento, desapareció él junto a los principales dirigentes sindicales y su lugar fue tomado por una patota que, junto con los delegados de Rigolleau, embistieron contra los trabajadores con palos, cuchillos y armas de fuego. Un obrero fue herido con un arma blanca por la espalda.

Al día siguiente, los obreros convocaron a una concentración frente a la fábrica. Los delegados fueron repudiados y tuvieron que dejar sus tareas pidiendo (fraguando) una licencia médica.[21]

Orlando Reyes estuvo ligado a la corriente de Barrionuevo. Apoyó la candidatura de Francisco De Narváez en la Provincia de Buenos Aires, en 2007, 2009 y 2011. Aunque es uno de los sindicalistas afines al PRO, también parece haberse ligado al kirchnerismo, en su momento, a través de vínculos comerciales con la Fundación Madres de Plaza de Mayo, que ofreció comprar el Policlínico del Vidrio.[22]

---

[21]*Prensa Obrera*, 10/04/2008.
[22]http://www.clarin.com/politica/asesor-Hebe-comprar-policlinico-Vidrio_0_506349447.html.

Los morenitos

La dirección de UPCN había llegado a un acuerdo con el Estado para el resto del 2008: un aumento del 19,5%. La Lista Marrón (compuesta por militantes de izquierda) se oponía a lo que consideraba una estafa y redactó un petitorio no solo exigiendo un aumento adicional de $500, sino el pase a planta de todos los trabajadores estatales y la prohibición de despidos. Para debatir ese petitorio con el conjunto de los trabajadores, se llamó a una asamblea para el jueves 15 de mayo, en el hall del Ministerio de Economía.

Ese día se congregaron trabajadores del Ministerio de Economía, del de Comercio y de Agricultura, del INPI y del INDEC. No obstante, la patota de Guillermo Moreno anclada en el INDEC, se hizo presente con el objetivo de impedir la asamblea. La seguridad del lugar estableció una zona liberada y los asambleístas fueron atacados a golpes. Durante media hora, se produjeron enfrentamientos.[23] Luego, la patota tuvo que retirarse al ver la decisión de la mayoría de los trabajadores, que realizaron su asamblea en la puerta del ministerio.

Negociaciones tensas en el SUTNA

El miércoles 30 de julio de 2008, el sindicato del neumático debía discutir las condiciones laborales y salariales en el Ministerio de Trabajo. Su secretario, Pedro Wasiejko, movilizó su gente e intentaba monopolizar la reunión. Sin embargo, en la rama había aparecido ya una fracción de izquierda, liderada por la Lista Marrón, donde el Nuevo MAS tenía un peso a partir del delegado de Fate, Jorge Ayala.

La delegación de la Lista Marrón llegó al Ministerio de Trabajo con una manifestación de alrededor de 1.500 personas. Junto a trabajadores de Fate, se encontraba una delegación de Pirelli y otra de Firestone. Luego de una serie de discusiones, los delegados Alexis Langlois, Guillermo Silva y Jorge Ayala subieron a formar parte de las negociaciones. No obstante, para intentar amedrentar a los opositores, una patota de la CTA comenzó a amenazarlos. Rompieron los picos de botellas de vidrio y comenzaron a avanzar sobre los manifestantes, que debieron retroceder. Luego de una serie de discusiones y, viéndose en minoría, Wasiejko ordenó a su gente que se retirara.[24]

---

[23]*La Verdad Obrera*, N° 278.
[24]*Socialismo o Barbarie*, N° 132.

226

Recordemos que Wasiejko era Secretario Adjunto de la CTA oficialista, esa que respondía a Hugo Yasky y estaba alineada con el kirchnerismo más duro.

Virgilio en Salta

Virgilio Choque fue un dirigente gremial de la Asociación Docente Provincial de Salta. Ligado al kirhnerismo, a nivel nacional y al gobernador Urtubey, a nivel provincial, su sindicato siempre tendió a la conciliación y a obstaculizar la lucha de los docentes salteños. En 2011, un año seriamente conflictivo para la docencia, su gremio organizó nada menos que una cena para el gobernador.[25]

En 2009, Choque veía peligrar la conducción del gremio frente a la Lista Naranja, liderada por Tribuna Docente. Para conservar su liderazgo organizó una asamblea cerrada, donde eligió una junta electoral adicta, sin veedor del ministerio. Los delegados opositores intentaron entrar, pero una patota lo impidió agrediendo a los trabajadores y a los medios que estaban cubriendo el evento.[26]

"Chiche" y sus amigos

En febrero de 2003, el Hospital de Niños Sor María Ludovica, de La Plata, comenzó a tercerizar sus servicios de seguridad y limpieza. Para eso, pasó sus 120 empleados de planta permanente a una "cooperativa", llamada "Cooperativa San Martín". Como "socios", los trabajadores perdieron los derechos laborales y sindicales, además de la cobertura social. Mientras el básico de convenio era de $607, los "socios" cobraban $450. En lugar de trabajar las 36 horas semanales de convenio, trabajaban 48.[27] En junio de 2004, la empresa tuvo que retirarse por las irregularidades, pero se la reemplazó por la empresa "Martín y Cía." (del mismo dueño) y las condiciones se mantuvieron.

---

[25]http://www.salta.gov.ar/prensa/noticias/en-el-festejo-por-el-dia-del-maestro-el-gobernador-realizo-importantes-anuncios-para-el-sector/12591.

[26]*La Hora de Salta*, 01/02/2009.

[27]Di Bello, Mariana y Luciana Muscio: "Las cooperativas y el fraude laboral: el caso de la 'Cooperativa San Martín', del Hospital de Niños Sor María Ludovica, de La Plata", ponencia presentada en *VI Jornadas de Sociología de la UNLP*, La Plata, noviembre de 2005. Versión online disponible en http://www.memoria.fahce.unlp.edu.ar/trab_eventos/ev.6691/ev.6691.pdf.

El dueño de la cooperativa y de la empresa que la reemplazó era Gustavo Klein, amigo de Daniel Scioli y de Luis "Chiche" Peluso (interventor de Loterías y Casinos Provinciales) desde tiempos menemistas.[28] Klein, además, estaba al frente de las empresas de seguridad privada "Ricky" y "Goya Corrientes Seguridad".[29] Esta última también se había hecho cargo de la seguridad en los hospitales de Lobos, Gonnet y General Pacheco. Pero eso no era todo, "Chiche" decidió sacarle la custodia de su instituto a la policía provincial y entregársela a su amigo Gustavo, lo que generó una denuncia de los diputados de la Coalición Cívica. Peluso tuvo que renunciar en agosto de 2009, cuando, además de los negociados con Klein, se le descubrió una mesa de dinero paralela en el Casino de Buenos Aires.[30] Claro que no dejó su cargo antes de renovar las licencias de juego de la provincia... Su hermano, Norberto, fue socio de Roberto Etchegaray, de Limpiolux S.A. Ambos fueron denunciados por cobrar sobreprecios como proveedores del Estado.[31]

La crisis repercutió en las empresas de Klein y, lógicamente, en el Hospital. Los trabajadores comenzaron a reclamar el pago de salarios adeudados desde noviembre de 2008, la estatización del servicio y su pase a ATE, que impulsaba ese reclamo. En cambio, el Sindicato de Obreros de Maestranza (SOM), ligado a la CGT Azul y Blanca (Barrionuevo), defendía la tercerización. Curiosamente, oficialistas y "opositores" coincidían en limitar los reclamos obreros.

La acción comenzó con asambleas por turno y continuó con medias de fuerza. La empresa respondió con el despido de cuatro activistas. El paro continuó en los turnos tarde y noche, a lo que la empresa continuó con la política de despidos selectivos. En total, los despedidos sumaron diez. La CTA se hizo presente y se reclamó por la reincorporación de los activistas.[32]

El día 15 de septiembre de 2009, trabajadores de maestranza se encontraban reunidos en los vestuarios, discutiendo medidas, cuando fueron encerrados por una patota, ligada al SOM, que comenzó a intimidarlos. Permanecieron varias horas encerrados, hasta que los delegados de ATE se hicieron presentes y la patota se hizo a un lado y liberó

---

[28]http://casino-group.blogspot.com.ar/2008/09/investigan-la-seguridad-privada-dentro.html.
[29]http://diariohoy.net/politica/negocios-oscuros-y-descalabro-sanitario-en-los-hospitales-bonaerenses-7561.
[30]https://www.pagina12.com.ar/diario/elpais/1-129083-2009-07-30.html.
[31]http://diariohoy.net/politica/echegaray-suma-causas-en-la-justicia-82417.
[32]http://www.diariodemocracia.com/notas/2009/9/10/locales-16202.asp.

a los obreros.[33] Finalmente, el Gobierno cedió en algunos puntos y se pagaron los salarios adeudados, sin que haya habido novedades sobre los despedidos.[34]

Matones de Baradel

El ataque a las condiciones de los docentes de la Provincia de Buenos Aires, sumado a un trabajo sindical decidido e insistente de la izquierda en esa fracción del proletariado, dio como resultado un ascenso en las listas opositoras. En 2009, la conducción de Baradel (SUTEBA-CTA) comenzó a tambalear. Varias seccionales claves estaban amenazadas. En particular, la de La Plata, que terminaría perdiendo.

En junio de ese año, la Lista Celeste (oficialismo) perdió las elecciones en la capital provincial frente a la lista Rosa-Roja-Marrón. Yasky y Baradel recurrieron al fraude e intentaron retomar la conducción con acciones legales. El Ministerio de Trabajo, lógicamente, les dio la razón. No obstante, la Comisión Directiva combativa se negaba a reconocer el fraude y entregar la sede. Por eso, el día 21 de diciembre, a primeras horas de la mañana, una patota de 60 "profesionales", armados con palos, cadenas y armas de fuego, entraron en la sede del SUTEBA La Plata, con el objetivo de desalojar a la nueva conducción. Al frente del "operativo" estuvieron el Secretario General de SUTEBA Ensenada, Favio Lapanno, y el de SUTEBA Mar del Plata, Raúl Calamante. La policía provincial dejó la zona liberada, igual que el Ministerio de Educación.

Las corrientes sindicales opositoras, junto a partidos de izquierda y organizaciones estudiantiles, cortaron la avenida 13 en reclamo de la restitución del edificio. Luego convocaron a un acto el 23 de diciembre. La conducción legítima de SUTEBA La Plata decidió la construcción de una nueva sede. La movilización de las agrupaciones combativas logró, por fin, restablecer a las autoridades.

---

[33]Denuncia efectuada por la Junta Interna de delegados de ATE del hospital. Disponible en http://argentina-socialista.blogspot.com.ar/2009/09/tercerizacion-patotas-y-despidos-en-el.html.
[34]http://www.infobae.com/2009/12/11/489416-intervino-el-ministerio-salud-bonaerense-y-se-levanto-el-paro-los-hospitales/.

La batalla de Retiro

El día 29 de enero de 2009, a las 8:30 de la mañana, los conductores de larga distancia agrupados en la Unión de Conductores de la República Argentina (UCRA), de la Central de Trabajadores de la Argentina (CTA), realizaron un piquete en la terminal de ómnibus de Retiro. Junto con conductores "autoconvocados", e incluso afiliados al sindicato dominado por la burocracia, la Unión Tranviarios Automotor (UTA), paralizaron completamente la salida de micros al cortar la arteria principal de la Terminal. A la hora y media de la medida de fuerza llegaron al lugar algunos dirigentes de la UTA. Con el objetivo de quebrar la protesta, ordenaron la salida de los micros de la empresa El Rápido.[1] La orden fue cumplida por una patota que, luego de sacar de su puesto a un chofer, utilizó el ómnibus para embestir contra el piquete de trabajadores en lucha.[2] En una imagen que dijo más que mil palabras, el micro carnero se llevó puesta la bandera del gremio disidente. La bronca de los obreros los llevó a que apedrearan al ómnibus agresor, mientras este avanzaba atropellando a quien se interpusiera en el camino.

Rápidamente, la patronal pasó a otra instancia: las empresas El Rápido-Tata, La Nueva Chevalier, Rápido Argentino, Atlántida, San Fernando Urbano de Resistencia-Chaco y Vía Tac comenzaron a despedir a los implicados en los hechos. La medida obligó a los trabajadores a profundizar la lucha, trasladando el combate a los galpones de la empresa El Rápido-Tata, en Barracas, donde realizaron un paro y un piquete. Al igual que en Retiro, la burocracia sindical intentó quebrar la protesta violentamente, como informó Walter Carrizo, vocero de UCRA: "nos estaban esperando y nos destrozaron la Traffic a pedradas. Uno de los compañeros se bajó para hablar con ellos y se ensañaron con él".[3] A su vez, señaló que la persecución a los trabajadores de UCRA era "por defender la libertad y democracia sindical", por lo que los conductores en lucha decidieron declararse en estado de asamblea permanente.[4]

Esta rápida reacción derivó en una reunión en el Ministerio de Trabajo en la que se dio por terminada la acción. Según los propios choferes, allí se acordó que "los trabajadores de las distintas empresas en conflicto comenzaran a cobrar paulatinamente la deuda de 2.800 pesos", y "que como consecuencia de la no continuidad del debate" en el marco ofrecido por el Ministerio, "se han hecho los distintos recursos legales para la reinstalación de los compañeros delegados despedidos".[5] La promesa del gobierno, aunque logró destrabar el conflicto sin efectivizar los reclamos obreros, dejó a los trabajadores de UCRA "en estado de alerta".

El reclamo central de los trabajadores de UCRA era que se les pagase un reajuste de 2.800 pesos por chofer, que debían haber recibido a fines de 2009, y que la patronal seguía retaceando, a pesar de que el gobierno ya le había abonado el subsidio de 140 millones de pesos. Es decir que, lisa y llanamente, los empresarios se quedaron con el dinero de los obreros. Pero lo más vergonzoso fue que lo hizo con el aval de la burocracia, ya que la UTA, a espaldas de los trabajadores, acordó con la Cámara Empresaria de Larga Distancia (CELADI) y el Ministerio de Trabajo que la deuda se abonara en seis cómodas cuotas. También motorizó la huelga el fallecimiento de dos choferes en la ruta 34. Denunciando lo que calificaron de una "matanza silenciada", los dirigentes de UCRA señalaron que, a pesar de presentar los casos en la Comisión Nacional de Regulación del Transporte, ninguna medida se tomaba para cuidar la vida de los trabajadores. Asimismo señalaron que, "en lo que va del mes ya van 10 muertos. No se puede seguir obligando a los conductores a trabajar sin descanso", lo que implica el incumplimiento del convenio colectivo laboral, además de un peligro mortal para los pasajeros y el conjunto de los viajeros de las rutas argentinas.[6] Silveiro Gómez, secretario general de UCRA, aseguró que "entre jornada y jornada los trabajadores por ley tienen que descansar 12 horas. Pero muchos choferes, cuando vuelven de Bariloche o de San Salvador (de Jujuy) toman nuevos viajes sin realizar el receso obligatorio porque las empresas no cuentan con el personal suficiente". Al mismo tiempo, afirmaban que los funcionarios estatales que deberían "controlar las irregularidades" no cumplían con su papel debido a que "funcionan como socios de los empresarios".[7]

El 8 de febrero de 2010, las agresiones se repitieron. Ese día, los trabajadores de la empresa El Rápido-Tata realizaron un corte frente a los galpones de la empresa. En medio de la medida, una patota de la UTA comenzó a agredir a los manifestantes y les destrozaron a pedradas el vehículo con el que se habían transportado.[35]

Noqueadores en Córdoba

En octubre de 2009, los docentes cordobeses fueron al paro. La huelga docente había sido prolongada, pero al frente del gremio estaba la

---

Lista Celeste, que respondía a Yasky. La conducción arregló con De la Sota que el Gobierno no descontara los días de paro. A cambio, los docentes resignaban sus reclamos de aumentos salariales e, incluso, debían comprometerse a "devolver" las horas no trabajadas. Una verdadera entrega.

La agrupación Docentes D-Base, junto con otros docentes y padres de alumnos se convocaron en la puerta del gremio para pedir explicaciones. La dirección decidió permanecer en el gremio a puertas cerradas. Ante la insistencia, salió una patota a correr a los manifestantes. Un matón golpeó a un padre y, no contento, trompeó a una docente, que se desmayó.[36]

Los 33

La fábrica Pilkington (ex-Blindex) se encuentra en Munro y se dedica a la producción de parabrisas para automóviles. Sus trabajadores habían logrado un convenio por fábrica que mejoraba las condiciones del CCT. No obstante, a fines del 2008, la patronal decidió darlo de baja, lo que dio lugar a un conflicto.[37]

En marzo del 2009, los obreros se lanzaron al paro, lo que derivó en el despido de los 33 activistas más importantes. Los trabajadores mantuvieron su lucha en una huelga histórica que duró dos meses e incluyó el apoyo de diversos gremios, los partidos de izquierda y hasta el discurso de uno de los obreros en un recital de rock (donde tocaban Attaque 77, Kapanga y Las Pastillas del Abuelo).

En abril, 300 huelguistas decidieron la toma de la fábrica, para forzar a una solución. No obstante, las disidencias internas fueron mermando la ocupación. El día 29 de abril, una patota de 120 matones del sindicato del vidrio (SOIVA) desalojó la fábrica a los golpes y amenazas con armas. Junto a gente del sindicato, había barras de Chacarita, "prestados" por Barrionuevo, que en ese momento estaba ligado a Horacio Valdéz (Secretario del SOIVA).[38] No obstante, la lucha continuó con un piquete en la Panamericana y una carpa en la puerta de la fábrica. Finalmente, en mayo, el Gobierno Nacional intimó a los empresarios a reincorporar a los despedidos y a reconocer los reclamos obreros.[39] Si

---

[36] *La Verdad Obrera*, N° 349.
[37] http://www.izquierdasocialista.org.ar/cgi-bin/elsocialista.cgi?es=136¬a=9.
[38] https://www.mas.org.ar/?p=6816.
[39] http://edant.clarin.com/diario/2009/05/14/elpais/p-01917886.htm.

bien ese año las elecciones las ganó la burocracia, más adelante, en 2014, una lista compuesta por organizaciones de izquierda (entre las que se destacaba el NMAS), logró hacerse con la victoria.[40]

En 2011, Valdéz, junto a Barrionuevo, se ligó al Frente Renovador. En 2015, sin embargo, se acercó a las 62 Organizaciones y al "Momo" Venegas, apoyando al gobierno de Mauricio Macri.[41]

Sin papeles

En abril de 2009, en medio de fuertes reclamos en las fábricas y de las tensiones entre las centrales sindicales (la de Moyano y la de Barrionuevo), Blas Alari –un histórico burócrata sindical- decidió permitir un congreso del gremio de papeleros en La Falda, Córdoba.

El descontento se expresaba particularmente en dos fábricas: Massuh (en Quilmes) y Molarsa (en Neuquén). La primera había suspendido la producción en 2008, dejando a más de 400 obreros en la calle. En la segunda se había desarrollado una corriente de izquierda (ligada al PTS) y sus trabajadores habían votado delegados contrarios a la dirección sindical.

La dirección de Alari trató de blindar en congreso. La "seguridad" no dejó ingresar a los delegados de Massuh, pero no pudo evitar que entraran los de Molarsa, quienes hablaron exigiendo que el sindicato se pusiera al frente de una lucha por la apertura de paritarias, un salario igual a la canasta familiar, el cese de los despidos y el reparto de horas de trabajo sin afectar el salario, además de una solidaridad con los trabajadores de Massuh. Los delegados fueron aplaudidos.

Sin embargo, al llegar al hotel, los esperaba una patota de 15 matones, quienes agredieron a los delegados. No contentos con eso, les montaron guardia durante todo el día siguiente y los delegados debieron esperar a la madrugada para poder salir del hotel.[42]

COTO: ya lo conocemos

Cristian Tonarelli, militante del PO y de su agrupación sindical Resistencia Mercantil, ingresó a la sucursal 99 de COTO, Rosario, en

---

[40]https://www.mas.org.ar/?p=6816.

[41]http://eldiariodemadryn.com/2016/11/
las-62-organizaciones-criticaron-al-triunvirato-de-la-cgt/.

[42]http://www.pts.org.ar/Los-papeleros-nos-estamos-organizando.

el 2004, como cocinero en la rotisería del local. Luego de un intenso y cuidado trabajo, logró ser electo delegado en 2006.

Una vez elegido, comenzó a encabezar la lucha por mejores condiciones laborales y por la reincorporación de despedidos. La empresa, entonces, decidió impedirle el ingreso al trabajo. Como legalmente eso era imposible, le puso personal de seguridad, que lo seguía incluso hasta el baño.

Llegaron las elecciones de 2008 y Cavallieri ideó una maniobra: el "traslado" de "empleados" (o sea, gente ligada a la burocracia) de Buenos Aires a la sucursal 99 de Rosario, una semana antes de la elección. Tonarelli denunció el fraude ante la Justicia, pero el sindicato continuó con los comicios, con el previsible resultado. Al día siguiente, la empresa despidió a quien ya había pretendido hacer perder su condición de delegado. Claro que Cristian tenía un recurso ante la Justicia.[43] Desoyendo todo esto, la empresa le negó el acceso al trabajo, lo que desató una movilización y la instalación de una carpa en la puerta del local, el 22 de mayo de 2009.

Ese mismo día, una patota compuesta por el jefe de personal con gente del sindicato embistió contra la carpa, utilizando palos, matafuegos y una combi que arremetió contra el acampe. Según denuncias, la policía liberó la zona ex profeso. El Jefe de Personal golpeó en la cabeza a un miembro de la agrupación, a quien tuvieron que realizarle diez puntos de sutura.[44]

Los trabajadores en acampe, sumados a otros militantes y clientes, se sumaron a la defensa del acampe. Al mediodía, se llamó a un acto para defender la lucha, al que acudieron trabajadores de Mahle, Atilra, Aceiteros y Amasfe.

Al otro día, el sindicato y la patronal armaron otra patota, más numerosa, para intentar desalojar el acampe. No obstante, los manifestantes ya habían tomado las medidas de seguridad necesarias para montar guardia, por lo que la patota tuvo que retirarse.

En 2012, la Justicia ordenó el reintegro de Cristian Tonarelli.[45]

No fue esta la única acción de la empresa y el sindicato. El 16 de diciembre de 2009, fue agredido Ricardo Ham, delegado de la sucursal Spinetto (CABA), ligado al PTS. Ham ya había sido golpeado en 2007. Esta vez, fue en medio de la asamblea de Memoria y Balance. Luego de

---

[43] http://argentina.indymedia.org/news/2012/07/818147.php.

[44] http://www.po.org.ar/prensaObrera/1085/politicas/
coto-rosario-el-despido-de-cristian-tonarelli-desata-una-resistencia-general.

[45] http://www.elciudadanoweb.com/deberan-reincorporar-a-gremialista-despedido/.

pedir la palabra, una patota lo golpeó de tal manera que tuvo que ser internado con múltiples traumatismos.[46]

El enfrentamiento no quedó allí. La empresa imputó penalmente a Ham por "amenazas" y el juez en primera instancia lo condenó a un año y medio de prisión. El delegado apeló y la Cámara de Apelaciones lo sobreseyó.[47]

Daer y Cristina, contra una huelga histórica

La huelga protagonizada por la Comisión Interna de Kraft, en General Pacheco, Buenos Aires, fue uno de los eventos políticos más importantes del año 2009. Una lucha dirigida por agrupaciones de izquierda (PCR y PTS), con apoyos en todo el país, que se mantuvo durante 38 días, con la ocupación de una fábrica que emplea a 2.700 obreros.[48]

La Comisión Interna había roto lazos con la dirección sindical en 1993, pero fue en 2005 cuando se conformó una lista con mayores elementos ligados a la izquierda (una alianza PCR-PTS). En 2009, el intento de despedir 158 trabajadores que habían decidido una medida de fuerza (entre ellos, dos delegados), llevó al estallido del conflicto. Allí, se produjo una divergencia en el seno de la Comisión Interna entre un sector más conciliador (Ramón Bogado, del PCR) y uno más combativo ("Poke" Hermosilla, ligado al PTS). La huelga terminó con un desalojo por parte de las fuerzas represivas del Estado, aunque la empresa tuvo que reincorporar a los despedidos. Ese año, Hermosilla armó una lista propia y ganó las elecciones. No es el objetivo relatar con detalle el conflicto ni su resolución. Más bien, nos limitaremos a describir la intervención de las patotas sindicales y patronales en el mismo.[49] Dos de ellas se produjeron en medio del conflicto. La tercera, un año después.

La primera acción se produjo el 2 de septiembre de 2009. Los trabajadores cumplían la huelga y ocupación en respuesta al desconocimiento por parte de la empresa de la conciliación obligatoria dictada por el Ministerio de Trabajo de la Nación. Ese día, la patronal envió a

---

[46]http://www.pts.org.ar/Coto-repudiamos-la-golpiza-al-delegado-Ricardo-Ham.

[47]http://cotospinetto.fullblog.com.ar/duro-reves-judicial-contra-alfredo-coto.html.

[48]Para un análisis del fenómeno, véase Ponce, Santiago y Mariano Schlez: "El iceberg rojo. La lucha de los obreros de Kraft y el avance de la izquierda", en *El Aromo*, N° 51, noviembre-diciembre de 2009.

[49]Un resumen del conflicto puede consultarse en http://www.ft-ci.org/La-lucha-de-Kraft-Foods.

directivos y trabajadores ligados a la Lista Verde (de Rodolfo Daer) para amedrentar a los trabajadores y sacar a los delegados de la fábrica. Luego de una batalla, la patota fue expulsada.[50]

La segunda acción se produjo el 16 de octubre, en Moreno, en la puerta de la planta Fargo. Allí, militantes del Partido Obrero montaron un acto relámpago para difundir la lucha de Kraft, en vista de la conflictividad que crecía en Fargo. Antes de finalizar la manifestación, se hizo presente una patota de la dirección sindical de STIA Buenos Aires[51], encabezada por un congresal de la Lista Verde. La patota exigió que retiraran y amenazó de muerte a los manifestantes, quienes decidieron terminar el acto y, por una relación de fuerzas desfavorable, retirarse.[52]

La tercera se produjo un año después. El 14 de mayo de 2010, la dirección de la Comisión Interna que había ganado las elecciones en 2009, llamó a una asamblea para decidir un paro. La burocracia intentó defender a la patronal, llevando un grupo de choque ligado a la Lista Verde, pero los tres turnos votaron ir a la huelga.

A la tarde, la burocracia envió una patota para tomar el sector amasadora, el que puso a trabajar con la ayuda de los gerentes. A la noche, los trabajadores se ocuparon de repudiar a los congresales verdes en el comedor y expulsaron a quienes estaban tratando de poner en funcionamiento el sector amasadora.[53]

Un film polémico

En 2008, el director Pino Solanas había estrenado "La próxima estación", una película que relataba la historia de los ferrocarriles argentinos y denunciaba el manejo hecho por el kirchnerismo. Uno de los testimonios importantes había sido el de Dante Miranda, trabajador ferroviario, integrante del Movimiento Nacional Ferroviario, ligado a Proyecto Sur (partido de Solanas).

El 16 de octubre de 2009, Miranda estaba realizando una actividad de volanteo, junto a otros compañeros, en la Estación Retiro del Ferrocarril San Martín. En ese momento, fue increpado y golpeado por

---

[50]http://www.pcr.org.ar/nota/movimiento-obrero/terrabusi-una-lucha-ejemplar.
[51]Sindicato de Trabajadores de la Industria de la Alimentación.
[52]http://www.po.org.ar/prensaObrera/1105/sindicales/acto-del-po-en-fargo.
[53]http://www.pts.org.ar/spip.php?article15249.

236

gremialistas de La Fraternidad, gremio que respondía a la dirección de Omar Maturano.[54]

Los muchachos de René

"El Moyano de Alperovich" lo bautizaron los trabajadores. Se trataba de René Ramírez, el Secretario General del gremio de Sanidad (ATSA) en Tucumán. Fiel al Gobierno, desactivó huelgas y pactó salarios miserables durante los años de Cristina. En 2015, ingresó en la lista del FPV de legisladores provinciales, un bloque que se rebautizó como "Tucumán Crece", para acomodarse mejor a los tiempos del PJ "renovado".[55]

En noviembre de 2009, debían elegirse delegados del gremio y hacía años se había desarrollado un movimiento opositor, denominado "autoconvocados". El 24 de ese mes, unos 30 representantes del sector opositor, se presentaron para inscribir su lista. Sin embargo, una patota los esperaba para impedir la inscripción. La policía, allí presente, se mantuvo enteramente pasiva.[56] El resultado fue previsible: ese año hubo lista única, la de la conducción asociada a la patronal.

Ramírez posteriormente fue investigado por un desfalco de $150.000, a partir de una denuncia de Jorge Guanco, Secretario de Relaciones Institucionales del sindicato. Sin ninguna vergüenza el acusado manifestó, en plena legislatura, que ese dinero era "insignificante".[57]

Las paritarias, según Schmid y Moyano

Juan Carlos Schmid es el Secretario General de la Federación Marítima Portuaria (FEMPINRA), un agrupamiento sindical que representa a varios gremios. Entre ellos, los guincheros, que responden directamente a Hugo Moyano.

En 2010, la federación se aprestaba a discutir paritarias. La patronal ofrecía un 22% en tres cuotas, lo que los sindicatos querían hacer pasar. No obstante, los trabajadores en asamblea los forzaron a pedir un 35% más un bono de $2.000, por única vez. Sobre ese reclamo, algunos

---

[54]*Página 12*, 16/10/2009.
[55]http://msptucuman.gov.ar/asumieron-los-nuevos-delegados-de-atsa/.
[56]http://www.po.org.ar/prensaObrera/1110/politicas/
tucuman-autoconvocados-de-la-salud-por-la-democracia-sindical.
[57]http://www.lagaceta.com.ar/nota/683990/politica/ramirez-pidio-creditos-para-obras-ya-concluidas.html.

sectores decidieron agregar el pase a planta permanente de todos los contratados. Especialmente, los sectores de TRP, T4 y T5. El sindicato de guincheros, por su parte, comenzó a amenazar a los "rebeldes".

El 23 de julio se convocó a un plenario en La Boca para discutir las propuestas de las patronales. Allí, los sectores combativos habían llevado sus delegados e intentaron hacerse oír. Sin embargo, una patota que respondía al sindicato de guincheros golpeó a cuatro delegados de marina mercante y a uno de apuntadores.

En respuesta a esta agresión, se realizaron asambleas en las tres terminales portuarias de Buenos Aires y allí se decidió un paro de 24 hs., en repudio de las agresiones.[58]

Las prácticas de Wallmart

La empresa norteamericana se caracteriza por impedir cualquier tipo de organización sindical en sus locales. Llama a sus empleados "asociados", y ha acumulado una serie de denuncias de organismos internacionales como Human Rights Watch.[59] En Córdoba, esta práctica la efectuaba con la complicidad de la dirección de la Asociación Gremial de Empleados de Comercio de Córdoba (AGEC), al mando de Pablo Chacón.

A pesar de esas restricciones, los trabajadores de la sucursal de Córdoba Sur (en la capital provincial), comenzaron a organizarse y a elegir delegados. La empresa respondió con el despido y los obreros realizaron la denuncia en el Ministerio de Trabajo. La empresa fue citada y comenzó un proceso de negociación.

En medio del conflicto, los trabajadores pidieron el apoyo al AGEC, pero el sindicato se negó. El día 12 de agosto del 2010, una movilización se dirigió a las puertas del sindicato. Al llegar, Pablo Chacón los esperaba, rodeado de una patota y de la policía provincial. Al acercarse la columna, la patota se lanzó contra los trabajadores.[60]

Pablo Chacón es un dirigente gremial que, en ese momento y hasta 2013, estuvo muy ligado al kirchnerismo. Incluso se negó a reconocer a

---

[58] http://www.pts.org.ar/spip.php?article15747.
[59] http://www.cefs.org.ar/article95.html.
[60] http://www.agenciawalsh.org/aw/index.php?option=com_content&view=article&catid=92%3Aactividades-politicas&id=5409%3Amiercoles-18&Itemid=105.

la CGT opositora de Moyano. Sin embargo, en 2014, comenzó un acercamiento al massismo. En 2016, se encontraba aliado a De la Sota.

El anuncio...

Algo cambió definitivamente en el FFCC Roca luego del 21 de julio del 2010. Ese día, la organización de los tercerizados organizó un corte de vías que obligó al Gobierno, a la empresa Ugofe y a la Unión Ferroviaria a sentarse en una mesa de negociación.[61] Era el corolario de años de trabajo militante en esa fracción de la clase obrera. Especialmente, de corrientes de izquierda como el PO y el PTS. El 5 de agosto, la UF tuvo que firmar un acta-acuerdo que garantizaba un acuerdo salarial del 40% y reconocía la situación de ilegalidad de alrededor de 1.500 trabajadores tercerizados. No obstante, no daba solución a este problema, ni a los 120 despedidos por organizar a los tercerizados.[62]

A raíz de estos reclamos, y luego de una movilización a la Secretaría de Transporte[63], el día 6 de septiembre de 2010, la organización de tercerizados intentó comunicar a la prensa la situación de los trabajadores tercerizados, su reclamo de pase a planta y la reincorporación de los despedidos. En eso, una patota de 50 personas, a cargo de la UF, les impidió llevar adelante la actividad, que consistía en un bloqueo temporal de las boleterías.[64]

Entre los patoteros estaba el futuro asesino de Mariano Ferreyra, Cristian Favale, y el "Payaso" Sánchez, quien también disparó aquel 20 de octubre.[65]

Las garantías que da Hugo

El 6 de octubre de 2010, el Sirecuva (Sindicato de Recaudadores y Custodios de Valores y Afines) de Córdoba, uno de los sindicatos de camioneros ligado a la CTA, estaba realizando un bloqueo para exigir a la empresa Brinks la reincorporación de los despedidos. En medio de

---

[61]http://www.lanacion.com.ar/1287104-caos-en-constitucion-por-una-protesta.
[62]http://www.pts.org.ar/Somos-todos-ferroviarios-Pase-a-convenio-de-los-1500-trabajadores-tercerizados.
[63]http://causaferroviaria.blogspot.com.ar/2010_07_01_archive.html.
[64]Ídem.
[65]http://tn.com.ar/politica/favale-y-payaso-sanchez-juntos-en-un-apriete-a-los-tercerizados_044628.

la protesta, apareció una patota al mando de un hombre de Moyano, Héctor Toffoleto (Secretario Gremial del sindicato de Camioneros de Córdoba) que, sin mediar palabra, comenzó a golpear a los manifestantes para defender a la patronal. No era para menos: el sindicato venía peleando para obtener su inscripción gremial. La violencia de la agresión hizo intervenir a la policía. La medida se interrumpió y los camioneros tomaron el lugar de las fuerzas policiales en la custodia de la salida de los camiones de caudales.[66] Diego Dreizik, Secretario de la CTA provincial, denunció que las empresas como Brinks le pagaban al sindicato de Moyano "un canon de 300 mil pesos para poder trabajar sin problemas".[67] Recordemos que, en ese entonces, Moyano formaba parte de las filas oficialistas.

Desalojo en Bancalari

Finning Cat era la empresa distribuidora de los productos Caterpillar (máquinas para la construcción, equipos para minería, motores diesel y turbinas industriales de gas), con sucursales a lo largo del país, pero con una fuerte presencia en la zona norte de la provincia de Buenos Aires.

Allí, se desarrolló una comisión interna contraria a la dirección de la UOM. Carlos Ruiz fue uno de los delegados que dirigieron un proceso que culminó con el primer paro que sufrió la empresa.[68] Sin embargo, el movimiento fue decayendo y, en diciembre de 2010, Carlos perdió sus fueros gremiales. A los dos días lo echaron junto con otros trabajadores activistas.[69]

El 14 de diciembre, se organizó una manifestación frente a la sucursal de la empresa en Bancalari, partido de San Fernando, para reclamar la reincorporación de los despedidos. Fue allí donde se hizo presente una patota de 30 personas, portando armas de fuego que desalojó las carpas que se habían montado y a los manifestantes. Luego de realizar esa tarea, la patota entró en la fábrica, sin ninguna dificultad. Este hecho derivó en una denuncia ante el Ministerio de Trabajo provincial, el cual, lógicamente, no realizó ninguna investigación.[70]

---

[66]Véase http://razonyrevolucion.org/represion-delivery-la-cgt-y-el-control-de-la-clase-obrera.

[67]http://www.atecordoba.org.ar/noticias/article/protesta-en-brinks-a-pesar-de-la.

[68]http://www.pts.org.ar/Fuera-las-patotas-de-FINNING-CAT.

[69]https://periodicoelroble.wordpress.com/2010/12/20/urgente-4-detenidos-en-medida-de-lucha-en-cat-finning/.

[70]http://argentina.indymedia.org/news/2010/12/764759.php.

Cristina y De la Sota

La reforma educativa en Córdoba llevaba un número, 8.113: el número de la ley que se intentaba modificar. En el marco de la Ley Nacional de Educación (2006), la nueva ley provincial pretendía avanzar con la descentralización y el desfinanciamiento educativo.[71]

En 2010, para llevar adelante esta implementación provincial de los dictados generales a nivel nacional, se reunieron representantes del gobierno de De la Sota, miembros del clero y, no podía faltar, el sindicato de la UEPC (Unión de Educadores de la Provincia de Córdoba), al mando de Juan Monserrat, dirigente que respondía sindicalmente a Yasky y políticamente al kirchnerismo más duro.[72]

Esta reforma provocó el rechazo de gran parte de los docentes y estudiantes. En el marco de una lucha que abarcó tomas de colegios, marchas y cortes, varios activistas realizaron una huelga de hambre frente a la legislatura.[73]

El día 15 de diciembre de 2010, una patota que respondía a la UEPC fue a desalojar a los huelguistas, amenazándolos. De esta forma, el kirchnerismo operaba en alianza con el "peronismo ortodoxo" de De la Sota.

En defensa de los asesinos

Ante el procesamiento de Pedraza y el "Gallego" Fernández, la conducción de la Unión Ferroviaria (UF) levantó la voz y amenazó con medidas de fuerza. Ante el rechazo de la Justicia a la excarcelación de los acusados, en febrero de 2011, el gremio decidió impulsar un paro. No obstante, ni el grueso de los trabajadores ferroviarios del Roca (mucho menos los de otras seccionales), ni los maquinistas de La Fraternidad adhirieron a una medida que tenía por función presionar para la excarcelación de quienes encargaron el crimen de Mariano Ferreyra, y lograr una eventual absolución.

---

[71]La ley reformada puede consultarse en http://web2.cba.gov.ar/web/leyes.nsf/85a69a561f9ea43d03257234006a8594/17c6f2d25112f7c60325723400641f-d6?Open.

[72]http://www.pjdigitalcordoba.com/content/view/8146078/El-Peronismo-y-todo-el-arco-kirchnerista-dio-su-apoyo-a-Accastello-como-candidato-del-FpV.html#. WEbYgOx_Oko.

[73]http://mariasaleme.com.ar/2010/12/.

Ese martes, la mayoría de los trabajadores del Roca se presentó a trabajar. Entonces, la dirección de la UF (Lista Verde), volvió a acudir a una patota que levantó las tareas a la fuerza.[74] El Gobierno, cómplice, puso micros para trasladar a los pasajeros y evitar el escándalo. Pero la protesta de los trabajadores y la repercusión mediática obligó a Tomada, ministro de Trabajo, a dictar la conciliación obligatoria a última hora de la tarde, por lo que la UF debió suspender el paro, al que volvió a acudir el viernes, sin que el Ministerio de Trabajo dispusiera sanción alguna.[75]

Testigos en peligro

"Estaba en el momento y el lugar equivocado", fue la explicación que dio José Eduardo Sotelo, psicólogo y testigo ocasional del crimen de Mariano Ferreyra. Salía de su casa con una pareja amiga y se encontró con la patota en plena acción.[76] Sotelo se presentó a declarar lo que vio, que incriminaba a casi toda la patota. Por eso, comenzó a recibir llamados.

En enero, fue obligado a subir a un auto, donde lo golpearon y amenazaron. Por eso, la Justicia le puso un custodio. Sin embargo, el 22 de junio de 2011, cuando iba a reunirse con su custodia, un Fiat Duna lo interceptó, lo obligaron a subir, lo "pasearon" y lo abandonaron en la Villa Zabaleta. Nada de esto impidió que Sotelo dé testimonio.[77]

También recibió amenazas otro testigo, Damián Reynoso, militante de la UJS y estudiante de la UTN. Día por medio, recibía una llamada en la cual una voz grabada le decía: "Zurdito, callate la boca".

Sotelo y Reynoso no fueron los únicos testigos amedrentados. Corrieron esa misma suerte también Damián Fernández, Alberto Mariano Esteche y José Luis García.[78]

Cavallieri

En 2011, Marcos Corvalán era delegado de la empresa Vittal (sucursal Tronador), encuadrado dentro del gremio de Cavallieri y representaba a

---

[74]https://www.pagina12.com.ar/diario/elpais/1-163062-2011-02-25.html.
[75]Ídem.
[76] https://www.pagina12.com.ar/diario/ultimas/20-203666-2012-09-18.html.
[77]http://www.diariohoy.net/accion-verNota-id-144452.
[78]http://www.lavoz.com.ar/noticias/politica/
crimen-mariano-ferreyra-cinco-testigos-denuncian-amenazas.

la minoría ligada a la CTA. Hacía tiempo que venía peleando para que el sindicato llamara a elecciones en la sucursal, donde había hecho un trabajo con los compañeros. El gremio, en respuesta, digitaba despidos. A cargo de todos estos problemas estaba el Secretario de Organización, Ramón Muerza.

Luego de ser amenazado, Marcos fue encerrado en el propio lugar de trabajo por tres delegados que respondían a Muerza y, luego, salvajemente golpeado. Lamentablemente, no se informa la fecha del hecho.[79]

El 4 de agosto de 2011, Patricio Harms y Thomás Posilovic, delegados del call center Hi City, fueron a realizar tareas que hacen a su actividad en la sede central del sindicato. Al llegar, recibieron varias amenazas. Sin hacer caso, los delegados siguieron sus trámites. Al salir, fueron interceptados por Pablo Buffone, delegado de COTO, Lucas Aldecco (hijo de Alberto Aldecco, Secretario de Encuadramiento y Estadísticas del gremio), y Daniel Fernández, quienes propinaron una fuerte golpiza a los delegados. Los agresores, incluso, tuvieron la osadía de denunciar a Patricio y Thomás.[80]

Víctor Hugo López tenía un legajo ejemplar en Carrefour, al menos así lo admiten varios testigos. Entró a trabajar a la sucursal Avellaneda y al poco tiempo lo ascendieron a personal jerárquico, dándole la responsabilidad de abrir nuevos locales.

Sin embargo, un hecho cambió para siempre la relación entre Víctor y la empresa. En el medio de un virtual congelamiento de salarios a los empleados jerárquicos, y ante un reclamo general, la empresa otorgó un aumento del 1%. Víctor, entonces, decidió afiliarse al Sindicato de Personal Jerárquico de Comercio, dependiente de la CGT, pero no directamente de Cavallieri. En pocos meses, se hizo elegir delegado.

La empresa comenzó un acoso laboral sistemático y ascendente, pero Víctor no renunciaba.

El día 8 de agosto de 2011, mientras volvía a su casa, fue interceptado por una patota que lo golpeó de tal manera que tuvo que ser internado en terapia intensiva. Nadie le quitó ninguna pertenencia, simplemente se dedicaron a golpearlo.[81]

Luego de este hecho, Víctor fue despedido, acusado de "insultar" a un superior. Acudió a la Justicia, que ordenó su reincorporación. Sin

---

[79]http://capital.fora-ait.com.ar/2011/08/todos-los-trabajadores-del-supermercado-mayorista-%E2%80%9Cvital%E2%80%9D/.
[80]http://www.cta.org.ar/Agresion-de-la-patota-de-Cavalieri.html.
[81]http://24con.elargentino.com/conurbano/nota/56886-empleados-denuncian-que-carrefour-los-aprieta-para-que-no-elijan-delegados/.

embargo, fue nuevamente despedido, por lo que volvió a acudir a los juzgados.

Se levanta la huelga

Hacer una huelga en el gremio de camioneros, sin el aval de Moyano y contra sus propios negociados, es tarea de valientes. Así se lo propusieron los trabajadores de Aeba, empresa recolectora de residuos. La empresa decidió cambiar la razón social y, por lo tanto, debía indemnizar a sus trabajadores. El acuerdo fue de un 180%, pero la empresa negoció con el sindicato pagar solamente el 100%, con la anuencia del delegado moyanista, Luis Mansilla. Los trabajadores, por lo tanto, el 4 de noviembre de 2011, fueron a la huelga, pasando por arriba estos acuerdos, y tomaron el lugar de trabajo.[82]

Al día siguiente, se presentaron dos "delegados", que fueron reconocidos como barras de Nueva Chicago. Uno de ellos propinó un culatazo a un trabajador, pero fue reducido por los huelguistas, que también neutralizaron al otro matón.

A las tres de la madrugada del mismo día, se presentaron 50 matones armados que comenzaron a disparar sobre el lugar de trabajo. La policía no intervino en ningún momento.

Al día siguiente, llegaron 50 telegramas de despido a los activistas. Luego de una denuncia de la empresa y de varias negociaciones, se hizo presente Pablo Moyano. Al llegar, rompió con sus propias manos los telegramas de despido y se comprometió a expulsar a Luis Mansilla. A cambio, los trabajadores debían aceptar resignar el 80% y levantar la huelga. Los huelguistas, cercados pero con la posibilidad de evitar represalias, acordaron.[83]

El SMATA

La reestructuración

El problema era Leguizamón. Había que realizar una reorganización general, sí, y había que expulsar más de 60 operarios, también. Pero

---

[82]http://www.po.org.ar/prensaObrera/1203/sindicales/
las-habas-que-se-cuecen-en-camioneros.
[83]Ídem.

244

el problema era Ramón Leguizamón. Desde que logró ser votado para delegado, en 2001, se había transformado en un dolor de cabeza, tanto para la empresa como para la dirección del sindicato. Había llegado nada menos que al Consejo Directivo. En 2007, intentaron armarle una causa y echarlo de su trabajo, sin éxito.[84] Ahora activaba en la fábrica y estaba en la mira. Quienes planificaban una reestructuración eran los directivos de Dana Spicer, una proveedora de insumos de la industria automotriz. Quienes iban a colaborar y, de paso, deshacerse de dirigentes indeseables, eran los sindicalistas de la cúpula del SMATA.

El 5 de enero, un sábado, mientras volvían de sus vacaciones, los empleados se encontraron con una sorpresiva bienvenida: 60 telegramas de despido. Entre los elegidos, estaban dos delegados opositores a la conducción (Guillermo Elizalde y Juan Vega) y, por supuesto, el propio Leguizamón.[85]

Ramón era (es) un hombre de reflejos rápidos y logró que se llamara a una asamblea en la puerta de la fábrica para el lunes 7. Se decidió un plan de lucha que abarcaba un piquete en la puerta, un acampe y un festival en apoyo a los despedidos. Las organizaciones de izquierda se hicieron presentes.

Mientras se desarrollaba la lucha, la burocracia del SMATA firmó sigilosamente un convenio por el cual aceptaba 42 despedidos, en lugar de 60, pero 20 de ellos iban a pasar a convenio de la UOM en otra planta, con peores condiciones laborales. Eso sí, los delegados y Leguizamón se quedaban afuera.[86]

El lunes 14 de enero, una patota del SMATA se presentó en la fábrica y rompió el piquete a la fuerza. Incendió el campamento y atacó a los manifestantes con palos y armas blancas. Dos de ellos quedaron gravemente heridos.

La lucha continuó. Gracias al apoyo de las organizaciones de izquierda, un año más tarde la Justicia obligó a la patronal a reincorporar a los despedidos bajo el convenio anterior. Entre ellos, los dos delegados y, por supuesto, Leguizamón.

---

[84] http://www.agenciawalsh.org/informacion-general/89-trabajadores/2309-SMA-TA,%20firme%20junto%20a%20los%20patrones.html.

[85] http://argentina.elmilitante.org/argentina-othermenu-26/movimiento-obrero-othermenu-30/4157-readmitidos-los-trabajadores-de-dana-spicer-despedidos-por-actividad-gremial.html.

[86] http://www.po.org.ar/prensaObrera/1025/partido/fuera-la-policia-de-dana-spicer-reincorporacion-inmediata-de-los-despedidos.

La tala del roble

El lunes 15 de septiembre de 2008, tres militantes de izquierda se encontraban difundiendo su periódico El Roble en la empresa autopartista Dana. En seguida, una patota de 20 personas salió del interior de la empresa, les arrebató los periódicos y realizó una quema con ellos. Al mismo tiempo, comenzaron a golpear a los militantes, que tuvieron que retirarse con fuertes golpes.

Tigre en Verde

El jueves 13 de noviembre del año 2008, un grupo del Partido Obrero de Tigre se encontraba realizando una actividad de agitación en las puertas de las fábricas de Terrabusi y Wolkswagen. Repartían volantes y ofrecían su prensa. Al finalizar el acto, cuando todos los trabajadores se habían retirado, una patota de la Lista Verde del SMATA, encabezada por "Boli" Barrientos, "Pinky" Juncos, Carlos Florentín, el "Mono" Márquez y "Masa" Martínez agredieron físicamente a los militantes que quedaban y les robaron sus materiales.[87]

Sin butacas

Pabsa es una empresa autopartista que produce butacas para los vehículos de Mercedes Benz y Volkswagen. Tiene dos plantas, una en Talar de Pacheco (Partido de Tigre, Buenos Aires) y otra en Córdoba Capital. En 2008, la empresa comenzó una serie de despidos, en particular, en la planta del Talar. Setenta empleados que estaban bajo la modalidad de contratados fueron expulsados. Para cubrirse, la empresa firmó con el sindicato un convenio de "crisis" por el que se autorizaban suspensiones y despidos.[88]

Ante esta situación, los trabajadores decidieron organizar un nuevo cuerpo de delegados. En principio, denunciaron que ese acuerdo no estaba homologado por el Ministerio de Trabajo, por lo que cualquier suspensión o despido iba a ser ilegal.

---

[87]http://tigreesdelpo.blogspot.com/2008/11/basta-de-patotas-en-el-movimiento.html.

[88]http://www.pagina12.com.ar/diario/elpais/1-120442-2009-02-24.html.

246

Durante la segunda semana de febrero, se realizó la elección del nuevo cuerpo de delegados y el martes 17 se comunicó a la empresa. Casualmente, ese martes se anunció el despido de 20 trabajadores, entre ellos, varios de los nuevos delegados. La reacción no se hizo esperar.

El jueves 26 de febrero, los trabajadores despedidos se dirigieron a la fábrica con una resolución del Ministerio de Trabajo que declaraba ilegales a esos despidos. Pero no se les permitió el ingreso. Al mediodía, confluyeron con trabajadores de otras autopartistas en un corte de la ruta 197, yendo luego hasta la Panamericana. Ese día, los trabajadores de la fábrica recibieron llamados recomendándoles que volvieran al trabajo y no asistieran a marchas ni cortes.[89]

Al día siguiente, la fábrica amaneció custodiada por una patota que impidió el ingreso de los despedidos, quienes consiguieron que una parte de los trabajadores se plegara al corte. Adentro de la fábrica, la patota amenazaba con armas de fuego a los obreros, que simplemente bajaron los ritmos de trabajo.[90]

A la semana siguiente, se intentó realizar una asamblea que fue intervenida por agentes policiales. La burocracia intentó realizar asambleas, pero fue repudiada. El resultado, no obstante, fue una derrota.

Los hombres de Dragún en Córdoba: el caso Puddú

El caso de Hernán "Bocha" Puddú saltó a la fama en 2009 y se inscribe en el proceso de ascenso de las corrientes sindicales de izquierda a fines del gobierno de Néstor Kirchner. En 2008, un frente de organizaciones opositoras a la burocracia del SMATA ganó las elecciones en Iveco, en Córdoba.[91] Entre los delegados electos, estaba Puddú, militante del PTS. A fines de ese año, la empresa decidió despedir a alrededor de 350 trabajadores, en común acuerdo con la dirección del SMATA, para lo cual se firmó un acta-acuerdo. Puddú y otros delegados electos se negaron a firmar y denunciaron al sindicato. En respuesta, la empresa y el sindicato lo atacaron. En primer lugar, iniciando un juicio por desafuero y, en segundo, armando un congreso en San Luis, donde se lo expulsó del sindicato sin darle posibilidad alguna de defensa. Por su parte, Puddú y otros delegados lograron poner el asunto en los medios

---

[89]http://www.pts.org.ar/Resistencia-obrera-patotas-y-militarizacion-en-Pabsa.

[90]*La Verdad Obrera*, 05/03/2009.

[91]http://www.laizquierdadiario.com/elecciones2015/?team_members=hernan-puddu.

de comunicación y conseguir el apoyo de las organizaciones de izquierda. La Justicia terminó rehabilitando a Puddú como delegado.

El 4 de noviembre de 2009 se realizó una movilización en Córdoba, hacia la sede del SMATA, en reclamo del cese de la persecución a los delegados opositores. Al llegar a la sede, la columna fue interceptada por una patota al mando de Omar Dragún, Secretario General del SMATA en Córdoba. El grupo de choque comenzó a agredir a los manifestantes y a los medios de comunicación.

El 24 de noviembre de ese mismo año, un grupo del SMATA agredió a otro delegado opositor en Volkswagen, Sergio Folchieri. Sergio estaba mostrando a sus compañeros la repercusión que había tenido el caso Puddú. Cuando entró a la oficina gremial, unos matones lo golpearon, incluso cuando cayó al piso.[92]

Omar Dragún es un histórico del PJ cordobés. Candidato a diputado provincial en 2003, fue un fiel seguidor de De la Sota. Desde 2011 a 2013 fue Ministro de Trabajo provincial.[93] A fines de 2016, mostraba su apoyo al gobierno nacional de Mauricio Macri.[94]

La UTA

Asenso desde los subsuelos II

En el 2008, la oposición de los trabajadores del subte a la burocracia de la UTA comenzó a crecer. Por este motivo, la UTA intentó armar una elección fraudulenta, para imponer alrededor de 15 delegados del riñón de la burocracia, con el objetivo de conformar un cuerpo de delegados propio, para luego avanzar en la suspensión y el desafuero de los delegados opositores mediante el tribunal de "ética gremial". Las elecciones se realizaron el 12 de mayo, y como respuesta de los trabajadores, el servicio se vio interrumpido en todas las líneas a excepción de la línea H, que ya tenía delegados afines a la burocracia. El mayor choque fue en la línea C. A las 6:15, una patota de más de 15 matones armados instaló las urnas en un cuarto de Retiro y bloqueó la entrada. Los trabajadores

---

[92]http://ceprodhcba.blogspot.com.ar/2009/11/delegados-oficialistas-golpean.html.

[93]www.lavoz.com.ar/noticias/politica/renuncio-ministro-trabajo-provincia-omar-dragun.

[94]http://www.lavoz.com.ar/politica/entrevista-omar-dragun-no-habra-despidos-hasta-fin-de-2017.

de esa línea y de las tercerizadas se instalaron allí. Los obreros de limpieza y de auxiliares quisieron ingresar al lugar de votación y un cordón de matones de la UTA se lo impidió. Cuando quisieron agredirlos, los trabajadores acorralaron a los matones. Finalmente, producto de la resistencia de los trabajadores, el propio Ministerio de Trabajo pidió a la UTA levantar la elección.[95] Algunos trabajadores que se oponían a esta situación recibieron agresiones. Fue el caso de Hugo Giménez, delegado de la línea H, que el día 21 de septiembre fue tomado por la patota de la UTA y llevado hasta el sindicato, mientras que otros matones se quedaron con su mujer embarazada, que también trabajaba en el subte, en la estación Inclán de la línea H. Los matones buscaban que Giménez renunciara a su cargo de delegado.

El 14 de febrero se dio a conocer que el propio Néstor Segovia, reconocido metrodelegado, fue agredido en la línea H cuando fue al festejo de cumpleaños de un trabajador de la línea. Allí apareció un grupo de cerca de 30 personas que comenzó a increparlo, por lo que Segovia decidió retirarse para evitar un enfrentamiento mayor. A su salida, fue agredido a patadas y escupitajos mientras le gritaban "esta es nuestra línea. Si te vemos de nuevo te matamos". Al salir a la calle, se encontró con que le habían pinchado las ruedas de su auto.

Por todos estos motivos, agresiones, elecciones fraudulentas y amenazas, se profundizó la búsqueda por salirse de la UTA y formar un nuevo sindicato, por lo que el 5 de febrero de 2009 los trabajadores realizaron un plebiscito para decidir salir o no de la UTA. Ese día, en la cabecera de la línea D, Congreso de Tucumán, una patota agredió brutalmente a los trabajadores dejando varios heridos con fracturas. Los trabajadores realizaron una huelga como rechazo a las agresiones y lograron celebrar el plebiscito con 1.880 votos, sobre un total de 2.550, a favor de salir de la UTA.[96]

El 7 de septiembre de 2009, con el aval del Juez Juan Radriazzani y sin mostrar la orden, diez personas de civil y veinte policías se presentaron en el comedor comunitario de Moreno (Buenos Aires) donde trabajaba la ex esposa de Néstor Segovia. Luego, el "grupo de tareas" fue hasta su domicilio. Realizaron destrozos, dispararon balas de goma, una de las cuales alcanzó al hijo del delegado, de 9 años.

Como continuación de estos conflictos, el 23 de octubre fue agredido Carlos Paleta, delegado de estaciones por la línea E y el Premetro, que junto a un grupo de trabajadores se encontraba pegatinando a favor de

---

[95] *La Verdad Obrera*, N° 277; *Pagina/12*, 12/04/2008.
[96] *Prensa Obrera*, 19/02/2009; *Hoy* 11/02/2009.

la creación de un nuevo sindicato. Allí se cruzaron con miembros de la UTA, produciéndose un enfrentamiento, que derivó en una asamblea y una huelga de los trabajadores como rechazo a la agresión.[97]

Las agresiones en la línea H iban a continuar. El 15 de septiembre del 2011, Fernando Cavalieri, delegado del taller Colonia, fue abordado por un grupo de cuatro personas armadas acompañadas por Alejandro Kruger. Este personaje era delegado de UTA y hermano del barrabrava Fabián "Topadora" Kruger, preso junto a Rafael Di Zeo. Los matones portaban armas de fuego, lo golpearon y le dijeron que no hiciera más asambleas en el taller porque les pertenecía a ellos y que la próxima vez no saldría vivo. En diciembre de 2012, los trabajadores de la AGTSyP realizaron una serie de paros escalonados. La patota de la UTA hizo su aparición el 3 de diciembre, en la estación Congreso de Tucumán de la línea D agrediendo a los trabajadores con golpes de puños y lanzándoles con lo que encontraron a su paso. Los trabajadores tampoco pudieron reanudar el servicio una vez finalizado el paro, ya que miembros de la UTA y barrabravas se tiraron a las vías para impedir el normal funcionamiento. Según el delegado de la línea D Joaquín García, "la patota de la UTA llegó 5:30 en varios colectivos" y aclaró que "era previsible porque [Roberto] Fernández [Secretario General de UTA] dijo que era un paro de las minorías". Hugo Barrios, dirigente de la UTA, sostuvo que fueron "a garantizar el derecho a trabajar de todos los trabajadores, a quienes les han hecho perder 10 días de trabajo".[98]

Respecto al funcionamiento y composición de la patota que actuó en el subte durante estos años, Fabián Tevez, sostiene que se encontraba armada por personal de la empresa. "Taller Polvorín era uno de los fuertes que tenían y hoy todavía queda algo de esa patota. Raúl Jerónimo era el referente de esa patota (manejaba los ascensos en ese taller incluso) y hoy está en el STS (Sindicato de Trabajadores del Subte). Lalo Sosa también estaba, y uno que le decían 'Manchita' del taller Rancagua". Según

---

[97]*Página/12*, 24/10/2009. Paleta formaba parte de la agrupación "La banda del Turco", dirigida por Carlos Leiva, un ex delegado de estaciones. Fabián Tevez, delegado, de AGTSyP (Asociación Gremial de Trabajadores de Subte y Premetro, el nuevo sindicato creado cuando se desvincularon de la UTA) y militante del PO, ubica a Leiva como miembro de la barrabrava de Chacarita, y a señala que su agrupación respondía a la dirección de Roberto Pianelli (Secretario General de AGTSyP), aunque no señala que hayan tenido agresiones hacia trabajadores. Entrevista a Fabián Tevez, en poder del autor.

[98]*Página/12*, 04/12/2012; *Telam*, 04/12/2012.

250

el mismo entrevistado, Raúl Jerónimo tenía contacto con el FPV, con Guillermo Moreno en su momento, y con Julián Domínguez después.[99]

Los trabajadores del subte sostuvieron una heroica lucha soportando todo tipo de agresiones y amenazas por parte de la UTA, la patronal y el gobierno. Finalmente, luego de haber estado durante varios años con "simple inscripción", que no le permitía discutir paritarias (entre otras cosas), a fines del 2015 los trabajadores del subte que venían luchando consiguieron la personería gremial de la AGTSyP derrotando a la burocracia de la UTA.

Otras andanzas de la UTA

Germán Amor era chofer de la línea 135 y un activista sindical importante. Hacía cinco años que trabajaba en la empresa y trabó una ascendencia sobre sus compañeros. En 2011, comenzó un reclamo por las horas de descanso y por la elección de delegado gremial, que estaba paralizada desde hacía años. La empresa respondió despidiéndolo el día 20 de octubre, pero sin enviarle ningún telegrama. Germán insistió con presentarse en el trabajo, por lo cual, comenzó a recibir amenazas telefónicas en su propia casa. Luego, la empresa, a través del Jefe de Personal Alejandro Samoano, lo citó para el 6 de diciembre a las 13 hs. Al llegar, lo invitaron a sentarse. Luego de 20 minutos de esperar en la oficina de personal, aparecieron los dos delegados de la UTA, Rodríguez Leovino y Sergio Mataloni, con cuatro trabajadores de la empresa que lo empezaron a golpear. Leovino sacó un revólver y lo castigó con la culata en la cabeza. Ante el brote de sangre, Samoano le ordenó a la patota que se retirara y llamó a una ambulancia.[100]

Germán Amor continuó su lucha por su reincorporación, en los Tribunales y mediante varias movilizaciones.[101]

---

[99]Entrevista a Fabián Tevez, en poder del autor.
[100]http://elmorterodigital.blogspot.com.ar/2011/12/agresion-de-patota-chofer-despedido.html.
[101]http://izquierda-revolucionaria.org/articulo/301/movilizacion-por-german-amor/.

Gerardo Martínez, del Batallón 601 al cristinismo

Se baja el telón

En la Universidad de Rosario, en 2008, un grupo de estudiantes conformó una Coordinadora Obrero-Estudiantil. El 17 de septiembre, junto a artistas nucleados en Acción Callejera, decidieron realizar una movilización para alertar por los obreros muertos de la construcción. La marcha recorrió el Ministerio de Trabajo, la Cámara Empresarial, la sede de la CGT provincial y la sede de la UOCRA. En cada uno de los edificios, se realizaba una representación y se pintaban siluetas humanas en el piso, en alusión a los obreros muertos. Se pintaban además, leyendas como "Ni un muerto más".[102]

Al llegar a la sede de la UOCRA, y en medio de la representación, se presentaron 30 integrantes del gremio para agredir a los manifestantes. Los golpearon y a uno de ellos le quitaron la cámara de fotos, para que no documentase la acción. La dirección provincial de la UOCRA nunca desmintió las denuncias.[103]

Poco antes de que den las 10...

Para el año 2009, Mateo Suárez había llegado lejos, tal vez demasiado. Era no solo el secretario de la seccional de Chubut de la UOCRA, sino prácticamente el n° 2 de Gerardo Martínez, secretario general del gremio.[104] Toda obra del sur tenía que pasar por sus manos, pero eso no era todo: Martínez le encargaba "vigilar" cada seccional con problemas, con lo que era un virtual interventor. Su fidelidad a Néstor y Cristina le garantizaban, además, participación en la obra pública.[105]

No obstante, en noviembre, las disputas con el gobernador terminaron en una denuncia por una actividad que parecía usual en Suárez, y que podría haber sido apañada hasta hace poco: la exigencia de una "colaboración" a las empresas constructoras, a cambio de dejarlas

---

[102]http://argentina.indymedia.org/news/2008/09/627052.php.
[103]Ibídem.
[104]http://www.uocrablog.com.ar/?tag=mateo-suarez.
[105]http://opisantacruz.com.ar/home/2012/03/28/delegados-de-la-uocra-de-comodoro-rivadavia-echaron-a-carlos-garcia-y-rechazaron-otra-intervencion/13871.

emplear mano de obra en los términos denigrantes que ya conocemos.[106] Como se ve, no se denunciaba a la dirigencia sindical por avalar las míseras condiciones laborales, sino por la erogación que les supone a los empresarios.

Esa no era su única preocupación. En varias ciudades, se habían conformado comisiones de trabajadores ocupados y desocupados de la construcción que impugnaban la dirección de Suárez. El 18 de septiembre de 2009, para las 10 de la mañana, una comisión de desocupados de la provincia organizó una manifestación en la sede de Trelew para pedir la remoción de la conducción provincial. Poco antes de que la movilización llegara a la sede, una patota de la UOCRA interceptó a los manifestantes a los tiros, en pleno centro de la ciudad. El resultado fueron dos heridos de bala: Néstor Alquinta y Hugo Quiltriquipay. El primero en el tórax y el otro en una pierna. Ambos fueron internados en el Hospital Zonal de Trelew.[107]

Telefónicos

Bajo el segundo mandato K, los telefónicos también sufrieron agresiones al intentar organizarse por fuera de sus direcciones. El caso que reseñamos se produjo en Viedma, Río Negro, el 27 de diciembre del 2010. Ese día, una patota de la UOCRA local impidió que un grupo de tercerizados, junto a la seccional de ATE, ingresaran a la delegación laboral donde se estaba tratando su despido.

Atucha II

Una de las mayores intervenciones de la UOCRA, en favor de la patronal, fue en el complejo industrial de Zárate-Campana. Especialmente en Atucha II. El conflicto se incubó en mayo de 2009, cuando la empresa empezó a atrasarse salarialmente y la UOCRA decidió no mover un dedo. En diversas asambleas, junto al atraso salarial, comenzaron a exponerse diversos reclamos sobre las condiciones laborales: la seguridad, el estado de los micros y de los baños, la falta de pago del adicional por altura, horas nocturnas y espacio confinado, un adicional que

---

[106]http://sitraic.blogspot.com.ar/2009/11/madryn-denuncian-al-gremialista-de-la.html.
[107]http://edant.clarin.com/diario/2009/11/18/elpais/p-02043075.htm.

operara como subsidio de desempleo (ya que las obras iban a terminar en junio de 2010), entre otras. Sin embargo, la principal queja era por la actitud de la UOCRA. No porque no acompañara los reclamos, que eso ya estaba descontado, sino porque se encargaba de vigilar a los descontentos y denunciarlos a la patronal. Ante los problemas con la seccional, Gerardo Martínez envió como interventores a Carlos Romero y a Mario Almirón, quien tenía un vínculo directo con Julio De Vido. El ministro estaba, lógicamente, preocupado por la marcha de las obras bajo su jurisdicción. Pero esos interventores poco pudieron hacer para aplacar el creciente conflicto.

Ese descontento se trasladó a las elecciones sindicales. El 11 de septiembre de 2009, la UOCRA parecía perder la elección en IECSA, una empresa del complejo Atucha II (en Zárate), a manos de un alista ligada al SITRAIC, el Sindicato de la Industria de la Construcción y Afines, que rivalizaba con el gremio conducido por Martínez. Esta derrota iba a alterar a la conducción de Gerardo Martínez, que lo primero que hizo fue mandar una patota a golpear a los vencedores y provocar destrozos.[108]

El 29 de octubre, los obreros de Electroingeniería, afiliados al SITRAIC, había decidido un paro por la reincorporación de 140 despedidos. El 31 de ese mes, votaron un corte en la Panamericana. A las 7 AM se dirigían en un micro para realizar la protesta, pero el vehículo fue alcanzado por un grupo armado, perteneciente a la UOCRA, que comenzó a disparar a los manifestantes. Un trabajador resultó herido de bala.[109]

En el verano, el conflicto tomó un carácter más agudo. Los matones de la UOCRA, sin ser obreros, ingresaban a las instalaciones con "invitaciones especiales" de la empresa. Una vez allí, exhibían armas largas y amedrentaban a los trabajadores.[110]

El 28 de enero de 2010, 500 trabajadores votaron en asamblea llamar a los delegados de la UOCRA a que den explicaciones sobre la falta de

---

[108] http://sitraic.blogspot.com.ar/2009/09/incidentes-en-atucha-ii-respaldo-y.html; http://sitraic.blogspot.com.ar/2009/09/corte-y-reclamo-el-lunes-en-la-avenida. html; http://sitraic.blogspot.com.ar/2009/09/sitraic.html; http://sitraic.blogspot. com.ar/2009/09/incidentes-en-atucha-ii-respaldo-y.html, http://sitraic.blogspot. com.ar/2009/09/corte-y-reclamo-el-lunes-en-la-avenida.html, http://sitraic.blogspot.com.ar/2009/09/sitraic.html.
[109] http://www.diariolavozdezarate.com/2009/10/31/enfrentamientos-gremiales-en-la-obra-de-la-central-atucha-ii/.
[110] http://www.lapoliticaonline.com/nota/45370/; http://www.po.org.ar/prensaObrera/1116/sindicales/se-agudiza-el-conflicto-en-atucha-ii; http://sitraic.blogspot.com.ar/2010/01/se-desato-otro-conflicto-gremial-en.html.

acción. La respuesta fue el ingreso de una patota que comenzó a golpear a los asistentes. Diez trabajadores tuvieron que ser hospitalizados. La Gendarmería intervino, pero para detener a los asambleístas.

El 1 de febrero, los trabajadores de Atucha cortaron la ruta 9, a la altura de Zárate, impidiendo el paso de vehículos por tres horas, aproximadamente. Reclamaban por sus salarios, las condiciones laborales y, sobre todo, para que el sindicato UOCRA-Lima tomara cartas en el asunto. El 10 se organizó una asamblea de 2.000 trabajadores de diferentes empresas de la zona, para pedir esencialmente el cumplimiento del Convenio Colectivo de Trabajo 75/76. En medio de la asamblea se apostó una patota al mando de Mario Almirón. No tenían armas de fuego, porque habían sido confiscadas previamente por Gendarmería ante la denuncia de los trabajadores, pero sí armas blancas (esas parece que no fueron percibidas). En cuanto iba a tomar la palabra un obrero activista de Techint, la patota comenzó a atacar a los trabajadores que se dispersaron.[111]

El 18 de febrero de 2010 se estaba realizando una asamblea de los trabajadores de diversas empresas de la zona por la falta de pago de salarios y las paupérrimas condiciones de trabajo en Techint (baños inaccesibles, falta de conductos de ventilación, largas jornadas sin descanso). Especialmente, la nula defensa de la UOCRA. Dirigían la asamblea los activistas opositores Alberto Setún (delegado de Electroingeniería), Hernán "Colo" Fernández (delegado de Techint) y Luis Yedro (activista en Vialco y miembro de la Agrupación Naranja). En medio de la asamblea, irrumpió una patota de cincuenta matones al mando de Mario Almirón, el dirigente de la UOCRA que, como mencionamos, estaba ligado directamente a Gerardo Martínez. Almirón los increpó preguntándoles por qué no estaban trabajando, a lo que Fernández respondió que estaban en Asamblea Permanente y que habían girado las correspondientes denuncias al Ministerio de Trabajo. No terminó de exponer sus razones cuando varios miembros del grupo exhibieron sus "facas" y comenzaron a atacar a los dirigentes. Fernández recibió ladrillazos en la cabeza y cortes con faca, y tuvo que ser hospitalizado de urgencia.[112]

---

[111]http://sitraic.blogspot.com.ar/2010/02/fuente-agrupacion-obreros-unidos-de-la.html.

[112]http://argentina.indymedia.org/news/2010/02/720053.php; http://www.baraderohoy.com/2010/02/20/interna-feroz-atacan-nuevamente-a-delegados-gremiales-en-atucha-ii/; http://www.diariolavozdezarate.com/2010/02/22/mas-de-tres-mil-trabajadores-pediran-seguridad-en-la-obra-tras-las-agresiones-a-dos-empleados/.

Ese descontento y la tensión con la conducción regional no cesaron con el correr de los meses. Más aún, tuvieron su correlato en un quiebre de la burocracia, lo que provocó la presentación de una lista opositora que intentaba guardar alguna relación con el proceso de lucha. El candidato opositor era Fernando de León, quien se puso al frente de la Lista Naranja. La semana de las elecciones, la conducción de Almirón mostró también su capacidad de fuego.

A comienzos de la segunda semana de mayo,[113] mientras activistas de la Naranja estaban realizando una pegatina en Lima, una patota del sindicato los amedrentó lanzando tiros al aire. El día 10 de mayo, José Luis De León, hermano de Fernando y candidato en la lista opositora, fue baleado mientras manejaba su auto a la salida de una reunión sindical. La bala ingresó por la espalda y le perforó el pulmón.[114]

El 13 de mayo, durante la elección, la patota de Almirón evitó que votaran unos 700 obreros. Terminó votando solo el 30% del padrón de habilitado y, lógicamente, el triunfo fue para el oficialismo.[115]

En el Conurbano Sur

Las acciones de UOCRA también tuvieron como eje el Sur del Gran Buenos Aires, allí donde se edificó el SITRAIC. El 19 de agosto de 2009, los trabajadores a cargo de las tareas de electrificación del Ferrocarril Roca, precarizados, decidieron realizar una asamblea en las inmediaciones de la estación Alejandro Korn, para decidir su afiliación. Sandro Gómez había ido como representante del SITRAIC, junto a otros delegados. Antes de que la asamblea comenzara, se acercó una patota de 20 personas, que habían venido en sus vehículos, y comenzaron a golpear con palos a Gómez y tres delegados más.

Ese mismo día, en la Estación Temperley, otro delegado del SITRAIC, que realizaba tareas de mantenimiento, fue interceptado por una patota de la UOCRA y atacado, hasta que la policía intervino para evitar lo que hubiera podido ser una muerte.[116]

---

[113]No pudimos reconstruir la fecha exacta del hecho. Suponemos que debió suceder entre el 7 y el 8 de mayo.

[114]http://www.lanacion.com.ar/1252229-balearon-a-un-delegado-de-la-uocra-en-un-confuso-episodio.

[115]http://www.eldebate.com.ar/despliegue.php?idnoticia=32654.

[116]http://sitraic.blogspot.com.ar/2009/08/nuevas-agresiones-de-patotas-armadas-de.html.

256

La acción de la UOCRA en el Gran Buenos Aires, para mantener su predominio, llegó hasta las complicidades policiales. Por ejemplo, el 15 de diciembre de 2009, el dirigente del SITRAIC Carlos Olivera y otros activistas estaban organizando una asamblea con obreros de una obra en Lomas de Zamora. Hasta allí llegó la patota de la UOCRA. Esta vez compuesta por algo más de cuarenta personas. Los matones comenzaron a disparar armas de fuego, a golpear a los presentes y a perseguir a Olivera, a quien acorralaron y acuchillaron. Una vez que lograron dejarlo tirado, le "plantaron" un arma y realizaron una denuncia. Insólitamente (o no tanto), la policía provincial llevó adelante la imputación al dirigente sindical, que fue condenado a tres años y seis meses por "abuso de armas de fuego" y "tentativa de homicidio". Al efecto, se conformó una comisión que exigía su libertad.[117]

Similar situación debió enfrentar Indalecio Flores, militante de Convergencia Socialista y uno de los fundadores del SITRAIC. El 15 de diciembre de 2009, Indalecio lideró la creación de un grupo disidente en Lomas de Zamora, llamado Pancho Laguna. El resultado fue un ataque armado a su gente, con un herido en grave estado.[118] Tres días después, el 18 de diciembre, Indalecio fue interceptado en la Estación Claypole por una patota al mando de Emilio Cabrera, hijo de Héctor Cabrera, Secretario General de la UOCRA-Lomas de Zamora.[119] Los matones le propinaron una fuerte golpiza e Indalecio terminó internado. Ese mismo día, otro miembro de su agrupación sufrió una amenaza nada velada. Se trataba de José Tejeda, quien además de militar en Convergencia, integraba el Consejo Directivo del SITRAIC. José fue seguido por un auto durante todo el trayecto del sindicato a su casa, con intención de abordarlo. Afortunadamente, logró evadir a sus persecutores.[120]

Ese mismo día, paralelamente, la UOCRA mandó un grupo de matones de al menos setenta personas a golpear a los delegados de la empresa "Calchaquí", liderados por Hugo Walter Eugazábal, que iban a los tribunales laborales de Lomas de Zamora a declarar en una audiencia contra la patronal. La patota estaba dirigida por Walter Leguizamón, Héctor Cabrera, Esteban Martínez, y Víctor Barrera, todos denunciados

<hr>

[117]http://libertadaolivera.blogspot.com.ar/; http://www.inforegion.com.ar/vernota.php?i d=249616&dis=1&sec=4.

[118]http://www.pagina12.com.ar/diario/ultimas/20-137037-2009-12-15.html.

[119]ttp://www.uocra.net/elgremio/seccionalesbuenosaires/elgremio_seccionalesbuenosaires_lomas.htm.

[120]http://agenciadenoticasjohnreed.blogspot.com.ar/2009/12/la-patota-de-la-uocra-agredio-dirigente.html?m=1.

en distintas causas penales radicadas en la IPP N° 031.484 de la UFI (Unidad Fiscal de Investigación) N° 16 del Departamento Judicial de Lomas de Zamora.

En el año 2010, luego del asesinato de Mariano Ferreyra, la UOCRA se puso al servicio de la Unión Ferroviaria en el encubrimiento, amedrentando a los trabajadores tercerizados que organizaban protestas contra la burocracia. Tal fue el caso de Federico Aseguin y Sebastián Guerra, obreros tercerizados del Roca. Federico fue interceptado por una patota de la UOCRA en la estación Gerli, donde lo amenazaron para que dejara de organizar protestas. El caso de Sebastián Guerra fue más grave. Guerra comandaba un grupo de trabajadores de Confer S.A., empresa tercerizada del Roca. A la semana de la muerte de Ferreyra, Guerra avisó, en nombre de sus compañeros, que iban a levantar tareas para confluir en una marcha. El 21 de octubre, el capataz llamó a Guerra para conversar con él. Cuando se encontraban solos, surgió una patota de la UOCRA que golpeó al activista y, en el piso, lo amenazó mostrándole un arma, mientras le decían: "Dejate de joder o va a haber un muerto más. Te vamos a reventar la panza". Guerra realizó la denuncia correspondiente ante la UFI N°1, de Lomas de Zamora. [121]

En enero de 2011, las acciones de la UOCRA tuvieron como objetivo evitar la campaña del SITRAIC contra el trabajo en negro. El 10 de ese mes, una patota se le apareció a los trabajadores que denunciaban a los empresarios, los amenazó y les mostró armas de fuego para que abandonaran la actividad.[122] EL 28, mientras se realizaba esa misma actividad, en pleno centro de Lomas, una patota de la UOCRA intentó impedir que continuaran con sus denuncias.[123]

El 2 de febrero de ese año, el SITRAIC, junto a Convergencia Socialista, CUBA/MTR, las Asambleas del Pueblo y el Mossol organizaron una marcha al nuevo Carrefour que se estaba construyendo en Lomas, con el objetivo de reclamar puestos de trabajo y que se contrataran obreros en blanco y bajo convenio. La marcha juntó a 300 manifestantes. Cuando la misma estaba por llegar a la obra, se interpuso una patota de 50 personas, pertenecientes a la UOCRA, para impedir la manifestación. Sin embargo, la marcha siguió su curso. Al desconcentrar,

---

[121] http://www.lanacion.com.ar/1318977-apuntan-a-la-uocra-por-amenazas-de-muerte-en-el-roca.

[122] http://sitraic.blogspot.com.ar/2011/01/otra-vez-la-patota-de-la-uocra-en.html.

[123] http://sitraic.blogspot.com.ar/2011/01/otra-vez-las-patotas-vuelven-amenazar.html.

la patota agredió a una trabajadora embarazada y comenzó un enfrentamiento, en el cual los patoteros tuvieron que esconderse dentro de la obra. La patota contó, según los denunciantes, con la complicidad de la empresa y de las fuerzas policiales, que liberaron la zona.[124]

A los pocos días, el 6 de febrero, una patota de Martínez interceptó a un delegado del SITRAIC (cuyo nombre se preservó) que circulaba por la Avenida Espora, en Almirante Brown. Desde otro auto, le arrojaron un bloque de hormigón sobre el parabrisas. Luego, se acercaron a su auto y lo golpearon salvajemente.[125]

El 3 de noviembre de 2011, un grupo de albañiles pertenecientes al SITRAIC realizaba una asamblea en una obra en la calle Alem al 1700 (Lomas). En medio de la misma, apareció una patota de la UOCRA para disolverla. Los matones atacaron con un cuchillo a uno de los delegados y a otro le pegaron en la pera con una manopla, lo que provocó su desmayo. La patota estaba conducida por Luis Cardozo, dirigente cercano a Gerardo Martínez. Los agredidos debieron ser atendidos en el Hosptial Gandulfo.[126]

Martínez no solo iba a encargarse de disolver manifestaciones y amedrentar sindicalistas opositores, también dispuso ataques para impedir denuncias en su contra, por su participación como agente de la última dictadura, en el Batallón 601. Efectivamente, el SITRAIC junto al Centro de Abogados por los Derechos Humanos, la Asociación de ex Detenidos Desaparecidos, la Liga Argentina de los Derechos del Hombre y el Instituto de Relaciones Ecuménicas presentaron una denuncia contra Gerardo Martínez por haber aparecido en el listado del Batallón 601 de inteligencia, durante la última dictadura, responsable de la desaparición de 105 albañiles. En ese sentido, el 30 de agosto de 2011, Víctor Amarilla, uno de los denunciantes, fue atacado por una patota de la UOCRA, en la localidad de Loma de Zamora.[127]

---

[124]http://www.lanacion.com.ar/1346605-lomas-de-zamora-choque-entre-trabajadores-de-la-construccion.

[125]http://www.agenciawalsh.org/aw/index.php?option=com_content&view=article&id=6200:-delegado-de-sitraic-agredido-por-la-uocra&catid=36:ss&Itemid=81.

[126]http://www.clarin.com/politica/patota-UOCRA-acusada-golpear-albaniles_0_584341619.html.

[127]http://sitraic.blogspot.com.ar/2011/08/atacan-al-gremialista-que-denuncio-que.html.

En la Patagonia

En Viedma, durante el mes de septiembre de 2011, los trabajadores nucleados en SITRAIC comenzaron un proceso de lucha para exigir puestos de trabajo, que incluyeron un acampe y la toma de la delegación de la UOCRA de San Antonio Oeste, ante la complicidad sindical con la vulneración de derechos laborales (pago en negro, ausencia de cualquier prevención de accidentes, malas liquidaciones de sueldos). Como el lector ya habrá anticipado, la patota de la UOCRA no se hizo esperar. Esta vez, a cargo de los dirigentes de la seccional Viedma: Damián Miller, Eduardo Cancino, Juan Carlos Colman y Sandro Alderete. Lo novedoso fue el modus operandi: la utilización de ex presidiarios y presos con salidas transitorias que no pudo realizarse sin la complicidad del Servicio Penitenciario.

La primera acción de este tipo de bandas la encontramos el 29 de septiembre del 2011, en la toma de la seccional San Antonio Oeste. La patota comenzó a golpear a los manifestantes y Colman intentó cortarle los dedos a uno de los trabajadores.[128] La segunda fue el 7 de octubre, contra Sergio Neira, dirigente del SITRAIC. Ese día su casa amaneció con pintadas que decían "Cuidá a tu familia" y "Traidor estás muerto".[129]

En Santa Cruz, el 28 de octubre de 2010, mientras algunos trabajadores, con apoyo de dirigentes del PO, reclamaban la legalización de su lista, a horas de los comicios, una patota de la UOCRA salió a golpearlos y dos militantes (Luis Díaz y Jonathan Amerio) debieron ser internados.[130]

En octubre de 2011, en El Calafate, la UOCRA intervino, esta vez, para reprimir la huelga de los obreros de Enclesur, que reclamaban por errores en la liquidación de sueldos. Los trabajadores se encargaban de la conexión eléctrica entre El Calafate y el resto de la provincia. A eso de las 8 de la mañana del día 6 de octubre de 2010, una patota de alrededor de 50 personas desembarcó en el campamento de la empresa y comenzó a golpear a los manifestantes, pero fueron rechazados. No obstante, siete obreros fueron heridos y dos tuvieron que ser internados con traumatismo de cráneo. Al día siguiente, el intendente Javier Belloni se

---

[128]http://sitraic.blogspot.com.ar/2011/09/uocra-viedma-otra-verguenza-nacional.html.

[129]http://sitraic.blogspot.com.ar/2011/10/hasta-cuando-la-impunidad-de-uocra.html.

[130]http://po.org.ar/comunicado/2010-10-28/
brutal-agresion-de-patota-de-uocra-militantes-del-partido-obrero-en-santa-cruz.

acercó hasta el campamento de la empresa para "dialogar" y levantar la huelga, a meses de las elecciones provinciales. Luego, para lo mismo, fue su mano derecha, José Vidal, Secretario de la UOCRA de El Calafate. Ambos fueron recibidos con piedrazos.[131]

Los favores de la UOCRA a la gobernación de Santa Cruz no se agotan en la represión de listas internas y de manifestaciones contra el gobernador, sino que abarcan incluso el arreo de obreros a los actos kirchneristas. Así lo denunciaba Alejandro Valenciano, trabajador de la construcción y afiliado al gremio. Luego de negarse a participar de un acto K, el 1 de agosto de 2011, Valenciano fue secuestrado y llevado a un comedor, donde lo golpearon.[132] Luego de liberado, se le negó el ingreso a cualquier obra. Por eso, el 10 de noviembre, se encadenó al mástil de la gobernación de Río Gallegos e inició una huelga de hambre.[133] A quien los medios señalaron como el responsable directo fue el dirigente sindical de Río Gallegos, Carlos García, ladero provincial de Gerardo Martínez.[134]

Acciones paraestatales de tipo estatal

La nueva peatonal

La provincia de Chaco era gobernada por el kirchnerista Capitanich, pero Resistencia pertenecía a la radical Aída Ayala. En 2009, Ayala había proyectado una nueva peatonal en el centro. Una vez construida,

---

[131]http://diariopopular.com.ar/dp001.php?nId=61046&src=UM; http://www.lapoliticaonline.info/noticias/val/77021-/santa-cruz-feroz-ataque-durante-una-protesta-termina-con-7-obreros-heridos.html; http://sitraic.blogspot.com.ar/2010/12/otra-vez-la-uocra-es-violencia.html, http://comunicacionpopular.com.ar/santa-cruz-patota-de-la-uocra-golpea-a-obreros-de-la-construccion/; http://opisantacruz.com.ar/home/2011/10/05/una-interna-de-la-uocra-desato-la-salvaje-golpiza-en-el-campamento-de-la-empresa-eclesur-s-a/12868; http://www.infobae.com/2011/10/05/609518-santa-cruz-afirman-que-el-ataque-la-uocra-habia-sido-planificado.

[132]http://www.elpatagonico.com/obrero-huelga-hambre-denuncia-la-uocra-despido-y-amenaza-muerte-n1409303.

[133]http://www.tiemposur.com.ar/nota/31507-hara-huelga-de-hambre-por-persecucion-de-uocra.

[134]http://opisantacruz.com.ar/home/2011/11/11/maltratado-y-golpeado-por-dirigentes-de-la-uocra-un-hombre-se-encadeno-en-pleno-centro-de-la-ciudad/13134.

dispuso el traslado de los vendedores ambulantes a un predio específico, obviamente menos rentable que el lugar en el que estaban. Por eso, el día 13 de noviembre, realizaron una protesta contra el intento de desalojo.

Al día siguiente, se movilizaron a la municipalidad y fueron recibidos por una patota de empleados municipales. El saldo fue de 20 heridos y 40 detenidos.[135]

Casino chaqueño

En el barrio San Jorge, en Resistencia, había alrededor de 300 familias obreras, que vivían de la pesca para empresas y subsistencia. Allí, el gobernador Capitanich planificó la construcción de un casino a la vera del Río Paraná, por lo que convocó a una licitación. El emprendimiento implicaba el desalojo de las familias linderas.

Los vecinos del barrio comenzaron a organizarse y conformaron un organismo propio. El día 20 de noviembre de 2010, en medio de una manifestación, un grupo de barrabravas se presentó y comenzó a agredir físicamente a los manifestantes.[136]

La lucha continuó y el proyecto fue suspendido por un tiempo. Sin embargo, el casino terminó construyéndose y hoy puede observarse a la entrada de la capital chaqueña.

Otra vez, Milagro

En Jujuy, los trabajadores ocupados y desocupados constituyeron el Frente de Organizaciones Independientes (FOI), un espacio que nucleaba al Polo Obrero, a la organización Tupac Katari (ligada al "Perro" Santillán), Comisión de Derechos Humanos, Familiares de Detenidos Desaparecidos, Avelino Basan y Corriente del Pueblo. Entre sus reivindicaciones, se encontraba el aumento de salarios igual al costo de la canasta familiar ajustada por inflación, una jubilación del 82% móvil, trabajo genuino, industrialización de las riquezas estratégicas, ninguna

---

[135]*La Nación*, 14/11/2008.
[136]http://www.elcomercial.com.ar/index.php?option=com_content&view=article&id=26610:barrio-de-pescadores-freno-la-construccion-de-un-megacasino-en-chaco&catid=9:edicion-digital&Itemid=65.

suspensión ni despido en áreas estatales y privadas y la anulación de los tarifazos de agua, luz, gas y transporte.[137]

En 2008, luego de una serie de movilizaciones, habían arrancado al gobernador Freiler un compromiso para entregar planes sociales y obras públicas, por fuera del mecanismo clientelar de la Tupac Amaru.[138]

No obstante, ante el incumplimiento, el FOI comenzó un proceso de movilización que pareció culminar con la reafirmación del gobernador de su compromiso, en abril de 2009. Sin embargo, Freiler desconoció el acta firmada y las organizaciones volvieron a la calle.

El día 6 de mayo, el FOI se lanzó con un corte de las principales rutas provinciales. En eso, apareció un grupo de choque perteneciente a la Organización de Desocupados Independientes de Jujuy (ODIJ), que respondía a Milagro Sala, en el corte de la ruta nacional 66. Doscientos hombres encapuchados comenzaron a golpear a los manifestantes, con el fin de levantar el corte, lo que consiguieron a costa de una decena de militantes hospitalizados.[139]

La huelga de los siete meses

En mayo de 2009, en Tucumán, trabajadores de la salud (médicos, enfermeros, administrativos, maestranza, entre otros) emprendieron un proceso de lucha para mejorar los salarios, conseguir el pase a planta permanente de todos los transitorios y "monotributistas", una jubilación del 82% móvil y una gestión por la insalubridad del trabajo. La política oficialista de ATSA llevó a la conformación de un cuerpo de autoconvocados, donde confluyeron diferentes vertientes políticas.[140] Una corriente, constituida por la CCC y sectores de la Iglesia, tendía a evitar medidas de acción directa. La otra, ligada al Partido Obrero, propugnaba la ampliación de la huelga.[141]

Durante todo el proceso, el gobierno de Alperovich presionó a los dirigentes con sumarios, inspecciones sorpresa en los establecimientos y

---

[137]http://www.po.org.ar/prensaObrera/1074/politicas/
jujuy-programa-del-frente-de-organizaciones-independientes.
[138]*Prensa Obrera*, N° 108.
[139]Argentina Indymedia, 31/06/2009.
[140]http://www.po.org.ar/prensaObrera/1097/politicas/
tucuman-la-lucha-de-la-salud-entre-la-huelga-general-y-la-pueblada.
[141]http://www.pts.org.ar/Tucuman-Fin-del-conflicto-de-salud.

amedrentamientos varios. En la primera semana de octubre, se denunció la acción de patotas ligadas a ATSA contra los manifestantes.[142]

La lucha consiguió el pase a planta transitoria de los "monotributistas" y el pase a planta permanente de 1.500 transitorios. Un año después, los autoconvocados constituyeron un sindicato propio, al que Alperovich le negó la personería.

La onda expansiva de esta lucha llegó hasta Santiago del Estero. El 11 de diciembre de ese mismo año, los dirigentes autoconvocados de Tucumán fueron invitados por la Universidad de Santiago del Estero a compartir sus experiencias con dirigentes de otro espacio de autoconvocados, el de los trabajadores de la salud y educación de Santiago del Estero. Ese día, apareció una patota de punteros y policías de civil al mando de Pablo Betancour, un ex policía acusado de delitos de corrupción ligado al gobernador Zamora. La patota amenazó explícitamente a Carlos "Chungui" Chazarreta, dirigente autoconvocado de la provincia.[143] Chazarreta volvió a ser atacado salvajemente por una patota oficialista en mayo de 2016.[144]

En agosto de 2010, luego de una larga lucha, el movimiento de autoconvocados tucumanos forzó al gobierno provincial a un acuerdo, que consistía en un aumento del básico y el pasaje a planta permanente de todos los precarizados bajo diferentes figuras. El acuerdo provocó la ira de Reneé Ramírez, secretario general de ATSA Tucumán, hombre de Manzur que en 2015 fue elegido legislador por el FPV. Ramírez, con acuerdo del Gobierno, se dispuso a hacer naufragar ese acuerdo.[145]

Para el 1 de septiembre, los dirigentes de Autoconvocados llamaron a asambleas en los lugares de trabajo para ratificar o rechazar el acuerdo. Como sabían que Ramírez iba a intentar disolverlas, pidieron garantías al Poder Ejecutivo para la más importante de todas, la del Hospital Padilla. Sin embargo, la policía solo garantizó cinco custodios. La dirección de ATSA mandó 150 patoteros que muy fácilmente pasaron la "valla" policial y entraron al hospital a amenazar a los asambleístas. Los trabajadores expulsaron a los patoteros y cerraron las puertas del hospital para defenderse. Pero el gobierno esta vez sí intervino fuertemente,

---

[142]http://www.pts.org.ar/Cinco-meses-de-lucha-de-los-trabajadores-de-la-Salud-de-Tucuman.

[143]http://www.pcr.org.ar/nota/santiago-del-estero-aprietes-y-persecuci%-C3%B3n-los-trabajadores-de-la-salud.

[144]http://www.anred.org/spip.php?article12068.

[145]http://www.anred.org/article.php3?id_article=3677.

pero para mantener el hospital abierto, de forma tal de que los patoteros pudieran entrar.[146]

En 2011, a la lucha de los Autoconvocados se sumaron los jubilados. Para julio de 2011, se habían levantado dos carpas en la Plaza Independencia de Tucumán. El 9 de julio de ese año, el movimiento decidió emplazar un acto con grupos musicales y discursos, para lo cual se entabló una negociación con las autoridades, que dijeron que garantizaban la seguridad contra las patotas del gremio ATSA.

Lo que sucedió pasada la mitad del festival fue que la policía comenzó a forcejear con los organizadores y la patota de ATSA se hizo presente. Mediante disparos, bajaron un globo gigante que portaba la leyenda "Sr. Gobernador, queremos ser escuchados". La patota, además, arremetió contra las carpas instaladas. Los manifestantes lograron resistir el avance de los matones.[147]

Argentina Trabaja (y amenaza)

A fines del 2009, el Gobierno anticipó que se disponía a triplicar la asignación de planes Argentina Trabaja, un mecanismo de contención social de la sobrepoblación relativa y de cooptación política. Lógicamente, las organizaciones que no respondían al oficialismo se organizaron para reclamar la entrega de planes, sin mediar la cooptación. Obviamente, los planes eran para las organizaciones afines.[148]

Por lo tanto, ante la falta de respuesta, las organizaciones de desocupados opositoras (CCC, Polo Obrero, Barrios de Pie, MIJD y FPDS) comenzaron a realizar acciones de protesta en todo el país. Entre ellas, un acampe en San Justo (La Matanza, provincia de Buenos Aires). El día 26 de enero de 2010, confluyeron en un corte en Capital Federal. Allí, el gobierno nacional y el de la ciudad decidieron oponer un cordón de infantería. No obstante, para tratar de disolver el corte, se acercó una patota de la UTA. La patota fue rechazada por los manifestantes y se tuvo que retirar.[149]

---

[146]Pueden verse, incluso, fotos de la patota actuando en http://argentina.indymedia.org/news/2010/09/747854.php.

[147]http://www.contexto.com.ar/vernota.php?id=54317.

[148]http://www.laautenticadefensa.net/70954.

[149]http://www.mst.org.ar/periodicos/as515feb10/gg.htm.

Othacehé, por tres

Vanessa Montano había renunciado a su cargo de directora del Hospital Provincial Héroes de Malvinas, en Merlo. Su nuevo director, Rodolfo Farina, puesto por el intendente Raúl Othacehé, era rechazado por los trabajadores del lugar, quienes estaban enfrentados con las autoridades municipales y denunciaban amedrentamientos. Los trabajadores exigían la intervención del hospital y que Othacehé retirara todo el personal de seguridad que dependía de las departamentales de Merlo, para reeemplazarlo por agentes designados directamente por el Ministerio de Seguridad.

El 15 de mayo de 2010, mientras los trabajadores se encontraban en asamblea para decidir los pasos a seguir, irrumpió en el hospital una patota de cien personas que agredió a los médicos y realizó destrozos.[150] Ante estos hechos, ATE y CICOP (Asociación de Profesionales de la Salud de Buenos Aires) llamaron a un paro del personal del hospital, en repudio a lo que pasó. Todas las acusaciones señalaron a Othacehé como responsable político.[151]

El día 29 de noviembre de 2010 se realizaban elecciones para el Centro de Estudiantes del I.S.F.D. n° 29. La lista kirchnerista, ligada al municipio, había recurrido a numerosas maniobras de fraude, denunciadas por las otras dos listas. Al conocerse las impugnaciones correspondientes, y para evitarlas, aparecieron 30 personas encapuchadas y armadas, dispuestas a intervenir en favor de la lista del intendente. Los estudiantes y las autoridades tuvieron que cerrar el instituto.[152]

El CBC de Merlo

La sede del CBC de Merlo era la única unidad para cursar el ciclo básico de la Universidad de Buenos Aires en toda la zona oeste del Gran Buenos Aires y funcionaba desde el segundo cuatrimestre de 1994. Allí, los egresados de los secundarios de ese gran conglomerado de partidos tenían la posibilidad de hacer las materias que correspondían al primer año de todas las carreras de la UBA, evitando, al menos en ese primer año, recorrer la distancia inevitable a las facultades en Capital Federal.

---

[150]http://www.agenciawalsh.org/aw/index.
php?option=com_content&view=article&id=4961&Itemid=81.
[151]Ídem.
[152]http://argentina.indymedia.org/news/2010/11/758174.php.

Pero ese jueves 27 de marzo de 2008, los alumnos se encontraron con carteles que informaban que la sede cerraba y que los alumnos serían reasignados a otras. El intendente Othacehé había rescindido el contrato 48 hs. antes. Argumentaba que la UBA pretendía que la municipalidad pague los salarios. El Rectorado de la UBA, en cambio, señaló que el municipio se negaba a realizar refacciones elementales y que, sin ellas, la sede no podía continuar funcionado. La realidad era que el kirchnerismo estaba llevando adelante una política de creación de universidades propias en el conurbano, con varios objetivos. El primero, construir un aparato clientelar (docentes y estudiantes) y una caja educativa propia para los intendentes y el gobernador. Segundo, incrementar la titulación con universidades de muy bajo costo y títulos degradados. Tercero, reducir el presupuesto de la UBA, por la vía de disminuir la matrícula y expulsar docentes. Se trataba, en su gran mayoría, de carreras terciarias, no universitarias (Enfermería, Gestión, Educación Física y diferentes tecnicaturas), con docentes designados por cooptación y sin ningún tipo de concurso, y con un Centro de Estudiantes ya armado para las organizaciones afines a los intendentes.

La primera medida de los docentes y alumnos fue realizar una asamblea que decidió la toma de la sede y el inicio de las clases, para impedir que sea desalojada. El viernes 28 fue la primera marcha al municipio. La primera de muchas, en una lucha que duró hasta agosto de ese año.[153]

La FUBA y AGD se solidarizaron con los docentes y los 3.200 alumnos que quedaban sin su sede y se puso al frente de los reclamos. La Municipalidad de Merlo explicaba que una sede de la UBA era incompatible con la creación de la Universidad del Oeste. Una unidad que no contenía las carreras más solicitadas (Medicina, Derecho, Ciencias Económicas, Bioquímica, Exactas y las diversas humanísticas), sino simplemente algunas tecnicaturas.

El Rectorado no respondió a las demandas estudiantiles ni se comprometió a garantizar la continuidad laboral de los docentes.

Se realizaron entonces varias marchas al municipio y al Ministerio de Educación. Varias veces se cortó la calle del CBC. Mientras tanto, se intentaba mantener a la sede en funcionamiento. La municipalidad envió a Edenor a cortar el suministro de electricidad. Se cortó, se volvió a recuperar y se volvió a cortar no sin mediar una serie de enfrentamientos.

---

[153]Para una cronología bastante completa hasta al menos el mes de mayo, véase http://www.po.org.ar/prensaObrera/1031/partido/historica-lucha-por-la-sede-del-cbc-en-merlo.

Las fuerzas irregulares estuvieron desde los primeros días, básicamente mediante personal "extraño" que intentaba recabar información sobre lo que pasaba. El jueves 10 de abril, la sede se encontró rodeada de autos de civil sin patente. Una semana después, el jueves 17 de abril, la delegación de la sede que volvía de una marcha al ministerio fue atacada a cascotazos por una patota y una manifestante tuvo que ser atendida.[154]

El sábado 19 de abril, un grupo que respondía a la municipalidad comenzó a lanzar volantes acusando a los docentes y estudiantes de "agitadores" y "usurpadores".[155]

Mineras en Mendoza

La empresa brasileña Vale había proyectado un emprendimiento minero para extraer sales de potasio en los márgenes del Río Colorado, al sur de la provincia de Mendoza. Sin embargo, una comisión de vecinos (trabajadores y estudiantes) comenzó a denunciar las consecuencias para el medio ambiente y conformó la Asamblea Popular por el Agua. A partir de la presión que ejercieron, la Legislatura tuvo que derivar la evaluación del emprendimiento al Consejo Provincial del Ambiente, que emitió un dictamen negativo. No obstante, la legislatura desconoció dicho pronunciamiento y le dio tratamiento al proyecto "Potasio-Río Colorado".

El 16 de junio de 2010, se trataba en la legislatura la aprobación o no del emprendimiento. El gobernador Celso Jaque ya había dado su visto bueno y había presionado a los legisladores. Ese día, la Asamblea Popular por el Agua realizó una importante manifestación. Del otro lado, la UOCRA llevó su gente. Vale había acordado con la gobernación y el sindicato el empleo de trabajadores locales afiliados, al menos en un 75% de la mano de obra requerida. La columna de la UOCRA arremetió contra los asambleístas a golpes y disolvió la columna.[156]

El proyecto fue aprobado. En julio 2012, comenzó la construcción con la presencia y aval de Cristina Fernández de Kirchner, que calificó el proyecto como "estratégico".[157] Pero a seis meses de dicho anuncio, la

---

[154]Ídem.

[155]Ídem.

[156]http://www.agenciawalsh.org/aw/index. php?option=com_content&view=article&id=5138&Itemid=133.

[157]http://www.ieco.clarin.com/economia/lanzamiento-Vale-millonario-proyecto-potasio_0_852514969.html.

empresa decidió detener sus actividades, suspendiendo a 4.200 trabajadores. Su explicación era la baja mundial del precio del potasio.[158]

Ese mismo año (2010), se debatió sobre el emprendimiento de la Minera San Jorge, subsidiaria de Coro Mining, en Yaguaraz, a 500 kilómetros de la localidad de Uspallata. El proyecto contemplaba la extracción a cielo abierto de cobre y oro.[159]

La oposición al emprendimiento, por su impacto ambiental, fue desarrollándose en Uspallata. El 3 de noviembre se realizó la audiencia pública, con una multitud de 4.000 personas movilizadas en contra de la minería a cielo abierto. Para amedrentarlas, un grupo ligado a la CGT (Madereros, Empleados de comercio, AOMA y UOCRA) se hicieron presentes junto a barrabravas de Huracán de Las Heras.[160] La patota comenzó a agredir a los manifestantes, pero a pesar de su ofensiva, se impuso el rechazo a la minera.

Elecciones en la Villa 20

En la Villa 20 se realizaban elecciones para la Junta Vecinal. El referente kirchnerista, Marcelo Chancalay manejaba allí la asistencia social, el presupuesto y hasta una patota para disciplinar a los opositores. Todo en acuerdo con el macrismo que gobernaba la Ciudad.

Chancalay había perdido las elecciones del año 2009 con Diosnel Pérez, militante del Frente Popular Darío Santillán. No obstante, Chancalay no estaba dispuesto a resignar su cargo, por lo que se mantuvo en él en forma ilegal. En 2010, sin embargo, los vecinos organizados lograron expulsarlo. Pérez y su familia fueron intimidados varias veces. Incluso, con armas de fuego. El día 16 de agosto, una patota agredió a Pérez y uno de los matones de Chancalay arrojó un ladrillo sobre su rostro.[161]

---

[158] http://www.losandes.com.ar/article/vale-resigna-lo-invertido-para-vender-potasio-rio-colorado.

[159] http://vozentrerriana.blogspot.com.ar/2010/11/rechazo-mendocino-san-jorge.html.

[160] Esta denuncia aparece en los principales diarios mendocinos, véase http://www.noalamina.org/mineria-argentina/mendoza/item/5242-mendoza-dijo-no-a-minera-san-jorge.

[161] http://www.pcr.org.ar/nota/politica/la-verdadera-cara-de-los-kirchner; http://www.frentedariosantillan.org/fpds/index.php?option=com_content&view=article&id=244:denunciamos-agresiones-en-la-villa-20-&catid=5:territorial-desocupadxs&Itemid=24.

La Costa Atlántica

En Miramar, Partido de General Alvarado, una empresa decidió construir un complejo turístico en el vivero dunístico "Florentino Ameghino", un espacio de reserva donde se desarrollaban incluso estudios paleontológicos.[162] Se intentaba levantar, allí, una serie de cabañas, una administración y diversos paseos. Todo patrocinado por el intendente, en ese momento kirchnerista, Patricio Hogan.[163]

Para impedirlo, los vecinos conformaron la Asamblea en Defensa del Vivero, que reunía a más de 300 vecinos. Su lucha tuvo que pasar por amenazas telefónicas y hasta laborales, pero poco a poco fueron ganando el apoyo del conjunto de la población y lograron suspender las obras a poco de iniciarse.

El 3 de diciembre de 2010, debían iniciarse las sesiones ordinarias del Honorable Concejo Deliberante de la ciudad. Allí se dirigió una manifestación de la Asamblea en Defensa del Vivero. Los esperaba una patota que respondía al PJ. El grupo de choque dejó heridas a tres mujeres. En medio del enfrentamiento, el intendente Hogan tuvo que retirarse cargado de abucheos.[164]

La Asamblea en Defensa del Vivero logró su objetivo. Patricio Hogan pasó al Frente Renovador, por el cual fue elegido senador provincial.[165]

El Indoamericano

En el desalojo de la ocupación del Parque Indoamericano en 2011, el Gobierno Nacional y el de la Ciudad de Buenos Aires recurrieron, junto a las fuerzas regulares, a la acción de patotas. A continuación, presentamos una reconstrucción del hecho.[166]

Las ocupaciones en el Parque Indoamericano comenzaron, según los testimonios, alrededor del sábado 4 de diciembre. Estuvieron motivadas por un rumor que se había propagado, sobre una posible entrega

---

[162]http://argentina.indymedia.org/news/2011/11/798151.php.

[163]https://www.pagina12.com.ar/diario/elpais/1-123025-2009-04-11.html.

[164]http://www.agenciawalsh.org/aw/index.php?option=com_content&view=article&id=6488:patotas&catid=136:dma&Itemid=131.

[165]http://www.grupolaprovincia.com/5-seccion/patricio-hogan-califico-de-ignorantes-e-inoperantes-a-legisladores-kirchneristas-03062014/.

[166]Reproducimos la que realizamos en su momento. Véase LAP: "Una cronología de los hechos", en *El Aromo*, N° 58, enero-febrero de 2011.

de escrituras a quienes tuvieran sus casas en las villas o sobre la entrega de subsidios a ocupantes de predios. Los primeros ocupantes provenían de la Villa 20, en su mayoría, y de Los Piletones. El lunes 6 se ocupó la construcción de Madres de Plaza de Mayo "Sueños compartidos", en el barrio de Los Piletones. Para intentar desalojarlos, Sergio Shocklender, que administraba el emprendimiento de Madres, realizó una denuncia en la Comisaría N° 36 y exigió públicamente la expulsión de los ocupantes. Para el martes 7, se había ocupado gran parte del Indoamericano.

La denuncia de Madres cayó en el juzgado de la jueza Nazar, quien ordenó el desalojo de los predios tomados. El operativo se llevó a cabo de común acuerdo entre la Policía Federal, la Policía Metropolitana y la Guardia de Infantería de la Gendarmería. Por la noche se produjeron los enfrentamientos. Luego de una primera resistencia con piedras, los ocupantes cedieron terreno y se replegaron a los barrios. Las fuerzas de la represión los siguieron hasta las casas. Desde el puente, efectivos policiales disparaban sobre la Villa 20. El saldo fue de dos muertos (Bernardo Salgueiro, paraguayo y Rosmary Churapuña, boliviana), 12 heridos y 55 detenidos. El objetivo fue, claramente, no solo el desalojo, sino amedrentar a la población.

Sin embargo, el miércoles 8, los pobladores de las villas linderas volvieron a ocupar el predio. Se sumaron también habitantes de otras villas, como la 1-11-14, Cildáñez, Villa 3 y Ciudad Oculta. Las organizaciones de izquierda convocaron a una marcha hacia Plaza de Mayo, en repudio a la represión y para exigir la solución al problema habitacional. No obstante, desde la toma solicitaron que la concentración se hiciera en las inmediaciones del parque, para evitar una nueva avanzada policial. Se produjo, entonces, una manifestación en la Avenida Escalada. La movilización sumó unos 2.000 manifestantes. Las fuerzas kirchneristas, por su parte, se negaron a hacerse presentes en el lugar y prefirieron realizar una concentración frente a la Jefatura de Gobierno que no excedió las 300 personas. Ese mismo día, el Juez Gallardo dictó la orden de no innovar y ordenó que se realizara un cerco perimetral al parque. Los funcionarios macristas, entretanto, se reunieron con representantes de los ocupantes, prometiéndoles entregarles alimentos, agua y carpas. Nada de esto se cumplió.

Luego de que las imágenes de la represión recorrieran el país, Aníbal Fernández decidió retirar a la Policía Federal y a la Gendarmería. Macri, en cambio, dejó una pequeña guardia. El jueves 9 de diciembre, una pequeña manifestación de los vecinos de los monoblocks de Villa Soldati, con corte en Escalada, exigía el desalojo del predio, con consignas racistas. De esa movilización se desprendió un grupo de 30 personas, escoltados por la Federal y la Metropolitana, que arremetió contra los ocupantes con armas blancas y de fuego. Tres de ellos fueron claramente identificados como barrabravas: uno de Huracán, otro de Racing y el tercero de River. El saldo fue de un muerto, Emilio Canaviri Álvarez, un desaparecido, Juan Valera, y tres heridos de bala. Todos, del grupo ocupante. Valera fue retenido por la patota agresora, golpeado y devuelto ensangrentado a los ocupantes, en señal de amenaza. Los ocupantes procuraron llevarlo a una ambulancia del SAME. La ambulancia fue baleada y detenida. Juan Valera fue sacado y allí se le gatilló en la cabeza. Canaviri, en cambio, fue baleado por la Metropolitana que disparaba sobre el puente, según la denuncia de su mujer. Es decir, que estamos ante un operativo conjunto entre una patota y la Metropolitana, que, sin embargo, no logró desalojar el predio ocupado.

El viernes se produjo la renuncia de Sergio Loruso, Secretario de Seguridad Interior del gobierno nacional. Cristina Fernández anunció, ese día, la creación de un Ministerio de Seguridad, cuya titular sería Nilda Garré y, la viceministra, Cristina Caamaño, nada menos que la fiscal del caso Mariano Ferreyra. Este ministerio debía hacerse cargo de las fuerzas de represión, que antes estaban bajo el control de Julio Alak y de Aníbal Fernández. Ambos le presentaron la renuncia a la presidente. Las organizaciones de izquierda realizaron una nueva concentración en Corrientes y 9 de Julio.

A la noche, y luego de nuevos enfrentamientos entre los ocupantes con los "vecinos", el Gobierno nacional convocó a Macri y a Rodríguez Larreta a una reunión con los representantes de los ocupantes, entre quienes estaban las organizaciones de izquierda. La intransigencia de las autoridades nacionales y municipales provocó un cuarto intermedio. Sorpresivamente, apareció el dirigente "Pitu" Salvatierra, quien se presentó como vocero de la toma, indicando que las voces de los ocupantes no eran escuchadas. Salvatierra, como ahora se sabe, pertenecía al kirchnerismo. Se realizó una nueva reunión el sábado 10, esta vez con representantes kirchneristas de la toma, y se resolvió enviar la gendarmería para cercar el parque y enviar funcionarios nacionales a realizar un censo. A las 17 hs. del sábado, comenzó el cerco.

El domingo 11, el Gobierno nacional comenzó a realizar el censo, con denuncias de los ocupantes de falta de agua potable, comida, carpas y baños químicos. Los reclamos no fueron escuchados. La gendarmería no dejó pasar alimentos, ni agua embotellada, ni carpas. En medio de esta asfixia, los censistas, comandados por Alicia Kirchner en persona, conversaban con los ocupantes. No es descabellado afirmar que intentaron convencerlos de dejar la toma. La toma, sin embargo, se extendió a Villa Lugano, al club Albariño y a Bernal, en el partido de Quilmes. Aquí, se ocupó un terreno lindante al frigorífico Finexcor. Esta ocupación fue más "pacífica": no hubo "vecinos" que intentaran desalojarla y se comenzó a negociar con el intendente Gutiérrez. En cambio, la ocupación del club Albariño sufrió la agresión de una patota que intentó desalojarlos, sin éxito.

El lunes 12 se produjeron tres ocupaciones más: en Villa Lugano, en Barracas y en el km. 31 de la ruta 3. Se intentó tomar un predio de Villa Madero, pero el intento fue desbaratado por la policía. El martes, se levantó la toma de Barracas. Se produjo una tercera reunión entre el gobierno nacional y el de la ciudad, de donde salió una nueva propuesta. Mientras los dirigentes de las organizaciones de izquierda de la toma del Indoamericano estaban en la marcha convocada hacia Plaza de Mayo, Salvatierra organizó una asamblea para plebiscitar la propuesta salida de la reunión Fernández-Rodríguez Larreta: Macri y Cristina ofrecían la posibilidad de inscribirse en un plan de viviendas, sin ninguna prioridad frente a los que ya estaban anotados y, si no acordaban, a la noche serían desalojados por la fuerza. De aquí en más, quien tomara un predio público o privado sería despojado de los planes sociales y del acceso a cualquier plan de vivienda. Luego de días de asfixia, sin dirigentes con autoridad para oponerse y ante la amenaza de nuevas muertes, los ocupantes aceptaron retirarse. Esa noche, Rodríguez Larreta y Aníbal Fernández se felicitaron mutuamente.

En la acción de fuerzas irregulares fueron identificados claramente dos barrabravas. El primero es Julio Capella, que aparecia empuñando un arma en varias fotos. Capella era integrante de la barra de Huracán y cuñado de los jefes de la misma: Claudio y Pablo Respinis. La hinchada de Huracán estaba vinculada a Daniel Angelici, presidente de Boca y operador judicial del macrismo. Capella, además, fue uno de los que viajó a Sudáfrica en el Mundial de 2010, como parte del grupo kirchnerista Hinchadas Unidas Argentinas.[167] Además, mantenía vínculos sindicales, ya que figuraba como "empleado" de la Obra Social de Empleados Municipales Porteños (OBSBA), que dirigía Amadeo Genta, el burócrata al frente del SUTECBA. Su padre, Carlos Capella era masajista en Boca y estaba ligado a Mauricio Macri.[168] Su tío, Jorge Luis Capella, trabajaba en la Dirección Nacional de Migraciones desde enero de 2003, cuando Miguel Ángel Toma y Cristian Ritondo eran ministro del Interior y subsecretario de Estado, respectivamente. Su tía

---

[167]http://www.ole.com.ar/fuera-de-juego/disparo-Capella_0_388161242.html.
[168]http://www.lapoliticaonline.com/nota/48773/.

era "La Negra" Capella, puntera macrista de Villa Lugano. Es interesante ver cómo, en su persona, se unifican los vínculos entre el macrismo y el kirchnerismo.

El segundo patotero identificado era Ricardo Gerino, barrabrava de River, también "empleado" en OBSBA y, además, nombrado por el macrismo inspector en el área de Fiscalización y Control, que se dedicaba a la habilitación y regulación de boliches nocturnos.[169] Gerino formaba parte de la fracción "200 guerreros" que le disputaba la conducción de la barra a la dirección hoy "oficial". En su grupo, se encontraba el "Turco" Martín Sambuli, organizador de la barra en Fuerte Apache y empleado en el Registro Nacional de las Personas.[170] Otro de los tiradores fue Alejandro Pastore, empleado de OBSBA y personal de SUTECBA, a las órdenes de Amadeo Genta.[171] El SUTECBA había construido un complejo de torres frente al Parque utilizando fondo del IVC. Cabe aclarar que el juez de la causa decidió no imputar a los barras, lo que generó un fuerte intercambio con el fiscal. Finalmente, el magistrado se declaró incompetente.[172] La causa judicial se cerró en el 2012 y absolvió a los 44 policías investigados y a la jueza que ordenó el desalojo, aunque volvería a abrirse a mediados del 2015. Gerino, uno de los barras de la patota del Indoamericano, fue imputado en 2014, pero por un hecho completamente ajeno: un tiroteo en la confitería de River, luego de un superclásico, en 2014.[173]

En tierras pingüinas

El gobernador de Santa Cruz Daniel Peralta presentó, en 2010, una reforma previsional que elevaba la edad jubilatoria e incrementaba los aportes previsionales de los trabajadores. Es decir, un régimen que expropiaba el salario del obrero, mantenía a los trabajadores más años en servicio y no prometía mejoras para los jubilados. La indignación de los gremios docentes y estatales no tardó en aparecer.

El 26 de diciembre de 2010, la cámara de diputados provincial se aprestaba a discutir el proyecto, por lo que los gremios llamaron a una

---

[169]https://www.pagina12.com.ar/diario/elpais/1-159888-2011-01-05.html.

[170]http://www.clarin.com/politica/Relaciones-politicas-negocios-barrabrava-involucrado_0_389961045.html.

[171]http://www.periodistasenlared.info/diciembre10-13/nota_nac3.html#.

[172]https://www.pagina12.com.ar/diario/elpais/1-159888-2011-01-05.html.

[173]http://www.clarin.com/deportes/futbol/river-plate/Procesaron-barra-River-enfrentamiento-confiteria_0_1301870061.html.

movilización. Para contrarrestarla, el gobernador apeló a la dirección de la UOCRA. Para tener un motivo de movilización, el gobernador logró que ese mismo día se discutiera el presupuesto 2011, que incluía la realización de obras públicas, lo que interesaba directamente al sindicato.

Los miembros de la UOCRA ocuparon los lugares estratégicos en las afueras de la Cámara de Diputados a la madrugada. Cuando las columnas de docentes y estatales estaban por llegar, fueron recibidas por los obreros nucleados en la UOCRA que, con la excusa de defender el presupuesto, impidieron la manifestación contra la reforma previsional, que finalmente fue votada. Los manifestantes se dirigieron a la comisaría más cercana para exigir protección. La respuesta fue: "No tenemos orden para actuar".[174]

En abril de 2011, los gremios docentes y estatales de la provincia llamaron a un paro por 72 horas, en reclamo de un aumento salarial del 50%, frente al 25% y en cuotas que proponía la administración provincial. En cada ciudad, los trabajadores realizaron volanteadas para informar a la población de la situación.

El 12 de abril, los huelguistas decidieron realizar una volanteada en la localidad de 28 de Noviembre, por donde iba a pasar la comitiva del gobernador Daniel Peralta. Mientras docentes afiliados a ADOSAC y trabajadores de la Salud estaban intentando informar a la población sobre el conflicto, se acercaron cuatro camionetas traffic de las cuales descendió personal mandado por la UOCRA y agredió brutalmente a los huelguistas, con palos y piedras. El saldo fue de 17 manifestantes heridos.[175] Entre ellos, Carlos Paredes, delegado del Hospital de Río Turbio, que tuvo que ser trasladado de urgencia a Río Gallegos para ser atendido. Alejandro Garzón, Secretario General de ATE Santa Cruz, afirmó que "hubo zona liberada, no había policías y las ambulancias se demoraron en llegar". A raíz de estos hechos, ATE Río Turbio llamó a un congreso para decidir un paro por tiempo indeterminado y Pablo Micheli convocó a una manifestación nacional.[176] Lo realmente curioso es que la dirección nacional de UOCRA repudió el hecho y desligó

---

[174]http://www.youtube.com/watch?v=4ioHzfwsVJY&NR=1; http://www.tiemposur.com.ar/nota/19565-graves-incidentes-afuera-de-la-legislatura.html; http://www.tiemposur.com.ar/nota/19565-graves-incidentes-afuera-de-la-legislatura.html; http://www.lanacion.com.ar/nota.asp?nota_id=1334118.

[175]http://www.diariopopular.com.ar/notas/83054-obreros-uocra-atacaron-estatales-santacrucenos.

[176]http://www.youtube.com/watch?v=76FPBwx_zxs&feature=player_embedded, http://www.lanacion.com.ar/1364995-santa-cruz-afiliados-a-la-uocra-agreden-a-docentes-y-estatales-durante-una-manifestacion.

responsabilidades a nivel nacional, pidiendo un informe a su secretario provincial.[177]

En junio de ese año, la lucha docente continuaba con colegios tomados. Río Gallegos era el epicentro de la movilización. El día 10 de junio, un grupo de militantes del FPV de Santa Cruz, al mando de Rudy Ulloa Igor en persona (empresario ligado a Néstor y Cristina Kirchner) entraron a la sede de ADOSAC y tomaron el sindicato por la fuerza, manteniendo de rehenes a los trabajadores que estaban adentro. La movilización en toda la provincia obligó a la patota kirchnerista a desalojar la sede. A las 22:30, una traffic del cuerpo de infantería los recogió y un cordón policial los escoltó. La complicidad con el gobernador no era difícil de descubrir.[178]

Las andanzas de Gildo

La lucha de un sector de la población obrera formoseña, identificados como "Qom", comenzó alrededor del año 2002 y se concentró en el acceso a un territorio de alrededor de 5.000 has para una población que oscilaba entre el empleo temporal, la desocupación y la asistencia social. Allí, en esas tierras, la población perteneciente al complejo "La Primavera" podía recoger diversos frutos (como la algarroba), madera y animales para alimentarse. O sea, es el último recurso de gente muy desesperada.[179]

Esas tierras aparecían en disputa frente al intento de ampliar los parques nacionales. En 2010, el gobernador Gildo Isfrán planificó la expropiación de 600 has para la construcción de un instituto terciario. La comunidad comenzó a organizar un plan de lucha para defender las tierras. El 23 de noviembre, cortaron la ruta 86. El Gobierno desató una feroz represión que terminó con la muerte de uno de los manifestantes, Roberto López.[180] Ese mismo día, Cristina celebraba con Isfrán un acuerdo para el tendido de una red eléctrica. Unos días después, otro militante Mario López, fue atropellado en dudosas circunstancias (de los asesinatos nos ocuparemos más adelante).

---

[177] http://www.clarin.com/politica/Santa-Cruz-heridos-UOCRA-docentes_0_rkVxzR7aPmx.html.

[178] http://tribunabancaria.blogspot.com.ar/2011/06/desocuparon-la-sede-de-adosac-y-sigue.html.

[179] http://www.pcr.org.ar/nota/pueblos-originarios/uno-de-los-qom-asesinados-en-formosa-es-roberto-l%C3%B3pez-de-la-ccc.

[180] Ídem.

Frente a estos hechos, la comunidad comenzó una serie de acciones para el esclarecimiento de los crímenes. Ante esto, recibieron constantes amenazas "anónimas", que consistían en papeles impresos pasados por debajo de las puertas.[181] Ante la ineficacia de estas advertencias, las patotas violentaron las casas de dos militantes de nombres Leandro y Marcelo (cuyos nombres completos no fueron dados a conocer).[182]

El 21 de marzo de 2011, los Qom llevaron adelante el corte de la ruta 11, para realizar sus reclamos. En lugar de enviar a algún funcionario a dialogar, el gobierno provincial mandató al dirigente del PJ, Daniel Taffetani, a que se ocupe. Taffetani mandó un grupo de patoteros para desalojar la ruta, tal como denunció el diputado Ricardo Mendoza.[183]

Ante la falta de respuestas, el líder Félix Díaz y otros dirigentes decidieron realizar un acampe en la Capital Federal, en plena Avenida 9 de Julio. Sin respuestas, el día 5 de mayo del 2011, la policía llevó adelante el levantamiento de las carpas y el desalojo, ayudado por un grupo de La Cámpora, comandado por el "Cuervo" Larroque.[184] En sintonía con estos hechos, La Cámpora emitió un comunicado de apoyo a las políticas de Gildo Isfrán.

La Primavera no es el único grupo de desposeídos que pelea por recursos para subsistir. En Ingeniero Juárez, otro grupo, la Comunidad Wichi Barrio Obrero, luchaba contra el desalojo de sus tierras y la cooptación política. El primer enfrentamiento ocurrió con motivo de las elecciones de 2009, en las que el intendente retuvo sus DNI para falsificar votos para el FPV, mediante amenazas. Los miembros de la comunidad no pudieron evitar el despojo, pero denunciaron que esos DNI no fueron devueltos.[185]

En 2011, los intentos de desalojo encontraron una severa lucha por parte de los habitantes, que difundieron sus reclamos a través de Radio Identidad, un medio de comunicación local. El 6 de octubre de ese año, una patota (personal traído de Salta, según se denuncia) se dirigió a la

---

[181] http://www.lalacnaqom.blogspot.com/.

[182] http://argentina.indymedia.org/news/2010/12/766721.php.

[183] http://www.elcomercial.com.ar/index.php?option=com_content&view=article&id=39469:diputado-aborigen-mendoza-pide-algun-funcionario-que-dialogue-&catid=9:edicion-digital&Itemid=65.

[184] http://www.plazademayo.com/2011/05/la-diferencia-entre-apurarlos-y-ser-solidario/. Pueden verse las imágenes en http://argentina.indymedia.org/news/2011/05/779150_comment.php.

[185] http://www.elcomercial.com.ar/index.php?option=com_content&view=article&id=59024:patota-apedreo-vivienda-de-locutor-aborigen-wichi-de-ingeniero-juarez&catid=6:o.

casa del locutor y denunciante, Fernando Albornoz, y comenzó a apedrear su vivienda.[186]

La fuerza de la Barrik

Esta acción se desarrolló el 24 de febrero de 2011, en medio de un corte contra el emprendimiento de minería a cielo abierto de la Barrik Gold, en San Juan. La manifestación fue atacada por la policía y por patotas que respondían al gobernador Gioja, según denuncias. El saldo fue de cuatro detenidos: Eugenia Testa (Directora Política de Greenpeace), Florencia Dal Cabo (Greenpeace), Ramón Gómez Mederos (Espacio por el Agua San Juan y secretario adjunto de CTA San Juan) y Walter Gambeta (Asamblea Sanjuanina contra el Saqueo).[187]

La TV pública

Las condiciones laborales y salariales de los trabajadores de televisión fueron degradándose en la última década. No es extraño, entonces, que surgieran comisiones internas y agrupaciones sindicales combativas y clasistas, en oposición a las conducciones afines a las patronales, como UTPBA (Unión de Trabajadores de Prensa de Buenos Aires) y SATSAID (Sindicato Argentino de Trabajadores de Televisión, Servicios Audiovisuales, Interactivos y Datos). Entre ellas, la Naranja de Prensa y Fibra Obrera, ligadas al PO.

En una de las actividades de volanteo en la puerta de Canal 7, el viernes 6 de mayo de 2011, los trabajadores de estas agrupaciones fueron sorprendidos por unos matones que los amenazaron y forzaron a retirarse. Según denunciaron los militantes, les advirtieron "¿Qué quieren? ¿Que los caguen a palos o que los maten?".[188]

Las mineras de Catamarca

Los asambleístas no podían decir que no fueron advertidos: si se manifestaban en las oficinas de las mineras, alguien los iba a estar

---

[186]Ídem y http://correpi.lahaine.org/?p=1085.

[187]http://www.anred.org/article.php3?id_article=3998&var_recherche=patota.

[188]http://www.facebook.com/group.php?gid=252901878854, http://www.lanaranjadeprensa.com.ar/provocaci%C3%B3n-del-sat-en-canal-7 .

esperando. Se los dijo una fuente sumamente autorizada: nada menos que el comisario de la departamental, en la capital provincial.

Sin amedrentarse, la Asamblea El Algarrobo y la del Pueblo de Andalgalá organizaron una manifestación en el centro de San Fernando del Valle de Catamarca, pasando por las oficinas de La Alumbrera y Agua Rica. Al llegar a las segundas, un grupo de 30 personas salieron a romper la marcha a los golpes.[189] Los vecinos fueron a la comisaría a realizar las denuncias, pero el comisario no solo recordó que lo había advertido, además se negó a tomar las denuncias. Una concentración en la comisaría obligó a hacer lugar a las acciones legales.[190]

Hombres de Hebe

Madres de Plaza de Mayo, en 2002, pasó de ser un organismo de lucha por los derechos ciudadanos (que, con todas las limitaciones del caso, defendía derechos elementales de la clase obrera) a conformar una organización ligada al Estado. En paralelo, se transformó en una empresa y, como cualquier empresa argentina, empezó a requerir el apoyo estatal. Así fue como utilizó fondos públicos para planes de construcción de vivienda que se ejecutaron solo muy parcialmente. Además, les exigía a sus empleados asistencia a los actos de Cristina y Néstor.

Como cualquier empresario de la construcción, Madres empleó trabajo en negro y en precarias condiciones laborales. Sus obreros, por supuesto, no tardaron en organizarse para reclamar lo que les correspondía. En el caso del obrador de Los Piletones en Villa Soldati, la CCC tuvo un destacado papel para impulsar la organización y las medidas de lucha. En marzo de 2008, los trabajadores realizaron un importante paro. En represalia, el viernes 28 de marzo, la fundación despidió a los 10 dirigentes de la huelga. ¿Cómo supieron quienes eran? Porque gente de la UOCRA se encargó de "marcar" a los "cabecillas".

El lunes 31 de marzo, los despedidos decidieron realizar una actividad en la entrada del obrador para informar de la situación a todos los trabajadores. Sin embargo, vino a expulsarlos una patota de la UOCRA, que respondía a Sergio Shoklender.[191]

---

[189]http://www.noalamina.org/mineria-argentina/mineria-catamarca/fui-testigo-de-las-golpizas-de-la-patota-de-agua-rica.
[190]http://www.izquierdasocialista.org.ar/cgi-bin/elsocialista.cgi?es=192¬a=4.
[191]http://www.pcr.org.ar/nota/politica/otro-ataque-de-las-patotas-k.

Sabemos cómo terminó este "emprendimiento": corrupción, viviendas que no se construyeron y millones de pesos en los bolsillos de Hebe y Sergio Shoklender. Sin embargo, la Justicia de Cristina y la de Mauricio nada hizo para investigar el hecho.

Salud cordobesa

Siete semanas de paro y 28 establecimientos tomados. Esa era la situación hospitalaria en Córdoba en noviembre de 2011. El ofrecimiento de un bono de $1.300, aceptado por la conducción sindical, no había logrado mover el amperímetro. Se reclamaba un salario básico de $6.000, el pase a planta de todos los contratados y el aumento del presupuesto. Se había formado una comisión interhospitalaria, que funcionaba mediante asambleas. ATE también jugaba su carta contra la conducción cegetista del Sindicato de Empleados Públicos (SEP), a cargo de José Pihén, electo recientemente legislador provincial.[192]

Para intentar amedrentar la lucha, el 3 de noviembre, el SEP y la dirección de trabajadores docentes decidió realizar una marcha al Polo Sanitario. Allí, el dirigente Marcelo "Chino" Soria arengó contra los huelguistas. En particular, contra los médicos del Hospital Rawson, lugar donde la burocracia no contaba con una oposición. Minutos después, una patota se lanzaba con palos y cadenas contra los trabajadores en lucha.[193] El saldo fueron varios médicos golpeados, pero también periodistas de los principales medios que intentaban cubrir el hecho, como *La Voz del Interior*, Canal 10 y Radio Mitre.[194] La patota estaba ligada a José Pihén, legislador delasotista, que intentaba interceder para una asunción "pacífica" del gobierno provincial, por parte de De la Sota.

UPCN recargada

El 10 de junio del 2010, un grupo identificado con gorras y remeras de UPCN atacó a otro identificado con ATE que protestaba contra el acuerdo salarial firmado el 3 de junio por UPCN, que daba solo un 21 por ciento de aumento salarial.[6] El 20 de abril de este año, una

[192]http://www.lineasindical.com.ar/jose-pihen-bio-557.html.

[193]http://www.po.org.ar/prensaObrera/1202/politicas/rebelion-hospitalaria-en-cordoba;   http://www.laizquierdadiario.com/spip.php?page=gacetilla-articulo&id_article=5329.

[194]http://www.puntal.com.ar/v2/article.php?id=81572.

patota del sindicato atacó a militantes de ATE, cuando protestaban en la puerta del Ministerio de Industria pidiendo una recategorizacion. Allí, unos 70 miembros de UPCN agredieron con palos y trompadas a los manifestantes.[7]

Tarifas misioneras

El 23 de enero de 2009, una movilización de vecinos de Posadas se movilizó hasta la terminal de transferencia para denunciar el aumento del boleto, dispuesto por el Gobierno provincial. Se realizó una actividad de esclarecimiento con los usuarios.[195] En medio de la manifestación irrumpió una patota de la UTA, asociada a Carlos Flores, tesorero de la UTA de Misiones e intendente de Candelaria.

La patota no pudo cumplir con su objetivo. Los usuarios presentes salieron en defensa de los manifestantes y los muchachos de Flores se tuvieron que retirar. Sin embargo, la patota iba a cobrarse revancha.

Diego Bogarín, periodista de LT4, había estado en la movilización y, desde su programa, había alentado la protesta. Al llegar a su casa, a eso de las 23 hs. fue interceptado por un grupo de personas que lo habían seguido. Bogarín fue amenazado.[196]

La UOCRA, *siempre presente*

El 28 de noviembre del 2011, en Malvinas Argentinas, Córdoba, una patota de la UOCRA dirigida por dos delegados locales, agredió a los manifestantes contra Monsanto, que realizaban una protesta desde hacía dos meses. Ese mismo día se produjeron tres agresiones. La primera, a las 7, entre militantes de la construcción y vecinos de Malvinas. La segunda, cerca de las 10, cuando la Policía reprimió a los asambleístas. La última, una hora después, cuando los activistas de la UOCRA abandonaron el predio en un micro que estaba inscripto a nombre de la Dirección de Transportes de la Provincia.[197]

El 29 de septiembre del 2011, el periodista del diario UNO, Oscar "Toti" Díaz, fue sacado a empujones del Hospital Reconquista (Santa

---

[195]*La Voz de Misiones*, 23/01/2009.

[196]http://www.fopea.org/reportero-fue-perseguido-por-sumarse-a-una-protesta-publica-en-posadas/.

[197]http://www.clarin.com/politica/Cordoba-asambleistas-acusan-UOCRA-agresiones_0_1038496221.html.

Fe). Hasta allí, se había dirigido el ministro de Obras Públicas provincial, Hugo Storero. Díaz fue sacado del lugar al grito de "vivís hablando pelotudeces". Silvio Batistuta, de Radio Diez, también había sido agredido por la UOCRA, en el marco de un paro en la obra del hospital.[198]

Ataques políticos

Patota clerical

El XXVº Encuentro Nacional de Mujeres se realizó en Paraná, Entre Ríos, del 9 al 11 de octubre de 2010. Como en cada encuentro, las posiciones feministas y laicas se enfrentaron a las clericales, con diferentes tipos de posturas conciliadoras. La comisión más problemática era la que discutía el aborto, en la cual se disputaba la consigna por la legalización del aborto o el "derecho a la vida desde la concepción" o sea, la penalización de las mujeres que decidían interrumpir el embarazo. Para eso, el clero solía enviar mujeres de todo el país.

En 2010, el Arzobispo de Paraná, Mario Bautista Maulión, decidió apostar fuerte y respaldar la delegación con 100 patoteros (varones). En cuanto la comisión sobre el aborto decidió la expulsión de las delegadas del clero por amplia mayoría, los patoteros ingresaron al lugar, rompieron vidrios, golpearon a las delegadas de izquierda y amenazaron a todo el mundo.[199] Luego de la marcha del sábado 10, el domingo 11 las militantes católicas volvieron al encuentro para imponer sus consignas en la comisión de redacción. Para secundarlas, los cien patoteros se encontraban en la esquina. Afortunadamente, no lograron su cometido.[200]

Sobisch vuelve a las andadas

La Revuelta era una agrupación feminista de Neuquén. No obstante, no se dedicaba solo a cuestiones de género, sino que acompañaba el resto de las luchas. En las elecciones de 2011, mientras Jorge Sobisch se presentaba a su reelección como gobernador, las militantes de La Revuelta comenzaron una campaña de esclarecimiento a la población,

---

[198]*La Capital*, 29/09/2011.
[199]http://po.org.ar/articulo/po1150044/fuera-iglesia.
[200]Lo reconocen la propia organización clerical. Véase http://www.argentinosalerta.org/node/1221.

282

explicando que el candidato no era otro que el responsable de la muerte de Carlos Fuentealba.[201]

El 16 de febrero de 2011, mientras las integrantes de la agrupación estaban por estacionar, para realizar una actividad de difusión ("justicia callejera", como la llamaban), cuatro personas bajaron de una camioneta 4x4, que portaba publicidad del candidato en cuestión. Sin mediar explicación alguna, comenzaron a golpear con palos al auto de las militantes, rompiendo los vidrios. Para evitar sufrir una golpiza, las agredidas arrancaron el auto. La camioneta las siguió y llegó a cruzarse por delante. Ante lo cual, las víctimas debieron retroceder y escapar.[202]

Di Pierro ataca de nuevo

Era 16 de marzo. 17, para ser exactos, porque ya había pasado una hora de la medianoche. Héctor Lucio, candidato a gobernador chubutense por el Frente del Sur, estaba pegando afiches en Comodoro Rivadavia con su hijo de 9 años y con otros seis compañeros. La elección era reñida para el kirchnerismo, cuyo candidato, Carlos Eliceche, enfrentaba a Martín Buzzi, del Peronismo Federal, de Mario Das Neves. En eso, estacionaron seis camionetas y bajaron 20 personas, las que iban a la cabeza empuñando armas de fuego. Se acercaron y amenazaron a los militantes y los obligaron a retirarse.

La patota fue identificada. Fue armada por Jorge Taborda, dirigente de Camioneros de la provincia, en sociedad con el "Tano" Di Pierro, el intendente. El escándalo salpicó la campaña. El propio Luis Acevedo, organizador de la campaña, salió a desmarcarse, acusando a Di Pierro.[203] Jorge Taborda incluso reconoció que sus "muchachos" tuvieron un "altercado" con los militantes de Proyecto Sur, aunque negó que se portaran armas de fuego, lo que fue desmentido a partir de imágenes que se filtraron.[204]

---

[201] http://www.farco.org.ar/index.php/es/actualidad/173-neuquen-patota-de-so-bisch-agredio-a-golpes-a-militantes-feministas.html.

[202] http://www.8300.com.ar/2011/02/16/una-patota-%E2%80%9Cblanca%E2%80%9D-ataco-a-militantes-de-la-revuelta/.

[203] http://www.opisantacruz.com.ar/home/2011/03/16/denuncian-a-camione-ros-de-amenazar-con-armas-de-fuego-a-militantes-de-proyecto-sur/11129.

[204] Las imágenes fueron publicadas por Proyecto Sur Chubut en https://www.facebook.com/photo.php?fbid=106328122783134&set=o.115958361760699&type=1&theater.

Nuevo frente en Neuquén

Libres del Sur, un partido que fue fundado en 2006 y que fue, hasta el 2011, acérrimo oficialista, se declaró opositor para las elecciones de 2011. Había conformado el FAP, junto al socialismo santafecino, luego devenido en Frente Amplio UNEN, junto a Stolbizer, Prat Gay y Elisa Carrió. El frente terminó finalmente, no sin defecciones, en Cambiemos.

Para las elecciones de 2011, encontramos en Neuquén a esta agrupación organizando dos patotas para reprimir a los militantes del Frente de Izquierda y de los Trabajadores (FIT). La primera el 16 de mayo de 2011 y la segunda el 9 de junio de ese mismo año. La patota fue organizada, según denuncias, por Jorge Peralta, asesor de la diputada provincial Paula Sánchez, de Libres del Sur, que en 2007 había llegado a la legislatura con boleta asociada al kirchnerismo. El diputado por la agrupación, Jesús Escobar, reconoció el primero de los hechos.[205]

De Escobar a Del Viso

El 17 de junio de 2011, Sabrina Krahn volvía en colectivo hasta su casa, en Del Viso, provincia de Buenos Aires. Era militante del PO y venía de pegatinar afiches para el Frente de Izquierda en General Savio, Escobar. Al bajar, sorpresivamente, la estaban esperando dos hombres, que la acorralaron, la tomaron del brazo y le sacaron sus materiales. La amenazaron y le advirtieron no volver a General Savio.[206] A raíz de estos hechos, la dirigencia provincial del PO solicitó una entrevista con el intendente de Escobar, Sandro Guzmán, quien terminó militando en el massismo.

La reaparición de "Tuta"

El 18 de junio de 2011, los militantes del MST estaban realizando una actividad, en el marco de la campaña electoral, en Triunvirato y Los Incas, en Capital Federal. En eso, apareció un grupo dirigido por nada menos que "Tuta" Muhamad, barrabrava de Chacarita que comandó la

---

[205]http://www.pts.org.ar/spip.php?article17914.
[206]http://www.eldiadeescobar.com.ar/buzon/cartas_de_lectores/15736.

284

patota en el Hospital Francés años atrás. El grupo agredió a los militantes y tiró la mesa con los materiales.[207]

Río Negro

En Viedma, en medio de la campaña electoral, el 7 de agosto de
2011, una patota atacó a jóvenes militantes del PO, en el marco de la
campaña del FIT. Los militantes estaban realizando una pegatina cuando los agredió un grupo identificado con la UCR, partido del gobernador César Barbeito.[208]

Azul contra los rojos

El 21 de octubre de 2011 era el último día antes de la veda electoral,
pero también, era el día siguiente a la marcha por el esclarecimiento del
asesinato de Mariano Ferreyra, a un año del hecho. Esa tarde militantes
de la UJS (PO), realizaban una pegatina en el centro de Azul, Provincia
de Buenos Aires. En medio de la actividad, se presentó una patota de
La Cámpora y la Juventud Sindical Peronista que comenzó a atacar a los
militantes con palos. Una militante recibió un golpe en la cabeza y tuvo
que ser atendida en el hospital.[209]

Ataques al PO en Santiago

En el profesorado más grande de Santiago del Estero, el ISPP N° 1,
en plena votación del Centro de Estudiantes en 2009, los estudiantes
pertenecientes al Partido Obrero fueron golpeados por una patota al
mando de Bobby Acosta, puntero de Franja Morada (e identificados con
el gobierno kirchnerista del radical Zamora). Posteriormente, Andrea
Ruiz, dirigente del PO y estudiante del profesorado de historia en ese
momento, recibía frecuentemente los ataques verbales en público, con
frases como "piquetera sucia". Mario Guzmán y Leonardo Acuña, también estudiantes del PO en los profesorados de historia y filosofía respectivamente, fueron llamados para una supuesta reunión en el anfiteatro

---

[207]http://www.youtube.com/watch?v=Eag_a_jf3_U.
[208]http://es-es.facebook.com/permalink.php?story_fbid=196147533779370&
id=171260086268115.
[209]http://www.pts.org.ar/IMG/article_PDF/pts_org_ar19526.pdf.

del ISPP, pero era una emboscada, porque fueron molidos a golpes por una patota de Franja Morada, que en ese momento conducía el Centro de Estudiantes.[210]

La represión estatal

A continuación, presentamos algunos hechos en los cuales el Estado nacional solo, o en colaboración con los estados provinciales y municipios, acudió a la represión estatal. Obviamente incluimos también la represión que ejerció el gobierno de la Ciudad de Buenos Aires. ¿Por qué, si se trata de una administración de otro signo político (el PRO, de Mauricio Macri)? Porque en ningún caso, ante hechos de ese tipo, el gobierno nacional intervino. No inició ningún juicio penal ni político contra los responsables de la represión. Más aún, coordinó con el macrismo diversas represiones, como en el caso del Indoamericano. En esta breve descripción, omitimos algunas acciones represivas que terminaron en la muerte de manifestantes, debido a que van a ser objeto de análisis en el acápite correspondiente a los asesinatos. En total, contabilizamos un mínimo de 255 acciones represivas. Veamos, entonces, los hechos seleccionados.

- El 22 de febrero de 2008, el gobierno porteño ordenó desalojar a los cartoneros de los terrenos en Pampa y las vías del ferrocarril Mitre.[211]

- El 14 de abril, el gobierno de Chaco reprimió una manifestación de trabajadores desocupados.

- El 1 de mayo, vecinos del barrio El Martillo, en Mar del Plata, fueron reprimidos por intentar ocupar tierras para construir viviendas.[212]

- El 6 de junio, desocupados de La Quiaca, Jujuy, exigían un aumento en los planes sociales, cuando fueron desalojados violentamente por fuerzas policiales de la provincia.[213]

---

[210]Entrevista Héctor Andreani, testigo de los hechos, en poder del autor.
[211]http://www.lanacion.com.ar/989616-incidentes-en-un-desalojo-en-la-pampa-y-las-vias-de-la-linea-mitrehttp://www.lanacion.com.ar/989616-incidentes-en-un-desalojo-.
[212]http://correpi.lahaine.org/?p=862.
[213]http://correpi.lahaine.org/?p=897.

286

- El 30 de julio, el gobierno de Córdoba reprimió una manifestación en contra de la reforma jubilatoria que recortaba los haberes de los jubilados.[214]

- El 20 de octubre, una movilización docente en la Ciudad de Buenos Aires fue duramente reprimida por el gobierno de la ciudad. Nadie del gobierno nacional tomó cartas en el asunto.[215]

- El 21 de febrero de 2009, el gobierno de La Rioja mandó a reprimir a quienes manifestaban por un emprendimiento minero que podía contaminar el Río Famatina.[216]

- El 23 de abril, en La Plata (Buenos Aires), un grupo de mujeres reclusas se amotinaron exigiendo mejores condiciones edilicias, luego de que el bebé de una de ellas muriera debido a falta de condiciones higiénicas. El gobierno provincial mandó a reprimir a las amotinadas.[217]

- El 30 de abril, el gobierno de Chubut reprimió a los docentes que llevaban dos días de paro en reclamo de sus salarios.[218]

- El 6 de julio, en Caleta Olivia (Santa Cruz), en un operativo conjunto entre la policía provincial y la gendarmería, el gobierno de Peralta reprimió a una manifestación de trabajadores de la empresa Empasa y a desocupados que estaban manifestándose en la entrada de la ciudad.[219]

- El 7 de septiembre se produjo el violento desalojo de la fábrica Kraft, en General Pacheco (Provincia de Buenos Aires), luego de 40 hs. de toma por parte de sus trabajadores. Se utilizaron gases lacrimógenos y

[214] http://www.lanacion.com.ar/1034879-cordoba-tras-los-incidentes-se-aprobo-la-reforma-jubilatoria.

[215] https://www.lacapital.com.ar/informacion-gral/mantildeana-habraacute-paro-nacional-docente-la-represioacuten-maestros-portentildeos-n268151.html.

[216] https://www.pagina12.com.ar/diario/sociedad/3-120327-2009-02-21.html.

[217] http://www.lanacion.com.ar/1122988-motin-y-represion-en-una-carcel-de-mujeres-en-la-plata.

[218] http://comunicacionpatagonica.blogspot.com.ar/2009/04/represion-docentes-de-chubut.html.

[219] http://www.po.org.ar/prensaObrera/1090/politicas/caleta-olivia-trabajadores-y-desocupados-se-unen-para-enfrentar-la-represion-policial.

balas de goma. El operativo estuvo a cargo de la policía provincial. Hubo 11 heridos y 65 detenidos.[220]

- El 17 de septiembre, en Colalao del Valle (Tucumán), fueron desalojadas 40 familias. El 21 de ese mes, una manifestación en contra del desalojo frente a Casa de Gobierno fue reprimida por la policía provincial.[221]

- El 22 de marzo de 2010, las fuerzas provinciales desalojaron a ocupantes de tierras en Tartagal, provincia de Salta.[222]

- El 12 de mayo, un grupo de trabajadores desocupados que pedían puestos de trabajo en Comodoro Rivadavia (Chubut) fueron desalojados por la policía provincial del cruce de la ruta 3 y la 26.[223]

- El 28 de noviembre, en Formosa, la policía provincial desalojó por la fuerza a integrantes de la comunidad La Primavera, que estaban ocupando tierras.[224]

- El 14 de diciembre, la policía desalojó violentamente las tierras de El Simbolar, Santiago del Estero, ocupadas por familias sin viviendas.[225]

- El 16 de marzo del 2011, en El Dorado, Misiones, la policía provincial desalojó a 26 familias que ocupaban predios para tratar de resolver sus problemas de vivienda.[226]

- El 6 de agosto, en el barrio Villa 9 de julio, Tucumán, el gobierno provincial llevó adelante una violenta represión para desalojar a familias que ocupaban tierras para vivienda.[227]

---

[220]http://www.lanacion.com.ar/1179203-violento-desalojo-de-la-fabrica-de-kraft; https://www.pagina12.com.ar/diario/ultimas/20-131344-2009-09-07.html.
[221]http://tucumanhoy.com/VerNotaCompleta.py?IDNOTA=20874.
[222]http://www.elintransigente.com/salta/2010/2/3/regionales-36051.html.
[223]http://www.pcr.org.ar/nota/movimiento-obrero/ das-neves-reprime-al-servicio-de-pan-americam.
[224]https://www.clarin.com/sociedad/desalojo_0_Sk07GTtTDmg.html.
[225]http://www.po.org.ar/prensaObrera/1159/politicas/ santiago-del-estero-zamora-un-agente-de-la-soja-y-la-represion.
[226]http://www.po.org.ar/prensaObrera/1170/politicas/eldorado-tambien-es-soldati.
[227]https://www.clarin.com/politica/Violenta-represion-desalojar-ocupado-Tucuman_0_rk9M4aRnPQg.html.

288

- El 15 de noviembre, en el Barrio Malvinas, de La Plata, Buenos Aires, 100 familias fueron desalojadas cuando intentaban ocupar tierras y construir sus viviendas.[228]

Los asesinatos

En este breve apartado, decidimos concentrar el conjunto de asesinatos del período 2008-2011. Del mismo modo que seleccionamos los casos anteriores, el criterio es incluir los episodios que implican una situación de lucha y cuyas víctimas sean elementos de acción de la clase obrera, estén más o menos organizados y tengan un contenido sindical o político. Cada caso en sí mismo podría constituir una investigación particular, de la misma forma que cada acción de las patotas. Por eso, nos concentramos en una descripción breve del caso y sus responsabilidades políticas.

a. Por fuerzas paraestatales

Lázaro Duarte

La noche anterior, le habían festejado el cumpleaños 81, en Morón, provincia de Buenos Aires, con la presencia de Vilma Ripoll. Lázaro tenía 81 años y era un histórico dirigente del MST. No tuvo tiempo para mucho agasajo, porque tenía que salir para la regional de Neuquén, ya que tenía la tarea de reorganizarla. Esa noche del 18 de enero del 2008, ya en Neuquén capital, estaba conversando en el local con su compañero y amigo, Jorge Rufino, cuando llamaron a la puerta. Los visitantes dieron el santo y seña: venían de pate de Raúl y José, dos militantes del partido. Jorge y Lázaro no dudaron y abrieron...[229]

Lo que siguió fueron 16 puñaladas. Nueve a Lázaro y siete a Jorge. Los matones no se llevaron nada. No buscaron nada. Simplemente,

[228]http://www.frentedariosantillan.org/fpds_ant/fpds/index.php?option=com_content&view=article&id=841:basta-de-represion-en-el-barrio-malvinas-de-la-plata-.

[229]http://www.pts.org.ar/Ayer-murio-Lazaro-Duarte-uno-de-los-militantes-del-MST-acuchillado-en-Neuquen-por-una-patota-del; https://www.pagina12.com.ar/diario/elpais/1-99384-2008-02-22.html; https://www.lmneuquen.com/el-crimen-lazaro-duarte-detenidos-n15240.

apuñalaron y se fueron en el auto que los estaba esperando. Lázaro agonizó durante 21 días antes de morir. Jorge se salvó y pudo testificar todo lo que pasó. Sin embargo, la Justicia neuquina caratuló el episodio como un hecho delictivo común, con una sospecha de "intento de robo", tal y como lo anunció la fiscal Sandra González Taboada.[230] Eso, a pesar de que los asesinos no se llevaron absolutamente nada. Y bien que pudieron hacerlo, con Lázaro y Jorge completamente sometidos. El caso quedó irresuelto.

Mariano Ferreyra

Militante del Partido Obrero, Mariano Ferreyra, participaba de la protesta realizada el 20 de octubre del 2010 por los trabajadores tercerizados del ferrocarril Roca, a la altura de la estación Avellaneda, en Buenos Aires. El reclamo era el pase a planta de los precarizados. Intentaron un corte de vías, pero fue impedido por la patota de la Unión Ferroviaria, con la presencia cómplice de la Policía Bonaerense.

Mientras desconcentraban, la patota de la Unión Ferroviaria atacó con armas de fuego a los manifestantes, ocasionó la muerte de Mariano Ferreyra e hirió a Elsa Rodríguez en la cabeza. La patota contaba con la presencia de barras de Racing y de Defensa y Justicia. Cristian Favale, el que empuñó el arma que mató a Mariano Ferreyra, era barra del segundo club. La facción de Favale se identificaba con Héctor Alarcón, alias "El Vaca", alineado desde 2003 a la corriente kirchnerista que respondía al legislador Carlos Kunkel.[231] También fue parte de Hinchadas Unidas Argentinas, liderada por Marcelo Mallo.[232] Luego de la caída de Alarcón al frente de la barra de Defensa y Justicia, quedó al mando de la tribuna Alexis Godoy, vinculado a los ferroviarios. El día del hecho, también estaba el "Payaso" Sánchez, un ex barra de Racing que respondía a la facción de Nelson "el Pollo" Dómene.[233] El gremio de la Unión Ferroviaria tenía fuertes vínculos con el kirchnerismo, participando en diferentes actos. Desde el propio Pedraza, secretario general del gremio, que se reconocía como kirchnerista y poseía vínculos con los funcionarios nacionales Shciavi, Jaime, Tomada y De Vido, hasta dirigentes menores

---

[230] Ídem.

[231] https://www.ole.com.ar/futbol-ascenso/Halcon-asesino_0_359364127.html.

[232] http://www.lanacion.com.ar/1324682-es-un-karma-que-no-sabemos-como-sacarnos.

[233] https://www.clarin.com/zona/Violencia-politica-barrabravas-nacen-municipios_0_rJTMMp9pwXe.html.

como Armando Matarrazzo, Carlos Araya, o Juan Carlos "Gallego" Fernández, que ocupaban cargos dentro de la UF y fueron designados por el gobierno dentro de la Sociedad Operadora Ferroviaria (SOFSE) que tenía la concesión de la línea.[234] Para más datos, el estudio del por entonces procurador general, Esteban Righi, llevó la defensa de Pedraza al inicio del caso.

El Indoamericano

Este episodio ya fue reseñado en el segundo acápite. Aquí, simplemente, vamos a relatar quiénes eran las víctimas obreras y cómo se produjeron los asesinatos.

Emilio Canaviri Álvarez

Emilio Canaviri Álvarez tenía 37 años y había emigrado de Bolivia hacía siete años. Para poder trabajar, había pagado por un documento "trucho", en el que figuraba como "Juan Castañeda Quispe".

Vivía en una pieza en Pompeya y a duras penas podía pagarla. Por eso, durante la ocupación del Indoamericano, Emilio llevó a su familia y ocupó un lote el martes 7 de diciembre, pero fue reprimido por la Policía Metropolitana. El día 8, volvió a ocupar. Cuando comenzó la represión, Emilio llevó a su familia a un auto, para resguardarla, y retornó al Parque. No se supo nada de él durante horas, hasta que fue bajado desde un vehículo en la puerta del Hospital Piñero con un balazo en el pecho.

Bernardo Salgueiro

Bernardo Salgueiro tenía 22 años y había nacido en Paraguay. Había trabajado en la cosecha de la vid en Chile y Mendoza, y hacía un año que estaba en Buenos Aires.[235] Vivía en la Villa 20, donde alquilaba una

---

[234]http://razonyrevolucion.org/las-balas-del-patron-que-es-la-burocracia-del-ferrocarril/;   htrtp://razonyrevolucion.org/dona-cristina-y-sus-dos-sindicalistas-la-relacion-de-pedraza-con-moyano-y-los-kirchner/;   http://www.po.org.ar/prensaObrera/1153/politicas/los-barras-la-patota-y-el-crimen-de-mariano.
[235]http://ccmanuelsuarez.blogspot.com.ar/2014/06/entrevista-la-hermana-de-bernardo.html.

habitación de 3x3 por 400 pesos. Por eso, cuando se produjo la ocupación masiva, no dudó. La represión se llevó la vida de él también. La represión lo hizo retroceder, junto con todos los vecinos de la villa, que corrieron desesperados hacia el barrio. Pero Bernardo no logró llegar. A 150 metros de la Avenida Escalada, lo alcanzó un tiro en el abdomen.[236]

Rosemary Chura Puña

Rosemary había llegado de Bolivia hacía seis años. Su marido era albañil y ella se dedicaba al cuidado de los chicos. Vivían en la Villa 20 y cuando comenzó la ocupación, él le advirtió de los peligros de lanzarse.[237] Pero Rosemary quería una mejor vida para su familia y fue con "la Alicia". No llegó hasta el Parque, porque se había desatado la represión. Para ver mejor lo que estaba pasando, Rosemary se subió a una banquina. Allí recibió un tiro. No tuvo ninguna atención médica y murió desangrada.[238]

Daniel Solano

Daniel era un trabajador salteño de la empresa frutícola Expofrut Univeg, en Río Negro. Había llegado allí a través de Agro Cosecha SRL, una contratista. Las paupérrimas condiciones laborales y de vida, como bajos salarios y hacinamiento en las viviendas, hicieron que Daniel comenzara a proponer al resto de sus compañeros una organización para mejorar las condiciones de trabajo. Pero la empresa no le perdonó esa osadía: el 5 de noviembre del 2011, a las 3:30 de la madrugada, fue retirado del boliche Macuba por fuerzas de la policía. Fue la última vez que se lo vió con vida.

En 2015, se elevó a juicio la causa contra los policías Sandro Berthe, Juan Barrera y Pablo Bender por "vejaciones, privación ilegal de la libertad y desaparición forzada de persona, en concurso real"; Andrés Albarran, Pablo Quidel y Diego Cuello, como "partícipes primarios"; y

---

[236]http://www.pcr.org.ar/nota/lucha-popular/%C2%BFqui%C3%A9n-mat%-C3%B3-salgueiro-chura-pu%C3%B1-y-quispe.
[237]Entrevista a su tío político, en: https://www.youtube.com/watch?v=k4zfhS1RohY.
[238]Ídem.

292

Héctor Martínez acusado como partícipe secundario de esos tres delitos y como autor de "abuso de autoridad y falsedad ideológica".[239]

Cristian Ferreyra

Cristian era integrante del MOCASE VC. Vivía en la localidad de San Antonio, a 60 kilómetros de Monte Quemado. Luchaba contra los intentos de desalojo del empresario santafecino José Ciccioli. El 11 de noviembre de 2011, dos guardias privados del empresario, Javier y Antón Juárez, se dirigieron a su casa. Sin mediar palabra, le dispararon con una escopeta, y le ocasionaron la muerte. También hirieron a otro miembro del MOCASE, Darío Godoy. Por este crimen, en 2014, fue llevado a juicio el empresario junto a seis personas más, acusadas de haber participado en la planificación y realización del hecho.[240]

b. Por fuerzas estatales

Juan Carlos Erazo

En noviembre del 2007, trecientos obreros de la empresa mendocina "Campo Grande", dedicada a la exportación de ajo, llevaron adelante una huelga en reclamo de mejoras en las condiciones de trabajo, fundamentalmente por el fin de trabajo en negro, que aparecía encubierto bajo la forma de cooperativa. En ese proceso, Juan Carlos, ligado al PO, había sido elegido delegado por sus compañeros. El 29 de noviembre de 2007, los obreros cortaron el acceso a la empacadora, por lo que la fiscal Liliana Ginner ordenó su desalojo. El mismo fue llevado a cabo por la Infantería y la policía de Mendoza, a través de una brutal represión. Entre los 75 trabajadores que terminaron golpeados, estaba Juan Carlos, a quien un día después, el 30 de noviembre, le detectaron un absceso cerebral, que le terminaría ocasionando la muerte meses después. La familia inició una demanda contra el Estado, aunque no se registraron

---

[239]http://www.eltribuno.info/salta/nota/2015-8-17-19-42-0-elevan-a-juicio-la-causa-por-la-desaparicion-y-asesinato-de-daniel-solano; http://www.lasuperdigital.com.ar/2016/11/05/a-5-anos-de-la-desaparicion-de-daniel-solano/.
[240]https://www.pagina12.com.ar/diario/sociedad/3-258828-2014-11-01.html; https://www.pagina12.com.ar/diario/sociedad/3-181517-2011-11-18.html.

datos de avance en la causa.[241] Juan Carlos murió el 9 de abril del 2008 en el Hospital Central, a causa de esas lesiones.

Jaime Vargas

Sus compañeros le decían "Popeye" y era un trabajador desocupado, que el 13 de enero del 2009, participaba de un piquete en reclamo de trabajo en las puertas de la petrolera Repsol, en Las Heras, San Cruz. Hasta allí se dirigió un patrullero para llevar a Vargas hasta su casa y realizarle un allanamiento. Vargas se resistió disparando desde dentro de su casa con un arma vieja, una escopeta de dos tiros que disparaba perdigones a no más de 20 metros, mientras que la policía le respondió con más de 10 pistolas 9 mm, que disparaban entre 13 y 17 tiros, una PA3, que disparaba 40 tiros seguidos, y un FAL. Los policías implicados fueron el oficial principal, Luis Alberto Perea, el oficial Reyonoso, y el suboficial Campos. Este último le habría dado el FAL a Perea, quien efectuó el disparo mortal en una de las piernas. Una vez que se aplacaron los disparos, y con Vargas herido en el interior de su casa, esperaron entre 20 y 30 minutos para ingresar y llamar a una ambulancia. Claro, Jaime ya estaba muerto.[242]

Javier Chocobar

El 12 de octubre de 2009, fue asesinado en Tucumán Javier Chocobar, de la comunidad Chuschagasta. El crimen se produjo cuando el empresario agrícola Darío Amin, que reclamaba las tierras de la comunidad, y los policías Luis Gómez y José Valdivieso, se dirigieron a la comunidad y comenzaron a disparar. Javier recibió un disparo, al parecer, del propio Darío Amin.[243]

[241]*Prensa Obrera*; 17/04/2008; https://goo.gl/mrR8Ow; *Los Andes*, 09/04/2008.
[242]http://www.po.org.ar/prensaObrera/1082/politicas/exclusivo-de-internet-la-muerte-de-popeye; http://correpi.lahaine.org/?p=907.
[243]https://m.pagina12.com.ar/diario/sociedad/subnotas/3-73470-2015-07-10.html; http://correpi.lahaine.org/?p=933.

294

Facundo Vargas

El viernes 15 de enero del 2010, "Coco" Villanueva se encontraba jugando al pool en un bar de la Villa San Jorge. En eso, ingresaron policías de la comisaría 3ª de Don Torcuato (Partido de Tigre, Buenos Aires), por una supuesta persecución de un auto robado. Los disparos alcanzaron a Villanueva, que falleció. Por este motivo, el sábado 16 de enero, se produjo una manifestación frente a la comisaría. Algunos vecinos indignados comenzaron a apedrear a la sede policial. La respuesta fue una feroz represión al interior de la villa. La balacera alcanzó a uno de los vecinos, Facundo Vargas, de 16 años.[244] La ambulancia, en lugar de llevarlo a un hospital cercano, lo trasladó a Ciudadela. Facundo murió ese mismo día.[245]

Sergio Cárdenas y Facundo Carrasco

El barrio del Alto es la zona donde se aglutina el grueso de la clase obrera más pauperizada de Bariloche. También, el barrio más hostigado por las fuerzas policiales. La noche del 14 de junio de 2010, la policía entró para realizar una persecución policial y el cabo Sergio Colombil mató a un joven transeúnte, Diego Bonefoi, de 15 años. Para cubrir el hecho, plantaron pruebas para mostrar que Diego era un delincuente. La verdad no tardó en salir a la luz y la indignación también.

El 17 de junio del 2010, en Río Negro, se realizó una protesta por el esclarecimiento del crimen en la comisaría 28ª. La respuesta fue la entrada en acción de la ya disuelta unidad antidisturbios BORA, con balas de plomo. La represión alcanzó a Sergio y a Facundo, que murieron ese mismo día.

Por esta causa, fueron imputados el ex comisario general Jorge Villanova, jefe de la Policía de Río Negro; el ex comisario mayor Argentino Hermosa, a cargo de la Unidad Regional III y máxima autoridad policial de Bariloche; y el comisario general retirado y ex secretario de Seguridad, Víctor Cufré, todos ellos como "co-autores", mientras que

---

[244]https://www.pagina12.com.ar/diario/sociedad/3-139228-2010-01-29.html.
[245]http://facundopastor.blogspot.com.ar/2010/01/policiales-20-la-masacre-de-don.html.

Fidel Veoriza y Jorge Carrizo, jefes de la seccional 28ª, y otros 3 policías, fueron imputados como los autores del hecho.[246]

Roberto López, Sixto Gómez y Mario López

El 23 de noviembre de 2010, en Formosa, los miembros de la comunidad "La Primavera" cortaron la ruta 86 en reclamo de unas 600 hectáreas de tierra que le habían sido otorgadas, pero que fueron apropiadas por el empresario Jorge Celías. Producto de la represión, fueron asesinados Roberto López y Sixto Gómez.[247] Un día más tarde, fue atropellado otro dirigente de la comunidad, Mario López. El asesino habría sido Pedro Arias, un policía de la localidad de Estanislao del Campo.[248]

Los muertos en Libertador General San Martín

El 21 de julio de 2011, en la ciudad de Libertador San Martín, Jujuy, la CCC junto a otras organizaciones y unas 800 familias sin vivienda, organizaron un acampe. Reclamaban en 14 hectáreas de un terreno propiedad de la empresa Ledesma, llamado "El Triángulo". En respuesta, la gobernación envió a la policía local a reprimir, junto con personal de la empresa.[249] El 28 de julio las fuerzas avanzaron sobre las familias y el saldo fue la muerte de cuatro manifestantes: David Esteban Méndez, Félix Reyes, Ariel Farfán y Juan José Velázquez.[250]

---

[246]https://www.pagina12.com.ar/diario/sociedad/3-256684-2014-10-03.html; https://www.pagina12.com.ar/diario/sociedad/3-147827-2010-06-18.html; https://www.pagina12.com.ar/diario/sociedad/3-301997-2016-06-17.html.

[247]http://pajarorojo.com.ar/?p=5105; http://www.clarin.com/sociedad/desalojo_0_380362085.html; https://www.pagina12.com.ar/diario/sociedad/3-157496-2010-11-25.html; http://www.lapoliticaonline.com/nota/48377/.

[248]http://www.anred.org/spip.php?article3843; https://encuentromvyj.org/page/44/.

[249]https://www.pagina12.com.ar/diario/elpais/1-173398-2011-07-30.html.

[250]http://www.agenciapacourondo.com.ar/violencia-institucional/cinco-anos-de-la-muerte-de-reyes-farfan-y-velazquez-por-la-represion-en; http://www.elpopular.com.ar/eimpresa/121888/enemigos-intimos-historias-de-terror-de-locura-y-de-muerte-cotidiana.

Franco Raúl Almirón y Gabriel Ramos

El 3 de febrero de 2011, un grupo de vecinos de la Villa La Cárcova, en José León Suárez (Buenos Aires), intentó solucionar sus problemas alimentarios haciendo descarrilar un tren de la empresa Nuevo Central Argentino (NCA). A las 15 hs., colocaron un tronco en la vía, desviaron la formación y comenzaron a saquear el contenido. La policía bonaerense se hizo presente y comenzó a reprimir con balas de plomo. El resultado fue la muerte de Gabriel Ramos, de 17 años, y de Franco Almirón, de 16.[251] Fueron detenidas otras 15 personas (todos menores) y un joven de 19 años, Joaquín Romero, fue herido de bala.[252]

La indignación de los vecinos se hizo sentir con un corte y una movilización a la comisaría. Por el crimen, el agente Gustavo Vega recibió siete años de prisión. En su defensa, dijo que "no se dio cuenta de que lo que estaba recargando era un cartucho con postas de plomo".[253] En cambio, el otro acusado, el oficial Gustavo Sebastián Rey, fue absuelto.[254] Ningún responsable de haber dado la orden de represión fue llevado a juicio.

Conclusiones

El segundo mandato kirchnerista, el primero de Cristina, es visto a partir del enfrentamiento con la burguesía agraria, los festejos del Bicentenario, la Asignación Universal por Hijo y, finalmente, la muerte de Néstor. Todo lo que termina derivando en el 54%. En ese conjunto de acciones, que estaría definiendo a un gobierno progresista, el asesinato de Mariano Ferreyra aparece como una mancha indeseable, un fenómeno más bien episódico y puntual.

Ahora bien, teniendo en cuenta que contabilizamos un mínimo de 129 acciones represivas paraestatales y 255 estatales, la mirada sobre el período debería cambiar. Un gobierno que suma un total de 384

---

[251]Expediente 0799-D-2011 de la Cámara de Diputados de la Nación. Puede consultarse en https://diputados.gov.ar/proyectos/proyecto.jsp?exp=0799-D-2011.

[252]https://www.pagina12.com.ar/diario/sociedad/3-161744-2011-02-04.html.

[253]https://tn.com.ar/policiales/jose-leon-suarez-el-policia-detenido-dijo-que-se-confundio-de-cartuchos_50064.

[254]https://www.pagina12.com.ar/diario/sociedad/3-241895-2014-03-15.html; https://www.clarin.com/policiales/Hacen-descarrilar-Policia-reprime-muertos_0_BJZM9AL6DQe.amp.html.

intervenciones violentas contra la clase obrera no puede caracterizarse como "progresista" y, ese universo de conflictos muestra una serie de fenómenos que han sido escondidos bajo el peso del insistente "relato".

El gobierno de Cristina Kirchner no solo continúa la represión sobre la clase obrera, sino que la incrementa. Bajo el gobierno de su marido, las cifras arrojaban un mínimo de 70 acciones paraestatales y 166 estatales, sumando un total de 213. En el período siguiente, en cambio, la cifra total asciende a 384, un 79% más. La mayor represión está directamente ligada a un sustancial crecimiento de los conflictos.

La represión estatal aparece con más fuerza en la Ciudad de Buenos Aires, seguida por la Provincia de Buenos Aires, Neuquén y Jujuy. En cambio, la represión paraestatal tiene la mayor cantidad de acciones en la Provincia de Buenos Aires, básicamente en su conurbano, seguida de la Capital y, luego, Jujuy. A estas jurisdicciones, se agregan Formosa, Catamarca y Chaco. Queda claro que se trata de lugares de predominio de la sobrepoblación relativa. En particular, conflictos que atañen a problemas de vivienda.

La represión paraestatal se distribuye en 74 acciones sindicales, 43 estatales y 13 políticas. Es el período en el que se consolidan la UOCRA y la UTA como las principales direcciones sindicales ligadas a la represión, sea en su gremio o sea en otro conflicto. Le sigue el SMATA, que también engrosa las estadísticas con intervenciones en varias provincias. Si bien el predomino de Gerardo Martínez en el manejo de las patotas sindicales es indiscutible, Roberto Fernández y Ricardo Pignanelli no le van a la zaga. Los tres aparecen como los sindicalistas predilectos de Cristina, junto con el inefable Pedraza. De todos modos, para el caso de las acciones estatales, hay que resaltar la intervención de Guillermo Moreno y su patota, cuyo alcance va más allá del INDEC.

Con respecto a los asesinatos, la cifra sube exponencialmente con respecto al gobierno anterior: de 8 a 22. Pero las diferencias entre los crímenes del gobierno de Néstor y el de Cristina no solo son cuantitativas, sino también en cuanto al contenido de los mismos. Mientras en el primer gobierno los asesinatos tuvieron como objetivo primordial militantes políticos y barriales, en el segundo predominan los asesinatos en ocasión de protestas masivas (si bien hay casos de militantes como Mariano y Cristian Ferreyra, Lázaro Duarte y Daniel Solano). Casi en su totalidad, se trata de episodios de represión a la sobrepoblación relativa. En particular, a sus capas más sumergidas: gente con problemas de vivienda en el Indoamericano, Formosa y Jujuy, por caso.

Por eso, puede decirse que si bajo el primer gobierno kirchnerista los asesinatos se producen en ocasión del disciplinamiento político, bajo

Cristina lo hacen en el marco de la represión de la sobrepoblación relativa. No porque se busque simplemente controlarla, sino porque a pesar de todo el esfuerzo puesto para contenerla (AUH, Argentina Trabaja, etc.) el kirchnerismo no puede resolver sus problemas más acuciantes y, en particular, las precarias soluciones no llegan a abarcar a una masa de población pauperizada que va creciendo ininterrumpidamente. Consciente de esto, la contención de esta fracción obrera será la principal preocupación de la nueva administración, por sobre su alianza con la clase obrera ocupada. Pero, como veremos, la ruptura de Cristina Kirchner con una parte de los obreros ocupados no va a redundar en menores conflictos con quienes busca congraciarse.

Capítulo V

La explosión represiva
(2012-2015)

Podría haberse evitado el título, porque anticipa una conclusión, pero el lector no va a negar que semejante desenlace era previsible. La crisis no hizo sino profundizarse y el kirchnerismo nunca pudo recomponer sus lazos con el conjunto de su clase, menos con el proletariado, y la "primavera" no volvió.

Si en el periodo anterior la tendencia represiva se mostraba en ascenso, vamos a ver que esa curva va a consolidarse. Pero, además, vamos a ver la entrada de nuevos protagonistas y de aparatos más explícitamente vinculados con el oficialismo. Vamos a analizar, entonces, no solo la evolución cuantitativa de la represión, sino que seremos testigos de cambios en la organización y en la distribución geográfica. La pregunta es, también, cómo evoluciona la relación entre la represión regular y la irregular y si hay alguna modificación con respecto a los objetivos. A eso vamos.

Como en los capítulos anteriores, primero haremos una breve síntesis de los acontecimientos políticos de estos años, que servirán de marco a las acciones relatadas. Luego, pasaremos a reconstruir el conjunto de los episodios de represión irregular (sindicales, estatales y políticas), para luego reseñar una selección de los regulares. A continuación, examinaremos los asesinatos y, por último, presentaremos las conclusiones.

Breve cronología

El período que media entre diciembre de 2011 y el de 2015 fue el más problemático para el kirchnerismo. La crisis económica siguió su curso, tomando formas catastróficas (escalada inflacionaria, default, cepo cambiario) y la crisis política derivó en escándalos públicos, crímenes, desprendimientos de dirigentes, cinco paros nacionales, saqueos, cacerolazos masivos y previsibles derrotas electorales en cada uno de los comicios (especialmente, en la provincia de Buenos Aires).

Comencemos por la economía. Como explicamos, en la Argentina comenzaba a expandirse la brecha de productividad y PBI con los países centrales. Como explicamos en el capítulo anterior, en 2008 se va licuando una ventaja muy momentánea, que era la baja de costos laborales por efecto de la acelerada devaluación del año 2002 (para 2010, la Argentina tenía costos 20% superiores a Brasil, 51% con respecto a México y 86% en relación a China). También, en ese año, se fue agotando la renta agraria como fuente de compensación y la crisis por las retenciones se resolvió en contra del gobierno. A eso, se sumó un creciente déficit energético, por lo que el país debió importar energía, lo que requirió de una sangría de dólares. En ese escenario, los años 2010 y 2011 se revelaron como verdaderos oasis, producto de elementos económicos coyunturales (estatización de la ANSES, más un leve ascenso de los precios agrarios internacionales respecto a la caída de 2009) y políticos (festejos por el Bicentenario, muerte de Néstor Kirchner). Pero la segunda presidencia requería enfrentar estos problemas.

Consciente de las tareas a realizar, en su discurso de asunción, Cristina reveló que, desde ahora, iban a trabajar sobre la "sintonía fina" que, a todas luces, se describía como un ajuste. Ajuste en los salarios: para ello se creó una serie de dispositivos para bajar los costos salariales. En primer lugar, la firma de paritarias por debajo de la inflación. El gobierno se manejaba con la inflación del INDEC intervenido. Es decir, con una ficción. El Ministerio de Trabajo se negó sistemáticamente a homologar acuerdos por debajo de la pauta puesta por el gobierno que rondaba en un 10% por debajo de los aumentos de precios. El resultado fue una abrupta pérdida salarial en estos años.

Hubo otras medidas para evitar el aumento del costo salarial: la ampliación del impuesto a las ganancias a la cuarta categoría y la disminución de las asignaciones familiares. Lo primero consistió en la no actualización de los mínimos no imponibles del impuesto según inflación, que sumado a los aumentos salariales, ocasionaron que los salarios de $5.200 (para solteros) y $7.997 para casados debían pagar la alícuota. Estamos hablando de sueldos que, en ese momento, apenas rozaban el costo de vida. Este impuesto, antes que una medida de recaudación fiscal (ya que importaba el 2% de la misma y el 0,7% del PBI), operaba más bien como un freno al aumento salarial.

El otro ajuste que se implementó fue el fiscal. Al retraso de los sueldos estatales (lo que incluía docentes) se le sumaron los recortes a las transferencias provinciales, a la educación (principalmente, en la Provincia de Buenos Aires), a las universidades y al CONICET (que desató un conflicto importante a fines del 2011).

Pero había más, porque el agujero era suficientemente importante y la fuga de dólares, incontenible. El núcleo del déficit estaba en los subsidios a las tarifas. Por eso, en 2014, el gobierno decidió una significativa quita de subsidios, que redundó en el aumento de las tarifas. En el gas, de entre 100% y 284% y en agua, del 270% al 406%.[1] En 2014, los transportes aumentaron un 100%.

Con la intención de evitar un colapso económico, por la suba de los combustibles, y mantener transferencias a los capitales industriales, el Estado decidió la nacionalización de YPF. El objetivo central era intentar elevar la producción local de crudo, a costos en pesos, buscando equilibrar la balanza energética. Adicionalmente, la estatización podía servir para subsidiar a las empresas locales, por la vía de comprarles insumos por encima del valor y vender el crudo más barato para sostener la actividad de las refinerías (y del conjunto de la burguesía). Eso, lógicamente, requería de fondos. El proyecto fue obra del economista Axel Kicillof, quien, además, suscribió el acuerdo de YPF con la empresa Chevron -con una gran cantidad de cláusulas secretas- para la explotación de Vaca Muerta, el yacimiento de gas y petróleo no convencional que recién se puso realmente en producción bajo el macrismo.

La necesidad de retener dólares para importaciones varias (en especial, de combustibles), para compensar las deficiencias de la economía y para mostrar capacidad de pago internacional, llevó al gobierno a una medida desesperada que le trajo una gran impopularidad y lo asociaría al "corralito" de De la Rúa: el cepo cambiario.

Las restricciones comenzaron el 31 de octubre del 2011, con un control de la AFIP a todas las operaciones cambiarias. Para las empresas, el 1 de febrero de 2012, comenzaron a regir las Declaraciones Juradas Anticipadas de Importación, para quienes importaran bienes terminados y también maquinaria. Unos días después, se impuso la exigencia de una autorización del BCRA para girar en moneda extranjera. El 8 de agosto de ese año, se obligó a los Fondos Comunes a valuar sus activos al dólar oficial y, luego, a los bancos a no aceptar pagos anticipados en

---

[1] http://www.ambito.com/734364-gobierno-recorta-subsidios-subira-hasta-400-el-agua-y-280-el-gas; http://www.lanacion.com.ar/1678784-quita-de-subsidios-el-gobierno-oficializo-las-nuevas-tarifas-para-el-gas.

dólares. El 6 de septiembre se prohibió a las entidades privadas operar en puertos o aeropuertos. Ese cepo a las importaciones se profundizó en 2015.

En el caso de los ahorristas particulares, las restricciones golpearon más fuertemente, debido a que se trataba de personas con menor capacidad para ahorrar y para eludir las barreras oficiales. En principio, el 9 de mayo de 2012, la AFIP redujo el límite de compra al 25% del sueldo o ingresos en blanco. Para eso, debía ingresarse en una página web, cargar los datos y esperar que el sistema habilitara una determinada cantidad de dólares para compra. Esa medida duró poco, porque entre el 15 de junio y el 5 de julio se tomaron medidas para prohibir completamente la compra de dólares para ahorro. La única posibilidad era la compra para turismo en países no limítrofes. Es decir, para quienes tenían la posibilidad de viajar lejos.

Evidentemente, se trató de una medida para mantener artificialmente una cotización de 6 pesos por dólar, eludiendo las presiones a la devaluación. El resultado fue la aparición de un mercado negro (dólar "blue") y diversas formas de eludir el cepo ("contado con liqui"), que evidentemente suponían una cotización mucho más alta (de 10 pesos al comienzo y 14 al final). Para intentar sincerar algo el tipo de cambio el ministro Kicillof, en 2014, provocó una devaluación del peso oficial del 30% (de 6 a 8), impulsando aún más la inflación y la devaluación del salario, como forma de beneficiar a los exportadores.

Como ninguna de estas medidas (ni la sumatoria de todas ellas) alcanzaron, ni tuvieron la efectividad necesaria, se recurrió a aquello que se preveía: el auxilio del mercado financiero internacional. La tasa de interés internacional estaba en el 4%, toda una tentación para endeudarse. El país, en cambio, debía pagar tasas del 13% por estar en default. Como sabemos, la Argentina se encontraba en esa situación desde el 2002. Había levantado el quiebre con el FMI y con el 93% de los acreedores, merced a diferentes canjes. Pero quedaba un 1% que seguía litigando por la suma de 1.500 millones de dólares, amparados en la Justicia norteamericana (el juez Griesa).

En 2013 asumió Axel Kicillof, el verdadero cerebro de la economía kirchnerista luego de la muerte de Néstor Kirchner. Kicillof viajó varias veces a Nueva York a tratar de llegar a un arreglo por la deuda, pero el verdadero problema no se encontraba en los litigantes, sino en los llamados *me too*. Son quienes no entraron al canje, pero tampoco litigaron contra la Argentina. Ellos representaban el 6% de los acreedores totales y, con sentencia favorable en beneficio de ese 1%, automáticamente podrían reclamar que se les pagara en igualdad de condiciones.

Entre los 1.500 millones de ese 1% y los 10.500 (aproximadamente) que correspondían a todos los *holdouts*, estaba el gran problema. Porque las reservas reales rondaban los 15.000 millones. Ya sea porque el país no estaba en condiciones de pagar esa suma, ya sea porque hubo una decisión política de no sostener al kirchnerismo y propiciar un recambio (lo que parece más probable, a la luz de la rápida salida del default del gobierno que lo sucedió), el caso es que la incapacidad de endeudarse a tasas bajas obligó al gobierno a endurecer el cepo y a hacerse de dólares drenando fondos del BCRA, llevando las reservas a uno de los mínimos históricos.

Déficit en la balanza de pagos, déficit fiscal, licuación de las reservas y presiones a la devaluación. El resultado era previsible: colapso económico e inflación galopante. Esta última pasó del 23% en 2012, al 39% en 2014. A eso se agregaban cierres de empresas, despidos, paralización del mercado inmobiliario, incapacidad de ahorro de amplias capas de la clase obrera y la pequeño burguesía...

La estrategia del gobierno frente a la crisis le valió la enajenación de fracciones de la clase obrera y de la burguesía, con lo que la experiencia bonapartista vio sesgada su continuidad. Por el lado de la burguesía, a la oposición de las entidades agrarias se sumó una fracción de la UIA ligada a las grandes empresas, las asociaciones bancarias, la AEA (empresas exportadoras, básicamente), la Fundación Mediterránea y el coloquio de IDEA. Ese consenso entre todo ese arco se plasmó en el Foro de Convergencia Empresaria, en 2013. Solo se quedaron en el oficialismo las pequeñas y medianas empresas nucleadas en la Confederación General Empresaria, entre otras entidades. Claramente, se formó un núcleo opositor burgués que lideró, en primera instancia, Sergio Massa y luego Mauricio Macri. Este núcleo sacó ventaja de la crisis política, impulsando acciones directas, buscando dirigir los reclamos y canalizarlos sobre la base de un programa que enfatizaba la ciudadanía, la república y las instituciones. Su principal eje de campaña sería el combate contra la corrupción y el autoritarismo, sin ahondar demasiado en cambios económicos (Massa se va a presentar como "lo mejor" sin "lo peor", y Macri hizo campaña prometiendo que no iba a sacarle a nadie lo que se le habían dado).

En el campo de la clase obrera también hubo quiebres importantes. Sobre todo, en la clase obrera ocupada, que fue la principal víctima del ajuste, ya que el gobierno pretendía quitarle ingresos a los obreros en blanco para repartirlo entre la sobrepoblación relativa. Eso provocó un temprano alejamiento de Hugo Moyano (que renunció a la presidencia del PJ bonaerense en diciembre de 2011) y la consecuente ruptura de la

CGT. La parte mayoritaria (liderada por Moyano y Palacios) pasó a la oposición y se acercó a la CGT "Azul y Blanca" (Barrionuevo), por derecha, y a la CTA por izquierda. Otra, liderada por Antonio Caló (UOM) y Gerardo Martínez (UOCRA), se mantuvo en un tibio oficialismo, sin mayor entusiasmo. La CTA también sufrió una ruptura entre el ala oficialista del docente Hugo Yasky (tal vez, la única fracción sindical realmente leal al gobierno) y la opositora ligada a Pablo Micheli (estatales). Esta oposición sindical se tradujo en acciones directas: cinco paros generales y varias movilizaciones.[2] Entre ellas, dos huelgas policiales, que desataron sendas crisis. Entre ellos, saqueos en diciembre de 2012 y de 2013. En enero de 2014, la Capital fue protagonista de protestas y cacerolazos a raíz de los cortes de energía. A esos hechos, hay que agregar las movilizaciones de vecinos inundados en La Plata contra el intendente Bruera, luego de una crecida que se llevó 89 vidas. Esto mostraba que la sobrepoblación relativa no tenía esa fidelidad, ni estaba tan contenida como se creía.

Debe resaltarse, también, la actividad docente, sector que protagonizó numerosas huelgas en la provincia de Buenos Aires (la más recordada, aquella que duró 17 días en 2014), las movilizaciones por los planes Argentina Trabaja y las que se produjeron contra los despidos en el proletariado industrial. La izquierda jugó un papel importante en estos procesos. Como resultado, ganó varias comisiones internas y el sindicato docente más numeroso, el SUTEBA La Matanza.

También sensibles resultaron los casos del Proyecto X (espionaje estatal sobre las organizaciones de izquierda)[3] y el nombramiento como Jefe del Estado Mayor del Ejército de César Milani, procesado por haber sido parte de la maquinaria de la última dictadura militar. También, para incrementar la represión, en abril de 2014, Carlos Kunkel, José María Díaz Bancalari, María Teresa García, Sandra Mendoza, Diana Conti, Juan Manuel Pedrini y Gustavo Martínez Campos presentaron un proyecto de ley para regular las manifestaciones públicas denominado "Ley de Convivencia en Manifestaciones Públicas", más conocida como "Ley antipiquetes", que se terminaría aprobando.

Frente a estos hechos, y los quiebres producidos en su armado político, el gobierno comenzó a perder la capacidad de controlar los efectos de

---

[2] https://tn.com.ar/economia/cinco-paros-en-la-era-cristina-kirchner-todos-contra-el-impuesto-a-las-ganancias_595446.

[3] https://www.pagina12.com.ar/diario/elpais/1-187784-2012-02-17.html; https://www.clarin.com/home/espio-gendarmeria-mil-organizaciones_0_SkFWsScsvQl.html.

sus deficiencias y a su propio personal político. El resultado son varios escándalos, y la incapacidad de eludir responsabilidades. Un ejemplo es el crimen de Once. El 22 de febrero de 2012, una formación no pudo frenar al llegar a la estación terminal y chocó con los paragolpes de contención. El resultado fue de 51 muertos y 701 heridos. Las declaraciones de los funcionarios responsables resultaron irritantes y la efervescencia de la población no tardó en aparecer. Las víctimas eran, claramente, parte de la clase obrera más sumergida (los usuarios).[4] Los funcionarios de la Secretaría de Transporte fueron señalados por las pésimas condiciones en que funcionaba el servicio y obligados a renunciar. El ferrocarril Sarmiento, donde se produjo el siniestro, volvió a manos del Estado. Pero el caso no terminó ahí, ya que también fueron imputados algunos responsables. En enero de 2013, procesaron a Ricardo Jaime, Juan Pablo Schiavi y a los empresarios Sergio y Mario Cirigliano. También el titular de la Comisión Nacional de Regulación del Transporte, Eduardo Sícaro, Antonio Guillermo Luna, subsecretario de Transporte Ferroviario, y Pedro Ochoa Romero, interventor de la Comisión Nacional de Regulación del Transporte. El ministro más importante de Cristina, Julio De Vido, de quien dependían estos funcionarios, quedó en el centro de todas las miradas.

No fue el único caso en el que apareció la corrupción. En 2014, comenzaron las denuncias contra Lázaro Báez, verdadero testaferro del matrimonio presidencial y comenzaron a caer los "arrepentidos". El 2 de febrero de 2013, fue imputado el vicepresidente Amado Bodou por la causa Ciccone Calcográfica. Según la acusación, que sumó bastante evidencia, en 2009 el entonces ministro de Economía intentó utilizar su influencia política en la AFIP para adquirir la segunda imprenta de billetes, que estaba en cesación de pagos. Para eso puso un testaferro (Alejandro Vanderbroele), junto a su socio Núñez Carmona, en una firma de nombre Old Found S.A. Con esa influencia sobre Ricardo Echegaray (responsable de la AFIP), logró quedarse con el 70% de la empresa a cambio de hacerse cargo de un plan de pago autorizado por la agencia impositiva. Como las instalaciones estaban alquiladas, Núñez Carmona amenazó a quienes arrendaban las máquinas, la empresa Boldt, para que desalojaran las instalaciones. De no hacerlo, recibirían un acoso de parte de Echegaray.[5] El caso desató un verdadero escándalo político y el vicepresidente fue incluso procesado. La oposición presentó

---

[4]https://www.clarin.com/tema/tragedia_de_once.html; http://www.lanacion.com.ar/choque-de-tren-en-once-t47924.

[5]http://www.lanacion.com.ar/2068124-boudou-muy-complicado-por-ciccone.

siete pedidos de juicio político en el parlamento, todos desestimados por la mayoría oficialista. Para Bodou, se trató del fin de su carrera política. Aunque nunca renunció al cargo, dejó de presentarse en actos políticos y fue, progresivamente, desistiendo incluso de los protocolares. Por primera vez, la Argentina tenía un vicepresidente involucrado claramente en una causa de corrupción.

Entre los varios escándalos, hay uno que se destacó especialmente: el acuerdo con Irán y el caso Nisman. En un intento de conquistar la conciencia republicana de la población (esa que se había enajenado con la corrupción y el crimen de Once) y aprovechando un giro en la política exterior norteamericana, Cristina decidió tratar de cerrar el caso AMIA. Para eso, negoció un memorándum de entendimiento con Irán, con el fin de interrogar a los sospechosos y poder juzgarlos finalmente. El acuerdo fue aprobado en Diputados, el 27 de febrero de 2013. Sin embargo, Irán condicionó cualquier colaboración a que se derogaran las alertas rojas a los funcionarios sospechosos. Como Interpol se negó, Irán no lo ratificó. Con todo, esa no iba a ser la peor noticia para el gobierno. Había más: el 13 de noviembre de ese año, el fiscal de la causa AMIA, Alberto Nisman, denunció penalmente al gobierno por "traición a la patria". En concreto, tratar de encubrir a los responsables del crimen. El 28 de enero de 2015, a un día de la presentación de su caso en el parlamento, Nisman apareció misteriosamente muerto en su apartamento. El gobierno se anticipó y envió a su Secretario de Seguridad a la escena del crimen antes que llegaran los peritos. La escena fue contaminada, aunque todos los indicios mostraron que se trató de un asesinato político. El caso tomó un carácter crítico y el 18 de febrero se llamó a una marcha masiva, liderada por la oposición, por el esclarecimiento del caso.

Como consecuencia de este escenario general de descomposición política del kirchnerismo, se desarrollaron dos masivos cacerolazos, el 8 de noviembre de 2012 y el 18 de abril del 2013. Este último congregó más de un millón de personas en la Capital. También se produjeron dos marchas masivas: el 24 de abril de 2013 y el 18 de febrero de 2015. Todas estas manifestaciones tenían una dirección moral en la oposición burguesa, especialmente del PRO, que iría logrando incorporar a la UCR, a aliados de Massa y finalmente a Elisa Carrió, implosionando el espacio de centroizquierda UNEN y a sus intelectuales (Beatriz Sarlo, Pablo Alabarces), que se habían nucleado en el grupo Plataforma 2012.

Las elecciones mostraban esa debacle del gobierno. En ambas no solo perdió en términos generales, sino principalmente en la provincia de Buenos Aires. En 2013, frente a un desprendimiento propio,

Sergio Massa. En 2015, perdió las elecciones generales frente al espacio Cambiemos (UCR, Coalición Cívica y el PRO), liderado por Mauricio Macri. Cristina había ungido a Daniel Scioli como candidato, para seducir al público menos oficialista. Pero en la provincia de Buenos Aires impuso a Aníbal Fernández como candidato, lo que se tradujo en un descontento de los intendentes. El resultado fue que Cambiemos se impuso en segunda vuelta y María Eugenia Vidal, la candidata macrista, ganó en la provincia sobre el delfín oficialista. El kirchnerismo dejaba el poder.

La represión paraestatal: las acciones sindicales

Curtiembre en crisis

Curtarsa era una curtiembre ubicada en Jáuregui, provincia de Buenos Aires, que supo ser una de las más importantes del país. Sin embargo, en 2010, comenzó a mostrar severos problemas y decidió suspender a un grupo de trabajadores. Con el tiempo, las dificultades se agravaron y llegaron los atrasos en los sueldos, los cambios de dueños, los despidos y, lógicamente, la lucha.[6]

La división de la CGT a nivel nacional tuvo su correlato en la fábrica. De un lado, el Sindicato de Obreros de la Curtiembre (SOC), cuyo referente era Fernando Girado. Del otro, el Sindicato de Trabajadores de la Industria de la Curtiembre (STIC), con Claudio Martínez a la cabeza. El sector de Girado parece haber emprendido una acción más decidida, con sus límites. En cambio, el sector de Martínez apareció como el único interlocutor al que reconocía la empresa, que incluso intentó despedir a Girado y tuvo que reincorporarlo después de una lucha.[7] Girado, además, promovía acciones comunes con la Asamblea de Vecinos y Organizaciones por el Medio Ambiente de la localidad.

El 9 de febrero de 2012, varios trabajadores liderados por el SOC tomaron la planta para exigir salarios adeudados. A partir de ese hecho, ingresaron a la planta 50 personas dirigidas por Martínez y golpearon a los trabajadores. Entre los agredidos, figuraba el propio Girado.[8] A pesar

---

[6] http://www.elcivismo.com.ar/notas/10180/.

[7] http://www.elcivismo.com.ar/notas/13618/.

[8] http://www.lujanenlinea.com.ar/asamblea-ambiental-repudio-las-agresiones-sufridas-por-trabajadores-de-curtarsa/.

de movilizarse reiteradas veces al Consejo Deliberante y la municipalidad, ninguna autoridad le dio solución a los trabajadores, que pasaron a engrosar las filas de la desocupación.

Los enviados de la Capital

Aqualic era una empresa de agua potable de Neuquén. Más precisamente de Centenario, cerca de la capital provincial. Allí se conformó una comisión interna combativa con 20 activistas. Por eso, su dueño, Mario Fulcinitti decidió despedir a todos ellos, lo que formalmente se hizo efectivo el 6 de febrero de 2012. Sin embargo, una extensa movilización que implicó la solidaridad de diversos sindicatos docentes y municipales, y la acción del diputado provincial Alejandro López (FIT) culminó con una acción judicial que obligaba a la empresa a reincorporarlos. Sin embargo, Fulcinitti tenía un aliado muy particular: la propia dirección sindical del FATAGA, el sindicato de aguas gaseosas y afines, a cargo de Raúl Álvarez.

El sindicato envió, desde Buenos Aires, un grupo de matones que la fábrica inmediatamente hizo figurar como "contratados". Se trataba, según denunciaron los propios trabajadores y vecinos, de gente con causas penales en Buenos Aires por portación de armas y tráfico de drogas.[9] Es decir, delincuentes. La patota vino encabezada por Ariel Frías, dirigente del FATAGA y fundador de la corriente justicialista "La vida por Perón" (junto a Maximiliano Arranz, del sindicato de motoqueros), que estuvo asociada al kirchnerismo en Junín y en el Partido de la Costa, y contaba con el apoyo de Hugo Moyano.[10] Frías había sido detenido acusado de llevar armas de fuego en el baúl de su auto, cuando se dirigía a Mar de Ajó para "apoyar" a su candidato.[11] Frías contaba, además, con un famoso antecedente: fue quien levantó el primer local de La Cámpora en Moreno, en 2007.[12]

Los matones comenzaron a amedrentar a los reincorporados, para obligarlos a renunciar. El 5 de marzo, a primeras horas de la mañana, el

---

[9]Pueden verse las denuncias en TVPTS: https://www.youtube.com/watch?v=9XkJF7t541I.

[10]http://wwworglavidaporperon.blogspot.com.ar; http://www.juninya.com/noticia.php?id=1290385062.

[11]http://informajunin.com/64069/ariel-frias-operativo-en-la-costa-situacion-similar-a-la-de-junin/.

[12]http://elembudo.tv/revelaciones-sobre-los-origenes-qperonistasq-de-la-campora-que-habrian-abandonado/.

Gerente de Personal hizo cerrar las puertas de la fábrica y los matones dieron rienda suelta al castigo físico a los principales activistas reincorporados.[13]

El hecho provocó una movilización al día siguiente y también se radicó una denuncia penal.[14] Hasta el momento, ninguno de los agresores sufrió condena alguna.

Recolectores en Rosario

Franco Alexis Montiel era uno de los dirigentes de la nueva organización sindical de recolectores, que se había conformado frente a la inacción del Sindicato de Recolección, Barrido y servicios afines de Rosario. Trabajador de LIME, fue despedido por sus actividades gremiales, con una importante lucha por su reincorporación. El 3 de junio de 2012, una patota al mando de "Pipi" Andrada lo golpeó duramente.[15]

Andrada, además de dirigente del sindicato cuestionado, era dirigente del PJ. Cuando Moyano rompió con el Gobierno, Andrada se quedó con los "gordos" oficialistas.[16]

Bienvenida chubutense

En 2006, el Sindicato de Obras Sanitarias de Chubut (SITOS) tuvo que hacer frente a un nuevo nucleamiento reconocido legalmente: el SITAPOSS, ligado a la CTA. En la localidad de Sarmiento, la empresa Sociedad Cooperativa Popular Limitada (SCPL), sin embargo, se negaba a reconocer al nuevo sindicato, a pesar de que la mayoría de los trabajadores del suministro de agua de red del lugar estaban afiliados a este.[17]

En 2012, se desató un conflicto por atrasos salariales y categorizaciones. El 26 de junio, la nueva comisión directiva del nuevo sindicato

---

[13]http://www.po.org.ar/prensaObrera/1214/sindicales/aqualic-fuera-la-patota-y-reincorporacion-de-los-despedidos. Para mayores detalles de la golpiza, véase: https://www.youtube.com/watch?v=8yyals7y4xU.

[14]http://www.rionegro.com.ar/region/los-despedidos-de-aqualic-marcharon-contra-las-GBRN_832015.

[15]http://www.cunadelanoticia.com/?p=47117.

[16]http://argentina.indymedia.org/news/2012/06/815772.php.

[17]http://www.fetera.org.ar/index.php/8-gremiales/93-comodoro-rivadavia-patota-agrede-al-secretario-general-del-sitaposs.

312

viajó a Comodoro Rivadavia para reunirse con el gerente de la empresa "cooperativa" y entregarle un petitorio.[18]

Sin embargo, al llegar a la ciudad, fueron recibidos por una patota de 30 personas, pertenecientes al SITOS, que venían en un camión de propiedad de la empresa SCPL. La patota atacó a los dirigentes Ernesto Sandoval, Fabián Llul y Fernando Agüero. Primero se acercaron 10 patoteros y los golpearon hasta dejarlos en el piso. Luego, aparecieron otros 20 que continuaron la tarea. Los dirigentes tuvieron que ser hospitalizados, con intervenciones que requirieron entre 10 y 7 puntos de sutura.

En Sarmiento, al enterarse del hecho, los trabajadores realizaron una asamblea donde repudiaron el accionar patoteril y decidieron la toma del establecimiento.[19] Los dirigentes recibieron la solidaridad del conjunto del arco político, a excepción del kirchnerismo, claro. El SITOS era (y es) conducido por José Santiago, un hombre del peronismo provincial.

Una Carola nada dulce

La empresa Dulce Carola fabricaba ropa interior femenina en el barrio de Villa Mitre, en la Capital Federal. El 7 de junio de 2012, 43 trabajadores decidieron realizar una "retención de tareas" y una toma del establecimiento en reclamo de aumento de salarios adeudados (cinco meses) y el fin de lo que denunciaban como un "vaciamiento".[20] El domingo 29 de julio, a las 9 de la mañana, una patota contratada por los dueños de la empresa entró a la fábrica a golpear a los trabajadores en conflicto. Según denuncias, el grupo de choque estaba liderado por la apoderada de la patronal y su abogado.[21]

La UTA recargada

En esta segunda presidencia de Cristina se multiplicaron los conflictos en el transporte. La UTA, obviamente, mantuvo sus métodos para enfrentarlos. Veamos ahora las acciones que protagonizó.

---

[18] Ídem.

[19] http://as.mst.org.ar/2012/07/04/sitaposs-de-sarmiento-chubut-patota-del-sitos-agrede-a-nuevos-dirigentes/.

[20] http://www.diariocronica.com.ar/index.php?r=noticias/verNoticia&q=52354&PHPSESSID=an7h9tt038ksqlgq8gm9n14me4.

[21] http://anred.org/spip.php?article5246;   http://agenciapacourondo.com.ar/secciones/miscelaneas/8133-dulce-carola-una-patota-entro-en-la-fabrica-recuperada.

Un primer foco de conflicto fue la línea 135, que en diciembre de 2011 había obligado a los delegados a propinarle una paliza a Germán Amor. Pero el caso no terminó ahí. Varios trabajadores continuaron con la actividad dejada por Germán. El primero fue Marcelo Wissoc, que entregaba volantes explicando los reclamos. El 7 de agosto de 2012, Marcelo fue agredido por un grupo comandado por Omar Laprida, trabajador de la línea e integrante del grupo de Leovino Rodríguez, delegado ligado a la patronal.

Otros dos activistas, Luciano Del Percio y Ángel Lagos, sufrieron graves amenazas. El día 22 de agosto, sus autos aparecieron con el parabrisas roto, con un piedrazo en el interior. Una clara advertencia.[22]

El segundo frente fue la línea 60. Allí, el 19 de agosto de 2012, un grupo de personas le prendió fuego al Volkswagen rojo del dirigente Héctor Cáceres, enfrente de su casa. El 21, Héctor recibió un llamado anónimo, amenazándolo. Los delegados de la 60 llevaron a Tribunales al menos 17 denuncias contra las patotas, sin ningún resultado hasta ahora.[23]

El tercer frente, no podía faltar, fue el conflicto con los Metrodelegados. Fue el 4 de diciembre de 2012, cuando en el contexto de paros rotativos,[24] intervino la patota de la UTA, en las líneas B y D, agrediendo a los delegados y evitando que se preste el servicio en momentos en que los trabajadores querían hacer funcionar las líneas. Las amenazas de la patota incluyó el uso de armas de fuego. La policía metropolitana estaba presente, pero simplemente se dedicó a observar.[25]

El 10 de abril de 2014, la patronal decidió un lock out, para presionar por su rentabilidad. Los trabajadores decidieron no adherir e ir a trabajar, pero la patota de la UTA se los impidió.[26]

El 23 de diciembre de 2014, los trabajadores estaban llevando adelante el paro que habían decidido. Sin embargo, en la cabecera de la línea

---

[22]https://periodicoelroble.wordpress.com/2012/08/25/
la-violencia-no-cesa-en-la-linea-135-del-grupo-dota/.
[23]https://mst.org.ar/2012/08/22/bodart-ante-el-ataque-de-patota-a-delegado-de-la-linea-60/; https://www.minutouno.com/notas/260844-choferes-la-linea-60-protestan-cerca-puente-saavedra.
[24]http://www.lanacion.com.ar/1531466-los-metrodelegados-van-otra-vez-al-paro.
[25]http://www.lanacion.com.ar/1533051-la-violencia-agravo-el-conflicto-del-subte.
[26]http://www.patagonianexo.com.ar/v2/
metrodelegados-no-podemos-trabajar-por-la-patota-de-la-uta/.

C, una patota de la UTA intentó poner las formaciones en movimiento para romper la huelga, lo que no prosperó.[27]

La cuarta intervención se dio como respuesta a un reclamo más general, en el marco de las discusiones paritarias. El 12 de abril de 2013, trabajadores de Ecotrans, de la línea 60, 112 y 165 cortaron el cruce de Rivadavia y General Paz para exigir un salario básico de $10.000. Al poco tiempo, una patota de la UTA arremetió contra el corte para dispersarlo. Unos días más tarde, un grupo atacó a un trabajador de la línea 60.[28]

La Unión Ferroviaria

El 27 de noviembre de 2012 se iban a realizar las elecciones de la Unión Ferroviaria. La Lista Verde (de Pedraza) parecía tener una elección complicada. La Lista Bordó (que respondía al "Pollo" Sobrero) tenía perspectivas no solo en la seccional Haedo (Sarmiento), que ya controlaba, sino en San Martin (Mitre), Victoria (Mitre), Boulogne (Belgrano Norte) y Seccional Rosario.

El 14 de septiembre, Sobrero denunció que una patota vinculada a José Pedraza destrozó su auto en Marcos Paz y dos desconocidos amenazaron a su hija a la salida del colegio. "Fueron a la escuela y le dijeron que sabían dónde vivía yo y que la iban a hacer cagar (sic) a ella y a su hermana", dijo.[29]

Como si eso fuera poco, en octubre de 2014, el ministro Randazzo, de Transporte, formó un cuerpo especial de vigilancia sobre los trabajadores y, en particular, sobre los delegados. Sin autorización legal para reprimir, aparecían uniformados y sus órdenes expresas y públicas no eran cuidar a los pasajeros de la inseguridad, sino evitar el "boicot" de los delegados.[30]

---

[27]http://www.continental.com.ar/opinion/bloggers/blogs/transito590/ huelga-en-el-subte-hubo-incidentes-en-la-linea-c-entre-metrodelegados-y-uta/ blog/2562559.aspx.

[28]http://www.po.org.ar/prensaObrera/1264/sindicales/ uta-el-activismo-se-moviliza-por-10-000-pesos-de-basico.

[29]http://www.infobae.com/2012/09/14/670615-el-pollo-sobrero-denuncio-graves-agresiones-otro-grupo-sindical/.

[30]http://www.po.org.ar/prensaObrera/458/sindicales/ ofensiva-k-antisindical-en-el-sarmiento?h=patota.

Contra ese cuerpo, el 11 de agosto la Seccional Oeste lanzó un paro.[31] Casualmente, esa noche la camioneta del "Pollo" Sobrero apareció quemada y, según testigos, dispararon tiros al aire.[32]

El SUTNA de Yasky

Maximiliano Cisneros era un activista sindical, trabajador de FATE y militante del NMAS. En las elecciones de la seccional Lavallol de delegados, en 2012, Cisneros logró el 46% de los votos, perdiendo la elección por muy poco. Ante esto, la patronal decidió despedirlo, con la colaboración del sindicato.

El 4 de agosto de 2012, se realizó un acto por la reincorporación de Cisneros y el sindicato mandó a filmar a los asistentes para luego informar a la patronal quiénes habían asistido. El 3 de septiembre de ese año, Cisneros junto a otros militantes del NMAS fueron a la puerta de FATE a denunciar los acuerdos paritarios "a la baja" que estaba firmando el SUTNA, en ese entonces alineado con la CTA de Yasky, y a exigir una asamblea para refrendar o rechazar el acuerdo. A las 22 hs., una patota del sindicato agredió a los militantes y especialmente a Cisneros.[33]

Tercerizados en Burzaco

El frigorífico Offal, situado en Burzaco (Provincia de Buenos Aires), tenía unos 30 trabajadores tercerizados, a través de una empresa llamada Guía Laboral. En 2012, los tercerizados decidieron emprender acciones de lucha para lograr el pase a planta. El 19 de octubre, lograron que el Ministerio de Trabajo provincial intimara a la empresa a regularizar a esos trabajadores. Sin embargo, la empresa no cumplió, por lo que la lucha se reanudó.

El 21 de noviembre los trabajadores estaban realizando un bloqueo al frigorífico, cuando una patota de 50 personas se dedicó a levantar el

---

[31]http://www.lanacion.com.ar/1818260-ruben-pollo-sobrero-denuncio-que-quemaron-su-camioneta.

[32]http://www.lanacion.com.ar/1818136-el-tren-sarmiento-no-funcionara-desde-la-medianoche.

[33]http://www.socialismo-o-barbarie.org/argentinazo/120908_d_agresion_a_maxi_cisneros.htm.

316

bloqueo a la fuerza. Una de las trabajadoras que reclamaba por sus derechos tuvo que ser hospitalizada.[34]

El congreso de Daer

El STIA había llamado a un congreso para discutir su Memoria y Balance del año 2011. La agrupación Bordó (ligada al PTS) traía 15 congresales de las principales fábricas (Kraft, Stani y Pepsico, entre otras). Sin embargo, la dirección del sindicato intentó impedir la acreditación. Sorteado ese escollo, los delegados de la Bordó repudiaron el balance económico y exigieron que se abrieran los libros contables del sindicato. Además, plantearon la necesidad de que el gremio llamara a un plan de lucha y rompiera su vínculo con el Gobierno. Según denunciaron más tarde, la lista de Daer tenía apostados a barras en el lugar.

Efectivamente, los congresales clasistas fueron silbados mientras hablaban y al retirarse fueron golpeados por los barras del oficialismo. Algunos fueron castigados incluso en el piso.[35]

El 22 de mayo de 2013, en las elecciones de Pepsico, la lista de Gustavo Salas, Secretario de Organización del Sindicato, apareció amedrentando a los trabajadores y tratando de hacer votar a personal contratado dos días antes por la empresa. Algunos de ellos, según denunciaron, eran familiares de miembros de la lista oficialista. Esta maniobra fue desbaratada por 100 obreros que defendieron su derecho a elecciones transparentes.[36]

El 30 de marzo de 2015, antes del paro convocado para el 31, un grupo de trabajadores y congresales del STIA estaban volanteando la fábrica de Mondelez Victoria, cuando una patota de la Verde, que respondía a Daer, los atacó, los golpeó y los obligó a retirarse.[37]

El 21 de abril, en medio de un bloqueo de esta fábrica, una patota de la Verde atacó a dos congresales, trabajadores de la planta y participantes de la protesta, que no pertenecían a la lista de la burocracia. Los

---

[34]https://periodicoelroble.wordpress.com/2012/10/19/
triunfo-de-los-obreros-del-frigorifico-offal-del-parque-industrial-de-burzaco/.
[35]http://www.pts.org.ar/Repudio-masivo-asambleas-y-paros-contra-la-patota-de-Daer.
[36]Puede verse la denuncia y la evidencia fílmica del hecho en https://www.youtube.com/watch?v=XbKOh-mNbZ4.
[37]http://www.laizquierdadiario.com/Agresiones-a-activistas-combativos-en-Stani-Mondelez-Victoria.

congresales lograron volver a la fábrica, donde fueron defendidos por los trabajadores. La situación se denunció en el comedor de la planta.[38]

Scioli y sus amigos PRO

La metalúrgica Bosch, en el partido de San Martín, afrontaba serios problemas producto de la crisis. En 2011 comenzó a reducir su producción y plantearse su reinstalación en Brasil. El encargado de llevar adelante este proceso era Pablo Espartaco Rojo. Hijo del biógrafo del Che Guevara, se recibió de economista y estuvo al frente del Banco Hipotecario bajo el menemismo (1994-1999). En 2012, se incorporó al PRO.[39]

Durante todo el 2012 los trabajadores dieron una lucha contra el vaciamiento. De hecho, lograron la aprobación de la expropiación en ambas cámaras de la legislatura bonaerense. Sin embargo, a fines de 2012, el gobernador Scioli vetó la ley.[40]

A comienzos de febrero, decidieron la toma de la fábrica. El día 6 de ese mes, una patota escoltada por la Policía Bonaerense llegó a la fábrica a desalojar a los trabajadores. Según denunciaron, estaba conformada por miembros del PJ. La patota ingresó en la fábrica y obligó a salir a los obreros. La policía les alcanzaba gaseosas a los "muchachos" para que no sufrieran el calor.[41] Los trabajadores recibieron apoyo de un amplio arco político que iba desde Proyecto Sur hasta la izquierda.

Los patrones de BGH

La empresa BGH, en Tierra del Fuego, había tercerizado las labores de limpieza en la empresa SyL. En reclamo de mejoras laborales y salariales, dirigentes del Sindicato de Trabajadores de Comercio (SITRACOM), ligado a la CTA de Yasky, decidieron realizar una movilización frente a la planta el 26 de febrero de 2013.

---

[38]Nota publicada por la Agrupación Bordó de la Alimentación, ligada al PTS, en https://www.facebook.com/permalink.php?id=251718954998479&story_fbid=263962433774131.

[39]http://www.cronista.com/economiapolitica/Pablo-Rojo-Para-pesificar-la-economia-hay-que-hacerle-lobotomia-a-los-argentinos-20120607-0086.html.

[40]http://www.lavaca.org/notas/otra-recuperada-en-san-martin-la-hora-del-aguante/.

[41]http://www.pcr.org.ar/nota/movimiento-obrero/impedir-el-vaciamiento-de-la-ex-bosch.

Mientras se desarrollaba la protesta, se acercó una patota armada de alrededor de 15 personas, que comenzó a golpear a los dirigentes gremiales. En particular a Hugo Cejas y al Secretario General, Wenceslao Benítez.[42]

Los viejos dirigentes

El sindicato de prensa de Mendoza estaba dirigido por Roberto Picco, un dirigente ultrakirchnerista.[43] Picco había firmado paritarias con las patronales sin consultar a los trabajadores, lo que motivó que la organización de periodistas autoconvocados realizara una denuncia en la FATPREN, y que esta decidiera la intervención, en noviembre de 2011, desplazando a Picco.[44]

El 11 de marzo de 2013, en medio de una asamblea del gremio, irrumpió una patota de 13 personas encapuchadas, al mando de Rodolfo Torti, ex Secretario Gremial y aliado de Picco que agredió a los trabajadores a la salida de la asamblea.[45] A pesar de numerosas denuncias, el responsable sigue en libertad y, de hecho, en 2017 lanzó su candidatura a la gobernación de la provincia, por el peronismo kirchnerista.[46]

Los saqueadores

El frigorífico YF8 se dedicaba a la conservación y fileteado de pescado, en Mar del Plata. Fue comprado por capitales chinos y rebautizado "Lei Lei Xia". En octubre de 2012, dejó de pagar los sueldos y en marzo de 2013 los trabajadores decidieron tomar la planta. La gobernación dispuso una guardia policial para amedrentar a los obreros.

---

[42]http://delfuegonoticias.com.ar/nota/29/4276-afiliados-al-sitracom-son-agredidos-por-una-patota-frente-a-bgh; http://www.gremialesdelsur.com.ar/nota/9438-Dirigentes-de-SITRACOM-agredidos.

[43]http://masquevidadigital.blogspot.com.ar/2013/03/roberto-picco-o-el-futre-vamos.html.

[44]http://www.sitioandino.com.ar/n/14410/.

[45]http://www.clarin.com/sociedad/encapuchados-atacaron-periodistas-sindicato-mendoza_0_HyP-X49sDXl.html; http://www.mdzol.com/nota/457535-periodistas-de-mendoza-repudiaron-agresion-de-patota/.

[46]http://www.mdzol.com/nota/276959-roberto-picco-con-amor-y-solidaridad-se-puede-gobernar-mendoza/.

Sin embargo, en la medianoche del martes 26 de marzo, la guardia de infantería se retiró y dio lugar al ingreso de una patota que primero amordazó a los trabajadores. Una vez reducidos, los amenazó, sustrajo toda la documentación importante y sacó el pescado, dejando algunos en estado de descomposición.[47]

El hecho fue denunciado por los trabajadores y la policía fue señalada como cómplice. El 5 de abril los obreros fueron desalojados por la policía.[48]

Las elecciones, según Yasky

Las elecciones de SUTEBA, de 2013, expresaron un verdadero punto de inflexión en la relación de fuerzas. La lista Multicolor, una amplia unidad de la izquierda (PCR, PO, PTS, IS, MST, FPDS y diversas agrupaciones independientes), se impuso en once seccionales. Entre ellas, en la estratégica La Matanza, en La Plata y en Tigre, como novedad. Otra de las seccionales que la izquierda había ganado era la de San Martín-3 de febrero, por tres votos.[49]

Sin embargo, la lista oficialista (Celeste) decidió impugnar seis urnas y realizar otro escrutinio en el local central de la CTA, en el barrio de San Telmo, en Capital Federal. El 25 de mayo convocaron a los apoderados de las diferentes listas para efectuar el conteo. Sin embargo, cuando los apoderados de la Lista Multicolor intentaron entrar, una patota les impidió el acceso. A pesar de las quejas, no les permitieron ser parte del escrutinio. Incluso, las apoderadas fueron golpeadas. Al rato, un directivo de la CTA les avisó que esas urnas no iban a ser abiertas y que el oficialismo había ganado por 14 votos.[50]

Este hecho derivó en una serie de denuncias al Ministerio de Trabajo y en diversas movilizaciones.[51] No obstante, el oficialismo conservó la dirección.

En los días 17 y 18 de noviembre de 2014, se efectuaron las elecciones para la conducción de la CTA de Yasky (la oficialista). Esta vez, se

---

[47]https://colectivocomuna.wordpress.com/2013/03/30/las-ruinas-que-no-dan-miedo/.

[48]http://radiolarevuelta.blogspot.com.ar/2013/04/mar-del-plata-5-deabril-de-2013.html.

[49]http://www.clarin.com/sociedad/Avance-izquierda-elecciones-Suteba_0_SyCVL1OiPXe.html.

[50]http://www.anred.org/spip.php?article6150.

[51]https://www.youtube.com/watch?v=08UwR07CU_4.

320

presentó una lista de izquierda con posibilidades, la Lista 3. Para asegurarse su triunfo, la lista de la conducción no escatimó en el uso de patotas a lo largo del país.

En La Plata, los fiscales de la Lista 3 fueron recibidos por 10 hombres de "seguridad" del gremio que les impidieron ingresar al escrutinio.[52] En Salta, agredieron a fiscales opositores en Aguaray y Salvador Mazza, para evitar que verificaran el escrutinio. En Mendoza, ya comenzado el comicio, una patota obligó por la fuerza a cambiar los padrones para que un grupo de "compañeros nuevos" pudieran votar.[53] El resultado fue el previsible.

El 26 de noviembre de 2014, la Celeste de SUTEBA decidió realizar asambleas para aprobar su Memoria y Balance. En San Fernando, ante las críticas a la administración del sindicato, una patota echó a los militantes de izquierda (ligados al PTS), mientras que la Secretaria los tildaba de "sinvergüenzas".[54]

Los últimos movimientos de Dragún

Corría mayo de 2013 y le estaban por pedir la renuncia. Le quedaba poco como ministro-sindicalista. Recordemos: Dragún era al mismo tiempo Secretario General del SMATA Córdoba y Ministro de Trabajo de De la Sota. Sin embargo, tuvo un gesto más. El 29 de mayo, una patota de su gremio, el SMATA, atacó a unos trabajadores de Volkswagen que intentaba realizar una volanteada en la puerta de la fábrica.[55] Según denunció el delegado Fabián Basile, el grupo de choque estaba dirigido por barras del club Instituto.[56]

---

[52] http://www.pts.org.ar/Cronica-de-un-fraude-anunciado.
[53] http://www.po.org.ar/comunicados/sindicales/fraude-escandaloso-y-violencia-en-la-cta-yaskyhttp://www.po.org.ar/noticia/fraude-y-violencia-en-la-cta-yasky.
[54] http://www.laizquierdadiario.com/Esos-Sinverguenzas.
[55] http://www.cadena3.com/post_ampliadomobile.asp?post=114098&titulo=Denuncian-agresion-de-patota-de-SMATA-a-trabajadores-de-VW&resw=1366&resh=728.
[56] http://mundogremial.com/informacion-general/renuncio-omar-dragun-secretario-general-de-smata-y-ministro-de-trabajo-de-la-provincia-de-cordoba-3672.

Los portuarios

"Si me preguntás si estoy con Moyano, estoy con Moyano" solía decir Juan Pedro Corvalán, Secretario General del Sindicato Unido de Portuarios Argentinos (SUPA). La sala de reuniones de la sede central se llamaba, justamente, como el líder de la CGT.[57] Acostumbrado a presentar lista única, en 2013 tuvo que enfrentar su primer problema importante: la confección de una lista opositora, del Movimiento de Estibadores Portuarios de a Pie, asociada a la CTA de Micheli. Las acciones de la gente de Corvalán no se hicieron esperar y los candidatos recibieron una andanada de amenazas telefónicas.[58]

Si bien ambas listas aparecían ligadas a líderes opositores, la CTA era considerada un rival más importante, ya que disputaba la conducción de la central con el kirchnerismo y tenía posiciones menos favorables a las patronales. Por eso, el Ministerio de Trabajo no autorizó su lista para los comicios, lo que desató una serie de protestas.

El 14 de junio de 2013, la lista proscripta decidió realizar un piquete en la entrada del sindicato donde se realizaban los comicios. La respuesta fue una patota con armas de fuego y palos que dispersó el piquete y dejó 16 heridos, uno con arma de fuego.[59] El enfrentamiento fue enfrente del cuartel de Prefectura, pero esta fuerza no intervino para nada.[60] La patota estaba conformada por barras de Independiente, club sobre el que Moyano tiene una reconocida influencia política.[61]

Finalmente, Corvalán logró asumir. En ese año, y luego de un conflicto, también trazó lazos amistosos con Guillermo Moreno, a quien pudo verse con la gorrita y la campera del sindicato, con la leyenda "Corvalán".[62]

---

[57]http://www.infonews.com/nota/129035/juan-corvalan-un-duro-del-sindicalismo.

[58]https://www.pagina12.com.ar/diario/elpais/1-222336-2013-06-15.html.

[59]http://www.clarin.com/politica/cruces-palos-piedras-eleccion-portuarios_0_rkR-HcXDoDXl.amp.html.

[60]http://www.lanacion.com.ar/1592321-una-interna-gremial-se-resolvio-a-los-tiros-frente-la-prefectura.

[61]http://anred.org/spip.php?article6241.

[62]Pueden verse imágenes del amistoso encuentro en http://www.laautenticadefensa.net/92546.

"Cacho", el interventor

Armando "Cacho" Cortalezzi era un hombre de suma confianza del gobernador tucumano Alperovich. Consejal, legislador y luego interventor de la Caja Popular de Ahorros, había dejado por denuncias por corrupción, violencia y abuso de autoridad cada uno de los lugares por donde pasó. Dueño de una empresa de taxis y de un hotel.

Como interventor, se lo acusaba de encubrir el desfalco de 172 millones de pesos, ocurrido en 2012. A eso había que sumar una protesta en julio de 2013 por el despido de 30 trabajadores.[63] El día 1 de julio, "Cacho" dirigió personalmente una guardia de infantería para dispersar una manifestación. Al día siguiente, llevó una patota para amedrentar a quienes seguían protestando.[64]

Un año más tarde, el 13 de mayo de 2014, los bancarios estaban realizando una volanteada, cuando fueron reprimidos por una patota que obedecía las órdenes de Cortalezzi y, luego, en plena Plaza Independencia fueron perseguidos por la policía provincial. La represión con balas de goma resultó en 20 trabajadores heridos.[65]

Con la ayuda del "Momo"

El Congreso de la Federación Aceitera debía realizarse en La Falda, Córdoba. Sin embargo, la oposición había juntado bastante fuerza y llevaba 500 trabajadores de todo el país. Por eso, el Secretario General, Oscar Rojas, decidió que el congreso se realizara en Necochea, nada menos que en el camping de la UATRE.[66]

El día 17 de julio de 2013, mientras los congresales de la opositora Lista Verde y Blanca se dirigían al lugar, una patota que respondía al gremio aceitero y a la UATRE los recibió a los tiros y, luego, a los golpes.[67]

---

[63]http://www.elintransigente.com/argentina/2013/5/13/cacho-desbocado-cortalezzi-cruzo-limite-los-despidos-masivos-184173.html.

[64]http://www.lagaceta.com.ar/nota/538581/politica/tenso-cruce-entre-bancaria-cortalezzi-fotos.html. Puede verse en https://www.youtube.com/watch?v=4PMAA-luq7Y.

[65]http://www.lagaceta.com.ar/nota/590377/politica/policia-reprimio-bancarios-luego-protesta.html; http://www.lanacion.com.ar/1690540-las-imagenes-de-la-salvaje-represion-en-tucuman-contra-los-bancarios.

[66]http://www.infocampo.com.ar/violencia-y-heridos-en-el-congreso-del-sindicato-nacional-de-aceiteros/.

[67]http://www.anred.org/spip.php?article6387.

El saldo fue de un congresal herido de bala y dos con fracturas graves. La policía intervino al final llevándose a 20 detenidos.[68]

Urnas a pedido

Oscar Guillermo Rojas era el Secretario General del Sindicato de Obreros de Mestranza (SOM). Pertenecía a la CGT Azul y Blanca y era un amigo personal de Luis Barrionuevo. Ferviente opositor al kirchnerismo, trabajó para Massa.

Para evitar que la lucha lo desborde, decidió incorporar a los tercerizados del Garrahan a la estructura gremial y realizar una elección de delegados. Entre los candidatos figuraban dos ligados al PTS.

El 19 de diciembre de 2013, mientras se realizaba la elección, Rojas atisbaba una derrota. Por eso, una patota identificada con el SOM, entró a los comicios con el objetivo de llevarse una urna. Los trabajadores la defendieron pero fueron golpeados salvajemente. La patota llevó la urna a una camioneta para trasladarla, pero un piquete de trabajadores se lo impidió. Si bien fue devuelta, hubo tiempo de adulterarla y las elecciones tuvieron que ser suspendidas.[69]

Fueron reanudadas el 21 de enero de 2014 pero ese día también se hizo presente una patota de 70 personas enviadas por la conducción del sindicato para amedrentar a los votantes. Esta pretendía que se votara sin cuarto oscuro. O sea, se quería vulnerar la confidencialidad del voto.[70] Otra vez, la elección tuvo que suspenderse.

El 29 de enero se realizó una reunión entre los candidatos a delegados por la oposición y la comisión interna de ATE (con Gustavo Lerer, histórico dirigente ligado a la izquierda). En medio de la conversación, entró violentamente una patota al mando de Alejandro Centurión, miembro de la comisión directiva del SOM, amenazando, empujando y golpeando a las candidatas Bárbara Acevedo, Cristal Chechelgis y Clara Cabral.[71]

---

[68]http://www.lanacion.com.ar/1602075-otra-eleccion-sindical-que-se-resolvio-a-los-tiros.

[69]http://www.tvpts.tv/En-el-Garrahan-impedimos-el-fraude-de-la-patota-del-Sindicato-Obrero-de-Maestranza-SOM.

[70]http://www.pts.org.ar/Garrahan-patota-del-SOM-golpea-a-trabajadores-y-estudiantes.

[71]http://www.pts.org.ar/Patota-del-SOM-agrede-a-delegados-de-la-JI-ATE-GARRAHAN.

324

Firme contra el pueblo

El grupo Crónica-BAE, a nombre de Raúl y Alejandro Olmos (aunque se ha denunciado que serían testaferros de Antonio Caló, ya que estaban ligados a la UOM), en marzo de 2014 decidió un cambio de razón social, con el objetivo de dejar afuera 128 trabajadores. Entre ellos, los activistas. En su lugar, pretendían hacer ingresar a gente que pertenecía al grupo Kolina, de Alicia Kirchner.[72] Esto motivó un escenario de lucha gremial.

El 1 de abril, unos trabajadores estaban pegando afiches denunciando la situación de la empresa, cuando fueron atacados por una patota.[73] Ese mismo día, la oficina del delegado Daniel Nudelman fue saqueada. Se robaron las actas de las audiencias con el Ministerio de Trabajo y borraron todos los archivos de su PC, cuando la clave solo era conocida por personal de la empresa. En su lugar, le dejaron calcomanías rotas con la imagen de Mariano Ferreyra, en lo que fue un claro mensaje mafioso.[74]

Mala leche

En diciembre de 2013, La Serenísima decidió despedir al trabajador y activista gremial Fernando Díaz, ligado al PO. Por eso, su partido decidió realizar una serie de actividades de denuncia y esclarecimiento en General Rodríguez, provincia de Buenos Aires.[75]

El 8 de enero de 2014, mientras se desarrollaba una actividad en la plaza central del municipio, una patota de ATILRA (Asociación de Trabajadores de la Industria Lechera de la República Argentina) levantó la mesa y golpeó a los manifestantes. Esto ocurrió a metros de la intendencia.[76]

---

[72]http://www.po.org.ar/prensaObrera/436/sindicales/
atentado-mafioso-en-la-redaccion-del-diario-bae?h=patota.
[73]http://www.lapoliticaonline.com/nota/52045/; https://www.mas.org.ar/?p=
1063.
[74]http://www.po.org.ar/prensaObrera/436/sindicales/
atentado-mafioso-en-la-redaccion-del-diario-bae?h=patota.
[75]http://www.po.org.ar/prensaObrera/1306/sindicales/la-serenisima-viola-derechos-sindicales; http://www.lapostagr.com.ar/noticias/gremiales/1328-despedidos-reclaman-la-reincorporacion-de-empleados-de-fabrica-y-disparan-contra-atilra.
[76]http://www.lapostagr.com.ar/politica/1107-por-segunda-vez-el-partido-obrero-local-denuncio-agresiones-de-gremialistas-de-atilra.

La fortaleza de Pignanelli

"Ya no quedan delegados [de izquierda] en las fábricas donde está el SMATA", se jactaba Ricardo Pignanelli. Sin embargo, esa "limpieza" solo se logró al final del segundo mandato de Cristina Kirchner y no sin una buena dosis de represión estatal y paraestatal. Aquí, vamos a lo que nos interesa, que son las acciones de grupos armados por fuera del Estado.

Gestamp expresó uno de los puntos más altos de la lucha de las automotrices (como Lear). El 15 de mayo de 2014, los activistas estaban volanteando la fábrica de VW, advirtiendo sobre la política de despidos y la complicidad del SMATA. En eso, una patota de 50 delegados de Pignanelli se acercaron y golpearon a los trabajadores.[77]

Otra de las luchas importantes es la que se llevó adelante en la autopartista Lear, donde se desarrolló una combativa comisión interna, ganada en 2013. Para expulsarla, la empresa decidió 250 despidos, el 7 de mayo de 2014. De ellos, 130 arreglaron indemnizaciones, 60 fueron reincorporados y quedaron 60 afuera.[78] Desde entonces, se entabló una importante lucha de los despedidos por ser reincorporados. Mientras duró el conflicto se estableció un acampe que intentaba bloquear el acceso a la fábrica, y se realizaron regularmente actos y cortes de ruta, acciones fueron hostigadas permanentemente por las fuerzas represivas regulares y la patota del SMATA.[79] Aquí también hubo una importante represión de la Gendarmería, que veremos luego. Como aclaramos anteriormente, por ahora vamos a concentrarnos en las acciones de los grupos irregulares.

El 17 de julio de 2014, la empresa citó a los trabajadores para ingresar en la fábrica, a pesar del bloqueo y el corte de ruta. Una vez que los tuvo arriba del micro para trasladarlos, los llevó, sin consultar, a la sede central del SMATA. Allí les hizo firmar la revocación de mandato de todos los delegados. Sin que se llamara a una asamblea real, sin que pudieran estar los 200 trabajadores despedidos y sin que los delegados tuvieran la posibilidad de defenderse. Curiosamente, la dirección del SMATA

---

[77]http://www.pts.org.ar/Gestamp-pasar-al-frente.

[78]http://hombre-nuevo.org/2015/apuntes-en-torno-a-la-lucha-de-lear/.

[79]http://www.pts.org.ar/Despidos-masivos-en-Lear?debut_articulos=25#pagination_articulos.

sí había conseguido a un veedor del Ministerio de Trabajo que ratificó todo lo allí actuado.[80]

El 23 de julio de ese año, una patota del SMATA comenzó a golpear los autos de los manifestantes.[81] El 29, para romper el bloqueo, la burocracia del SMATA dirigió a los trabajadores que iban a entrar a la fábrica, escoltados por la Policía Bonaerense. Al llegar a la fábrica, un grupo de sindicalistas salió del "corralito" y comenzó a golpear a los manifestantes, para luego volver al cerco policial.[82]

El día 14 de agosto, Victoria y Edgardo Moyano, abogados de los obreros en conflicto, se trasladaban en su auto para realizar trámites legales pertinentes al conflicto. A las 30 cuadras, el motor se apagó y se sintió un fuerte olor a nafta. Al salir, un enorme charco de nafta apareció en el asfalto. Al llamar al mecánico, se les advirtió que el caño fue roto deliberadamente, y que ese desperfecto podía provocar el incendio del vehículo.[83]

El 1 de septiembre, y luego de varios fallos judiciales, la empresa accedió a restablecer a 16 trabajadores, entre ellos, los delegados. Sin embargo, los confinó a un sector limitado por barrotes. Una especie de "jaula", para evitar el contacto con sus compañeros. No obstante eso, trabajadores de la lista oficialista les arrojaban objetos y exhibieron carteles que decían "Fuera zurdos". Luego, a varios de ellos, una patota los sacó de la fábrica a empujones, amenazándolos. A Luis Bravo, uno de los restituidos, le abrieron el auto y le sustrajeron sus papeles personales y documentos.[84]

A los pocos días, el 10 de septiembre, Nicolás Del Caño, diputado nacional por el FIT, pidió en el Congreso una moción de privilegio para repudiar el ataque de la Gendarmería a los manifestantes. Mientras realizaba su discurso, una patota del SMATA, desde los palcos, lo abucheaba

---

[80] http://www.po.org.ar/prensaObrera/446/sindicales/ no-a-pignanelli-no-al-fascismo-en-los-sindicatos?h=patota.

[81] http://www.laizquierdadiario.com/Lear-el-conflicto-mas-duro-y-largo-de-la-decada-kirchnerista.

[82] http://www.laizquierdadiario.com/Lear-el-conflicto-mas-duro-y-largo-de-la-decada-kirchnerista.

[83] http://www.laizquierdadiario.com/Lear-el-conflicto-mas-duro-y-largo-de-la-decada-kirchnerista; http://www.pagina12.com.ar/diario/elpais/subnotas/1-69690-2014-09-14.html.

[84] http://www.laizquierdadiario.com/Lear-el-conflicto-mas-duro-y-largo-de-la-decada-kirchnerista.

y lo silbaba, bajo la pasividad del Presidente de la Cámara de Diputados, Julián Domínguez.[85]

El 5 de septiembre, el Ministro Tomada asistió a un acto en la Universidad Nacional de General Sarmiento, acompañado del Secretario de Empleo, Matías Barroetaveña y las autoridades de la universidad. Se presentó allí una delegación de Lear. Julián Matu, hermano del delegado del Lear Rubén Matu y estudiante de la casa, pidió la palabra para denunciar la situación de los trabajadores. Sin embargo, la delegación de estudiantes y trabajadores fue expulsada por una patota dirigida por gente del SMATA y secundada por militantes de La Cámpora, Kolina, JP Descamisados y Peronismo Militante.[86]

El día 22 de octubre, a horas de la madrugada, cinco matones con armas de fuego se dispusieron a levantar la carpa que se había instalado en defensa de la lucha de Lear. Sacaron las banderas y amenazaron a las mujeres. Enfrente había algunos patrulleros observando la situación. Cuando los manifestantes se dirigieron a la comisaría, los agentes se negaron a incluir en la declaración que había efectivos observando y no intervinieron.[87]

Al año siguiente, el 21 de mayo de 2015, una patota que respondía a la Lista Verde agredió al trabajador reincorporado Damián González. Lo tajearon con un cutter luego de golpearlo.[88] Ese mismo día, un trabajador de VW, también opositor, fue agredido en la fábrica por integrantes del oficialismo del sindicato.[89]

La 14 de Giustozzi

En Almirante Brown, Buenos Aires, los trabajadores de Cerámica Lourdes venían manteniendo un largo conflicto contra la jornada 7x1.

---

[85] http://www.clarin.com/politica/Diputados-SMATA-deuda-opositores_0_1209479463.html.

[86] http://www.laizquierdadiario.com/Patotas-del-SMATA-contra-estudiantes-solidarios-con-los-trabajadores-de-Lear. Puede verse el video en https://www.youtube.com/watch?v=gkuIZtKwjTY.

[87] http://www.po.org.ar/prensaObrera/1337/sindicales/una-patota-ataco-la-carpa-de-lear; http://izquierdadiario.com/Grave-atentado-a-la-carpa-y-amenaza-de-muerte-a-los-trabajadores-de-Lear; http://www.lanacion.com.ar/1714169-incidentes-en-una-protesta-por-despidos-en-lear.

[88] http://desa.laizquierdadiario.com/SMATA-gravisimo-ataque-en-Lear.

[89] Ídem. Por razones de seguridad, los denunciantes mantienen el anonimato del agredido.

Se trata de un sistema de trabajo corrido con un solo franco y horarios agotadores que llegaban a las 12 horas por día. De hecho, en 2009, había muerto un trabajador extenuado y sin las condiciones de seguridad. Los dueños de la fábrica tenían contactos con el Club Atlético Lanús, ya que auspiciaban su camiseta.[90]

El miércoles 18 de septiembre de 2013, 400 obreros de la fábrica, afiliados a la Federación Obrera Ceramista de la República Argentina (FOCRA) decidieron, en asamblea, convocar a un paro, por un sistema 6x2 y un básico de $8.000. El paro se realizó con ocupación.

Luego de una serie de negociaciones fallidas en la Secretaría de Trabajo, la patronal decidió apelar a otros métodos. El 21 de septiembre, a las 6 de la mañana, la policía retiró la custodia policial de la fábrica. Inmediatamente, una patota de 300 personas, ligadas al Sindicato de Ceramistas de Avellaneda (SCSPMyA) intentó desalojar la fábrica. Los trabajadores le hicieron frente y uno de ellos recibió un corte con arma blanca en el rostro. A partir de este hecho, se votó un corte para el día 24.[91]

Sin embargo, la patronal iba a volver a intentar otro avance. Esta vez, con gente más "profesional": la barra de Lanús. El día 23, también a las 6 de la mañana, la custodia policial se volvió a retirar. Acto seguido ingresaron 100 barras intentando dispersar la guardia en la puerta de la fábrica con palos y armas blancas. Ante esto, los trabajadores realizaron una volanteada en la ruta 16.[92]

Si bien el Ministerio de Trabajo provincial ordenó la conciliación obligatoria, la empresa se negó a reincorporar a los delegados que dirigieron la huelga. Para evitar reuniones, hicieron ingresar patoteros que amenazaban a los trabajadores.[93]

Cristinistas en Neuquén

En mayo de 2014 se realizaron las elecciones para la conducción de ATE Neuquén. La lista 1 estaba encabezada por el utrakirchnerista

---

[90] http://www.politicadelsur.com/index.php?option=com_content&view=article&id=2252:fiorito-celebro-el-dia-de-la-mujer&catid=102:lomas-de-zamora&Itemid=480.

[91] https://periodicoelroble.wordpress.com/2013/09/22/asamblea-paro-patotas-y-resistencia-obrera-en-ceramicas-lourdes/.

[92] http://www.anred.org/spip.php?article6731.

[93] http://www.po.org.ar/prensaObrera/1292/sindicales/ceramicas-lourdes-se-reabre-el-conflicto.

Carlos Quintriqueo. La lista 2 era un frente de agrupaciones de izquierda, con base en ATEN (docentes), que llevaba como candidato a Daniel Huth. La elección estuvo cargada de irregularidades: padrones adulterados, modificación de los recorridos en las urnas volantes para impedir la votación de los trabajadores de la educación, negativa de la entrega de actas de escrutinio a los fiscales, faltantes de boletas y el cierre anticipado la noche del escrutinio. Los apoderados de la Lista 2 fueron expulsados por la fuerza del local de la CTA donde se realizaba el escrutinio, que durante toda la noche fue custodiado por la policía.[94]

Al día siguiente, los representantes de la Lista 2 llamaron a una conferencia de prensa en el local del SEJUN (judiciales). Al enterarse, una patota intentó impedirla tratando de ingresar al local. Al no poder hacerlo, los integrantes del grupo de choque comenzaron a arrojar piedras. Al mismo tiempo, otra patota se dirigió al local de ATEN y provocó destrozos.[95]

Grupos de tareas marplatenses

Christian Grobas era un dirigente del gremio del Sindicato de Cadetes, Motoristas y Mensajeros, SICAMM. Además, trabajaba en Todo Tartas, una empresa con varias franquicias en Mar del Plata, Capital y Provincia de Buenos Aires. Debido a su actividad sindical, en 2014, la empresa decidió despedirlo, con lo cual se desató una lucha sindical. El gremio dio su apoyo y se realizaron manifestaciones en la puerta de la empresa.[96]

El día 28 de junio a las 20 hs. una patota agredió a los manifestantes, incluyendo a Christian y a otro dirigente sindical, Diego Lencinas.[97] Los agresores fueron identificados como integrantes de la UTHGRA, el gremio gastronómico, de Luis Barrionuevo.

---

[94]http://www.po.org.ar/prensaObrera/439/sindicales/neuquen-defenda-mos-el-triunfo-de-la-lista-2-contra-el-fraude-de-quintriqueo-y-sapag?h=patota.
[95]http://www.estatalesenlucha.org/tag/elecciones-cta/;   http://neuquen24horas.com/?p=30049.
[96]http://www.agenciacta.org/spip.php?article13216.
[97]http://www.anred.org/spip.php?article8000.

Perfumistas

Rubén Sandoval era el Secretario General del Sindicato de Trabajadores Perfumistas (STP), perteneciente a la CGT Azul y Blanca de Barrionuevo. El descontento que surgió entre los trabajadores tuvo su expresión en Avón (en San Fernando, Buenos Aires), que votó una comisión interna ligada a la izquierda (en este caso, el PO). Ya habían tenido que suspender una elección en Amodil-Naturel. Esta situación incomodaba a las patronales en general, y al sindicato en particular.

El 24 de julio de 2014, los delegados de Avón fueron al sindicato a realizar tareas administrativas propias de su función. Al ingresar, fueron agredidos por un grupo de personas que respondían a Sandoval. Pero eso no fue todo: al llegar a sus casas, tenían a disposición un telegrama de suspensión por 90 días.[98]

A los pocos días, se organizó un acto en defensa de los suspendidos, con la solidaridad de varios partidos de izquierda y de los gremios.[99] A su vez, la bancada del FIT convocó a una audiencia pública en defensa de los delegados de la rama del perfume contra la persecución patronal y sindical.[100]

Rubén Sandoval, a pesar de su vínculo con Barrionuevo (y tal vez con su autorización), conformó en julio de 2015 la Mesa Sindical "Scioli Presidente".[101] Sin embargo, en 2016 formó parte de la dirigencia sindical que se reunió con Mauricio Macri.[102]

La máquina de congelar

En el STIHMPRA, sindicato del hielo, en el Alto Valle de Río Negro, también se había desarrollado una corriente opositora. Particularmente en los establecimientos Kleppe y Tres Ases. Allí nació, en octubre de

---

[98]http://www.po.org.ar/prensaObrera/446/sindicales/
defendamos-a-los-delegados-de-avon-san-fernando?h=patota.
[99]http://www.laizquierdadiario.com/Intentan-destituir-a-los-delegados-de-Avon-
San-Fernando?utm_source=newsletter&utm_medium=email&utm_campaign=-
Newsletter.
[100]http://izquierda-revolucionaria.org/articulo/545/
maria-del-carmen-verdu-junto-trabajadores-perfumistas/.
[101]http://www.infobae.com/2015/07/17/1742262-gremios-quieren-recuperar-pro-
tagonismo-y-preparan-un-mega-acto-apoyo-scioli/.
[102]http://www.infobae.com/politica/2016/12/23/
sin-los-moyano-mauricio-macri-brindo-con-sindicalistas-en-olivos/.

2014, la lucha por un bono de fin de año y la reincorporación de los despedidos. El pedido era de $6.000 pesos bonificables. El Secretario General, Claudio Burgos, un ultrakirchnerista,[103] tuvo que ceder.

Ante el estancamiento de las negociaciones, los trabajadores forzaron a la burocracia a un paro de 48 hs., el 1 de noviembre. Finalizado ese paro, y sin respuestas por parte de la patronal, se votó otro paro por 72 hs., que debía comenzar en horas del mediodía del 3 de noviembre. Mientras tanto, la patronal clamaba por una solución inmediata ante el amontonamiento de los camiones que debían trasladar las frutas para exportación.[104]

En ese contexto, las empresas llamaron a la dirección sindical para negociar. Burgos asistió y pactó un bono de $4.000 no bonificable y en cómodas cuotas. Eso sí, ni una palabra sobre el pago de los días de huelga ni, mucho menos, de los despedidos. Obviamente, el acuerdo fue criticado. Por lo tanto, Burgos juntó una gruesa patota y comenzó a recorrer las principales fábricas para levantar la huelga a los golpes, lo que consiguió no sin una importante resistencia.[105]

El descanso dominical

El 6 de noviembre de 2014 fue promulgada la ley provincial del descanso dominical para la Provincia de Santa Fe. En realidad, solo establecía que debían cerrar sus puertas los supermercados, hipermercados y megamercados con superficies de más 1.200 m². La ley fue impulsada por el gremio de empleados de comercio, pero también por la CAME (Confederación Argentina de la Mediana Empresa), la Iglesia y la Universidad de Rosario.[106] La causa era que perjudicaba a las grandes cadenas de hipermercados, pero beneficiaba a los shoppings y pequeños comercios que podían abrir sus puertas los domingos. Los beneficios a los trabajadores se acotaban a los de las empresas afectadas, aunque estas pretendían hacerles pagar a sus empleados, amenazando con

---

[103]Véase su apoyo a Espinoza y Verónica Magario en https://diarionco.net/matanza/solicitada-mesa-politica-gremial-lamatanza/.

[104]http://www.lanacion.com.ar/1731731-un-conflicto-gremial-en-el-alto-valle-paraliza-los-embarques-de-fruta.

[105]http://www.po.org.ar/prensaObrera/online/sindicales/balance-de-la-huelga-del-hielo.

[106]http://www.lacapital.com.ar/la-adhesion-al-descanso-dominical-rosario-debera-esperar-n458087.html.

332

el despido de 2.000 obreros en Rosario. Además, en ausencia de un aumento salarial, los trabajadores perdían poder adquisitivo.

Se trataba de una ley provincial, cuya aplicación debía votarla cada uno de los municipios. Es decir, si ningún consejo deliberante la aprobaba, la medida quedaba sin efecto real. La batalla más importante se dio, lógicamente, en Rosario.

Los trabajadores de Coto comenzaron acciones gremiales para combatir los 200 despidos con los que la empresa quería descargar sus problemas y, de paso, extorsionar al Consejo Deliberante. El 13 de noviembre de 2014, en medio de una conciliación obligatoria en el Ministerio de Trabajo, una patota de barrabravas arremetió contra los trabajadores para golpearlos.[107]

El puerto de Rosario

En diciembre de 2013, la APJNG (Asociación de Personal de la Junta Nacional de Granos), de Rosario, tenía previsto realizar elecciones para elegir autoridades. De un lado el dirigente histórico, aliado a la CGT, René González. Del otro, una lista opositora ligada a la CTA de Micheli, liderada por Raúl Mamani. El 21 de diciembre, en medio de los comicios, se presentó una patota, cuyos miembros fueron reconocidos como barras del club Rosario Central. El objetivo era impedir que varios de los miembros de la lista opositora y sus simpatizantes pudieran votar. De este modo, lograron dejar afuera de la elección a 50 personas.[108] El hecho fue denunciado por los integrantes de la lista de Raúl Mamani, pero sin ningún resultado. A raíz de ese hecho, los trabajadores disconformes lograron levantar un sindicato paralelo, la Unión de Trabajadores Portuarios, que obtuvo su personería en octubre de 2013. Su Secretario General no fue otro que Raúl Mamani. Esto desencadenó una serie de represalias, que incluyó su despido por parte de la empresa Servicios Portuarios S.A.

El despido de Mamani desató una huelga en la empresa y la gente de René González se encargó de realizar un "contrapiquete" en defensa de la empresa.[109]

---

[107]http://www.po.org.ar/prensaObrera/462/politicas/
rosario-al-descanso-dominical-se-lo-arranca-con-un-plan-de-lucha?h=patota.
[108]http://agenciacta.org/spip.php?article10950.
[109]http://www.lacapital.com.ar/huelga-y-contrapiquete-un-conflicto-servicios-portuarios-n447983.html.

El 14 de noviembre de 2014, con el conflicto por la reincorporación de Raúl Mamani todavía abierto, su hijo Mateo Mamani, trabajador en la misma empresa, fue interceptado por dos sujetos y atacado con armas blancas.[110] La CTA autónoma exigió explicaciones y convocó una marcha a la gobernación para el día siguiente.

Aerolíneas Argentinas

En 2012, Mariano Recalde, dirigente de La Cámpora al frente de Aerolíneas, tenía la intención de congelar las paritarias y, ante la pasividad de la conducción gremial de APA (Asociación de Personal Aeronáutico), los trabajadores comenzaron a organizarse. Para no ser sobrepasado, el gremio convocó a una asamblea general el 1 de octubre. Pero cuando los activistas de izquierda intentaron tomar la palabra, fueron amedrentados por una patota del gremio.[111]

Interna en Unquillo

A raíz de la poca actividad real de los sindicatos oficialistas en Unquillo, Córdoba, un grupo de trabajadores estatales comenzó su afiliación a ATE. Un 10% de los trabajadores en planta optaron por su afiliación al gremio.

El 12 de diciembre de 2012, mientras la Secretaria General, María Teresa Romero, se dirigía a entrevistarse con el intendente Germán Jalil, junto con una delegación de empleados municipales, una patota que respondía al Sindicato Municipal y a la Federación de Trabajadores Municipales agredió físicamente a los trabajadores.[112] La patota estaba amparada por el intendente, quien fuera el Vicepresidente del Frente Cívico, de Luis Juez.[113]

---

[110]https://notas.org.ar/2014/11/14/atacan-trabajador-portuario-rosario/.

[111]http://www.marcha.org.ar/agresion-a-trabajadores-aeronauticos-cristian-fontana-trabajador-despedido-y-delegado-de-aerolineas-argentinas-cuenta-como-actuo-la-patota-de-apa-esta-manana/. Puede verse el video en https://www.youtube.com/watch?v=_OuUaRKPmpM.

[112]http://www.prensared.org.ar/9811/patota-agrede-en-unquillo-a-la-secretaria-general-de-ate-maria-teresa-romero.

[113]http://www.atecordoba.org/archivos/2524.

334

Telefónicos, otra vez

En La Plata, el 28 de mayo del 2015, los tercerizados de la contratista PLANTEL -que a su vez subcontrataba a la empresa Reega-, organizados en UETTEL (Unión de Empleados Técnicos de las Telecomunicaciones), fueron agredidos por una patota de la UOCRA, que ocupó el obrador mientras los obreros estaban trabajando normalmente. Se trataba de unos 40 patoteros que golpearon y echaron, con armas de por medio, a los que se oponían a su presencia. El motivo de la agresión fue que se pretendía que los trabajadores pasaran al convenio de la UOCRA, ya que los tercerizados telefónicos habían conseguido un salario de 12 mil pesos, por encima de lo que pagaba el convenio de la construcción. Durante casi un mes el obrador estuvo tomado por la gente de la UOCRA.

Alejandro Tolosa, activista de UETTEL, sostuvo que los trabajadores del obrador, sabiendo el poder que tenía el "Pata" Medina y su patota de la UOCRA en La Plata, no querían movilizar a la telefónica en esa ciudad. Tolosa señaló que la UOCRA era uno de los sectores que le garantizaba gente en los diferentes actos a Scioli en su campaña. Por este motivo, el 8 de junio de 2015, los trabajadores fueron a protestar a los edificios de Telefónica en Corrientes y Maipú (en Capital Federal). Realizando 44 días de acampe lograron, a pesar de los intentos de desalojo, que 19 trabajadores pasaran a otra subcontratista.

Para tener una idea de cómo afectaba la tercerización a la vida de un obrero, Tolosa señaló que el convenio de UOCRA no brindaba elementos de seguridad para trepar postes, además de que un trabajador tercerizado trabajaba por producción, por lo que debía hacer la mayor cantidad de conexiones, independientemente del estado del poste. Por este motivo, se habían producido diferentes accidentes, e incluso llegaron a ocasionar la muerte de trabajadores.[114]

Las andanzas de la UOM

"Nosotros vamos, cobramos los 2.000 pesos y, de esa plata, 1.600 le tenemos que dar a la fábrica. Nosotros lo único que nos llevaríamos sería 390 pesos y tres bolsones". Así le explicaba un dirigente de la UOM Córdoba a su par, mientras una cámara los filmaba. Los "2.000 pesos"

---

[114]De la reconstrucción de los distintos conflictos, contó también con el apoyo en los testimonios de Pablo Eybuizyc (FOETRA-PO) y Alejandro Tolosa (UETEL-PO).

eran ingresos de parte de Nación por los REPRO a la fábrica Montich, un subsidio al pago de salarios, a cambio de que los empresarios no despidieran obreros. Es decir, era plata para los obreros que se estaba repartiendo entre empresarios y dirigentes sindicales. Al trabajador, solo le quedarían, como bien se dice, "390 pesos y tres bolsones". La filmación ocupó un lugar central en el programa ADN, del canal 10 de Córdoba.[115] Era diciembre de 2014.

La denuncia partió desde los propios delegados obreros de la empresa y el Secretario General de la seccional Córdoba, Rubén Urbano, no tuvo mejor idea que denunciar al denunciante. Resultado: un delegado preso y la convocatoria a un congreso sindical en un camping en Río Ceballos para expulsar a los delegados de Montich. Urbano era un dirigente muy cercano a Caló y, también, al delasotismo.[116]

Ante este panorama, el jueves 18 de diciembre, los trabajadores de la fábrica se organizaron y fueron en dos micros hasta Río Ceballos. Al llegar, el congreso ostentaba una custodia policial. Los trabajadores intentaron ingresar, pero se interpuso una patota de la agrupación Eva Perón. Los obreros de Montich enfrentaron a la patota y cuando la estaban por superar, intervino la policía para "separar" y mantener fuera del congreso a los trabajadores, que se dirigieron a la fábrica y luego a la seccional para presionar al Secretario Adjunto, enfrentado con Urbano.[117]

El resultado fue la liberación del delegado preso y la suspensión del congreso extraordinario.[118]

Moyano ataca de nuevo

Los trabajadores de la calera L'Amali, que producía para Loma Negra, estaban encuadrados en la Asociación Obrera Minera Argentina (AOMA). Sin embargo, el gremio de camioneros, en conjunción con Loma Negra, intentaba pasarlos a su sindicato, que tenía un convenio mucho más flexible.[119] El encargado de garantizar el "traspaso" era el

---

[115]http://www.lanacion.com.ar/1733220-en-cordoba-una-denuncia-alcanza-a-delegados-del-gremio-de-calo.

[116]http://www.po.org.ar/prensaObrera/1341/sindicales/uom-cordoba-defender-a-los-delegados-de-montich.

[117]http://www.laizquierdadiario.com/Crisis-en-la-UOM-congreso-para-expulsar-a-los-delegados-de-Montich-videos.

[118]http://www.cadena3.com/contenido/2014/11/20/137922.asp.

[119]http://www.lineasindical.com.ar/fuerte-conflicto-entre-sindicato-camioneros-olavarria-empresa-n-1216525.html.

336

Secretario de Olavarría, Jorge De Crecchio, un hombre de Moyano. No obstante, los trabajadores se negaron a abandonar su gremio y se hizo necesario recurrir a métodos más duros.

El 5 de febrero de 2015, De Crecchio se acercó con una patota a la calera para afiliar a trabajadores. Estos se negaron y apelaron al Secretario de AOMA, Alejandro Santillán, que les aconsejó salir por una puerta lateral de modo de evitar el choque. Sin embargo, al salir de la calera los estaba esperando la propia patota, que los agredió.[120] A raíz de este hecho, AOMA convocó a un paro nacional para el 6 de febrero.[121]

El sindicato de camioneros iba a seguir actuando como fuerza de choque patronal. El 17 de marzo del mismo año, una patota armada por dirigentes de este gremio fue a desbaratar un acto por la reincorporación del ex delegado perfumista Juan Cruz Vulcano, en la puerta de la empresa Naturel. S.A. (ex Amodil). La patota contó con el aval empresarial, que liberó a los trabajadores para que pudieran conformar el grupo de choque. La lideraban el Secretario General de la rama Logística, Oscar Borda y el Secretario de Actas, Jorge De Santiago. Además, estaban los delegados Diego Cáceres y Sebastián Hidalgo.[122]

Cresta Roja

Cresta Roja es una empresa avícola que tiene plantas en Ezeiza y Esteban Echeverría, Gran Buenos Aires. En 2014, entró en crisis y comenzó a despedir trabajadores.[123] La industria avícola argentina fue perdiendo posiciones en el mercado mundial por falta de escala. Las primeras señales de que la situación se había deteriorado tomaron estado público a inicios de julio de 2014, cuando trabajadores realizaron protestas a causa del atraso en el pago del aguinaldo y frente al anuncio por parte de la empresa de que cerraría una de sus plantas frigoríficas. A partir de esto saltó a la luz que se venían librando desde principios de

---

[120]http://elcomodorense.net/mineros-chocan-con-camioneros-y-el-paro-afecta-a-cementeras/.

[121]http://www.po.org.ar/prensaObrera/1350/sindicales/obreros-mineros-de-la-cal-y-el-cemento-de-pie-contra-la-tercerizacion.

[122]http://www.po.org.ar/comunicados/sindicales/la-empresa-amodil-libera-patota-para-atacar-acto-por-reincorporacion-de-juan-cruz-vulcano.

[123]La cronología y explicación del conflicto está extraída de Robin, Camilo: "Cresta floja. Nuevamente, a propósito de la crisis avícola", en *El Aromo*, N° 88, enero-febrero de 2016.

año cheques sin fondo por valor de 43 millones de pesos y que al destaparse el conflicto no fue posible levantar. En ese momento, se estimó que las deudas de la empresa (Rasic) ascendían a 1.200 millones, lo que la llevó a presentarse a concurso de acreedores, aunque siguió operando de manera irregular. No obstante, en ese momento se especulaba con que la firma despediría a un tercio de los obreros y no de un cierre de todas sus instalaciones, que incluían dos frigoríficos y una planta procesadora de alimentos, entre las más importantes. Otra opción que se barajó en esta primera fase fue, en lugar de cerrar, vender a Tres Arroyos la planta de Tristán Suárez, aunque no se avanzó con esta opción.

La situación quedó en *stand by* hasta fines de septiembre. El día 23, los trabajadores encontraron la planta de Tristán Suárez cerrada y con un aviso en sus portones que indicaba que la empresa había decidido clausurar el establecimiento. Esto motivó la intervención de la Provincia, que dictó la conciliación obligatoria, la cual Rasic violó al día siguiente negándose a permitir el ingreso, aunque la presión del acampe de los trabajadores en la planta, sumada a la intervención estatal obligaron a la patronal a reabrir el día 27.

Durante el resto del año, la firma se dedicó a deteriorar las condiciones de los trabajadores, ya sea con despidos a cuentagotas o intensificando el ritmo de trabajo y atrasando los pagos de aportes y ART. Ante la amenaza de que se atrasase el pago de aguinaldos y el bono de fin de año, nuevas protestas con más de mil trabajadores hicieron que Rasic se comprometiese a abonarlos en tiempo y forma.

Antes de esto, y desde el "acuerdo" de septiembre, la empresa recurrió a todo tipo de medidas, como cerrar la planta en más de una oportunidad, amenazar con despidos y cierres definitivos o regimentar los patios con la presencia de la policía en el interior del predio. Fracasados los intentos de reestructuración, aun con la ayuda de los planes RePro, se suscitaron nuevos conflictos en enero y febrero de 2015 a causa del intento de despedir a 600 empleados.

El 8 de abril de 2015, los obreros cortaban la autopista Ricchieri, por la reincorporación de los trabajadores. La patronal envió una patota para despejar la ruta, pero los manifestantes la repelieron.[124] Según denuncias, la patota estaba compuesta por barras de Tristán Suárez.[125]

---

[124]http://www.laizquierdadiario.com/Reincorporaron-a-los-ocho-despedidos-de-Cresta-Roja.

[125]http://www.pcr.org.ar/nota/movimiento-obrero/reabri%C3%B3-cresta-roja.

338

El día 4 de mayo de ese año, la casa y el coche del obrero Julio Gramajo fueron baleados. Afortunadamente, él y su familia resultaron ilesos.[126]

Resistencia molinera

Osiris, en Parque Patricios, era el único molino que quedaba en Capital Federal. Pero el 31 de octubre de 2014, sus dueños decidieron cerrar las instalaciones y despedir al personal, para poder vender el predio y transformarlo en un emprendimiento inmobiliario. Sus trabajadores, en cambio, resistieron la medida y ocuparon la fábrica y la pusieron a producir.[127]

Para poder recuperarla, los dueños enviaron una patota, con el objetivo de desalojar a los trabajadores. Los obreros enfrentaron a la patota y la obligaron a retroceder. Varios de esos patoteros fueron defendidos por la empresa de seguridad San Miguel S.A., contratada por los dueños. Luego de la refriega, los trabajadores entregaron a 11 de los agresores a la Prefectura.[128]

Hay que destacar que el molino se encontraba a una cuadra de la Jefatura de Gobierno de la Ciudad y a pocas de la comisaría.

El gas pimienta

En 2015, Ricardo Cirielli, el Secretario General del gremio aeronáutico, le había pedido a su protector, Luis Barrionuevo, la sede de su sindicato para realizar la asamblea que iba a designar la comisión fiscalizadora de las próximas elecciones. Hasta allí fueron los veedores del Ministerio de Trabajo. Cirielli creía tener todo controlado, pero se hicieron presentes las corrientes opositoras (que iban desde el moyanismo hasta una lista ligada al PO, pasando por el yaskismo). Para evitar que entraran, una patota los agredió: a golpes de puño, lanzando sillas y gas

---

[126]http://elargentinozonasur.infonews.com/nota/197908/
cresta-roja-balearon-la-casa-de-uno-de.
[127]http://ctepargentina.org/los-trabajadores-de-molino-osiris-fueron-agredidos-por-una-patota-y-resisten-en-la-fabrica/.
[128]http://www.radiografica.org.ar/2015/04/25/
molino-osiris-el-patron-busco-desalojar-a-los-trabajadores-con-una-patota/.

pimienta.[129] La asamblea se suspendió y los veedores del ministerio se retiraron.[130]

Vandalismo morado

Los días 24, 25 y 26 de agosto de 2015 se llevó a cabo en La Plata el Congreso Nacional de Derecho, en la Facultad de Derecho de dicha ciudad. El evento fue organizado por Franja Morada y, como advertencia ante cualquier intromisión de la izquierda, que había tomado la facultad para repudiar el fallo del juez Horacio Piombo,[131] destrozaron las mesas y los materiales de agrupaciones de izquierda.[132]

Sindicalista y patrón en Salta

Eduardo Romero cumplía un doble papel. Como Secretario General de ATSA (Sanidad) en Salta, su mandato lo obligaba a defender los derechos de sus afiliados. Como patrón de numerosas empresas, su objetivo era abaratar la mano de obra para obtener mayores ganancias. A esas dos funciones se había agregado una tercera: ahora era diputado provincial por el PJ.

Pero Romero tenía muy decidido qué era lo que iba a privilegiar. Los trabajadores de sus empresas lo sabían muy bien, y por eso no dejaban de reclamar. Una de ellas, la Fundación Trabajo y Solidaridad, estaba vinculada justamente a los servicios de limpieza del Hospital San Bernardo. Es decir, el líder sindical era dueño de una tercerizada, que se encargaba de precarizar a los trabajadores.

Como las cosas no le estaban yendo bien, Romero comenzó a deshacerse de la empresa. Pero los obreros de su "fundación" comenzaron a organizarse y pidieron el pase a planta del Estado. Luego de una lucha,

---

[129]http://www.lanacion.com.ar/1809062-una-asamblea-de-aeronauticos-termino-con-pinas-gas-pimienta-y-sillazos.

[130]http://www.clarin.com/politica/somu-ate-maritimos-elecciones_0_ryzhUVKv-Qe.html.

[131]Juez que redujo la condena a un abusador de un niño de 6 años, aduciendo como atenuante que la víctima ya había sido abusada. Véase http://www.lanacion.com.ar/1796645-renuncio-horacio-piombo-uno-de-los-jueces-que-le-redujo-la-condena-a-un-abusador.

[132]http://www.laizquierdadiario.com/La-Plata-otra-vez-la-Franja-Morada-ataca-a-los-estudiantes.

el gobierno provincial les otorgó el beneficio. No obstante, Romero no los tenía registrados debidamente y les adeudaba sueldos. El Estado, por su parte, decidió no reconocerles la antigüedad ni hacerse cargo de las deudas de Romero.[133]

El 27 de octubre, los trabajadores organizaron una manifestación frente a la legislatura provincial. Ese día, los esperaba una patota que respondía al diputado, que golpeó a los manifestantes con palos, dejando a varios heridos de gravedad.[134] El grupo de choque se trasladó en una traffic, propiedad de la empresa Evitur, de la cual Romero era titular.[135]

Los límites del cooperativismo

El frigorífico Incob, en Bahía Blanca, quebró en 2006 y fue tomado por sus trabajadores, quienes decidieron formar una cooperativa. Con el paso del tiempo, la dinámica de la competencia fue poniendo a la empresa en problemas y sobre ellos se alzó la dirección de uno de los trabajadores ligado al kirchnerismo, Orlando Garaggiola.

Garaggiola tomó la presidencia de la cooperativa y comenzó un fraude avalado por la gobernación: no pagaba los aportes a la AFIP, no presentaba declaraciones a ARBA y escondía pérdidas y ganancias. Cuando los trabajadores comenzaron a sospechar, se organizaron para colocar una nueva conducción.

Pero el gobierno provincial no iba a permitir que desplazaran a un aliado. Por lo tanto, no permitía a los trabajadores realizar asambleas formales para cambiar la conducción. Fue así que, en noviembre de 2015, los trabajadores decidieron tomar el frigorífico para exigir la destitución de Garaggiola.[136]

La mañana del 17 de noviembre, una patota al mando de Garaggiola, armada con palos y armas de fuego, arremetió contra los trabajadores que resistieron la ocupación. Sin embargo, el saldo fue de 11 obreros heridos, uno de ellos con arma de fuego.[137] Es evidente que la patota tuvo la

---

[133]http://www.saltaentrelineas.com/no-tengo-miedo-de-lo-que-pueda-hacer-ramos-vamos-a-escracharlo-igual/.

[134]http://www.elintransigente.com/salta/2015/10/28/empleados-ramos-agredidos-afuera-legislatura-349731.html.

[135]http://www.cuartopodersalta.com.ar/ramos-y-las-patotas/.

[136]http://www.po.org.ar/prensaObrera/online/politicas/frigorifico-incob-vamos-por-la-expropiacion-y-asamblea-para-votar-la-nueva-direccion.

[137]http://www.laizquierdadiario.com/Heridos-de-bala-en-ataque-de-patota-a-trabajadores-del-frigorifico-Incob.

zona liberada por parte del Estado. Los trabajadores, casi ingenuamente, llamaron a la policía para pedir ayuda, pero en la comisaría les cortaban el teléfono, según denunciaron.[138]

Atucha II, *recargada*

Como en el período anterior, la Ruta 9 volvió a ser epicentro de un conflicto de los trabajadores de la construcción. Esta vez, se trataba de los obreros de la empresa Masuero Carmini SRL, que realizaba obras para Atucha II, que el día 2 de octubre de 2012, a la mañana, cortaron la ruta en el kilómetro 93, exigiendo la reincorporación de 31 despedidos. Según argumentaban, la empresa aducía un "final de obra" ficticio, ya que los trabajos continuaban.

A eso de las 13:10 se presentó en el corte una patota del sindicato que les mostró armas de fuego a los manifestantes, para que levantaran el corte. Pablo Gastón Leguiza, delegado de la obra, responsabilizó a Julio Alberto González, Secretario de la seccional de la UOCRA, por la agresión.[139]

Vale todo

En agosto de 2012, los trabajadores de la empresa Vale, asociada con Skanska, en Bahía Blanca, habían organizado una asamblea para pedir que se cumpliera el acuerdo salarial. Entre las voces más escuchadas, estuvo la de Vicente Ismael Muñoz, obrero combativo. Por eso, el día 29 de agosto, cuando entraba a trabajar, Vicente se encontró con una patota de la UOCRA Bahía Blanca, al mando del Secretario General Humberto Monteros y del Secretario de Finanzas, Oscar Destéfano. Los matones le mostraron armas de fuego y lo golpearon duramente. Cuando Vicente cayó, empezaron a patearlo en la cara, lo que le provocó un desmayo. Dos trabajadores que participaron de la asamblea, también fueron agredidos mientras se dirigían a sus casas.[140]

---

[138] http://www.lanueva.com/la-ciudad/840603/unos-10-trabajadores-resultaron-heridos-por-una-interna-en-un-frigorifico-recuperado.html.
[139] http://sitraic.blogspot.com.ar/2012/10/zarate-2-seccion-01102012-1341-hs.html.
[140] http://www.opsur.org.ar/blog/2012/09/04/cta-bahia-blanca-dorrego-repudia-agresion-a-trabajadores-de-skanska/.

342

Disparen contra el SITRAIC II

La reelección de Cristina no trajo ninguna variación a la actividad de la UOCRA contra el sindicato clasista SITRAIC. El 5 de septiembre de 2012, en una obra en la calle Eva Perón, en Temperley (Buenos Aires), se desarrollaba una asamblea donde los dirigentes gremiales Nicolás Ríos, Ramón Contreras y Víctor Amarilla, de la Agrupación 26 de Julio/Naranja del sindicato realizaban una campaña de afiliación, explicando la necesidad de fortalecer el nuevo sindicato. A eso de las 10 de la mañana, un grupo de 40 patoteros armados con varillas de hierro entró al galpón y comenzó a golpear a los dirigentes y a los asambleístas. Cuatro trabajadores tuvieron que ser internados en el Hospital Gandulfo.[141]

También en Lomas, el 17 de enero del 2014, se produjo otro hecho de este tipo. Mientras Víctor Grossi, dirigente del SITRAIC realizaba una asamblea con trabajadores en presencia de funcionarios del Ministerio de Trabajo, para asentar su afiliación, una patota de 100 personas de la UOCRA se presentó y atacaron a la delegación del SITRAIC.[142]

El 30 de enero de ese mismo año, una patota atacó a la Comisión Directiva del SITRAIC mientras ésta desarrollaba un cese de actividades en la obra ubicada en Pereyra Lucena 456, de la misma localidad.[143]

El 1 de marzo de ese año, una patota de 40 personas de la UOCRA irrumpió en otra constructora de Lomas, la empresa Ecodyma, y golpeó a los trabajadores que respondían al dirigente disidente Jorge Marcos Santillán.[144]

La campaña contra el SITRAIC se iba a desarrollar muy quirúrgicamente, también en el sur del conurbano. En Florencio Varela, el 16 de septiembre de 2015, la patota de la UOCRA atacó a un obrero afiliado en el Parque Industrial Tecnológico y a otro en la bajada del puente de Bosques.[145]

En Santa Cruz, el SITRAIC mantuvo su profusa actividad. En este caso, con los obreros de Sinopec e YPF. El 28 de septiembre de 2014, una movilización de 150 trabajadores bloqueó la base operativa de Sinopec en demanda de puestos de trabajo. Ese mismo día, una patota de la UOCRA-Santa Cruz intentó desalojarlos por la fuerza, sin éxito.

---

[141] http://www.anred.org/spip.php?article5346.

[142] Entrevista a Víctor Grossi, en poder del autor.

[143] Ibídem.

[144] Ibídem.

[145] Ibídem.

Las actividades del nuevo sindicato se extendieron a la provincia de Santa Fe. Allí, en la localidad de San Lorenzo, se había desarrollado una importante campaña de afiliación, a cargo de Emiliano Delgado. La UOCRA respondió con dos atentados contra su persona, el 28 de febrero y el 7 de marzo de 2014. En el primer caso, fue atacado con "facas". En el segundo, le dispararon con armas de fuego.[146]

Hartazgo en Luján de Cuyo

Las obras en la refinería de YPF de Luján de Cuyo, Mendoza, estaban a cargo de la empresa Skanska, que contrató trabajadores bajo normas de precarización. Luego de un conflicto, la empresa se comprometió a pagar un aumento, pero en "cuotas", que con la inflación se licuaba a un 15%. Muy insuficiente. El gremio, la UOCRA, amenazaba a los trabajadores y defendía a la empresa. El descontento no tardó en aflorar y la empresa decidió el despido de 50 personas, provocando un plan de lucha. Se pedía echar a los delegados de la UOCRA y elegir los propios representantes. El gremio iba a intervenir, pero ya se sabe en favor de quién...

El día 18 de diciembre de 2012, una patota del gremio entró al lugar de trabajo, con complicidad de la empresa, y comenzó a golpear a los trabajadores más activos, que habían sido previamente "marcados". Al correrse la voz de lo que había pasado, los obreros dejaron sus lugares de trabajo, acorralaron a la patota y comenzaron a golpearla. Tuvo que intervenir Gendarmería para salvar a los matones de la furia de los trabajadores.[147]

---

[146]http://sitraic.blogspot.com.ar/2014_03_01_archive.html.

[147]http://www.pcr.org.ar/nota/movimiento-obrero/mendoza-crecen-las-protestas-en-la-destiler%C3%AD; http://jornadaonline.com/Mendoza/80663-Incidentes-en-un-sector-de-la-Refiner%C3%ADa-de-Luj%C3%A1n-de-Cuyo.

La represión paraestatal organizada
por elementos estatales

La provincia de Scioli

ATE Sur

La seccional de ATE con sede en Lomas de Zamora (Buenos Aires), ligada al clasismo, había conseguido, en marzo del 2013 el pase a planta de 39 obreros del Hospital Estevez, luego de una intensa lucha. Sin embargo, la gobernación pensaba cobrarse esa deuda.

El día 3 de abril, el delegado del sector administrativo del hospital, Francisco Chaparro, se hizo acompañar por 20 matones (identificados como barras), para pegatinar denuncias contra la seccional y, luego, agredir físicamente a la Secretaria General, Nora Quercia (miembro de la agrupación Víctor Choque) y a la vocal Ivana Ballester. Al increpar a los patoteros, estos dijeron simplemente que les habían pagado para estar allí.[148]

El "vasco", cuándo no...

El 5 de abril de 2012, los vecinos del Barrio Pompeya, en Merlo, decidieron realizar un corte de la ruta 7, para exigir soluciones ante el temporal que afectó las viviendas y los comercios. La respuesta de Othacehé fue enviar a la policía provincial y una patota del municipio para disolver la manifestación.[149] Unos días más tarde, comenzó a difamar mediante afiches a uno de los referentes de la protesta, Mauro Spina, militante de Tribuna Docente.[150]

---

[148]http://anred.org/spip.php?article5986.

[149]http://dib.com.ar/noticia.php?id=29413&PHPSESSID=6118766e09089df0eba-c96447374eab7.

[150]http://www.po.org.ar/prensaObrera/1219/libertades-democraticas/repu-dian-persecucion-de-othacehe-contra-mauro-spina-de-tribuna-docente-de-merlo.

Argentina (no) Trabaja

El 5 de diciembre, en Lomas de Zamora (Buenos Aires) militantes del Polo Obrero anunciaron el lanzamiento de un petitorio para exigir la regularización de los trabajadores de los planes Argentina Trabaja y la mejora de sus condiciones laborales. La agitación redundó en una larga cola de adherentes. No obstante, se presentó una patota ligada al municipio que agredió a los militantes.[151]

El silencio es salud

Gisela Bugliolo tenía 23 años y estaba embarazada. El 9 de septiembre de 2004, entró al Hospital Central de Pediatría Claudio Zin, en Malvinas Argentinas (Buenos Aires), para dar a luz a su hijo, pero perdió la vida. Su expediente desapareció y nadie pudo explicar a sus familiares el motivo del deceso.

Su padre, Oscar Bugliolo, comenzó una larga lucha para esclarecer el hecho. En el camino, se encontró con toda una madeja perversa que recorría el sistema de salud pública de partido.

El 13 de enero de 2012, una patota se acercó y comenzó a amenazar a la otra hija de Oscar, Jacqueline, de 14 años.[152] El 9 de julio, el padre encontró un artefacto que simulaba ser una bomba en la puerta de su domicilio.

El 5 de junio de 2012, Oscar organizó una marcha al municipio, reclamando el esclarecimiento del hecho. Al llegar, a la movilización la esperaba una patota que comenzó a agredir a los manifestantes y a los periodistas. Varios cronistas y fotógrafos fueron atacados. En particular, miembros el equipo de Télam, Tiempo Argentino y Crónica, que debieron ser atendidos en el hospital del municipio. Por el hecho, fueron acusados los empleados municipales Walter Roberto, Ramón Yuste, Horacio Pérez y Marcela Renee Benítez.[153] Todos con vínculos probados con el intendente Cariglino, quien admitió tener relación con los

---

[151]http://www.po.org.ar/prensaObrera/418/sindicales/
el-polo-obrero-por-el-aguinaldo?h=patota.
[152]http://www.letrap.com.ar/nota/2013-1-17-amenazan-de-muerte-a-una-menor-en-malvinas-argentinas-y-vuelven-a-vincular-a-cariglino.
[153]http://www.radiogremial.com.ar/2012/09/23/
confirman-el-vinculo-de-la-patota-con-cariglino/.

346

implicados.[154] También fueron imputados los funcionarios policiales a cargo, por no haber intervenido.[155]

Los DDHH, según Daniel

La comisión interna de la Secretaría de DDHH bonaerense había sido ganada por una corriente combativa y clasista, que además de pelear por el salario y mejores condiciones laborales, denunciaba las políticas represivas y la farsa de los "derechos humanos" del gobierno.

El viernes 20 de enero de 2012, dos individuos ajenos al personal entraron a las oficinas y amenazaron a los trabajadores, preguntando "¿Dónde están los zurdos?". Luego comenzaron a revolver las pertenencias de los trabajadores y golpearon al delegado Rubén Shaposnik, ligado a una organización de izquierda.[156]

Los trabajadores, con el apoyo de ATE, llamaron a conferencia de prensa y exigieron una reunión con el responsable de la Dirección Provincial de Promoción y Protección de Derechos Humanos, Juan Manuel Oteriño. El 10 de febrero, mientras se realizaba el encuentro, otra patota de 7 personas se presentó y agredió físicamente a los tres delegados que asistieron en representación de los trabajadores.[157]

Inundados

A comienzos de abril de 2013, la zona de La Plata y sus alrededores sufrió una severa inundación. Los vecinos no solo denunciaron la falta de obras, sino la desatención a los inundados y a sus reclamos. Se formaron, al efecto, una serie de organizaciones vecinales, que se sumaron a las que ya venían movilizándose por distintos problemas.

Estas organizaciones participaron del cacerolazo del 18 de abril, con una consigna que pedía la renuncia del intendente Pablo Bruera. Al finalizar la movilización, fueron interceptados por un grupo de patoteros que portaba, según denuncias, "manoplas, cadenas y armas de

---

[154] http://www.radiogremial.com.ar/2012/09/06/cariglino-irrumpio-en-la-reconstruccion-judicial-de-la-agresion-a-periodistas/.
[155] https://www.edsm.com.ar/9-sociedad/248.
[156] https://periodicoelroble.wordpress.com/2012/02/13/patota-ataca-a-companeros-de-ate-de-la-secretaria-de-derechos-humanos-de-la-provincia-de-buenos-aires/.
[157] http://www.latecla.info/4/nota.php?nota_id=51284; http://www.ctabsas.org.ar/noticias/La-CTA-repudia-agresion-a.

fuego". La patota comenzó a amenazarlos, con la anuencia policial que observaba la escena. Finalmente, los vecinos radicaron su denuncia ante el fiscal Fernando Cartasegna.[158]

También, en el contexto de los reclamos por la falta de respuesta ante las inundaciones, un grupo de militantes del PTS estaba realizando pintadas en las que declaraba "Solidarios los de abajo, culpables los de arriba". Mientras estaban en la actividad, fueron interceptados por dos vehículos de los que descendió un grupo de personas armadas con palos, que golpeó a los militantes y produjo destrozos en su auto.[159]

El 22 de abril, Cristina Kirchner se acercó a La Plata a un acto en el Regimiento N° 7, de Infantería Mecanizada. Hasta allí fueron los vecinos para denunciar que Bruera se había quedado con las donaciones y se repartían entre los punteros. Sin embargo, una patota del intendente impidió que las organizaciones ingresaran y solamente unos vecinos lograron escabullirse y llegar hasta una asesora presidencial.[160]

El 27 de agosto, los vecinos denunciaron formalmente haber recibido amenazas telefónicas cada vez que se movilizaban.[161]

El 19 de noviembre del mismo año, las organizaciones vecinales asistían al Te Deum en la Catedral de La Plata. Al retirarse, una patota ligada al intendente agredió a algunos asambleístas.[162]

Contra los médicos del Fiorito

Los médicos del Hospital Fiorito, agrupados en la CICOP, alertaban al gobernador y al intendente sobre la falta de profesionales para el servicio de neonatología. Sin embargo, la respuesta del gobernador bonaerense, Daniel Scioli, fue la de siempre: avanzar con la regionalización.

Con la licencia del único neonatólogo del hospital, el 16 de octubre de 2015, el Fiorito debió cerrar el servicio de maternidad. Ante esto, los médicos decidieron emprender un plan de lucha, al que se sumaron

---

[158]http://www.infonews.com/nota/71303/
vecinos-denuncian-apriete-de-una-patota.
[159]http://www.pts.org.ar/Una-patota-de-Bruera-ataco-a-militantes-del-PTS.
[160]http://www.24baires.com/politica/21738-otra-vez-la-patota-de-bruera-en-la-mira/.
[161]http://www.pagina12.com.ar/diario/ultimas/20-227704-2013-08-27.html;
http://www.anred.org/spip.php?article6025.
[162]http://www.infoplatense.com.ar/nota/2013-11-19-denuncian-que-patota-de-bruera-ataco-a-inundados.

ATE, UPCN y AMRA, entre otros. Las medidas implicaron un exitoso corte en Puente Pueyrredón.[163]

Sin embargo, AMRA y ATE Avellaneda se retiraron del conflicto, a raíz de acuerdos con el intendente y el gobernador. Era lógico, porque ambos sindicatos estaban tomados por direcciones kirchneristas.[164] Eso es lo que denunció el médico de la CICOP, Pablo Chacón. En represalia, los denunciados formaron una patota para agredir y amenazar de muerte a Chacón, el miércoles 21 de octubre.[165]

Las barbas K

El barrio Dreymar era uno de los asentamientos precarios del municipio de Quilmes, dirigido por el "Barba" Gutiérrez, ladero kirchnerista. Allí funcionaba un Centro de Salud (porque hospitales por allí no se construyen) tan precario como el barrio. Durante todo el 2013, los trabajadores elevaron varios reclamos a las autoridades para que se ocuparan de la seguridad del centro, de sus trabajadores y la de los pacientes. Sin embargo, poco y nada se hizo. En agosto, enfermeros y médicos iniciaron un plan de lucha. El 21 de ese mes, los directores del área de Salud del municipio, Gladys Navarro y Francisco Torres, ingresaron a la unidad sanitaria con una patota para amedrentar y amenazar a los trabajadores. Ese mismo día, una de las delegadas fue seguida hasta su casa por desconocidos. Por ambos casos, se presentó una denuncia judicial, a cargo del abogado del gremio ATE Quilmes, Pedro Simonetti.[166]

El 5 de septiembre de 2013, los trabajadores municipales de Quilmes, dirigidos por la junta interna de ATE, tomaron el municipio en reclamo del pase a planta permanente, por la recategorización y por la reincorporación de 12 despedidos.[167] El intendente, el "Barba" Gutiérrez, estaba de vacaciones en Venezuela, pero sus secretarios estaban en el segundo piso de la municipalidad.[168]

---

[163]http://as.mst.org.ar/2015/11/25/hospital-fiorito-conversamos-con-anibal-aristizabal-primer-logro-para-consolidar-extender/.
[164]http://avellanedahoy.com.ar/despachos.asp?cod_des=4770&ID_Seccion=237&Titular=Ferraresi%20recibi%F3%20a%20la%20lista%20Verde%20y%20Blanca%20de%20ATE.html.
[165]http://cooperativaust.com.ar/2015/10/30/programa-radial-n-21-de-u-s-t-informa/.
[166]http://www.elsolnoticias.com.ar/notas/36669-la-comuna-desmintio-a-ate.
[167]http://www.agenciacta.org/spip.php?article9722.
[168]http://www.elsolnoticias.com.ar/notas/37963-ate-denunciara-a-gutierrez.

Los manifestantes decidieron, entonces, dirigirse al segundo piso para reclamar ser atendidos. En eso, ingresó un cuerpo de policías junto con una patota que comenzó a golpear a los manifestantes. A raíz de este hecho, ATE llamó a un paro provincial, luego de una conferencia de prensa en la que, además de la dirigencia gremial, estuvieron referentes de la izquierda.[169]

Las tierras del zoológico

El Zoológico de Hurlingham había cerrado sus puertas luego de su crisis de 2002. En 2004, el intendente Luis Acuña acordó levantar allí un parque industrial. Fracasado ese intento, prometió realizar viviendas para palear la emergencia habitacional que vivía el municipio. En lugar de eso, Acuña alquiló parte de los terrenos a la empresa Transportes Ricco, sin autorización del Consejo Deliberante.

El intendente desalojó a los vecinos de los barrios Roca y San Damián, que ocupaban el lugar, prometiéndoles una solución. El 17 de julio de 2013, los vecinos se movilizaron a la municipalidad para que se les permitiera edificar viviendas en esos terrenos. La respuesta fue una patota organizada por el concejal Humberto Bertinat, con empleados municipales, parientes y barras.[170] Según denuncias, la patota tenía armas de fuego. Recordemos que, para ese entonces, Acuña y su mano derecha (Bertinat) estaban en el Frente Renovador.

Bertinat, además de su función legislativa, fue Secretario General de los municipales del partido[171] y estuvo ligado a la barra de Boca Juniors. Su contacto más fiel era Ángel Díaz, conocido como "Fleco" o "Topadora", que respondía a la facción de Mauro Martín.[172]

La banda del gallito

Los trabajadores del Hospital Posadas realizaron, el 29 de diciembre del 2014, un paro por 48 hs. para exigir el pase a planta de los

---

[169]http://www.po.org.ar/prensaObrera/1285/juventud/quilmes-respuesta-popular-a-los-despidos-y-represion-en-el-municipio; http://argentina.indymedia.org/news/2013/09/846348.php.

[170]https://www.youtube.com/watch?v=xFDxoopjDsg.

[171]http://www.hurlinghamaldia.com/otro-golpe-los-municipales/.

[172]http://hurlinghamesrechico.blogspot.com.ar/2013/07/triste-historia-de-un-barra-en.html.

precarizados. En medio de la huelga, según denuncias, Diego Spina habría venido con barras del Club Deportivo Morón para defender a los dirigentes sindicales contrarios a la huelga.[173] En ese momento Spina era presidente de Deportivo Morón. Siempre fue la mano derecha del ex intendente Sabatella, de Nuevo Encuentro.

No fue la única vez que esta banda entraba en acción. El viernes 6 de marzo de 2015, el intendente Lucas Ghi, también de Nuevo Encuentro, trataba de hacer aprobar la entrega de tierras ferroviarias a la Unión Industrial del Oeste. Los vecinos que se oponían a la reducción de tierras públicas intentaron ingresar en la sesión, pero fueron detenidos por un grupo de la barra de Morón, a cargo del ya nombrado Spina.[174]

El kirchnerismo más duro

Jorge Ferraresi, intendente de Avellaneda, era (y es) un dirigente ultrakirchnerista. Sin ambages, así se declara. En cuanto a su política de Salud, conjuntamente con el gobernador Scioli, llevaba adelante el proyecto de municipalización de los hospitales. Es decir, una estrategia de degradación y desfinanciamiento. El 17 de diciembre del 2014, en la sesión del Consejo Deliberante, debía votarse esta medida con el Hospital de Wilde. El FPV, el Frente Renovador y el radicalismo estaban listos para levantar juntos la mano. Pero una movilización de vecinos se opuso, liderada por legisladores de izquierda. Además, estaba presente una delegación de trabajadores del hospital. Cuando estos intentaron tomar la palabra, una patota que respondía al intendente los agredió e impidió que pudieran plantear su punto de vista.[175]

El sindicato del ajuste

"Si no se confirma ese ajuste las empresas no nos van a poder pagar los sueldos", decía la dirección de la UTA. Efectivamente, en los años 2014 y 2015, en Mar del Plata, el sindicato se dedicó a garantizar las ganancias de los patrones a costa de los trabajadores. En el primer caso,

---

[173]http://www.laizquierdadiario.com/Paro-en-el-Hospital-Posadas.
[174]http://www.laizquierdadiario.com/Moron-aprobacion-expres-de-la-ampliacion-del-Parque-Industrial-La-Cantabrica.
[175]http://www.po.org.ar/prensaObrera/468/politicas/hospital-wilde-el-vaciamiento-de-scioli-y-ferraresi?h=patota.

reprimió una movilización el 10 de enero de 2014.[176] Al otro año, el 3 de diciembre de 2015, hizo lo mismo.[177]

También en Corrientes, este sindicato defendió el aumento, alegando que había que cuidar "los puestos de trabajo". El proyecto de aumento era impulsado por el FPV y sus concejales. El día 26 de abril de 2012, el líder sindical en la provincia, Rubén Suárez, dispuso de toda una patota para custodiar al Consejo Deliberante, que debía aprobar los aumentos frente a los vecinos que se oponían. En una escandalosa sesión, dos periodistas fueron agredidos por gente de la UTA.[178]

El tren Urquiza

En Martín Coronado, Partido de Tres de Febrero, el intendente Hugo Curto planeaba construir un paso a nivel que implicaba la tala de árboles y la modificación del trazado de las calles. Por lo tanto, un grupo de vecinos realizó un acampe para exigir tener voz y voto en las decisiones. El 14 de enero de 2014, mientras acampaban en la plaza, una patota, denunciada por la presencia de barrabravas, golpeó a los acampantes. Al día siguiente, fueron desalojados por la policía.[179]

Y *el resto del país...*

Disparen sobre los desesperados

Vimos ya en el capítulo anterior los reclamos de las comunidades denominadas "indígenas" por el acceso a medios de subsistencia. Aquí vamos a ver una profundización de la lucha y, por lo tanto, de la represión hacia esta población. Una represión que va a utilizar tanto elementos regulares como irregulares, y que va a llegar al asesinato de manifestantes y activistas.

Comencemos por la situación de la comunidad Qom, en Formosa, que exhibe el mayor nivel de conflictividad. El 8 de enero de 2012,

---

[176]http://www.agenciawalsh.org/fgg/represion/11807-operativo-sol.html.

[177]http://www.lanacion.com.ar/1851062-mar-del-plata-protesta-y-medidas-de-fuerza-de-uta-por-aumento-de-boleto.

[178]http://www.corrientesaldia.info/150282.

[179]http://www.lanoticiaweb.com.ar/noticia/31672/represion-y-desalojo-a-vecinos-que-reclaman-por.

352

Rolando Díaz, el hijo del dirigente Félix Díaz, fue atacado por una patota.[180] Recodemos que ya había sido baleado el 8 de noviembre de 2011.

El 4 de mayo de 2013, otro hijo de Félix Díaz, Abelardo, y otro activista, Carlos Sosa, fueron golpeados y debieron ser hospitalizados. Fueron atacados por una patota de 30 personas. Una verdadera desproporción.[181] El año anterior, Abelardo había sido amenazado con "degollarlo".[182] La comunidad acusó a Hugo Arrúa, administrador del Instituto de Pensiones Provinciales, y a su esposa, Elizabeth Obregoso, coordinadora en el área de Salud del distrito 4 y ex-concejal de Laguna Blanca.[183]

El siguiente episodio se desarrolló en Neuquén y tuvo como litigantes a Eduardo Badano, ex vocal del Superior Tribunal de Justicia y una familia de la comunidad mapuche. Badano había adquirido terrenos en la comunidad, para exploración petrolera, con la empresa Apache. Estas tierras pertenecían a la familia Maliqueo, que no estaba dispuesta a entregarlas. En 2009, el gobernador Sapag había enviado a las fuerzas policiales a desalojar la zona, pero la ocupación se había rearmado. El acuerdo de entrega de los terrenos se había hecho con José Rubilar, un dirigente de la comunidad que, según denunciaron, no había consultado a sus camaradas.[184] El 21 de marzo de 2012 una patota comandada por Rubilar entró a las tierras ocupadas y comenzó a golpear y disparar con armas de fuego a los ocupantes.[185]

Defensa del Metrobus

El gobierno de Mauricio Macri planeaba construir un metrobus por las avenidas Roca, Fernández de la Cruz y Francisco Rabanal, en el sur de la Capital. Para ello, se talaron árboles y se proyectaba reducir espacios verdes. Por eso, una comisión de vecinos de Villa Soldati y Lugano comenzó a exigir que se respetaran las plazas y los árboles de los barrios afectados.

---

[180] http://argentina.indymedia.org/news/2012/01/805825.php.
[181] http://www.lanacion.com.ar/1579094-feroz-ataque-al-hijo-de-un-cacique-qom.
[182] http://tn.com.ar/sociedad/hace-menos-de-un-ano-amenazaron-con-degollar-al-hijo-del-lider-quom-felix-diaz_387316.
[183] http://www.lanacion.com.ar/1579048-agredieron-brutalmente-al-hijo-del-cacique-qom-en-formosa.
[184] http://www1.rionegro.com.ar/diario/2009/09/15/1252983889171.php.
[185] https://agenciaparalalibertad.org/article/romper-el-silencio-para-tomar-la-voz-de-una-comuni/.

El 21 de febrero de 2013 realizaron una manifestación en la esquina de Rabanal y Carlos Berg. Hasta allí se dirigió una patota para disolver la protesta. Los vecinos fueron golpeados por partidarios del gobierno de la ciudad.[186] Sin embargo, volvieron a manifestarse al día siguiente denunciando las agresiones.[187] El Metrobus, como se sabe, se hizo sin respetar los reclamos de los habitantes del lugar.

Andanzas de Fellner y Milagro Sala

Jujuy fue (y es) una provincia con una clase obrera sumamente combativa. Para hacerle frente, vimos cómo el poder político apeló a la fuerza regular, a la cooptación y a fuerzas irregulares de todo tipo. A continuación, vamos a observar los hechos que corresponden al período tratado en este capítulo.

El 26 de enero de 2012, en la localidad de Aguascalientes, una protesta de municipales, en reclamo por la reincorporación de once despedidos, fue reprimida por agentes de la Policía Federal y por una patota que respondía al Secretario de Gobierno de la Provincia, según denunciaban, y al intendente Mario Segovia. La protesta estaba motorizada por la agrupación "La 27" y el sindicato UTEA.[188] "La 27" era un desprendimiento del grupo de Milagro Sala, formado en el año 2011, para asociarse al Movimiento Evita. Su principal dirigente, "Pilo" Mansilla, expresaba el enojo de parte de la base de la Tupac Amaru por quedar afuera de la asistencia y por su estrategia más conciliadora.[189]

En el caso de Milagro Sala, en este período su patota fue señalada como la responsable de dos asesinatos: el de Luis Darío Condori, en 2012, y el de Jorge Ariel Velázquez, en 2013, que se sumaban al caso de César Arias, en 2006. Pero concentrémonos en los hechos de uso de patotas más "livianos" y dejemos los homicidios para el final del capítulo.

En el 2013, la patota de Milagro Sala realizó tres desalojos que afectaron a habitantes de los barrios construidos por la Tupac Amaru. El motivo: haberse alejado de la organización y afiliarse al SEOM (Sindicato de Empleados y Obreros Municipales) que había sido conservado, por

---

[186]https://www.pagina12.com.ar/diario/sociedad/3-214380-2013-02-22.html.

[187]http://www.po.org.ar/prensaObrera/1258/politicas/
si-a-los-espacios-verdes-no-al-metrobus-y-los-negociados.

[188]http://www.eltribuno.info/22-detenidos-destrozos-aguas-calientes-n121893.

[189]http://www.clarin.com/politica/Dura-puja-agrupaciones-sociales-
kirchnerismo_0_Sy9MtwF3wXl.html.

el "Perro" Santillán, contra los intentos del kirchnerismo de ungir a su candidato. Se trata de la expulsión de María del Carmen González, y de dos hermanas que ocultaron su identidad por razones de seguridad. La primera fue desalojada el 13 de agosto. La segunda, en el mes de octubre (no se informa el día), y sobre la tercera, los denunciantes no especifican la fecha exacta.[190]

Como si esto fuera poco, el 18 de diciembre de 2013, ante los acuartelamientos policiales, la fuerza de Tupac Amaru se dedicó a cumplir con tareas policiales custodiando los comercios para repeler a cualquier "saqueador". De hecho, Milagro Sala pidió investigar y castigar a quienes hubieran participado de los saqueos.[191]

El 6 de diciembre de 2014, el "Perro" Santillán regresaba a San Salvador de Jujuy, luego de participar del Acampe Federal por Tierra, Techo y Trabajo. Había denunciado, también, la connivencia entre el gobierno provincial y la Tupac Amaru, de Milagro Sala. Ese mismo día, en el Barrio Chijra, el "Perro" fue atacado por un grupo desconocido, sin ningún intento de robo. El dirigente del SEOM acusó a la gente de Milagro Sala.[192]

Ese mismo año, la Comisión Intersindicial de Jujuy, liderada por la Asociación Sindical de Empleados Públicos (ASEP), se disponía a entablar negociaciones con el gobierno provincial por la suspensión de los planes sociales remitidos desde Nación y el fin de la precarización laboral en el Estado. Sin embargo, dentro del edificio municipal se encontraba una patota que empezó a agredir verbalmente a los representantes de los trabajadores. A la salida, los esperaban para golpearlos.[193]

Entradera

En 2012 y 2013 hubo despidos seleccionados en la Subsecretaría de Agricultura Familiar (SAF) de Santiago del Estero. Pero las formas de amedrentamiento, hostigamiento y persecución a trabajadores

---

[190]http://www.huellasdejujuy.com.ar/2013/10/milagro-sala-sigue-echando-militantes_2.html.

[191]http://www.infobae.com/2013/12/18/1531703-milagro-sala-anuncio-que-sus-militantes-defenderan-los-comerciantes-posibles-saqueos/.

[192]http://www.po.org.ar/prensaObrera/466/politicas/agresion-al-perro-santillan?h=patota.

[193]http://www.periodicociudad.com/index.php?option=com_content&view=article&id=13634:delegados-de-la-intersindical-denunciaron-agresiones-de-una-patota&catid=90:gremial&Itemid=270.

despedidos adquiere formas que van más allá de un ataque directo de patotas. En 2012 integrantes oficialistas de la SAF amedrentaron varias veces a la abogada de ATE, Elmina Santucho, quien defendía a trabajadores despedidos. Estos pensaban que todo era en un contexto de pugna gremial, pero era más que eso. Los despedidos sufrieron amedrentamientos también en años posteriores. En ese contexto, la militante de DDHH y docente universitaria Gladys Lois acompañaba a los despedidos, pero sufrió una entrada en su casa. Entre otras cosas, robaron su computadora que contenía archivos de información sensible.

Los despedidos fueron judicializados por Carlos Cejas Lescano, ex militante kirchnerista que negociaba despidos en la SAF y después se convirtió en un furibundo puntero macrista desde 2016. Cejas Lescano había sido escrachado por los despedidos cuando participó de un evento en el INTA, en 2012. Desde ese momento Cejas consiguió, por contactos logrados, tener su propia impunidad judicial. Varios despedidos lograron ser recontratados precariamente por el INTA, en el programa ProHuerta, pero Cejas Lescano les inició sumario penal. Los despedidos viajaron varias veces a Tucumán (sede regional del INTA) para hacer su descargo, sin resultados favorables hasta el momento. Ningún medio local quiso mediatizar sus reclamos.[194]

En defensa de las mineras

En este período tuvo lugar una proliferación de desarrollos mineros en provincias periféricas, alentados por exenciones impositivas y estímulos estatales. No obstante, los emprendimientos no contaban con estudios de impacto ambiental y los pobladores, lógicamente preocupados por sus condiciones de vida, comenzaron a organizarse para cuidar recursos tan esenciales como el agua y el aire.

Las principales protestas se desarrollaron en la provincia de Catamarca, en este período, gobernada por Lucía Corpaci, del FPV. Corpaci fue vicegobernadora de Eduardo Brizuela del Moral, desde 2007 hasta 2009, año en que fue elegida senadora nacional. Actualmente, está ejerciendo su segundo mandato al frente de la provincia.

La primera acción que registramos, en este período, es en Andalgalá, el 11 de febrero de 2012. Para ese día, los activistas contra la minera La Alumbrera organizaban una marcha. Varios simpatizantes, de diferentes

---

[194]Entrevista a Ángel Morán, trabajador despedido de la SAF en 2012, en poder del autor.

pueblos de la provincia o de otras provincias, planeaban acercarse. Sin embargo, una patota bloqueó los accesos a la ciudad. Además, amenazó a los medios locales con represalias si difundían la protesta. Adolfo Pérez Esquivel, militante de DDHH, por caso, también fue detenido en la entrada a la ciudad por el bloqueo.[195]

La segunda acción es del 20 de julio de 2012. Los asambleístas habían levantado un campamento en la intersección de la ruta nacional Nº 40 con la provincial Nº 60. Con ese mecanismo, interrumpían el paso de los camiones con insumos para La Alumbrera. Una medida similar se realizaba en Patquía, La Rioja.

Ese 20 de julio, el gobierno de Corpaci decidió desalojar por la fuerza a los asambleístas de la ruta. Para ello, primero apelaron a una patota y, luego, a la represión policial. La patota, según denunciaron, estaba formada por trabajadores de la mina, por empleados municipales de Belén, Tinogasta y Londres (localidades catamarqueñas gobernadas por el FPV) y por barras del club San Martín de Tucumán. Es evidente que un dispositivo de ese tipo no pudo realizarse sin la anuencia de autoridades de alta responsabilidad gubernamental.[196]

El 23 de septiembre de 2012, una patota incendió el campamento de Tinogasta, que llevaba siete meses. El grupo de choque se acercó en micros, derrumbó las carpas, reunió todo lo que pudo y lo cargó en camiones. El resto fue incendiado.[197]

También La Rioja, gobernada por Beder Herrera (FPV) fue escenario de represión paraestatal. El 24 de mayo de 2012, en Aimogasta, durante la Fiesta Nacional de la Olivicultura. Mientras dos miembros de la Posta Comunitaria Inti Llancaj Tambu distribuían volantes contra la megaminería, un grupo de choque compuesto por empleados municipales de seguridad los atacaron a golpes.[198] En principio, se identificaron como policías, pero luego reconocieron ser empleados de la municipalidad de Arauco, a cargo del intendente Gustavo Rafael Mirizzio, hermano del empresario Vicente Mirizzio e imputado por corrupción en 2015.[199]

---

[195]https://www.pagina12.com.ar/diario/sociedad/3-187463-2012-02-13.html; http://www.anred.org/spip.php?article4786.

[196]https://www.pagina12.com.ar/diario/sociedad/3-199094-2012-07-20.html; http://www.rnma.org.ar/nv/index.php?option=com_frontpage&limit=9&limitstart=198.

[197]https://cualeslanoticia.com/2012/09/22/celn-en-el-pais-una-patota-ataco-el-campamento-de-la-asamblea-de-tinogasta-en-catamarca/.

[198]http://www.noalamina.org/mineria-argentina/la-rioja/item/9021-patota-ataca-a-militantes-antimegamineros-en-aimogasta.

[199]http://www.elindependiente.com.ar/pagina.php?id=100637.

En Jujuy, no solo estaban las patotas de Milagro Sala. También estaban las pro-mineras. El 19 de julio de 2012, un militante antiminero, Hipólito Guzmán, fue atacado por tres personas cuando volvía a su casa, en horas de la madrugada. Guzmán ya había sido amenazado por ser uno de los dirigentes del grupo que se oponía al desarrollo de emprendimientos mineros sin control de impacto ambiental.[200] El hecho fue denunciado en la Fiscalía de turno N° 7, a cargo del Dr. Osinaga Gallacher.

En Rawson, Chubut, el 27 de noviembre de 2012, la Legislatura provincial deliberaba sobre el marco regulatorio para las actividades mineras. Allí estaba manifestándose un grupo de asambleístas. Hasta allí se trasladó una patota de la UOCRA, traída desde Puerto Madryn, para atacar a los manifestantes y disolver la protesta.[201] Por el hecho estuvo imputado el jefe policial, por dejar la "zona liberada".

También en Capital Federal se utilizó la patota. Fue el 27 de julio de 2012, contra una manifestación en el hall de entrada del edificio donde se encontraba la Secretaría de Comercio. Los manifestantes, dirigidos por militantes de Libres del Sur, exigían una reunión con Jorge Mayoral, Secretario de Minería. Sin embargo, los recibió una delegación de Guillermo Moreno y La Cámpora que los atacó y los expulsó del edificio.[202]

El Frente Renovador en Misiones

Una de las primeras medidas en el 2012, del intendente de Puerto Rico (Misiones), Federico Neis, ligado al Frente Renovador, fue no dar continuidad a los contratos de ocho empleados públicos ligados a ATE. Eso desató una protesta de los trabajadores precarizados. El 9 de marzo de 2012, en medio de una movilización, ocho delegados de ATE fueron a reunirse con el intendente. Entre ellos, Nora Dedieu, dirigente provincial de la central. Cuando ingresaron, el intendente se negó a atenderlos y las puertas y ventanas de la municipalidad se cerraron. Afuera, un micro de una compañía constructora estacionaba y una patota descendía

---

[200]http://www.noalamina.org/mineria-argentina/jujuy/item/9381-patota-ataco-a-referente-antiminero-en-susques;   http://jujuycontaminada.blogspot.com.ar/2012/07/basta-de-patotas-promineras.html.

[201]http://www.clarin.com/politica/uocra-militantes-anti-mineria-legislatura-chubut_0_HJn4aoDml.html.

[202]http://www.clarin.com/politica/denuncian-patota-moreno-agredio-ambientalistas_0_B13t4_ZnvQx.amp.html.

358

del vehículo para disolver la protesta y golpear a los delegados.[203] Entre los organizadores de la patota, se denunció no solo al intendente, sino al párroco del pueblo, Carlos Chatelain, de la parroquia San Alberto Magno.[204]

Otra vez, Guillermo Moreno

UPCN había pactado un aumento del 19,5%, frente a un piso del 24,5% de inflación de 2011 y una proyección del 30% para 2012. Ante ese panorama, los trabajadores del INDEC comenzaron a organizarse con los de otras dependencias nacionales, como Economía, INPI, Comercio y Agricultura. Luego de una serie de intercambios, se decidió llamar a una asamblea conjunta para el 15 de mayo de 2012, en las puertas del Ministerio de Economía, para poner a consideración el reclamo de un adicional de $500, el pase a planta de todos los contratados y la suspensión de cualquier despido. Sin embargo, ese mismo día, mientras se intentaba organizar la asamblea, una patota ligada a UPCN y a Moreno, irrumpió en el lugar para dispersar a los trabajadores a los golpes.[205]

La patota de Moreno también iba a agredir a uno de los denunciantes de la intervención del INDEC, Facundo Lahitte, activista sindical ligado al PO. Facundo fue despedido en 2011, por su actividad gremial y su denuncia de adulteración de los índices.[206] El 26 de septiembre de 2012, ingresó al edificio para reclamar un certificado de servicios. Sin embargo, lo recibió José Luis Blanco, quien lideraba la patota y lo echó violentamente del lugar.[207] Blanco cobraría fama tiempo después: fue uno de los integrantes del grupo de choque de la columna kirchnerista que el 24 de marzo de 2014 impidió a la izquierda entrar en Plaza de Mayo.[208]

---

[203]http://www.agenciacta.org/spip.php?article3902.

[204]http://misionesonline.net/2012/03/14/
el-cura-parroco-fue-uno-de-los-instigadores-de-las-patotas-acuso-dedieu/.

[205]http://www.pts.org.ar/La-patota-de-UPCN-ataca-a-los-que-luchan-contra-el-techo-salarial.

[206]http://www.po.org.ar/prensaObrera/1166/sindicales/
los-manipuladores-del-censo-despiden-a-facundo.

[207]http://www.elsindical.com.ar/notas/denunciamos-una-nueva-agresion-de-la-patota-de-guillermo-moreno-a-un-companero-del-indec/.

[208]http://www.clarin.com/politica/funcionario-indec-primera-moreno-marcha_0_SyEHP9tsPXe.html.

Los hombres del PRO

El Programa Buenos Aires Presente tenía su sede en el Hospital Rawson y debía ayudar a la población porteña en situación de calle, pero mostraba varios signos de desfinanciamiento: desde el atraso en los salarios de los trabajadores hasta falta de camionetas o de dinero para combustible. En 2012, los trabajadores comenzaron a organizarse para exigir condiciones laborales y mayor presupuesto para el programa, a cargo de la ministra Carolina Stanley.

La respuesta del Gobierno de la Ciudad no se hizo esperar: despidió a cuatro trabajadores a quienes identificó como los "dirigentes" del activismo. Los trabajadores lograron la reincorporación, pero el 30 de octubre de 2012, cuando los delegados debían incorporarse, una patota de 30 personas irrumpió en el hospital, rompió vidrios, golpeó a los trabajadores del programa BAP e impidió a los delegados entrar al hospital.[209] La patota estuvo armada por Oscar "Cuca" Alcucero, dirigente de SUTECBA.[210] A raíz de este hecho, ATE convocó a paro por tiempo indeterminado y se realizó una movilización en el centro porteño.[211]

En enero de 2013, Macri decidió cerrar el Centro Cultural de la Sala Alberdi, en el Complejo Cultural General San Martín. Hubo, sin embargo, una serie de artistas que decidieron resistir el desalojo y contaron con el apoyo de varias organizaciones. Incluso, se levantó un acampe. El día 14 de marzo de 2013, el Gobierno Nacional y el de la Ciudad coordinaron un operativo represivo que involucraba a la Policía Federal y a la Metropolitana. Antes de eso, los ocupantes recibieron agresiones de una patota de SUTECBA.[212]

El viernes 24 de abril de 2013, el Polo Obrero realizaba una manifestación en el Ministerio de Promoción Social porteño, exigiendo capacitaciones, ayuda para los comedores y puestos de trabajo para obras necesarias para la población (como la erradicación de las villas). Cuando una delegación de obreras intentó ingresar al edificio, fue atacada por una patota que trató de impedir la entrada. No obstante, los manifestantes obligaron a la patota a dar paso a las compañeras.[213]

---

[209]http://opinion.infobae.com/julieta-minervini/2013/11/11/patotas-pro/.

[210]http://www.infonews.com/nota/45716/
una-patota-agredio-y-amenazo-a-trabajadores.

[211]https://www.pagina12.com.ar/diario/sociedad/3-207050-2012-11-03.html.

[212]http://www.pts.org.ar/Brutal-represion-en-la-Sala-Alberdi.

[213]http://www.po.org.ar/prensaObrera/1266/politicas/
ocupacion-y-triunfazo-del-polo-obrero-contra-macri.

360

En 2006, el Gobierno de la Ciudad (en ese entonces, a cargo de Telerman) decidió quitar una hectárea al Parque Centenario para cederla a un obrador. La Asamblea de Parque Centenario comenzó un proceso de defensa de los espacios verdes, entre otros reclamos. El 1 de junio de 2013, la Asamblea decidió realizar un festival en reclamo al gobierno porteño de espacios verdes. Esa misma noche, una patota ingresó en el festival y agredió a sus principales organizadores con la completa connivencia policial. La Asamblea increpó a Silvia López, administradora del parque, a que informe sobre los responsables policiales de la seguridad del parque, a lo que se negó.[214]

Alejandra Garro es Licenciada en Enfermería y trabajaba en el área de pediatría del Hospital Tornú. A raíz de su militancia sindical era acosada por su superior. Se quejó, entonces, con la Dra. Norma Jacobo, Jefa del Departamento. En lugar de defenderla, Jacobo le ordenó cambiar de sección. Al negarse, se le impidió el acceso a pediatría. Garro solicitó una reunión con Jacobo, acompañada por un delegado gremial. En medio de esa reunión, ingresó una patota de SUTECBA que comenzó a amenazarla. En medio de una crisis nerviosa, Alejandra tuvo que abandonar la reunión.[215] El 23 de junio d 2014, los delegados de ATE, Máxima Parra Vera y Miguel González exigieron una reunión con la Dra. Jacobo. Otra vez, en medio de la reunión, se hizo presente una patota de SUTECBA que agredió a los delegados.[216]

Ya en 2016, en Lanús, el intendente macrista Néstor Grindetti (ex Ministro de Hacienda de CABA), debía presentarse para una interpelación del Consejo Deliberante. El motivo eran las denuncias por cuentas off-shore en Panamá y un pedido de captura de Interpol. Al ingresar, Grindetti se encontró con un nutrido grupo de vecinos que organizaron un escrache.[217] Sin embargo, los manifestantes fueron atacados por una patota conformada por la barra del Club Lanús, que dirigía Diego "Fanfi" Goncebate.[218]

---

[214]http://www.telam.com.ar/notas/201306/21387-vecinos-de-parque-centenario-denuncian-el-ataque-de-una-patota-y-connivencia-policial.html. Pueden verse los testimonios aquí: https://www.youtube.com/watch?v=QIDt19dl4nc.

[215]http://mst.org.ar/2014/06/27/hospital-tornu-denunciamos-acoso-laboral-persecuciones-de-autoridades/.

[216]http://alejandrobodart.com.ar/2014/06/30/rechazo-las-agresiones-la-lic-garro-delegados-ate-hospital-tornu-300614/.

[217]http://infobaires24.com.ar/grindetti-mando-la-barrabrava-lanus-atacar-vecinos-se-manifestaban/.

[218]http://www.minutouno.com/notas/1483969-interpelacion-grindetti-corridas-y-tiros-el-concejo-deliberante-lanus; http://www.laizquierdadiario.com/

Monsanto en Córdoba

En 2012, Monsanto anunció la instalación de una planta en Malvinas Argentinas, Provincia de Córdoba. Los vecinos se opusieron a raíz de las sospechas de contaminación ambiental. Por lo tanto, instalaron un acampe en la ruta N° 88, de modo de bloquear la entrada de insumos.

El 26 de noviembre de 2012, una patota de la UOCRA se acercó para tratar de levantar el campamento y agredió a los manifestantes.[219] El 28 de noviembre, se trataba la instalación de la fábrica en el Consejo Deliberante y los vecinos fueron a movilizarse, pero no pudieron ingresar en el recinto, debido al bloqueo de la patota de una organización denominada Agrupación Evita.[220]

El 3 de octubre de 2013 la UOCRA disolvió otro corte de los vecinos contra la planta. Esta vez, lograron identificar a los agresores como barras del club Talleres.[221]

Los Barones de la Punilla

La Punilla es la zona turística por excelencia de Córdoba. Carlos Paz, La Falda, La Cumbre y tantas otras localidades exhiben un paisaje de sierras, vegetación, buen aire y arroyos. Enormes extensiones casi vírgenes atraen a miles de turistas durante casi todo el año.

Pero la provincia, en su conjunto, cuenta con un alarmante déficit habitacional, que se expresa en un aumento de las viviendas precarias del 62%, entre 2001 y 2010. Un déficit que abarca al 50% de los hogares. La respuesta del Estado ante el problema y los reclamos es de 319 procesados por ocupar tierras, solo en el año 2013.[222] En 2004, el Gobierno

---

Lanus-una-patota-al-servicio-de-Grindetti.

[219]http://frentedariosantillan.org/fpds_ant/fpds/index.php?option=com_content&view=article&id=1437:urgente-cordoba-patota-ataca-acampe-contra-monsanto.

[220]http://ecoscordoba.com.ar/urgente-represion-en-malvinas-en-la-puerta-de-la-municipalidad/.

[221]http://www.po.org.ar/prensaObrera/410/sociedad/la-cuestion-monsanto-desata-una-crisis-politica-impulsemos-una-gran-movilizacion?h=patota; http://www.pts.org.ar/Cordoba-El-FIT-repudia-la-agresion-de-la-patota-de-la-UOCRA-y-llama-a-sumarse-a-la-movilizacion.

[222]Información publicada en *Página/12*, a partir de la investigación del colectivo El Llano en Llamas, de la Universidad Nacional de Córdoba y Universidad Católica de Córdoba. Véase https://www.pagina12.com.ar/diario/sociedad/3-250426-2014-07-10.html.

provincial había promulgado la Ley Nº 9.150, por la cual se creaba un registro de "poseedores", con el fin de regularizar el acceso a la tierra, pero sin resultado concreto alguno.[223]

Este irracional contraste entre grandes extensiones y familias sin tierras expulsadas de los centros urbanos, hizo eclosión en la provincia. Particularmente, en La Punilla, en cuyos pueblos se produjo un alud de ocupaciones. Una de ellas fue en Cuesta Blanca, donde en marzo de 2013, 60 familias ocuparon terrenos baldíos en el barrio Comechingones, a través de la cooperativa Solares de Icho Cruz, dirigida por Juan Cochrane. Las compañías turísticas, los vecinos propietarios de fincas y el Estado comenzaron una operación para desalojarlos. Efectivamente, lograron sacar a 40 familias, mientras 20 quedaron resistiendo, cercadas por la policía provincial. El 27 de abril de 2013, una patota se acercó para cortar los alambrados e intentar tirar abajo las precarias construcciones (chapa y cartón).[224] La lucha dura hasta la actualidad (con marchas en Córdoba Capital, congresos de lucha por la vivienda en Cuesta Blanca y diversas presentaciones judiciales) y hubo más denuncias sobre accionar de patotas o policías de civil, pero no pudimos reconstruir las fechas.[225]

Secuelas de Chevron

El acuerdo del gobierno de Cristina con Chevron, en 2013, provocó una serie de reacciones populares en varios puntos del país. Entre ellos, la provincia más implicada: Neuquén. Allí, ATEN convocó a un paro general, con movilización, el día en que se trataba la aprobación del acuerdo en la Legislatura, y forzó a la CTA a acatarlo. Ese 28 de agosto, la marcha fue duramente reprimida, con el saldo de varios heridos de bala. Entre ellos, Rodrigo Barreiro, de 33 años.

Ese mismo día, se realizó, en paralelo, una quema de ruca mapuche, como parte de la protesta, en Loma Campana. Allí, una patota intentó disolver la manifestación.[226]

---

[223] http://www.cba24n.com.ar/content/denuncian-desalojos-y-demoliciones-ilegales-en-cuesta-blanca.
[224] http://www.informesynoticiascordoba.com/sociedad/patota-de-uniforme-y-cortes-de-alambrado-en-cuesta-blanca/.
[225] https://www.pagina12.com.ar/diario/sociedad/3-287713-2015-12-07.html.
[226] http://www.po.org.ar/prensaObrera/406/politicas/despues-del-pacto-con-chevron-movilizacion-popular-y-crisis-politica?h=patota; http://www.lavaca.org/notas/neuquen-represion-a-los-que-se-manifiestan-contra-el-fracking-en-vaca-muerta/.

Calamares en la UBA

El 22 de octubre de 2013, el Consejo Directivo de la Facultad de Ciencias Exactas, de la Universidad de Buenos Aires, se disponía a elegir decano. El candidato para reemplazar a Jorge Aliaga era Juan Carlos Reboreda, ligado al kirchnerismo académico más duro.[227]

El día anterior, la conducción del Centro de Estudiantes convocó a una asamblea para decidir una postura frente a una elección que, como explicamos anteriormente, implicaba un voto estamental. Se resolvió allí movilizarse a la elección para exigir una reforma del estatuto.[228]

Ese martes 22, a las 13 hs., el decano recibió a los manifestantes con una patota que respondía al Club Platense. Se reconocían los bombos y los pantalones del club.[229] La patota agredió físicamente a los 100 estudiantes que estaban movilizados. A las pocas horas, la movilización se duplicó y se dedicaron a pasar por cursos para denunciar lo que estaba pasando. El resultado fue una asamblea y una toma de la facultad con clases. Por su parte, el decano Aliaga ordenó a la conducción no docente realizar un paro con cierre de las instalaciones para invisibilizar la medida de docentes y estudiantes.[230] Vale la pena aclarar que en la patota se encontraban trabajadores no docentes, y algunos de ellos también parecían pertenecer a la barra.[231]

El PJ en Sociales

El jueves 10 de septiembre de 2015, en medio de las elecciones a centro de estudiantes, una patota del PJ apareció recorriendo la Facultad de Ciencias Sociales de la UBA y agrediendo a militantes de izquierda. La

---

[227]http://www.mincyt.gob.ar/noticias/la-presidenta-inauguro-nueva-sede-del-instituto-de-fisiologia-biologia-molecular-y-neurociencias-11664.

[228]http://www.po.org.ar/prensaObrera/413/juventud/
exactas-uba-cronica-de-un-movimiento-que-supera-todas-las-expectativas?h=patota.

[229]http://www.lanacion.com.ar/1631500-batalla-campal-en-la-votacion-de-exactas-en-la-uba.

[230]http://www.po.org.ar/prensaObrera/413/juventud/
la-pelea-por-la-democratizacion?h=patota.

[231]http://www.lanacion.com.ar/1632198-amenaza-de-bomba-y-peleas-tensan-el-conflicto-en-la-uba.

364

patota había sido llamada por el frente la UES/La Cámpora y Proyecto Sociales, un reagrupamiento de todas las organizaciones kirchneristas.[232]

Un rector documentalista

En abril de 2015, los colegios secundarios iniciaron un proceso de lucha, que incluyó la toma de establecimientos. El detonante fue la reforma que el rectorado de la UBA intentó realizar en el Colegio Pellegrini y consistía en quitar asistencia a los estudiantes "libres". Es decir, expulsarlos.

La conducción del centro de estudiantes del Pellegrini denunció, ante el INADI, que el rector -Gustavo Zorzoli- ingresó, en medio de la toma, con una patota para fotografiar y filmar a los estudiantes que estaban llevando adelante las medidas de protesta.[233]

Golpes contra la toma

En 2014, docentes y alumnos de la Universidad Nacional de Tucumán llevaban adelante un plan de lucha para reformar el estatuto universitario, que permitiera una democratización y la abolición del voto estamental. Los estudiantes estaban garantizando una toma que llevaba dos semanas. Los docentes estuvieron 83 días de paro, exigiendo además la reapertura de paritarias, un aumento del 40% del sueldo en un pago y la implementación de la carrera docente.[234]

El 3 de septiembre de ese año, una patota, integrada por personal de seguridad, no docentes y personas ajenas a la universidad, se presentó en la toma y comenzó a agredir a los alumnos. El hecho derivó en un escándalo que forzó a la propia rectora de la universidad, Alicia Bardón, a repudiar los hechos.[235]

---

[232]http://www.nexofin.com/notas/336243-denuncian-que-patota-del-kirchnerismo-irrumpio-en-la-facultad-de-sociales-de-la-uba-n-/.

[233]http://www.lanacion.com.ar/1786546-tomaron-el-nacional-y-el-pellegrini-por-la-reforma-de-las-materias-previas.

[234]http://www.losandes.com.ar/article/docentes-universitarios-paran-este-viernes-en-protesta-por-agresiones-en-tucuman.

[235]http://www.lagaceta.com.ar/nota/603318/local/alumnos-denunciaron-fueron-golpeados-personal-seguridad-unt.html.

Atocha salteña

La crisis habitacional se hizo presente también en Salta, la provincia de Urtubey. Allí, luego de promesas (electorales) de adjudicaciones, expropiaciones y Plan Procrear, se desarrolló un proceso de ocupación en varios lugares. Entre las ocupaciones más importantes del 2013, estuvieron los terrenos de Parque La Vega, Pereyra Rosas y Atocha. En todos ellos, se apeló a la represión policial. En Atocha, el 16 de enero de 2014, además, una patota fue a amedrentar a los ocupantes e intentar levantar las viviendas precarias.[236]

Insfrán

En 2014, la empresa Dioxitek había comenzado sus negociaciones con el gobierno provincial de Formosa para instalar una planta de dióxido de uranio en Formosa. A raíz de denuncias sobre la contaminación potencial que implicaba, varios vecinos se organizaron para impedir su construcción. Entre ellos, varios militantes del PO.

El 15 de julio, la gobernación llamó a una audiencia pública. Hacia allí se movilizaron los vecinos, junto al diputado nacional Pablo López (del FIT-PO). Al llegar, mientras una delegación ingresaba, el grueso de los manifestantes quedó concentrado a dos cuadras. Sin embargo, una patota armada se acercó a la concentración y la disolvió bajo amenazas.[237]

La patota del gobernador siguió sus andanzas. El 3 de agosto, un grupo de matones se acercó a la localidad de Las Lomitas, donde un grupo de pasantes de la FUBA y algunos miembros del Partido Obrero, realizaban una investigación sobre las condiciones de los wichis. Los estudiantes, además, habían reclamado la libertad de los manifestantes wichis detenidos hacía pocos días. La patota tenía como fin secuestrar el material fílmico que habían recopilado, sobre las condiciones de vida de las comunidades que habitaban el lugar y la represión a la que son sometidos. Si bien logró llevarse algunos bolsos, los estudiantes retuvieron el grueso del material.[238] Este grupo, según denuncian, fue organizado

---

[236]http://www.po.org.ar/prensaObrera/1300/politicas/
estalla-la-politica-habitacional-de-urtubey.
[237]http://www.po.org.ar/prensaObrera/446/politicas/
fuera-dioxitek-de-formosa?h=patota.
[238]http://www.lanacion.com.ar/1715400-denuncian-otro-caso-de-agresion-en-formosa; http://www.nacionmapuche.com.ar/argentina/2510-la-fuba-acusa-a-

366

por Atilio Basualdo, un puntero político del gobernador Insfrán, que en 2015 llegó a la intendencia del departamento.[239]

Los muchachos de la AFIP

Las órdenes de Ricardo Etchegaray habían sido claras: en 2014, no habría ningún aumento a los trabajadores de su dependencia. De hecho, los excluyó de las paritarias y las direcciones de los gremios SUPARA (aduaneros) y AEFIP (impositivos) hicieron su trabajo: agachar la cabeza.

Sin embargo, los obreros comenzaron un proceso de lucha para exigir una paritaria. Luego de paros parciales, los aduaneros llegaron a un paro nacional por 24 hs. El Gobierno tuvo que llamar a una conciliación obligatoria y hasta la AEFIP llamó a una jornada de protesta, para aquietar las aguas.

El 11 de septiembre, en medio de una concentración de trabajadores impositivos en la sede central de la AFIP, una patota intentó disolver la manifestación arrojando Gamexane y gas pimienta.[240]

La Cámpora cordobesa

Estanislao Forbes era delegado de la Fábrica Argentina de Aviones y dirigentes de la Asociación del Personal Aeronáutico, en Córdoba. El 30 de diciembre de 2013, denunció que la fábrica no había construido ningún avión Pampa desde el 2009, que la producción estaba prácticamente parada y que no podía esclarecer el destino de 300 millones de pesos girados por Nación y administrados por el directorio de La Cámpora.[241]

El 8 de octubre de 2014, denunció que La Cámpora había organizado un almuerzo proselitista que había costado 646.000 pesos. Diez días después, el 18 de octubre, Forbes fue agredido por una patota de la

insfran-de-querer-impedir-la-difusion-de-un-video-sobre-pueblos-originarios; http://www.po.org.ar/noticia/brutal-ataque-de-la-patota-de-insfran; http://argentina.indymedia.org/news/2014/08/864036.php; http://informateaca.com/amenazaron-y-golpearon-a-estudiantes-bahienses-en-formosa/.
[239]http://expresdiario.com.ar/index.php/locales/item/25289-atilio-basualdo-gano-la-intendencia-en-las-lomitas.
[240]http://www.po.org.ar/prensaObrera/1331/sindicales/afip-gran-reaccion-de-los-trabajadores-contra-el-ajuste.
[241]http://www.cadena3.com/contenido/2013/12/30/123422.asp.

agrupación kirchnerista, en connivencia con un nuevo sindicato armado por la patronal.[242]

Huelga de hambre en Santiago del Estero

En abril 2014, el incesante activismo de "Chungui" Chazarreta en las UPAs (Unidades Primarias de Atención), generó que el ministerio cesara, sin aviso, su contrato de locación. La denuncia por este cesanteo dirigido corrió rápidamente como noticia entre obreros de salud, estudiantes universitarios y docentes. La respuesta de Chungui fue acampar en la vereda del Ministerio de Salud, y comenzó una huelga de hambre que duró 10 días. En simultáneo, por haber ingresado al polideportivo provincial y realizar un reclamo para el ingreso irrestricto de aspirantes al profesorado de educación física, decenas de jóvenes eran salvajemente reprimidos por la policía local. La indignación fue masiva, y al quinto día de la huelga, se organizó sorpresivamente una gran marcha desde el Ministerio de Salud hasta la Casa de Gobierno, que congregó aproximadamente a 8.000 personas, y permitió aglutinar lo que quedaba de la Multisectorial conformada en la huelga de la salud de fines de 2009. En medio de la huelga, estudiantes de la agrupación La Mariátegui fueron interceptadas en colectivos urbanos, con amenazas sutiles, proferidas desde el asiento trasero. Numerosísimos "servicios" de la policía provincial rondaban a los lejos.

Pero la acción más evidente fue al octavo día de huelga. Las guardias siempre eran cubiertas de compañeros de salud, militantes de izquierda y estudiantes, pero ese día domingo, a la siesta, solamente se encontraban Chungui, su pareja y dos amigos. Dado que los servicios monitoreaban en todo momento, en ese instante aprovecharon para que de una camioneta se bajara el secretario gremial de ATSA, José Arce, junto con tres matones. Este comenzó a increpar y a amenazar a Chungui para que levantara la huelga de hambre. Chungui, aunque no podía moverse demasiado por su estado de salud, logró con sus compañeros que se retiraran. Arce, operador del gobernador Zamora, portaba un cuchillo en su cinto de cuero. Chungui levantó su huelga después de 10 días, sin lograr ser recontratado, aunque la medida sirvió para volver a aglutinar a la Multisectorial.[243]

---

[242]http://www.clarin.com/politica/Agredieron-delegado-abusivos-Campora-Cordoba_0_SJ6-mc_9DXg.amp.html.

[243]Entrevista a Héctor Andreani, testigo presencial, en poder del autor.

368

La reacción de Axel

El 13 de noviembre de 2014, los trabajadores del Ministerio de Economía de la Nación, nucleados en la Junta Interna de ATE, realizaron un quite de colaboración, exigiendo un 30% de aumento salarial y el fin de la precarización en el ministerio, que alcanzaba al 70% de los trabajadores de la repartición.

Ese día, en un acto en la calle Hipólito Yrigoyen, se denunció el accionar de patotas de UPCN, durante todo el ciclo de lucha, que amedrentaban a compañeros, colocaban pasquines difamatorios (los acusaban de "apátridas") y amenazaban con represalias a quienes se plegaran a la medida.[244]

Limpieza mendocina

Facundo Terraza era militante del PO y había realizado varias denuncias por la tercerización de la limpieza en Luján de Cuyo, Mendoza. El 20 de octubre de 2013, un grupo armado interceptó su auto y lo obligó a bajarse de él. Luego, lo obligaron a caminar varias cuadras amenazándolo con ejecutarlo.

La policía identificó el auto de los agresores y resultó que era de empleados del intendente kirchnerista, Carlos López Puelles.[245]

El FPV en Lavalle

El departamento de Lavalle, en Mendoza, estaba manejado por el kirchnerista Roberto Righi. Como parte de la política del Gobierno a nivel nacional, mantenía una buena planta de contratados. Sin embargo, la organización de los trabajadores comenzó a dar sus frutos y en 2013 se logró un importante movimiento de lucha por el pase a planta permanente.

En diciembre de 2013, los obreros llegaron a sostener 28 días de huelga, en reclamo de sus reivindicaciones. Algunos trabajadores se encadenaron a la Casa de Gobierno.

---

[244]http://www.po.org.ar/prensaObrera/462/politicas/
la-medida-de-lucha-de-mayor-impacto?h=patota.
[245]http://www.po.org.ar/prensaObrera/1291/juventud/mendoza-patota-de-intendente-k-persigue-y-agrede-a-candidato-del-frente-de-izquierda.

El 6 de enero de 2014, una patota de la agrupación Tupac Amaru, dirigida por Nelly Rojas (integrante de la misma), irrumpió para desalojar a los manifestantes a los golpes, pero no pudieron hacerlo porque se hicieron presentes varios referentes políticos y una senadora electa (Noelia Barbeito).

Finalmente, la lucha obligó al intendente a firmar un cronograma de pase a planta y un aumento salarial.[246]

Los estudiantes de Zamora

El 27 de marzo de 2014, en Santiago del Estero, una patota de la agrupación Franja Morada, ligada al gobernador Gerardo Zamora, atacó a golpes a Leonardo Acuña y Mario Guzmán, militantes de la agrupación Fuentealba (UJS-PO) por reclamar el ingreso irrestricto al ISPP N° 1.[247]

La Curia dice presente

El 13 de marzo de 2013 se realizó una movilización contra el aumento de los subsidios a la educación católica. En ese marco, el Movimiento Popular La Dignidad tomó pacíficamente la Catedral porteña. Esa noche, un grupo de 20 personas ingresaron al bar de la agrupación (ubicado en Aguirre 39) y comenzaron a golpear a los dirigentes. Los atacantes fueron enfrentados, huyeron y cuatro de ellos fueron retenidos y entregados a la policía.[248]

Los caballeros de Lousteau

El 25 de junio de 2015, el periodista Alejandro Bercovich denunció en C5N un sistema de sobreprecios en la provisión de medicamentos al Hospital de Clínicas, cuyos beneficios no solo iban a parar al bolsillo de funcionarios de la UBA, sino que, además, financiaron la campaña de

---

[246]http://www.pts.org.ar/Triunfo-la-lucha-de-los-municipales-de-Lavalle.
[247]http://www.po.org.ar/prensaObrera/1307/politicas/
enfrentamos-un-regimen-represor.
[248]http://www.anred.org/spip.php?article5914.

Martín Lousteau, candidato de ECO.[249] El principal implicado no era otro que el jefe de campaña del candidato, Emiliano Yacobitti, dirigente histórico del radicalismo porteño y de la Franja Morada, quien ostentaba el cargo Secretario de Hacienda de la UBA y había sido miembro de la SIDE bajo el gobierno de la Alianza.

Al día siguiente, dos docentes de la cátedra donde se desempeña el periodista, en la Facultad de Ciencias Económicas, recibieron amenazas por parte de Juan Manuel Oro, dirigente de Nuevo Espacio, la agrupación que respondía a Yacobitti. Además, le enviaron un mensaje a Bercovich: lo iban a hacer "reventar como una rata".[250]

Lo curioso es que, ante estas denuncias, Yacobitti demandó a Bercovich por difamación, conminándolo a pagarle 1 millón de pesos.[251]

La represión paraestatal en el campo político

Atentados a locales

El 27 de enero de 2012, a altas horas de la noche, una patota de entre cinco y seis personas armadas, entraron por la fuerza al local del Partido Socialista de los Trabajadores Unificados (PSTU), en Comodoro Rivadavia. Los intrusos provocaron destrozos, realizaron inscripciones contra la izquierda en las paredes, se robaron dos computadoras con información partidaria e intentaron incendiar el local. Es importante señalar que el PSTU había hecho campaña en Chubut por el FIT en 2011.[252]

El 30 de abril de 2014, el local del PO de Avenida Bemberg, entre las calles 154 y 155, en Berazategui (Buenos Aires), amaneció forzado. El mural de Mariano Ferreyra y Elsa Rodríguez, incendiado.[253] No se pudo

---

[249]Se pueden ver los detalles de la denuncia en el video del programa en: http://www.politicargentina.com/notas/201506/6347-informe-de-c5n-denuncia-que-desde-la-uba-financian-la-campana-de-lousteau.html.

[250]http://www.diarioregistrado.com/politica/tras-exponer-el-origen-del-financiamiento-de-lousteau--bercovich-fue-amenazado_a56316b1a42bd9ca81b195883.

[251]http://www.perfil.com/politica/yacobitti-denuncio-por-cyberbullying-al-periodista-bercovich-y-genero-polemica.phtml.

[252]http://anred.org/spip.php?article4745.

[253]http://www.po.org.ar/prensaObrera/1312/libertades-democraticas/atentan-contra-el-local-del-po.

identificar a los culpables porque, entre otras cosas, el municipio no realizó ninguna investigación seria.

En la semana del 19 de octubre de ese mismo año, otro local del PO, el comedor del Polo Obrero en Villa Inflamable, en Dock Sud (Buenos Aires), sufrió tres ataques. Los responsables eran miembros del comedor Jorgito, alineado con La Cámpora y dirigido por Juan Zárate, funcionario municipal de Ferraresi.[254]

Las marchas del 24 de marzo

Cada aniversario del golpe militar implicaba, por aquellos años, dos actos y dos marchas, dirigidas por dos alianzas políticas. La primera era la que nucleaba a las organizaciones oficialistas, que simplemente se desplegaban para un acto de "memoria" y para "agradecer" al Gobierno su política. Obviamente, se oponían a realizar cualquier denuncia sobre las vulneraciones a los derechos ciudadanos ocurrida desde 2003 a la actualidad.

La segunda era la que nucleaba al espacio Memoria, Verdad y Justicia, donde participaban Madres de Plaza de Mayo (Línea Fundadora), Asociación de Ex Detenidos-Desaparecidos y el conjunto de partidos de izquierda y organizaciones de derechos humanos no cooptadas por el Estado.

Como el 24 de marzo es un evento político, el acto debía recalar, necesariamente, en la Plaza de Mayo. Ante esta superposición, se solía consensuar un horario para cada marcha. Normalmente, hasta la tarde para los oficialistas y luego, a la tarde-noche, para los opositores. También era habitual que la marcha oficialista no quisiera desalojar la plaza o demorara su salida para entorpecer a sus adversarios.

En 2012, esta tensión llegó a un extremo. Mientras las columnas de la izquierda intentaban avanzar hacia Plaza de Mayo, el Movimiento Evita intentó detenerlos. Para eso, puso una patota a impedir su avance. Uno de los patoteros sacó un arma y amenazó a los militantes.[255] Un hostigamiento similar, aunque sin armas de fuego, fue registrado en Viedma y Tucumán.[256] En el primer caso, quien intentó desbaratar

---

[254]http://www.elsindical.com.ar/notas/avellanedadenuncian-ataques-de-patotas-de-la-campora-en-dock-sud/.

[255]Puede verse la foto del episodio en http://www.lapoliticaonline.com/nota/59928/.

[256]http://po-cordoba.blogspot.com.ar/2012/03/del-campo-nacional-al-enano-fascista.html.

el acto de izquierda fue una patota identificada con La Cámpora, que agredió a militantes del PO cuando intentaban irrumpir en el acto del gobernador Weretilnek.[257] Es decir, La Cámpora actuó como un cuerpo de seguridad estatal. Pero el hecho de que se dieran agresiones simultáneamente en la Capital y en dos provincias demuestra que se trató de una política estatal deliberada para bloquear las marchas opositoras.

En 2013, se suscitó el mismo problema. Esta vez, la intención de impedir el ingreso de columnas de izquierda estuvo a cargo directamente de la patota de Guillermo Moreno, apodada "Los doce apóstoles", que agredieron físicamente a los militantes de izquierda, como se vio en las fotos que se hicieron públicas.[258] Cabe aclarar que, en ninguno de los casos, ni en 2012, ni en 2013, se impidió el acto de la izquierda.

En curiosa coincidencia temporal, unos días después del acto, el 30 de marzo, el local del MST de Río Gallegos, Santa Cruz, territorio netamente dominado por el kirchnerismo, fue atacado a piedrazos por desconocidos. Los dirigentes del partido afectado denunciaron al FPV.[259]

El cristinismo porteño

El hecho de que la Capital Federal estuviese gobernada por el PRO (y de que allí el kirchnerismo se presentara como opositor y hasta "combativo"), no privaba a las organizaciones K de reprimir a la izquierda y comportarse, de hecho, como agentes del orden macrista.

Un caso ejemplar fue la actuación de las agrupaciones secundarias de La Cámpora y Peronismo Militante, que no permitieron la participación de la izquierda (especialmente, del PTS) en el acto por la Noche de los Lápices, en septiembre de 2012, en el Colegio Mariano Moreno. Específicamente, porque los militantes de izquierda proponían denunciar los casos de represión bajo la administración de Néstor y Cristina, como el caso de Jorge Julio López. Para eso, se montaron acciones de patotas sobre los principales dirigentes estudiantiles. Fueron apoyados, además, por las autoridades del colegio, que amenazaron con sanciones a los militantes de izquierda.[260]

---

[257] http://www.po.org.ar/prensaObrera/1217/correo-de-lectores/la-campora-de-viedma-se-le-fue-al-humo-al-po.

[258] http://tn.com.ar/politica/tras-las-acusaciones-de-cristina-la-izquierda-se-defiende-y-apunta-a-moreno_379519.

[259] http://mst.org.ar/2013/04/01/santa-cruz-ataque-local-del-mst/.

[260] http://www.pts.org.ar/En-los-colegios-el-kirchnerismo-y-las-autoridades-nos-privan-de-la-libertad-de-expresion.

El 22 de julio de 2012, en el marco de un festival por el castigo a los culpables del crimen de Mariano Ferreyra, se realizó un mural en homenaje al militante caído. Sin embargo, un grupo de La Cámpora tapó el mural con una pintada de Hugo Chávez y Néstor Kirchner. El sábado 22 de junio de 2013, los militantes del PO se disponían a restaurar el mural original, que representaba la lucha contra el régimen social, en lugar del homenaje a sus defensores. Pero allí se presentó una patota de La Cámpora que amenazó y agredió a los militantes del PO.[261]

La campaña electoral en la Provincia de Buenos Aires

La campaña a legisladores de 2013, tanto en las PASO como en la general, anunciaban malos presagios para el oficialismo. En medio de una crisis económica, un descontento general y el desgajamiento de su personal político, el pronóstico no era para nada alentador. Por eso, Cristina no solo intentó levantar la apuesta contra sus rivales burgueses, sino que trató de no perder votos por izquierda. Veamos.

El 17 de septiembre de 2013, militantes del Partido Obrero estaban realizando una actividad proselitista en Rivadavia y la barrera, en la estación Padua, en la provincia de Buenos Aires. En eso, una patota que respondía al intendente intentó disolver la actividad, tiró los volantes al suelo y agredió a los militantes.[262]

Víctor Figueros era militante del Polo Obrero y del Partido Obrero. Era, además, candidato en su distrito natal, Berisso, también en Buenos Aires. El 15 de julio de 2013, mientras volvía de Capital hacia su casa, en el tren Roca, un guarda lo increpó a que se baje por tener una remera con la leyenda "Partido Obrero". Al negarse a descender, fue increpado por una patota de la Lista Verde (Pedraza) que lo golpeó. Víctor se dirigió a los guardias, quienes alzaron los hombros y explicaron que quienes mandaban eran los del sindicato. Al llegar a la estación Hudson, Víctor recibió una fuerte golpiza. Los pasajeros lo protegieron de un mayor daño y lo ayudaron a salir del tren y llegar a la estación.[263]

En plena campaña electoral en la Provincia de Buenos Aires, militantes del PTS hacían campaña por el FIT pegando afiches cerca de la

---

[261] http://www.po.org.ar/prensaObrera/1274/mariano-ferreyra/patoteada-de-la-campora-en-once.

[262] http://infob.qwertysoft.com.ar/index.php/c57-1-seccion/c78-merlo/3264-othacehe-envio-patota-para-cruzar-al-fit.

[263] http://www.po.org.ar/prensaObrera/1277/mariano-ferreyra/la-patota-ferroviaria-agrede-a-militante-del-po.

estación Caseros. En ese distrito, el oficialismo postulaba como concejal a Marta Curto, la esposa de Hugo Curto, el intendente.

El 25 de julio de 2013, mientras estaban pegatinando, los interceptó una patota que se identificaba claramente con una agrupación llamada La Gaspar Campos, del FPV. La patota agredió con palos a los militantes del PTS. Uno de los integrantes del grupo habría sido Facundo Pilarche, candidato a concejal por el FPV.[264]

El 11 de agosto de 2013, en La Plata, una patota interceptó al fiscal de Podemos, Lucas Ibarlucea, que además era delegado de la Asamblea Barrial del Parque Castelli, y lo golpeó mientras almorzaba. Esto fue en la calle 65, entre 24 y 25.[265]

El 23 de julio de 2013, una patota de 15 personas del Frente Renovador agredió a un grupo de militantes de Podemos en pleno centro de Escobar.[266]

En el día de la elección, en San Isidro, miembros de La Cámpora encerraron a los fiscales de Libres del Sur durante el escrutinio y los amenazaron, al enterarse de la derrota del oficialismo.[267]

La campaña del 2015, también provocó enfrentamientos y, como no podía faltar, el uso de patotas por parte del oficialismo. Como, por ejemplo, el ataque a los militantes del PTS en Ensenada, a pocas horas de la veda electoral, el jueves 19 de noviembre. La patota agresora respondía al intendente.

La campaña en el Interior

La campaña de 2013 también fue intensa en el interior. El 31 de julio, en Río Gallegos, integrantes del PO, liderados por el candidato Miguel Del Plá, estaban pegando afiches en las calles Zapiola y Fagnano, a tempranas horas de la mañana. En medio de la actividad, se acercaron cuatro vehículos de los que descendió un grupo identificado con La Cámpora.[268] Al mando, estaba nada menos que Juan Manuel Díaz,

---

[264]http://elmartillonacional.blogspot.com.ar/2013/07/agredio-una-patota-narco-kirchnerista.html.

[265]http://vilmaripoll.mst.org.ar/2013/08/11/patota-del-fpv-ataca-candidato-de-podemos-en-la-plata; http://www.parlamentario.com/noticia-55739.html.

[266]http://vilmaripoll.mst.org.ar/2013/07/27/ripoll-denuncia-agresiones-militantes-de-podemos-en-escobar/#more-14780.

[267]http://www.lapoliticaonline.com/nota/75915/.

[268]http://www.eldiarionuevodia.com.ar/local/politica/2013/8/1/partido-obrero-denuncio-agresion-patota-4663.html.

miembro de la UOCRA-Santa Cruz. El grupo comenzó a agredir a los militantes. Miguel Del Plá recibió un piedrazo y tuvo que ser atendido.[269]

La campaña del 2015 también presentó ataques contra la izquierda en el interior. Por ejemplo, en Resistencia, Chaco, en la madrugada del 10 de enero, una patota de entre 20 y 30 personas atacó a un grupo de militantes del PO que estaban realizando una pintada. El candidato Aldo García fue herido en un brazo y la militante Gabriela Rosales, embarazada, fue golpeada en el vientre.[270]

En Neuquén, militantes del MST estaban realizando una pegatina en el centro de la capital. Entre quienes realizaban la actividad, estaba la candidata a gobernadora, Priscila Otton. En medio de la actividad, un grupo ligado al MPN les ordenó abandonar la zona y comenzó a agredirlos. Los militantes decidieron abandonar la actividad y regresar a su auto, pero la patota comenzó a arrojarles piedras, rompiendo el parabrisas trasero.[271]

En Salta, el PO realizaba su campaña para las elecciones provinciales del 17 de mayo de 2015, con la presencia de Jorge Altamira. En la localidad de Orán, el PO denunció un convenio entre el municipio y el sindicato de camioneros que perjudicaba a los trabajadores. Por eso, el 13 de mayo, el candidato a concejal, Arturo Borelli, fue agredido por tres matones ligados a Camioneros (uno llevaba una campera alusiva), que lo golpeó y lo dejó tirado en el piso.[272] El sindicato salteño estaba liderado por Jorge Guaymás, hombre de Moyano. Al otro día, fueron arrancados todos los afiches y tapadas todas las pegatinas del PO.[273]

---

[269]http://opisantacruz.com.ar/home/2013/07/31/el-partido-obrero-denuncio-que-fueron-agredidos-por-gente-de-la-campora-mientras-hacian-pegatina-de-carteles/16616.

[270]http://www.po.org.ar/comunicados/politicas/patota-del-pj-del-chaco-ataco-salvajemente-a-militantes-del-partido-obrero; http://www.lanacion.com.ar/1759104-el-partido-obrero-denuncia-brutales-agresiones-contra-sus-militantes-en-chaco.

[271]http://neuquén.mst.org.ar/325/patota-del-mpn-agrede-priscila-otton-militantes-del-mst-nueva-izquierda/.

[272]http://informatesalta.com.ar/noticia/6325/borelli-fue-patoteado-por-referentes-de-los-camioneros.

[273]http://www.laizquierdadiario.com/Agresiones-al-PO-en-Salta-hablan-Jorge-Altamira-y-Pablo-Lopez.

Tucumán, el gran despliegue

El domingo 23 de agosto de 2015 se disputaban las elecciones provinciales en Tucumán. Alperovich ya no podía presentarse, pero sí lo hacía su protegido, el Ministro de Salud, Juan Manzur. Con una elección complicada, Alperovich se lanzó a asegurar el triunfo a como diera lugar.

Ese domingo, durante la elección, se registraron cortes de luz y falta de boletas. Pero lo más grave se registró en el escrutinio, donde se expulsó a fiscales opositores, se secuestraron urnas y se enviaron telegramas apócrifos. Esto provocó una serie de movilizaciones de la población contra el fraude.[274]

Las patotas del PJ, esa noche, campearon alegremente por la ciudad capital. Por si fuera poco, un candidato, José Kobak, y dos militantes del FIT, Santiago y Alejandro Navarro, fueron encarcelados.[275]

Escrache fallido

El 7 de septiembre de 2015, Felipe Solá debía disertar en la Facultad de Ciencias Económicas de la UBA, en un panel titulado "Pobreza y narcotráfico". Hasta allí fueron agrupaciones de izquierda con el objetivo de denunciar la presencia de uno de los responsables de la masacre de Puente Pueyrredón, en 2002. Al llegar, una patota asociada al entonces candidato massista comenzó a golpear a los manifestantes.[276]

La represión estatal

Así como, a simple vista, podemos observar un crecimiento de las acciones de represión paraestatal, también se incrementaron las estatales. En total, registramos un mínimo de 241 represiones por parte de fuerzas estatales en este período. Presentamos a continuación, una selección de las mismas. No nos ocuparemos aquí de la represión a la línea

---

[274]http://www.lanacion.com.ar/1821922-cacerolazo-en-tucuman-tras-las-denuncias-de-fraude.

[275]http://www.po.org.ar/comunicados/politicas/pronunciamiento-libertad-y-desprocesamiento-de-jose-kobak-santiago-y-alejandro-navarro.

[276]http://www.lanacion.com.ar/1834424-escracho-a-sola-y-advierte-donde-sepamos-que-vayan-los-responsables-vamos-a-ir.

60, a los saqueos y ni de hechos que hayan derivado en la muerte de manifestantes, porque los tratamos en el acápite correspondiente. Aquí, entonces, la selección.

- El 29 de diciembre de 2011, en Río Gallegos, la legislatura de Santa Cruz se reunía para votar una "emergencia económica" que consistía en el pago a proveedores con bonos, la suspensión de paritarias y la prolongación de la edad jubilatoria. Para evitarlo, una manifestación se dirigió hasta la sede legislativa. El resultado fue una feroz represión. A causa de estos incidentes, Cristina tuvo que suspender su viaje a El Calafate.[277]

- El viernes 20 de enero de 2012, en Comodoro Rivadavia (Chubut), una manifestación de camioneros contra el despido de 200 trabajadores fue desalojada violentamente por la policía provincial.[278]

- En Orán, Salta, los trabajadores del ingenio El Tabacal, llevaban ocho días de corte de ruta, en reclamo de un aumento del básico. El 26 de agosto de 2012, la policía provincial desalojó la ruta con el saldo de 45 manifestantes heridos.[279]

- El 27 de agosto, en el Barrio Melchor Romero, de La Plata, la policía desalojó con gases y balas de goma a una manifestación de vecinos que exigían el esclarecimiento del crimen de Jonathan Aguirre y Carlos Antonio Loayza Sevillano. El resultado fue una decena de heridos.[280]

- El 28 de enero de 2013, la Policía Metropolitana desalojó por la fuerza a vecinos de Parque Centenario que protestaban por el enrejamiento del parque.[281]

---

[277]http://www.ellitoral.com/index.php/id_um/71276-represion-y-crisis-politica-en-santa-cruz.

[278]http://www.lanacion.com.ar/1442324-pablo-moyano-rechazo-la-represion.

[279]http://www.lagaceta.com.ar/nota/507705/politica/policia-saltena-reprimio-obreros-ingenio-tabacal.html;   http://www.po.org.ar/prensaObrera/1237/politicas/viva-la-heroica-lucha-de-los-obreros-de-el-tabacal.

[280]http://www.letrap.com.ar/nota/2012-8-27-protesta-y-represion-en-melchor-romero.

[281]http://www.telam.com.ar/notas/201301/6092-la-metropolitana-reprimio-a-los-vecinos-de-parque-centenario-que-protestaban-por-la-puesta-de-rejas.html.

- El 21 de marzo, una manifestación de docentes en la ruta 16, en Sáenz Peña, Chaco, fue reprimida por la policía provincial.[282]

- El 15 de julio, los trabajadores de la empresa Kromberg & Schubert, en Pilar, Buenos Aires, fueron reprimidos al realizar una manifestación exigiendo la reincorporación de doce trabajadores.[283]

- El 26 de septiembre, una manifestación de 100 familias en San José, en Tucumán, intentaron tomar tierras, pero fueron desalojados por la policía provincial. El saldo fue de 13 ocupantes heridos.[284]

- El 4 de enero de 2014, trabajadores de la salud de Neuquén y enfermeros nucleados en ATE bloquearon la refinería de Plaza Huincul, en reclamo de mejoras en las condiciones laborales. La respuesta fue una dura represión policial.[285]

- El 28 de febrero, ocupantes del terreno en Pola y Fernández de la Cruz, en Villa Lugano, Capital, sufrieron un intento de desalojo por parte de un operativo conjunto de la gendarmería y la policía metropolitana. La operación implicó gases lacrimógenos y balas de goma.[286]

- El 7 de julio, los trabajadores ferroviarios de las empresas EMFER y TATSA estaban realizando un corte en la Avenida General Paz, a la altura de la estación Miguelete, denunciando al grupo Cirigliano por el vaciamiento de las empresas y la precariedad laboral de sus obreros. La Policía Federal (en manos del gobierno nacional) respondió con gases lacrimógenos, camiones hidrantes y balas de goma.[287]

---

[282]http://www.diariochaco.com/noticia/171146/Docentes-denuncian-represion-y-heridos-en-desalojo-del-corte-de-la-ruta-16.html.
[283]http://www.pts.org.ar/Represion-a-trabajador-s-de-Kromberg-en-el-Parque-Industrial-de-Pilar.
[284]http://www.lagaceta.com.ar/nota/561665/policiales/policia-recupera-predio-san-jose-tras-violento-desalojo-tiros-heridos.html.
[285]http://diariohoy.net/politica/primera-represion-del-ano-trabajadores-de-la-salud-neuquinos-protestaban-por-aumento-salarial-y-la-policia-arremetio-20224.
[286]https://www.minutouno.com/notas/314751-continua-la-toma-el-predio-villa-lugano-y-se-espera-una-nueva-instancia-dialogo.
[287]http://www.continental.com.ar/opinion/bloggers/blogs/transito590/nuevos-incidentes-entre-la-policia-y-los-manifestantes-en-la-general-paz/blog/2308752.aspx; http://www.pts.org.ar/Conflicto-y-represion-en-EMFER.

- Durante los meses de septiembre y octubre de 2014, la gendarmería reprimió varias veces los cortes de ruta que los trabajadores de Lear sostenían en la Panamericana. Una de las primeras represiones se produjo el 4 de septiembre. La última, el 10 de octubre. En ese proceso, se dio el famoso episodio del gendarme "carancho", por el cual un efectivo de la gendarmería se arrojó sobre el auto de un manifestante para luego argumentar que fue atropellado y justificar su detención.[288] El gendarme fue filmado, ridiculizado y procesado. El Secretario de Seguridad, Antonio Berni, reconoció que la acción fue planificada y el provocador seguía órdenes superiores.[289]

- El 8 de marzo de 2015, 500 docentes misioneros, nucleados en la CTA, cortaron la ruta 12 en el acceso a la ciudad de Montecarlo, como parte de un plan de lucha para exigir un aumento salarial. La policía provincial, el GOE y la gendarmería montaron un operativo para desalojar la ruta que terminó con tres docentes hospitalizados.[290]

- El 20 de julio, en Salta, los trabajadores municipales organizaron una marcha para exigir la reincorporación de cinco trabajadores despedidos por reclamar un aumento de $1.700. La manifestación fue duramente reprimida por la policía provincial.[291]

- El 5 de agosto, una manifestación de trabajadores del INTI, en el partido de San Martín, Buenos Aires, fue reprimida por efectivos de la policía provincial y la gendarmería. Al día siguiente, dos delegados fueron detenidos a la salida de su trabajo, por la Policía Federal.[292]

- El 11 de noviembre, una manifestación convocada por el Encuentro Nacional de Mujeres, en Mar del Plata, marchaba hacia la Catedral de dicha ciudad. Al llegar, fue reprimida por la policía bonaerense con gases lacrimógenos y balas de goma.[293]

---

[288]http://www.lanacion.com.ar/1904310-procesaron-al-gendarme-carancho-que-se-tiro-sobre-un-auto-en-la-panamericana
[289]https://www.clarin.com/politica/Berni-reconocio-gendarme-cumpliendo-orden_0_SJll9yqcwQl.html
[290]http://agenciacta.org/spip.php?article15205
[291]http://correpi.lahaine.org/?p=1497
[292]http://www.laizquierdadiario.com/INTI-basta-de-represion-Libertad-de-los-detenidos
[293]https://www.periodicomovil.com.ar/nota/politica/926/violencia-represion-encuentro-nacional-mujeres-mar-plata.html

Asesinatos

a. Por fuerzas paraestatales

Daniel Condori[294]

La "Tití Guerra" era una organización que integraba la red de la Tupac Amaru, de Milagro Sala. El 5 de septiembre de 2012, desembarcó con dos micros en un barrio de Humahuaca, Jujuy. Eran 50 personas cuyo objetivo era hacerse con unas tierras que habitaba una población obrera, para repartirlas entre su clientela. En particular, las de la familia Urbina. Se presentaron con unos papeles y exigieron el desalojo del lugar. La discusión llegó a mayores y la patota agredió a una persona mayor, lo que provocó la reacción de todo el barrio. La patota tuvo que refugiarse en los micros. La policía, en lugar de socorrer a las familias amenazadas por el desalojo, fue a proteger a los patoteros. Desde el micro, salieron disparos. Uno de ellos alcanzó a Daniel Condori, un muchacho de 29 años que era guía turístico. Condori murió a las pocas horas.

Al día siguiente, se produjo una verdadera pueblada en Humahuaca, con cortes de calles, apedreo a comisarías y a la Intendencia. El intendente kirchnerista, Roberto Lamas, no tuvo más opción que presentar su renuncia. Milagro Sala intentó desmarcarse del asunto argumentando que la "Titi Guerra" había sido expulsada unos días antes. La presión popular obligó a capturar a los sospechosos al día siguiente al asesinato. Pero recién en agosto del 2015 fueron condenados. Eran Moisés Lavayén y Marcos Guerra, a los que les dieron 16 y 7 años de prisión, respectivamente. Pero Miguel Ángel Guerra, otro participante, quedó absuelto. Nadie investigó el vínculo entre la "Titi", Milagro Sala y el gobernador Fellner.

---

[294]Las fuentes disponibles para este caso son: http://www.pcr.org.ar/nota/partido/%C2%BForganizaci%C3%B3n-social-o-negociado-pol%C3%ADtico; http://www.clarin.com/edicion-impresa/Muerte-Jujuy-operan-patotas-poder_0_S1xrsJ2Dmg.html; http://www.cadenatres.com/contenido/2012/09/06/102853.asp; http://www.diarioinedito.com/Nota/10406; https://articulo14vip.wordpress.com/2012/09/06/patota-ligada-a-milagro-sala-asesina-a-un-joven-en-desalojo-de-tierras/; http://www.jujuyalmomento.com/post/39556/condenaron-a-16-anos-a-lavayen-y-a-7-anos-a-marcos-guerra.html; http://www.lanacion.com.ar/1505897-muerte-en-humahuaca-renunciaron-el-intendente-y-todo-el-gabinete.

Miguel Galván

El 10 de octubre del 2012 murió apuñalado Miguel Galván, miembro del MOCASE-VC. El hecho ocurrió en el paraje Simbol, en Santiago del Estero, cuando un sicario lo abordó en la puerta de su casa y lo hirió de muerte con un arma blanca.[295] Galván ya había venido recibiendo amenazas por parte de Paulino Heriberto Riso Patrón, Hortensia Valderrama y su esposo, Eulogio Riso. Paulino era catalogado por el MOCASE como un "sicario de Figueroa", en relación al empresario local Facundo León Suárez Figueroa, quien quería alambrar el territorio donde vivía la comunidad "Lule Vilela", a quienes el MOCASE defendía. Eulogio Riso y su esposa, ya habían amenazado a los miembros del MOCASE a nombre la empresa "La Paz S.A.", propiedad de Figueroa.[296]

Cariló Olaiz, miembro del MOCASE-VC, apuntó no solo al gobierno provincial sino más precisamente a Luis Fernando Gelid, Ministro de Producción, Recursos Naturales, Forestación y Tierras de la provincia de Santiago del Estero, a quien acusó de ser "artífice de todo esto".[297] El único imputado fue Paulino Heriberto Riso Patrón, quien reconoció haber apuñalado a Galván en el cuello y fue condenado, en juicio breve, a 9 años de prisión. Ni el empresario Figueroa, ni ningún dirigente político fueron imputados.

Darío Ávalos

Darío Adolfo Ávalos tenía 40 años, era albañil y, además, delegado del SITRAIC. El 11 de marzo del 2014 fue con un grupo de obreros a realizar una manifestación en la puerta de la obra de la empresa Esuco S.A., para reclamar por los puestos de trabajo prometidos.[298] Pero Walter "Lobizón" Leguizamón, secretario de la seccional Lomas de la UOCRA, en la provincia de Buenos Aires, tenía preparada una respuesta. Desde temprano, los esperaba una patota de la UOCRA, al

---

[295]http://www.lavoz.com.ar/noticias/politica/
santiago-estero-denuncian-homicidio-integrante-mocase
[296]https://www.pagina12.com.ar/diario/sociedad/3-205342-2012-10-11.html
[297]http://www.lavaca.org/notas/denuncia-del-mocase-otro-muerto-por-el-modelo-sojero/;   https://www.pagina12.com.ar/diario/sociedad/3-205342-2012-10-11.html; http://www.anred.org/spip.php?article5457.
[298]http://www.po.org.ar/prensaObrera/online/libertades-democraticas/
nuevas-condenas-contra-la-burocracia-de-la-uocra-por-el-asesinato-de-dario-avalos.

mando del secretario adjunto, Héctor Cabrera. Ambos formaban la que se llamó "la banda del Lobizón", dedicada al tráfico de drogas y al delito (principalmente piratería de asfalto).[299] Esuco era la empresa de Carlos Wagner, empresario ligado a la obra pública de De Vido.[300]

Cuando los manifestantes comenzaron con el corte y quema de gomas, comenzaron los piedrazos y tiros desde adentro del obrador (o sea que el empresario tenía conocimiento de lo que iba a pasar), a lo que se sumó una patota que llegó en camionetas. La policía bonaerense tenía móviles apostados en la esquina pero no hizo absolutamente nada. Resultado: una verdadera emboscada con complicidad empresarial y policial. En ella murió Darío Ávalos. Recibió un tiro y sus compañeros tomaron un colectivo para llevarlo al Hospital Evita, pero murió en el camino.

Luego de los hechos y de la denuncia correspondiente, por parte del SITRAIC, la UOCRA intentó por todos los medios bloquear el avance de la causa. Primero intervino la seccional Lomas de Zamora. Luego auspició la fuga de Walter Leguizamón. A mediados del 2015 comenzó el juicio por el asesinato de Ávalos, y la tentativa de homicidio de otros dos manifestantes: Dionisio Fernández, y Andrés y Alcides Nogueira. Luego de una constante movilización y denuncia pública, en un primer juicio se logró la condena de seis patoteros: Alejandro Jara, Alberto Antonio Albornoz Galván, Carlos Cáceres Paredes, Oscar Romero y a los hermanos Javier y Héctor Daniel Cabrera Serrano (hijos del secretario adjunto). Todos miembros de la UOCRA de Lomas de Zamora. El 19 de junio de 2017, también Héctor Cabrera fue encontrado culpable de "homicidio agravado".[301] Leguizamón, luego de haber estado casi tres años prófugo, fue encontrado en Chascomús, muerto y con signos de haber sido atado con alambres, golpeado salvajemente y rematado con

---

[299]http://campanaonline.com/empezo-el-juicio-por-dario-avalos-asesinado-por-patota-de-la-uocra/.

[300]http://www.nexofin.com/notas/103799-si-de-obras-publicas-se-trata-cristina-prefiere-a-carlos-wagner-n-/.

[301]http://www.sitraic.org/#!-el-caso-dario-avalos-el-crimen-que-gerardo-martinez-trata-de-ocultar-2; http://www.po.org.ar/prensaObrera/1403/libertades-democraticas/a-dos-anos-del-asesinato-de-dario-avalos; http://www.po.org.ar/prensaObrera/1400/libertades-democraticas/caso-dario-avalos-en-junio-comienza-el-juicio-oral.

un tiro de escopeta en el pecho.[302] El "lobizón" había perdido la protección de Gerardo Martínez.[303]

Reinaldo Vargas

El sindicato de petroleros de Pico Truncado, Santa Cruz, estaba realizando obras en su sede, por lo cual, se contactó con la UOCRA para contratar albañiles. Sin embargo, a poco de comenzados los trabajos los obreros comenzaron a reclamar por su salario y condiciones, por lo que se enemistaron con el dirigente de la UOCRA a nivel local, Cristian Salazar. El resultado fue el despido de 47 obreros.

Las movilizaciones no se hicieron esperar, a las de Pico Truncado les siguieron las de Caleta Olivia, en solidaridad. Allí estaba Reinaldo Vargas, un obrero de nacionalidad boliviana que trabajaba en la industria de la construcción en Santa Cruz, y se encontraba afiliado a la UOCRA de Caleta Olivia. El 9 de abril del 2015, apenas pasadas las 12 del mediodía, los manifestantes se trasladaban hacia la sede del Sindicato de Petroleros de Caleta, para protestar por los despidos. Unos metros antes de llegar, fueron recibidos por una balacera por parte de la patota de petroleros, dejando como saldo la muerte de Vargas, y tres heridos de gravedad.[304] Los principales imputados por este crimen fueron Oscar Carranza, Juan "Chiquito" Quiroga, Damián Cristian Roldán y Roberto Esteban. El Secretario de la seccional, Claudio Vidal, estuvo detenido ya que fue hallado movilizándose en camionetas con armas, pero recobró su libertad.[305] El 13 de julio de 2017, la Cámara del Crimen de Caleta Olivia exculpó a los primeros cuatro acusados del crimen de Vargas, conminándolos, eso sí, a pagar una suma por "daños

---

[302]https://www.clarin.com/policiales/investigan-cadaver-hallado-chascomus-pertenece-ex-gremialista-profugo-crimen_0_rkyQHJQHW.html.

[303]http://www.agencianova.com/nota.asp?n=2014_3_11&id=40892&id_tiponota=4.

[304]http://www.lavanguardiadelsur.com/nota/13435/; http://www.minutouno.com/notas/359831-un-muerto-y-un-herido-grave-un-tiroteo-la-uocra-y-petroleros; http://vocesyapuntes.com/v6/2016/09/04/reconstruccion-del-crimen-de-reinaldo-vargas-no-se-permitio-el-ingreso-de-la-prensa/; http://www.laizquierdadiario.com/Santa-Cruz-petroleo-sangriento.

[305]https://www.elpatagonico.com/empieza-el-juicio-cuatro-imputados-el-homicidio-del-albanil-vargas-n1549362.

384

y perjuicios". Sí fueron encontrados culpables por "tentativa de homicidio" contra los heridos, lo que les acarreó diez años de prisión.[306]

b. Por fuerzas estatales

Saqueos

Durante los días 20 y 21 de diciembre de 2012 se produjeron saqueos en más de 13 ciudades del país, en las provincias de Río Negro, Chaco, Santa Fe, Misiones, Neuquén, Córdoba, Entre Ríos y Buenos Aires. La acción comenzó en Bariloche y se extendió a lo largo del país. La intervención estatal implicó el envío de Gendarmería a la ciudad de Bariloche y de 3.000 efectivos solo en la provincia de Buenos Aires. El gobierno no se privó de acusar a los manifestantes de ser agentes del narcotráfico.[307] El saldo fue de al menos tres muertos y más de 500 detenidos.[308] El epicentro de los saqueos fue en Rosario, en donde al parecer se produjeron cinco muertes. Tomamos solamente tres, ya que no pudimos comprobar fehacientemente que las otras dos tuvieran una relación directa con el enfrentamiento o fueran causadas estrictamente por fuerzas policiales.[309] Se trata de *Emiliano Sánchez*, de 17 años, que recibió un disparo en la pierna el jueves 20 a la noche. Según informes, el disparo habría provenido desde adentro de un local. No sabemos (y no se ha investigado) si se trató de un uniformado o un guardia de seguridad privado. Ingresó en el Hospital Roque Sáenz Peña y, por complicaciones de las que no obtuvimos información, fue derivado al Hospital de Emergencias Clemente Álvarez, donde falleció el lunes 24.[310] La característica del episodio, permite sospechar que no tuvo la atención adecuada y a tiempo, tratándose de una herida de bala en una pierna.

---

[306] http://www.lavanguardiadelsur.com/nota/15708-caso-vargas-condena-por-diez-anos-de-prision-por-intento-de-homicidio/.

[307] https://www.lanacion.com.ar/politica/suman-cuatro-los-muertos-por-los-saqueos-e-incidentes-en-rosario-nid1540611.

[308] https://www.pagina12.com.ar/diario/elpais/1-210431-2012-12-22.html.

[309] Se trata de Leonardo Fabio Sánchez, al que se acusa de haber intentado asaltar a los pasajeros de un colectivo y de Silvia Bernachea, quien sufrió la caída de un vidrio. Para referencias, consultar: https://www.lanacion.com.ar/politica/suman-cuatro-los-muertos-por-los-saqueos-e-incidentes-en-rosario-nid1540611.

[310] http://www.diarionorte.com/article/81803/murio-un-joven-de-17-anos-herido-durante-los-saqueos-en-rosario; https://www.lavoz.com.ar/noticias/politica/suman-cuatro-muertos-saqueos-semana-pasada.

La segunda víctima es *Carina Verónica Paz*, de 36 años, que recibió un impacto de bala en la cabeza mientras se dirigía a un supermercado en Cantaruti y España.[311] La tercera es *Luciano Carrizo*, en el Barrio Tío Rolo, del Gran Rosario. Luciano tenía 22 años y trataba de entrar al almacén de la calle Avellaneda y Arijón. Antes de que pudiera acusársele de cualquier delito, recibió una bala en el tórax.[312]

Ninguno de los responsables está preso y el gobernador de Santa Fe no fue acusado de ningún delito.

Saqueos II

Esta segunda ola de saqueos se inició en la ciudad de Córdoba, con una huelga policial y el acuartelamiento de más de 3.000 efectivos, el 3 de diciembre de 2013. Rápidamente, se extendió el reclamo por todas las provincias del país, excepto CABA, Santa Cruz y Santiago del Estero. Inmediatamente después de las huelgas y acuartelamientos, se produjeron nuevos levantamientos de las fracciones más sumergidas de la clase obrera en forma de saqueos. En algunas provincias fueron contenidas (San Luis), en otras, se produjeron verdaderos enfrentamientos. En este caso, el argumento de que habría sido un intento de desestabilización de la oposición resultaba francamente ridículo, toda vez que el fenómeno comenzó en una provincia opositora (Córdoba) y se extendió hacia jurisdicciones del más diverso pelaje. El saldo fue de 13 personas muertas. Nosotros, en este caso, distinguimos nueve que particularmente murieron en enfrentamientos con fuerzas estatales o paraestatales. Mientras la población más sumergida era baleada, golpeada, asesinada en su desesperado intento de sobrevivir, la presidente se encontraba bailando en un escenario con personajes como Moria Casán, con la excusa de celebrar los "30 años de democracia"...[313]

Javier Alejandro Rodríguez tenía 20 años y recibió un balazo en las inmediaciones del supermercado Buenos Días del barrio Deán Funes,

---

[311] https://www.lanacion.com.ar/politica/suman-cuatro-los-muertos-por-los-saqueos-e-incidentes-en-rosario-nid1540611; https://www.lacapital.com.ar/la-ciudad/fallecio-una-mujer-y-suman-cuatro-los-muertos-los-saqueos-rosario-n375204.html.

[312] https://www.lanacion.com.ar/politica/suman-cuatro-los-muertos-por-los-saqueos-e-incidentes-en-rosario-nid1540611; https://www.clarin.com/politica/muerto-saqueos-rosario_0_HJEfVDnsPXl.html.

[313] https://www.lanacion.com.ar/politica/moria-casan-y-sofia-gala-junto-a-cristina-kirchner-en-el-acto-por-los-30-anos-de-la-democrac-nid1646559.

en Córdoba, mientras viajaba en moto con un amigo.[314] Se comprobó que la bala de 9 mm era de un arma reglamentaria, pero no se investigó sobre los efectivos que pudieron realizar el disparo. Al día de hoy, ese crimen sigue impune.[315]

Ricardo Romero, en Resistencia, Chaco, fue asesinado por un custodio de un supermercado y su cadáver fue encontrado en una zanja.[316] El gobernador kirchnerista, Carlos Bacileff Ivanoff, justificó el asesinato, ya que se trataba de "uno de los piqueteros". También cayeron, en el mismo lugar, *Carlos Luis Silva* y *Anabella Ojeda*, cuyas muertes el gobernador trató de deslindar del episodio, sin que se esclareciera la causa del crimen.[317] Teniendo en cuenta que se efectuaron tiros en el lugar, que allí cayeron ellos dos, baleados, y que no se comprobó ninguna otra circunstancia, es completamente lícito suponer que fueron baleados por fuerzas de seguridad públicas o privadas. Ninguna de estas muertes fue esclarecida aún.

En Perico, Jujuy, *Franco Ezequiel Sanjorge* murió de una puñalada en el abdomen, mientras formaba parte de un saqueo a un comercio de ropa deportiva. Nunca se supo cómo fue asesinado.[318] En medio de tanta represión, si no hubiese muerto a manos de un guardia privado o algún elemento irregular oficialista (de los que abundaban en la provincia), un poder judicial adicto como el de aquella provincia seguramente habría encontrado rápidamente al responsable que permitiese al gobernador kirchnerista Fellner eludir cualquier sospecha. Es sumamente curioso el silencio de sus amigos y del pueblo entero.[319] El propio CELS lo reconoce como un muerto "en situación de protesta social".[320]

En Tucumán, otra provincia de fidelidad kirchnerista, fueron baleados durante los enfrentamientos, los obreros *Carlos Alfredo Díaz*, de 24

---

[314]https://www.perfil.com/noticias/cordoba/a-mas-de-4-anos-continua-impune-la-unica-muerte-durante-los-saqueos.phtml.

[315]lavoz.com.ar/politica/la-familia-del-chico-muerto-en-los-saqueos-apunta-contra-la-policia.

[316]archivoinfojus.gob.ar/nacionales/muertes-durante-los-saqueos-como-investiga-la-justicia-2576.html.

[317]https://www.datachaco.com/protesta-policial-cinco-muertos-99-acusados-y-conflicto-competencia-n43601.

[318]https://www.change.org/p/justicia-argentina-investigar-las-muertes-producidas-en-los-saqueos-de-2013.

[319]https://www.perfil.com/noticias/politica/tenia-dos-hijos-era-adicto-y-solo-su-madre-busca-justicia-20131214-0024.phtml.

[320]CELS: *El derecho a la protesta en Argentina*, CELS, Buenos Aires, 2017, p. 97.

años, *Julio Cuello*, de la misma edad, *Jonathan Corvalán*, de 17 años[321] y *Jesús Villalba*, de 20 años.[322] Hasta ahora, no se han encontrado (ni buscado, agregamos) a los responsables. José Alperovich sigue gozando de las mieles del poder.

Darío Gabriel Galarza

El barrio 7 de Mayo, en Formosa capital, indica, sin lugar a dudas, población obrera. Más precisamente, sobrepoblación relativa: desocupación, miseria, descomposición... Allí, dos jóvenes arrastraban una moto y fueron detenidos por la policía. Luego de una discusión, los agentes se la secuestraron y llevaron a uno de ellos detenido sin motivo alguno. Darío, el amigo que quedó libre, decidió ir al barrio y contar con indignación lo sucedido. Volvió con 30 vecinos que pedían por la libertad del muchacho. La respuesta fue una balacera que alcanzó el tórax de Darío, que cayó muerto. Los vecinos se enardecieron e intentaron tomar la comisaría. Vuelto el orden por la acción policial, el gobierno de Isfrán levantó cargos contra 22 policías, una forma de diluir la culpabilidad. Hasta hoy, no se identificó al responsable. Como cierre, la comisaría reconoció que la moto en cuestión no tenía ninguna orden de captura...[323]

Gerardo Gabriel Tercero

El 18 de mayo de 2013, un grupo de "bagayeros" (transportadores de mercaderías por la frontera), estaba pasando mercancías desde Bolivia a Salta, tratando de eludir el control policial. La Gendarmería comenzó a perseguirlos y los bagayeros se agruparon y decidieron resistir y cuidar su única fuente de ingresos. En esa represión una gendarme disparó sobre Gerardo Gabriel Tercero, un joven que vivía en el asentamiento Kirchner. Los gendarmes no lo atendieron y Gerardo murió desangrado de un tiro en el glúteo.[324] Posteriormente, la Gendarmería comunicó

---

[321] http://www.archivoinfojus.gob.ar/nacionales/muertes-durante-los-saqueos-como-investiga-la-justicia-2576.html.

[322] http://www.laprensa.com.ar/417128-Murio-otro-joven-que-habia-resultado-herido-durante-los-saqueos-en-Tucuman.note.aspx.

[323] https://www.pagina12.com.ar/diario/sociedad/3-220904-2013-05-27.html.

[324] http://revistanorte.blogspot.com.ar/2013/05/video-el-momento-en-que-muerte-gabriel.html.

que se "había ahogado con hojas de coca"...[325] Ningún gendarme fue condenado por el hecho.

Ángel Verón

Ángel Verón era un dirigente del movimiento chaqueño MTD "No al Desalojo". Tenía 42 años y diez hijos. El 24 de septiembre del 2015, participó de un corte en reclamo al gobierno de Capitanich para que cumpliera su promesa de entregar materiales, herramientas y becas para construir viviendas. La manifestación se produjo a la altura del kilómetro 997 de la ruta nacional N° 11, en las afueras de Resistencia. La respuesta del gobernador fue la feroz represión por parte de la policía local. Allí, Verón recibió una fuerte golpiza. Casi un mes después, el 19 de octubre, murió en el hospital, como producto de los golpes.[326] La versión oficial que difundió el gobierno fue que Verón se autoinfringió las heridas para poder acusar al gobierno....[327] Luego de una serie de movilizaciones, la Justicia imputó a tres efectivos, pero a ningún dirigente político.[328]

Conclusiones

La crisis no se instala sin consecuencias. Las dificultades fiscales, el déficit comercial, la aceleración de la inflación y la abrupta pérdida del poder adquisitivo no son neutrales. Por eso, a la explosión de los conflictos sociales (con dos saqueos incluidos), vemos la multiplicación de la acción represiva. En pocos años, pasamos de 384 acciones (del periodo anterior), a 446 en este. No solamente la represión no disminuye, sino que aumenta en casi un 30%, llegando a un mínimo de 110,5 intervenciones violentas por año. O sea, casi una acción represiva cada tres días.

---

[325]http://www.eltribuno.info/salta/nota/2013-5-19-10-2-0-tragico-enfrentamiento-entre-gendarmes-y-bagayeros.

[326]http://www.lanacion.com.ar/1837984-murio-un-dirigente-social-del-chaco-un-mes-despues-de-sufrir-una-dura-represion-policial; http://www.laizquierdadiario.com/Chaco-confirman-que-la-Policia-de-Capitanich-mato-a-golpes-a-Angel-Veron.

[327]http://www.lanacion.com.ar/1837984-murio-un-dirigente-social-del-chaco-un-mes-despues-de-sufrir-una-dura-represion-policial.

[328]http://www.diarionorte.com/article/143885/detienen-a-tres-policias-por-la-muerte-del-dirigente-social-angel-veron-.

Las acciones estatales suman un mínimo de 241 en todo el país, con un promedio de 60,25 acciones por año. La mayor cantidad, por lejos, se encuentra en la provincia de Buenos Aires (67), duplicando a la segunda sección, que es Capital (32). Más lejos, vienen Jujuy y Chaco (14). Más atrás, Catamarca, Santiago del Estero y La Rioja.

En cuanto a la represión paraestatal, pudimos reconstruir un mínimo de 205 acciones, con un promedio de 50,25 acciones por año. De esas, contabilizamos 100 intervenciones sindicales, 83 estatales y 22 políticas. Vemos un crecimiento muy importante de las segundas con respecto al periodo anterior (de 43 a 83), mucho mayor al crecimiento de las sindicales (de 74 a 100), lo que nos muestra no solo una mayor conflictividad de la clase obrera dependiente del Estado, sino la menor capacidad de éste de contener a esta fracción, que en su mayoría se compone de sobrepoblación relativa.

Esto podemos verlo también con una mirada sobre la distribución geográfica de las acciones paraestatales, en las cuales predomina -otra vez, en forma apabullante- la provincia de Buenos Aires, seguida por Capital, Córdoba y -no podría faltar- Jujuy.

Esta tendencia al mayor crecimiento de las acciones vinculadas con el Estado tiene su correlato en la organización de la violencia represiva. Los grandes sindicatos no pierden peso (la UTA, por caso, comienza a aventajar a la UOCRA), pero dejan su lugar preponderante a los municipios y a las gobernaciones. Los punteros del PJ y el PRO (en CABA) aparecen como elementos represivos más importantes que los aparatos sindicales. En este contexto, aparecen las acciones represivas ligadas a las organizaciones paraestatales como La Cámpora y Túpac Amaru (en Jujuy).

En cuanto a los asesinatos, el número se mantiene prácticamente inalterable frente al período anterior: 19 en este, contra 22 del anterior. Mientras el grueso de los asesinatos del mandato anterior sucedió en la toma del Indoamericano, en CABA, donde actuaron fuerzas estatales y paraestatales en conjunto, aquí el grueso de los asesinatos ocurrieron en ocasión de los saqueos, principalmente en el interior. En ambos casos, se trata de acciones de la sobrepoblación relativa. En ambos, también, de acciones con un muy bajo nivel de organización y destinadas a satisfacer necesidades básicas en forma inmediata. No obstante, la toma fue el producto de un sector muy específico (los habitantes de los barrios aledaños), mientras que los saqueos fueron un fenómeno nacional, con la sola excepción de la Capital, que involucró a una gran masa de la población obrera más sumergida. En ese sentido, fue más importante la acción estatal, a la hora de los asesinatos, que la de los grupos paraestatales.

En definitiva, lo que los datos nos muestran es un agravamiento de la represión en general y del accionar estatal. El desarrollo de la crisis toma una forma estatal, que se expresa en su incapacidad no solo para conformar a una fracción de la burguesía, sino fundamentalmente, para contener a la clase obrera. En este caso, a pesar de haber priorizado los lazos con la fracción más pauperizada de la clase obrera, los resultados son muy otros. El agravamiento de las condiciones de la sobrepoblación lleva a un enfrentamiento constante, creciente y violento con su lazo más cercano: la administración.

El Estado sufre la crisis (déficit fiscal), recibe los cuestionamientos de sus víctimas y él mismo se militariza para responder, ya sea bajo la forma tradicional (los punteros municipales), ya sea bajo formas que aparecen formalmente por fuera de las estructuras políticas (La Cámpora). No obstante, cualquiera de estas vías depende de la conducción y el financiamiento estatal. Como sea, lo curioso del caso es que el kirchnerismo se ufanaba de representar a la clase obrera más postergada, pero estos enfrentamientos anticipaban lo que pocos se animaron a ver: la ruptura casi definitiva entre la clase obrera con el gobierno, expresado en una caída libre en cantidad de votos, en especial en la provincia de Buenos Aires, que llevó a la derrota en las dos elecciones en las que se presentó durante este período.

Capítulo VI

Hacia una sistematización

Hasta aquí, los hechos. Más completos, más sucintos, pero los hechos al fin. Sin mayor análisis, pero sin mayor discusión: están los que reprimieron y están los reprimidos. De un lado, quienes ocupan la administración del Estado y sus colaboradores inmediatos. Del otro, la clase obrera, en sus diferentes manifestaciones. El objetivo es siempre el mismo: evitar el desarrollo sindical y/o político del proletariado. Vimos, también, en un primer acercamiento, que esa represión va en aumento, independientemente del gobierno de turno. Lo que haremos ahora es avanzar hacia una sistematización (como reza el título), de forma de poder examinar el fenómeno en profundidad y en sus aristas menos visibles.

Una sistematización significa, en primer lugar, concentrar toda la información disponible, descomponerla en sus partes elementales, seleccionar esas variables, colocar cada variable como ordenadora y observar el resultado, jerarquizarlas y encontrar aquellas determinantes. Eso permite comprender el despliegue del fenómeno en tiempo y espacio, su dinámica de funcionamiento y cómo se ordenan y relacionan los diferentes componentes.

Comenzaremos, en el primer acápite, analizando todas las acciones de conjunto, es decir, la suma de la represión estatal y paraestatal, priorizando la distribución temporal y espacial. Además, tomaremos otras variables como las características de las víctimas y de los agresores. Luego pasaremos a observar la represión paraestatal en sus diferentes variables y, por último, la estatal.

La represión total

En total, registramos un mínimo de 1.480 intervenciones represivas totales, con 97 asesinatos, y un promedio de 92 acciones por año. Si solo tomamos los años kirchneristas, tenemos, en cambio, 46 asesinatos, 1.125 acciones represivas, con un promedio de 93,7 acciones, lo que indica que bajo el gobierno kirchnerista no disminuye la tendencia represiva, sino que se eleva. En el caso de la represión paraestatal, el total, desde 2000 hasta 2016, es de 563 acciones, con un promedio de 34,8 por año. Bajo el kirchnerismo, las acciones son 434, con un promedio de 36,1. Por lo tanto, el promedio de los años kirchneristas es más alto. Pero esa diferencia en el uso de patotas parestatales se vuelve mucho mayor si tenemos en cuenta que los años de Néstor y Cristina carecen de la conflictividad social vivida en 2001-2002. En particular, porque en el año 2002 se suma la intensa intervención de los grupos irregulares en el conurbano, que permitió el restablecimiento del orden y demostró cuáles son las armas de la burguesía ante una conmoción de ese tipo. Es decir, bajo el kirchnerismo aumentó la represión irregular aun con una menor intensidad de la acción de la clase obrera. Dicho de otra manera, el crecimiento de esa forma de represión es exponencial, dado el nivel de la lucha de clases (más bajo) y presagia la envergadura que puede llegar a tomar ante un nuevo ascenso como el del 2001-2002.

Vamos a examinar a continuación la evolución de los números totales en todo el período, desde De la Rúa hasta el primer año de Mauricio Macri. Como explicamos, sumamos todas las acciones. El resultado es el Gráfico N° 1.

Lo primero que podemos apreciar en este gráfico es lo más obvio: una tendencia a la represión creciente. La acción represiva va en un aumento constante, independientemente de los gobiernos de turno y de los discursos. Es decir, cada vez hacen falta mayores dosis de represión, y no menos, para sostener el sistema.

Pero también observamos que esa tendencia no es lineal, sino que sufre recaídas. Podemos ver dos ciclos ascendentes. Uno en 2000-2002, que lógicamente tiene que ver con la represión necesaria frente al Argentinazo. Otro en 2008-2013, que se relaciona con la crisis en la que el gobierno entra en 2008 y de la que no logra reponerse. Por último, en 2016 se revierte la tendencia al descenso. No sabemos si para sostenerse e incrementarse, pero podemos suponerlo.

Los momentos de descenso son los períodos 2003-2007 y 2013-2015. El primero, luego de la normalización del Argentinazo y la "primavera kirchnerista". El segundo, luego de una fuerte avanzada en los años de crisis. De todos modos, hay que hacer notar que los descensos no vuelven nunca al lugar anterior al ascenso, sino que se mantienen por encima. A su vez, el segundo declive no solo está en un nivel mayor al primero, sino que es más breve.

Gráfico N° 1. Acciones represivas totales (2000-2016)

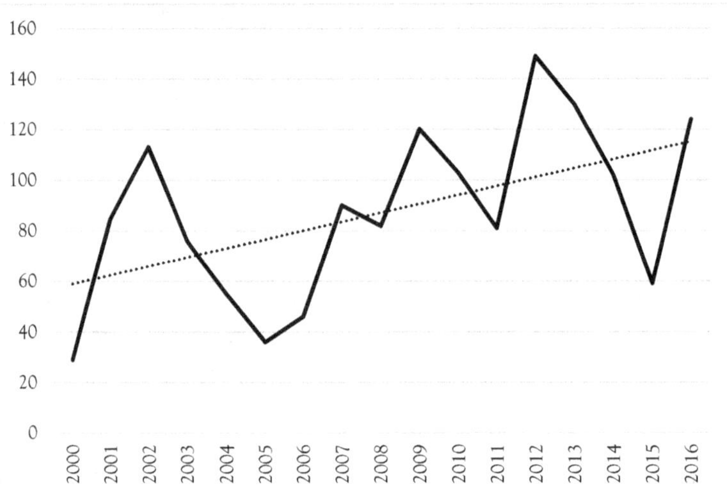

Fuente: Elaboración propia en base a periódicos nacionales, provinciales, partidarios y publicaciones de organismos de DD.HH.

Con todo, lo que estamos viendo es simplemente un número de acciones, que solo nos dicen la cantidad de veces que se usa la fuerza contra la clase obrera organizada, pero nada nos dice de la intensidad. Por lo tanto, un análisis más exhaustivo debería contemplar también la profundidad, lo que puede verse con la cantidad de asesinatos. Es decir, cuando hay que usar una fuerza en grado extremo. Siempre recordemos que estamos ante enfrentamientos colectivos y, por lo tanto, el margen de "exceso" siempre es menor a cualquier asesinato policial donde el agresor se encuentra solo, sin testigos, sin superiores, sin órdenes constantes.

396

Gráfico N° 2. Cantidad de asesinatos por año (1999-2016)

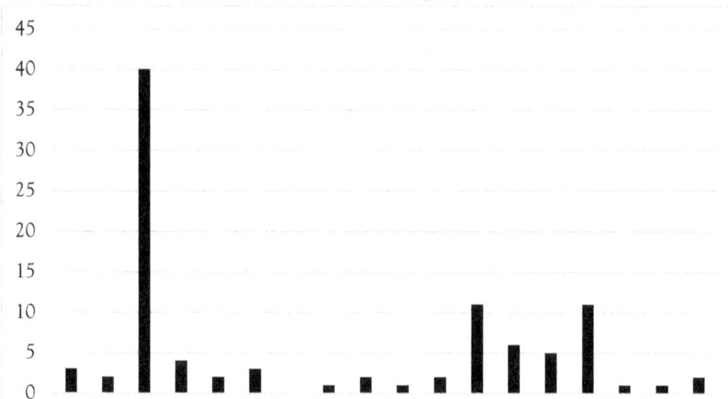

Fuente: Elaboración propia en base a periódicos nacionales, provinciales, partidarios y publicaciones de organismos de DD.HH.

En total, contabilizamos 97 muertos, 46 bajo el kirchnerismo. En este gráfico, vemos una tendencia al aumento de la cantidad de asesinatos: un ascenso en el ciclo del Argentinazo, un declive en los años de Néstor y un aumento entre el primero y el segundo período de Cristina. Sí hay una serie de diferencias. Primero, aquí la intensidad mayor aparece en el 2001 y desciende en 2002, cuando en el gráfico anterior es al revés. Segundo, mientras que en términos cuantitativos el segundo ascenso comienza en 2008, aquí comienza en 2010. Tercero, mientras en el Gráfico 1 el 2016 muestra un ascenso, aquí la tendencia se mantiene.

Una explicación posible es que en 2001, particularmente en diciembre, se da un enfrentamiento abierto que requiere una rápida y fulminante acción estatal. En 2002, ese enfrentamiento da como resultado una crisis política, por lo que se acude a otro tipo de intervención represiva. Con respecto al segundo ascenso, bajo el gobierno de Cristina Kirchner, podemos suponer que un ascenso cuantitativo suele preceder al cualitativo (lo mismo vemos en 2001, precedido por el aumento en el 2000). Solo luego de una insistente represión, y ante la poca eficiencia de la misma, se recurre a una profundización de las medidas. También hay que remarcar que la mayor cantidad de asesinatos se concentran en episodios de crisis sociales, en los que intervienen masas, particularmente saqueos (2001, 2012, 2013).

Lo que vimos en estos dos gráficos es el incremento de la voluntad represiva del Estado. No obstante, todavía tenemos que examinar su capacidad. Es decir, cuánta represión puede llevar a cabo de acuerdo a la magnitud del problema. Para ello, elaboramos un cuadro en el cual comparamos la cantidad de represión total (regular e irregular) con la cantidad de movilizaciones, por año. Para reconstruir estas últimas tuvimos en cuenta los siguientes criterios. Primero, deben tratarse de acciones directas por parte de la clase obrera. En ese sentido, excluimos los reclamos de la burguesía agraria o de la pequeño burguesía. En segundo, debían ser acciones susceptibles de ser reprimidas. Por ejemplo, no se tomaron en cuenta huelgas que no redundaron en movilizaciones, piquetes o algún tipo de acción concreta más allá del paro. En tercero, se desagregaron las diferentes acciones que respondían a una medida de fuerza. Por ejemplo, si se convoca a una jornada de cortes, cada corte fue tomado por separado, porque cada uno de ellos representa una acción propia susceptible de ser enfrentada.

Entonces, a continuación, presentamos los resultados.

Gráfico N° 3. Acciones obreras reprimidas sobre acciones totales (2000-2015)

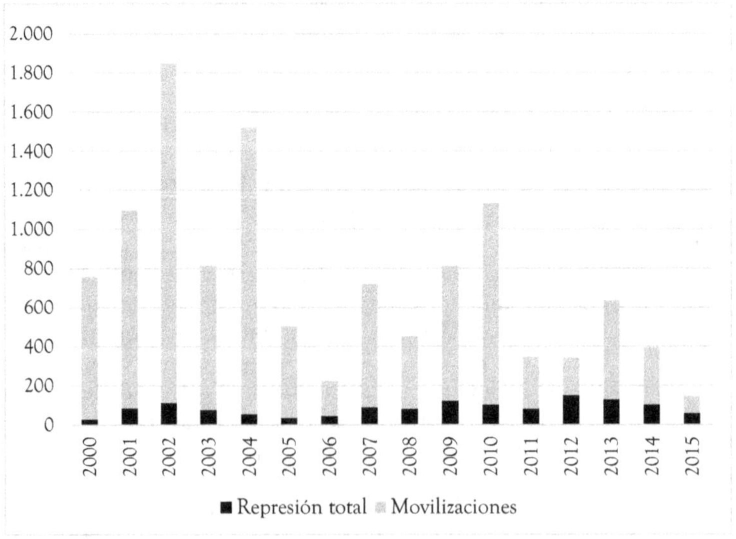

Fuente: Elaboración propia en base a periódicos nacionales, provinciales, partidarios y publicaciones de organismos de DD.HH.

Si observamos las movilizaciones, podemos apreciar que la tendencia sigue, aproximadamente, el curso de la variación de la represión total. Un crecimiento hacia niveles muy elevados entre 2000 y 2002, un decrecimiento hasta 2005/2006, un relanzamiento hasta 2010 y de allí una leve caída hasta 2013, que vuelve a elevarse. En 2015, como vimos, también hay una caída.

Además, a diferencia de otras estimaciones (conflictos laborales), este gráfico, al estar basado en acciones directas, no muestra un crecimiento sostenido de las acciones obreras ni la equiparación de niveles de conflictividad a los del Argentinazo. Por el contrario, se aprecia una oscilación importante y un reflujo del que se comienza a salir recién en 2010, aunque con altibajos.

Ahora bien, si observamos la proporción de represión sobre el total de movilizaciones vemos que es relativamente baja. Además, observado en una escala muy amplia, vemos que el incremento, comprobado en el Gráfico 1, no es exponencial sino que describe una tendencia que se mantiene constante. Por lo tanto, no se trata de que el kirchnerismo haya reprimido poco, sino de una limitada capacidad de acción de las fuerzas represivas, estatales y paraestatales, que arrastra el Estado. Como vimos, el kirchnerismo trató, más bien, de incrementarla. En el marco de una represión que se incrementa levemente mientras la movilización disminuye, el Estado parece lograr un mayor control sobre las movilizaciones, y la represión parece ser más efectiva. Parece, porque ante una crisis, se vuelve a mostrar su incapacidad.

No obstante, para apreciar mejor este fenómeno, elaboramos el Gráfico N° 4 con la variación del porcentaje.

Vemos aquí un sostenido crecimiento del porcentaje de represión sobre las movilizaciones. Con un primer ascenso hasta 2006, un amesetamiento y otro relanzamiento fuerte en 2011. Entre el crecimiento de la represión y la disminución relativa de las acciones directas, podemos ver que el Estado fue controlando la capacidad de movilización de la clase obrera y ejerciendo un papel mayor en la coacción. El crecimiento del porcentaje no se debe a que el kirchnerismo tuviera una mayor voluntad represiva, sino a que los gobiernos anteriores se vieron desbordados por la envergadura de la movilización durante los años críticos. Lo que señalan los datos de los años 2001 y 2002 es la escasa capacidad de la burguesía argentina, de su Estado y de sus organizaciones paraestatales, de hacer frente a una insurrección que, dicho sea de paso, tuvo una escasa articulación y fue protagonizada por una fuerza social que no logró convertirse en mayoritaria. Esto nos habla de la crisis de la capacidad de acción material de la burguesía argentina y, lógicamente, obliga a repensar la estrategia de poder, lo que nos lleva a otro tema. Sigamos.

Gráfico N° 4. Acciones directas reprimidas sobre movilizaciones, en porcentajes (2000-2015)

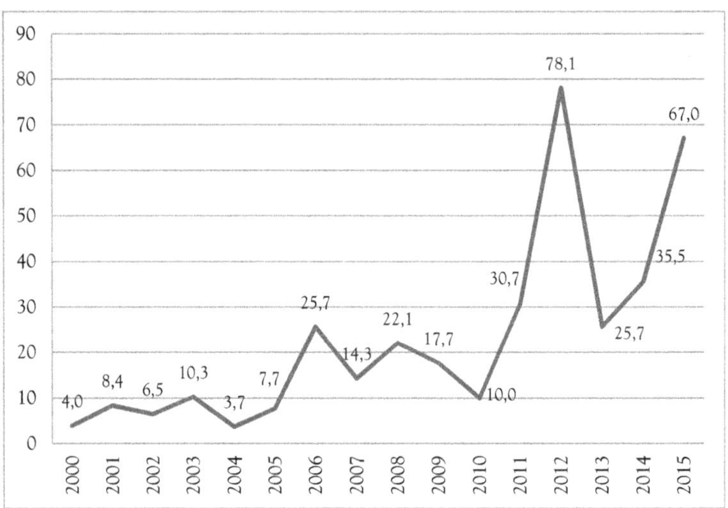

Fuente: Elaboración propia en base a periódicos nacionales, provinciales, partidarios y publicaciones de organismos de DD.HH.

La reconstrucción del despliegue en el tiempo requiere examinar una variable más: la evolución comparada de la represión estatal y paraestatal. Suele argumentarse que la segunda es producto de una "tercerización" de la represión, debido a que tanto las muertes bajo De la Rúa como bajo Duhalde habrían mermado la capacidad de las fuerzas regulares de actuar, por lo que se apelaría a estas bandas como reemplazo de las primeras. Veamos, en el Gráfico N° 5, lo que nos dicen los datos.

Observamos que ambas líneas mantienen la misma tendencia que la evolución general y la de los asesinatos, con algunos matices. Mientras la línea de las acciones estatales sube abruptamente luego del descenso post Argentinazo, en 2007, la de acciones paraestatales tiene más bien un ascenso suave desde el 2005 hasta el 2011, para comenzar un declive, también suave. Pero, en general, ambos siguen la tendencia general.

Con respecto a la tesis de la "tercerización", podemos ver que la represión estatal no solo no disminuye en todo el período, sino que aumenta sustancialmente y siempre es mayor a la paraestatal. Incluso, la tendencia es al aumento de la brecha. Solo encontramos dos años puntuales en donde la relación se revierte (2002 y 2014). Por lo tanto, la represión paraestatal no reemplaza, sino que complementa a la estatal. Es decir, acompaña la escalada represiva general, operando en aquellas ocasiones donde la estatal es menos eficiente. Lo interesante, y preocupante, es observar que para el año 2010 la cantidad de represión excede la del 2001 y, salvo un descenso temporal, se mantiene en esos niveles.

Gráfico N° 5. Acciones represivas estatales y paraestatales (2000-2016)

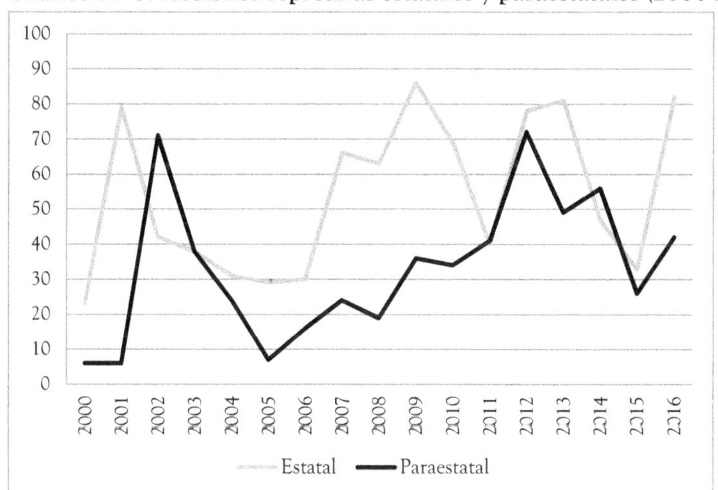

Fuente: Elaboración propia en base a periódicos nacionales, provinciales, partidarios y publicaciones de organismos de DD.HH.

Es en el año 2002 en el cual podría llegar a aplicarse la hipótesis de la "tercerización". La cantidad de represión es muy alta y, en su mayor medida, en forma irregular. Vimos que se utilizó, principalmente, para mantener el orden en el conurbano bonaerense en forma muy precisa y, podríamos decir, "quirúrgica". Los hechos de Puente Pueyrredón no solo derivaron en la entrega de miles de planes sociales y la renuncia del presidente, sino en un descenso de los enfrentamientos directos. Pero no hubo descenso de la acción represiva necesaria para asegurar la estabilidad del régimen sino que, en ese marco, las patotas asociadas principalmente al PJ entraron en acción.

A continuación, observaremos la distribución de las acciones represivas totales por provincia, con el fin de comprender cuáles son aquellas donde la acción se despliega en mayores dosis.

Gráfico N° 6. Distribución de las acciones represivas por provincia, 2000-2016 (en porcentaje)

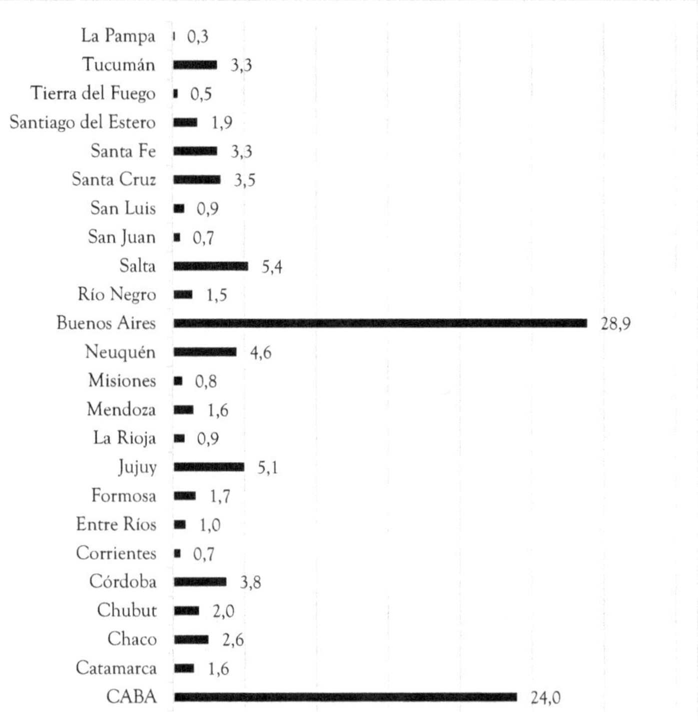

Fuente: Elaboración propia en base a periódicos nacionales, provinciales, partidarios y publicaciones de organismos de DD.HH.

Lo primero que hay que señalar es que la represión se distribuye en todo el espacio nacional, en todo este tiempo. Si bien en forma desigual, en todas las provincias asistimos a acciones represivas, aún en las menos conflictivas.

En este escenario, la mayor cantidad de acciones se concentran en la provincia de Buenos Aires y en la Ciudad de Buenos Aires (CABA).

Entre las dos, concentran el 53% de las acciones. Es evidente que estamos ante la acción estatal en el corazón del capitalismo argentino y la residencia principal de la clase obrera. En el caso de la provincia, se trata de un espacio de gran conflictividad latente y mayor necesidad de control. Quien controla la provincia, y especialmente el conurbano, tiene la llave de la política nacional. En ese sentido, no es extraño que todos los esfuerzos se concentren allí. En el caso de CABA, a esos elementos, que están presentes pero en menor medida, se agrega que es el centro político. Por lo tanto, los episodios de represión también incluyen acciones sobre movilizaciones hacia el centro del poder.

Le siguen las provincias de Jujuy, Salta y Neuquén, con un 5% cada una. Se trata de provincias con un gran componente de sobrepoblación relativa, problemas sociales de larga data y una tradición de lucha muy importante. Más atrás vienen provincias como Córdoba (4%), Santa Cruz (3%) y Santa Fe (3%). Se trata de provincias con gran composición obrera y, en el caso de Santa Cruz, con gran tradición de lucha, que continuó bajo el kirchnerismo. Sin embargo, si bien en el último caso hay acciones muy puntuales y recordadas, no llegan al nivel de represión de las tres primeras. Recordemos que se trata de acciones represivas y no necesariamente tienen un correlato directo con el grado de conflictividad social, aunque sí dan alguna evidencia sobre el mismo.

Esta distribución tiene, ciertamente, una sobrerrepresentación de CABA en la medida en que el 2001 y 2002 las acciones se concentran demasiado en el centro del poder. Veamos, en el Gráfico N° 7, cómo se distribuyeron las acciones solo durante el kirchnerismo, que es el período central de nuestro trabajo.

Como vemos, la proporción se mantiene prácticamente inalterada, Provincia de Buenos Aires es seguida de CABA y, entre las dos, se llevan un poco más de la mitad de las acciones. Le siguen, también, Jujuy, Salta y Neuquén. Cerca, Santa Cruz y Córdoba. Por lo tanto, la tendencia bajo el kirchnerismo sigue la del período global.

Vimos, hasta ahora, el despliegue de la represión en el tiempo y en el espacio nacional. Trataremos de responder a qué fracciones se reprime más. O, mejor dicho, cuáles sufrieron mayor cantidad de intervenciones estatales y paraestatales. Para eso elaboramos el Gráfico N° 8.

Si solo tomamos el período kirchnerista, las cifras son prácticamente idénticas (64,5% contra 35,5%). Podemos decir, entonces, que la represión se descarga sobre las fracciones más empobrecidas de la clase obrera, pero también las menos institucionalizadas, las que dependen mucho más de la asistencia inmediata para asegurar algún tipo de lealtad electoral, más que política. Se trata, al parecer, del sector más conflictivo, si tomamos en cuenta los grandes enfrentamientos: el Argentinazo, el Indoamericano, los saqueos y la ocupación de tierras. Además, a diferencia de los sectores sindicalizados, las movilizaciones suelen tender a un enfrentamiento más abierto con el Estado, por eso la mayor violencia de este.

Gráfico N° 7. Distribución de la represión durante los gobiernos kirchneristas, por provincia, 2003-2015 (en porcentaje)

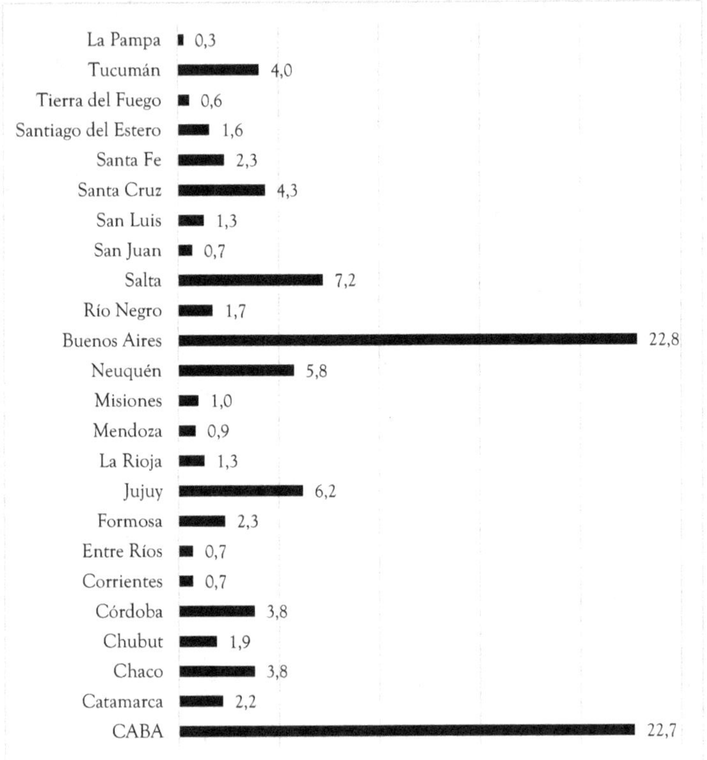

Fuente: Elaboración propia en base a periódicos nacionales, provinciales, partidarios y publicaciones de organismos de DD.HH.

404

Gráfico N° 8. Fracción obrera reprimida en acciones represivas totales (2000-2016)

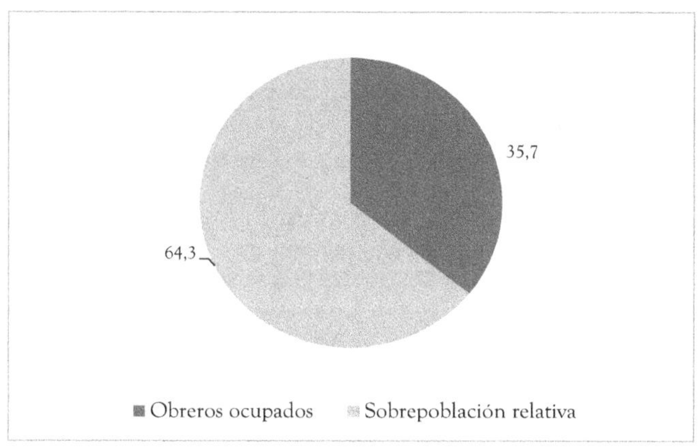

Fuente: Elaboración propia en base a periódicos nacionales, provinciales, partidarios y publicaciones de organismos de DD.HH.

Gráfico N° 9. Evolución de la represión total según fracción obrera (2000-2016)

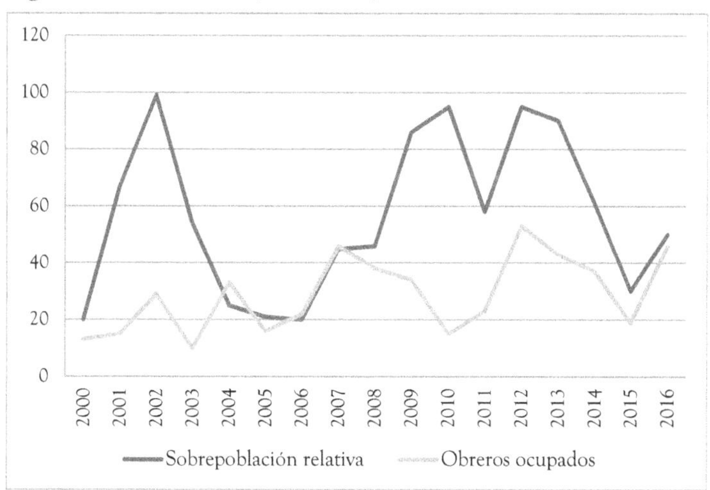

Fuente: Elaboración propia en base a periódicos nacionales, provinciales, partidarios y publicaciones de organismos de DD.HH.

Veamos ahora el despliegue de la represión a ambas fracciones en el tiempo, a través del Gráfico Nº 9.

Vemos aquí que la evolución de la represión a la clase obrera ocupada muestra una línea en leve y progresivo ascenso, y los ciclos son menos pronunciados. En ningún caso, superan a la represión a la sobrepoblación relativa (excepto en 2004). No obstante, durante el ciclo de baja intensidad (2003-2007), las magnitudes de ambos se acercan. Eso se debe no tanto al ascenso de la represión a la clase obrera ocupada, sino al descenso de su contraparte.

En el caso de la sobrepoblación relativa, lo que vemos es que su línea es la más representativa del ciclo general que reconstruimos en el Gráfico 1 y se debe, ciertamente, a que es la que marca la tendencia, al igual que la represión estatal.

La represión a la sobrepoblación relativa no solo se destaca por su cantidad, sino por su intensidad. De los 96 asesinatos, 94 corresponden a esta fracción y solo dos (Fuentealba y, hasta cierto punto, Mariano Ferreyra) pertenecen a la fracción ocupada (docentes), ya sea directamente (Fuentealba) o indirectamente, por pertenecer a una familia obrera ocupada (Ferreyra). Aunque, claramente, la diferencia en intensidad de la represión (asesinatos) a la sobrepoblación relativa con respecto a la fracción ocupada es mayor a la diferencia en cantidad (total de intervenciones represivas).

Una pregunta importante es por qué sube la represión a la clase obrera a partir de la crisis de 2008. En el Capítulo V habíamos explicado muy someramente la crisis fiscal, pero eso no se traduce automáticamente en mayor conflictividad, y menos, en mayor represión. No obstante, esa crisis fiscal sí puede ser un factor de peso si deriva en una menor asistencia a la sobrepoblación relativa. Veamos, en el Gráfico Nº 10, la suma total de gastos estatales destinados a esta fracción obrera.

En el gráfico podemos observar un importante ascenso del gasto hacia la sobrepoblación relativa desde el 2002 hasta el 2008. A partir de ese año, el gasto comienza a estancarse y no sube, por lo menos hasta el final del mandato kirchnerista. No es exagerado vincular la represión con una menor capacidad de contener a esa población por la vía del gasto. De hecho, y como dijimos, los grandes enfrentamientos, en cuanto a magnitud y extensión, se dieron en esos años (2009-2013), y tuvieron como protagonista a esta fracción, que buscaba resolver problemas elementales de la reproducción vital por la vía de la acción directa.

Gráfico N° 10. Gasto destinado a la sobrepoblación relativa (2000-2015), en millones*

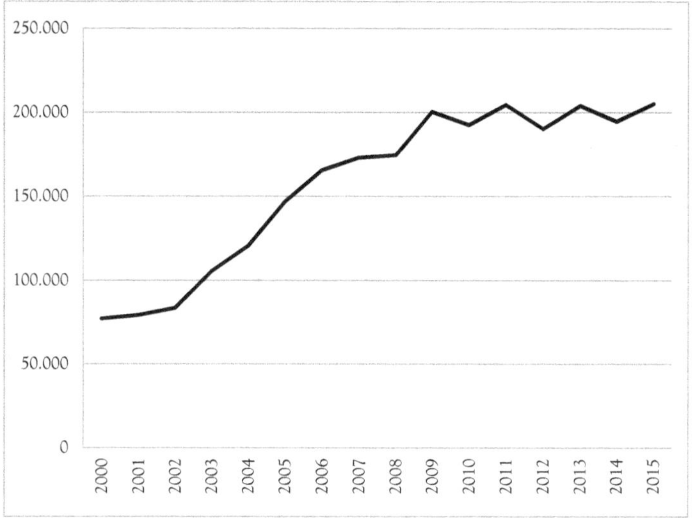

Fuente: CEICS en base a Ministerio de Hacienda de la Nación e Índice de Precios de San Luis.

*Para la construcción de ese dato, no tuvimos en cuenta la suma de gasto en rubros "educación", "salud", "obras sociales" y otros rubros. Solo tuvimos en cuenta aquellos gastos que consideramos dirigidos más abiertamente a la sobrepoblación relativa abierta ("Agua potable y alcantarillado"; "Vivienda y urbanismo"; "Promoción y asistencia social"; y, "Programas de empleo y seguro de desempleo").

Veamos ahora, con algo más de detalle, las fracciones de la clase obrera ocupada que mayores dosis de represión sufren. Para eso, elaboramos el Cuadro N° 1, que selecciona a las ramas más reprimidas entre la clase obrera ocupada.

Cuadro N° 1. Distribución de la represión total según fracción de la obrera clase obrera ocupada (2000-2016)

Fracción obrera	Cantidad de intervenciones represivas
Estatales	196
Docentes	134
Transporte	94
Construcción	38
Salud	36

Fuente: Elaboración propia en base a periódicos nacionales, provinciales, partidarios y publicaciones de organismos de DD.HH.

Como vemos, el empleo estatal es el más reprimido en un sentido genérico, si sumamos a los docentes. Pero, aun restándolos, obtenemos una superioridad de lo que se podría llamar obreros estatales "puros". Es decir, dedicados a diferentes ramas de la administración. En segundo lugar, entonces, tenemos a los docentes y en tercero a los trabajadores del transporte. La primacía de los estatales y docentes tiene dos explicaciones. Por un lado, su mayor número. La fracción estatal es la que representa el mayor porcentaje de la clase obrera ocupada. Pero, también, es la más dinámica, la que tiene el mayor porcentaje de afiliación y la que protagoniza las acciones más importantes. Luego están los trabajadores del transporte y la construcción, que han levantado sindicatos independientes de la burocracia, lo que les ha dado una fuerte combatividad. En el caso de la construcción, además, se suma la expansión de la rama.

Vimos, hasta aquí, la dinámica de la represión total, resta examinar, entonces, las variables que componen la represión paraestatal y estatal. A eso vamos.

La represión paraestatal

Ya analizamos este tipo de acciones en su despliegue temporal. Vimos que tiene un ciclo de ascenso que llega a su punto máximo en 2002 para caer abruptamente en 2003, luego de lo cual inicia un crecimiento paulatino hasta 2012, en el que vuelve a caer para iniciar un nuevo ciclo en 2016. También, vimos que las acciones paraestatales representan un porcentaje menor frente a las estatales, a excepción del 2002 y 2014. En cuanto a la intensidad, la mayor cantidad de asesinatos es ejecutada por fuerzas regulares, pero en momentos de menor enfrentamiento abierto, las bandas paraestatales adquieren protagonismo.

Veamos, a continuación, la distribución de las acciones represivas paraestatales según provincia, con el objetivo de comparar los resultados con la distribución total.

Gráfico N° 11. Distribución de la represión paraestatal, por provincia, 2000-2016 (en porcentaje)

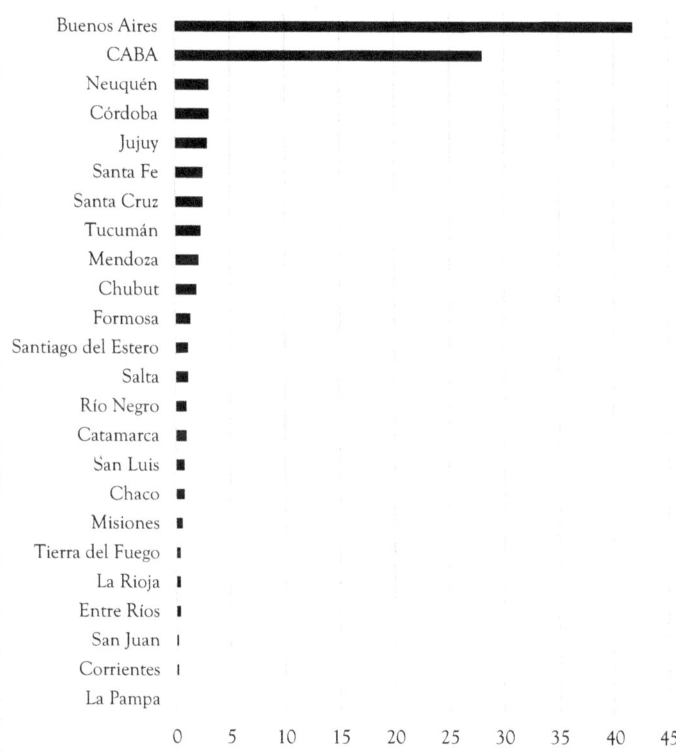

Fuente: Elaboración propia en base a periódicos nacionales, provinciales, partidarios y publicaciones de organismos de DD.HH.

Vemos aquí una serie de diferencias significativas con respecto a la tendencia general. La más importante, el peso de la provincia de Buenos Aires, que representa casi el doble con respecto a su peso en la represión total. En consecuencia, también cambia el peso de la suma de Capital y provincia de Buenos Aires, ya que ambos abarcan el 70% de la distribución de casos. Muy atrás, vienen provincias como Neuquén y Córdoba, y luego Santa Fe y Santa Cruz.

La primera conclusión es que este tipo de mecanismos represivos están menos atados a la regularidad del funcionamiento estatal y dependen, más bien, de relaciones políticas de tipo punteriles, que tienen un mayor desarrollo en el Conurbano bonaerense. A eso, se agrega la gran conflictividad que suele contener ese espacio.

Ahora vamos a intentar descomponer el conjunto de acciones paraestatales en los tipos de enfrentamiento: sindical, estatal y político, con el fin de examinar el peso de cada uno.

Gráfico N° 12. Represión paraestatal por tipo de acción, 2000-2016 (en porcentaje)

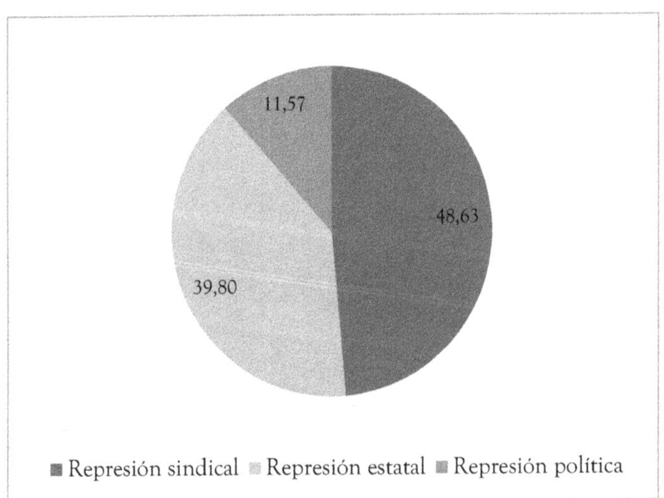

Fuente: Elaboración propia en base a periódicos nacionales, provinciales, partidarios y publicaciones de organismos de DD.HH.

Bajo el kirchnerismo, los porcentajes cambian con un incremento del peso de la represión de tipo sindical (53,8%) frente a la estatal

(34,2%). Este predominio se comprende si tenemos en cuenta dos variables. Primero, que se trata de acciones muy corrientes en las disputas sindicales. Segundo, el recrudecimiento de la lucha en los sindicatos, a partir del 2003, con el relativo reflujo de la sobrepoblación relativa y el cambio de orientación en el conjunto de partidos de izquierda hacia la clase obrera ocupada. Aún así, las acciones organizadas por el Estado tienen un peso nada despreciable, que manifiestan una creciente tendencia a encontrar formas estatales de represión por fuera de las regulares.

Observemos ahora la evolución de las acciones a través de los años, en el siguiente gráfico.

Gráfico N° 13. Evolución de los tipos de represión paraestatal (2000-2016)

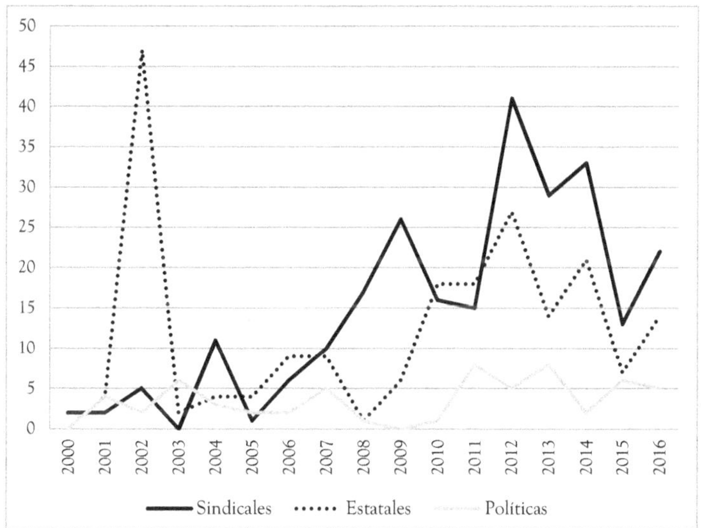

Fuente: Elaboración propia en base a periódicos nacionales, provinciales, partidarios y publicaciones de organismos de DD.HH.

En el siguiente cuadro, expresamos qué fracción de la clase obrera sufre mayores ataques por parte de grupos irregulares. Veamos, entonces.

Gráfico N° 14. Acciones represivas paraestatales según fracción obrera reprimida, en porcentajes (2000-2016)

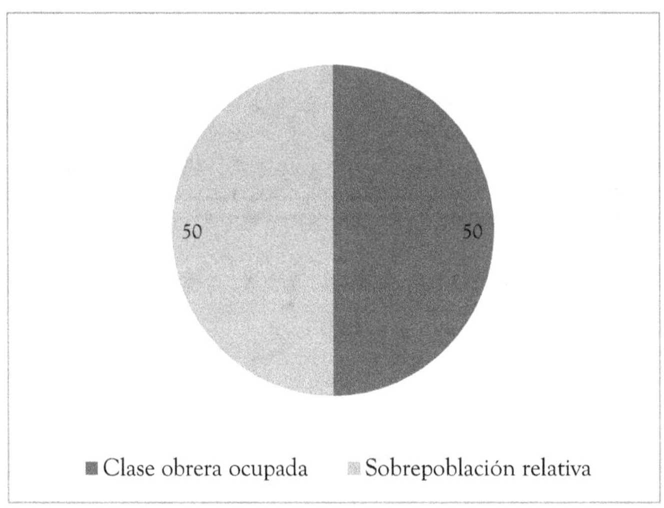

Fuente: Elaboración propia en base a periódicos nacionales, provinciales, partidarios y publicaciones de organismos de DD.HH.

El resultado también difiere de lo que vimos con la represión total, ya que aquí la clase obrera ocupada tiene un peso mucho mayor. En realidad, es un resultado lógico. Si repasamos las acciones en los capítulos anteriores, muchas se desarrollan en el seno de los sindicatos. Estos son ámbitos más proclives a la represión más quirúrgica y preventiva, por una serie de razones. Primero, porque la víctima es más identificable y ubicable. En segundo, porque cualquier acción inicial de organización por fuera de las direcciones tradicionales resulta más fácil de descubrir, mientras en otros espacios solo se perciben cuando ya tienen algún grado de avance. También hay que tener en cuenta que no es sencillo para las fuerzas estatales entrar a una fábrica o a una asamblea, y para eso hace falta personal especial. Por último, la burocracia sindical no quiere perder posiciones y reacciona más violentamente ante cada atisbo de protesta. De todas maneras, la distancia entre ambas fracciones no es tan amplia. Con lo cual, puede observarse que se utilizan estos mecanismos también para la sobrepoblación relativa.[1]

Observaremos, ahora, quiénes organizan estos grupos irregulares de represión, en el siguiente cuadro.

Gráfico N° 15. Organizador de las fuerzas irregulares, 2000-2016 (en porcentaje)

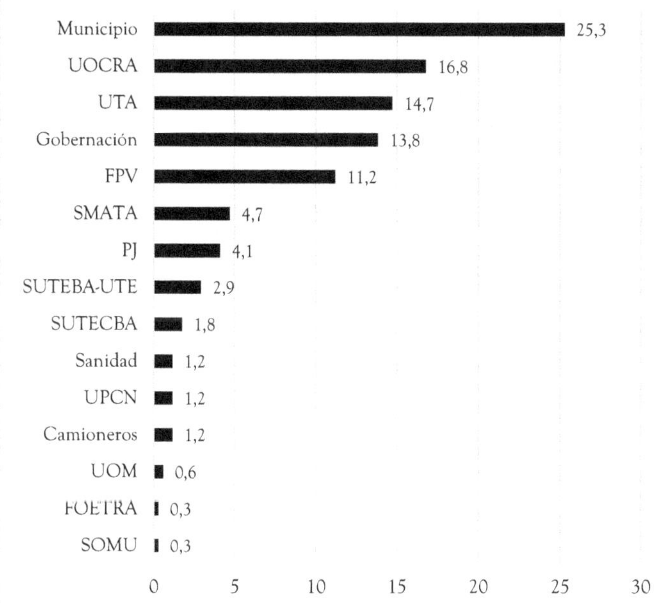

Fuente: Elaboración propia en base a periódicos nacionales, provinciales, partidarios y publicaciones de organismos de DD.HH.

El primer lugar lo ocupan los municipios. Se entiende que nos referimos al Gran Buenos Aires. En segundo lugar, podemos situar a dos sindicatos importantes: la UOCRA y la UTA. En tercero, las gobernaciones y, con ello, hablamos de las provincias más bien extrapampeanas.

---

[1] Si tomáramos solo los años de gobierno kirchnerista, es decir 2003-2015, el peso de la represión sobre la clase obrera ocupada sube al 59% frente al 41% de la sobrepoblación relativa, lo cual resulta lógico, ya que eliminamos de la suma la represión a esta última en 2002.

El primer lugar resulta comprensible si se tiene en cuenta que el grueso de la sobrepoblación relativa se concentra en el conurbano bonaerense y que se trata de la fracción que se lleva la mitad de la represión por sí sola. A diferencia de los obreros ocupados, que pueden ser reprimidos por su dirección sindical, la sobrepoblación relativa no tiene un grado de estructuración semejante. En general, mantiene vínculos con la municipalidad o la gobernación, con la que negocia entrega de planes, subsidios, entrega de medios de vida y empleos temporales. Lo mismo puede decirse de las gobernaciones. En el caso de UOCRA y UTA, se trata de la dirección sindical de las ramas más reprimidas, como vimos arriba. Con todo, es de destacar el quinto lugar del Frente Para la Victoria que, como partido, ha organizado varios grupos de represión. Pero, en todos los casos, se trata de direcciones oficialistas. Tanto los municipios del conurbano (por lo menos hasta 2013), como las direcciones sindicales mencionadas, formaron parte del kirchnerismo. Por lo tanto, se puede afirmar que las patotas, en general, tuvieron como dirección elementos del poder político asociados al partido dominante.

La represión estatal

Examinaremos ahora algunas variables de la represión estatal. Aquella que ya, claramente, está direccionada por el Estado, en sus diferentes niveles. Si bien no es el objeto de nuestro estudio, analizaremos algunas variables para comparar con la represión paraestatal. En primer lugar, la distribución espacial. En segundo, las fracciones reprimidas.

Veamos, en primer lugar, la distribución geográfica en el Gráfico N° 16.

El resultado es bien diferente del que presentamos para la represión paraestatal (Gráfico N° 11). En primer lugar, la distribución es más homogénea entre las diferentes provincias. Si la capital y el conurbano concentraban el 70% de las acciones represivas paraestatales, aquí solo acaparan el 43%. Es decir, no llegan a la mitad. En segundo, hay cierta paridad entre las provincias del interior. En tercero, la provincia de Buenos Aires no reúne a la inmensa mayoría de las acciones, como en el caso de la represión paraestatal. De hecho, aquí queda en segundo lugar.

Una hipótesis plausible para tal diferencia es que las formaciones represivas regulares tienen una distribución más pareja, geográficamente, que las irregulares. Cada provincia cuenta con una dotación de policía provincial y de Gendarmería, pero no así de una estructura aceitada de punteros, barras, intendentes y burocracia sindical con esa capacidad de llegada a todos los puntos. A su vez, la represión en el centro del país con fuerzas estatales tiene una mayor repercusión política, con lo cual los gobiernos suelen ser mucho más selectivos y prudentes al momento de utilizar la fuerza pública.

Gráfico N° 16. Distribución de la represión estatal, por provincia, 2000-2016 (en porcentaje)

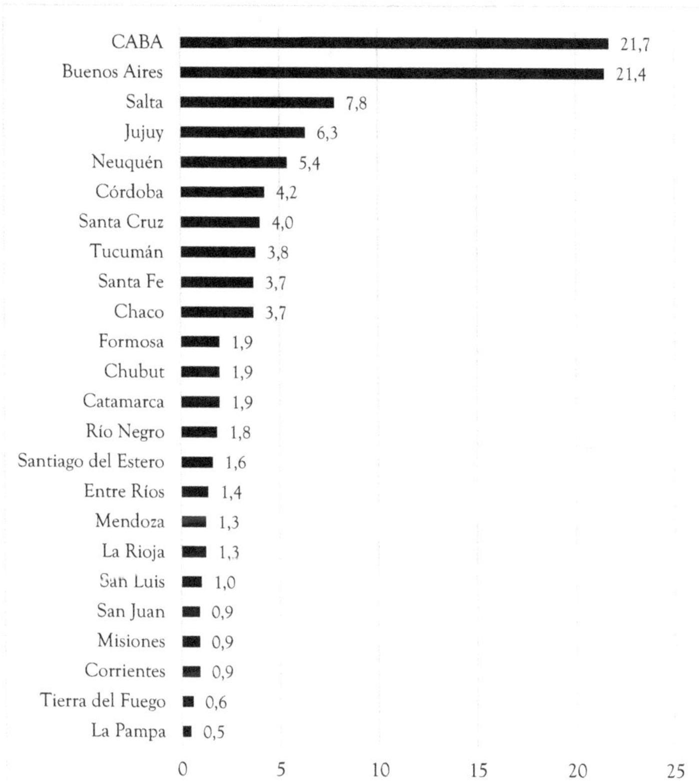

Fuente: Elaboración propia en base a periódicos nacionales, provinciales, partidarios y publicaciones de organismos de DD.HH.

Veamos ahora qué fracción de la clase obrera sufre, en mayor medida, esta represión. Para eso, elaboramos el Gráfico N° 17.

Gráfico N° 17. Acciones represivas estatales según fracción obrera reprimida, 2000-2016 (en porcentajes)

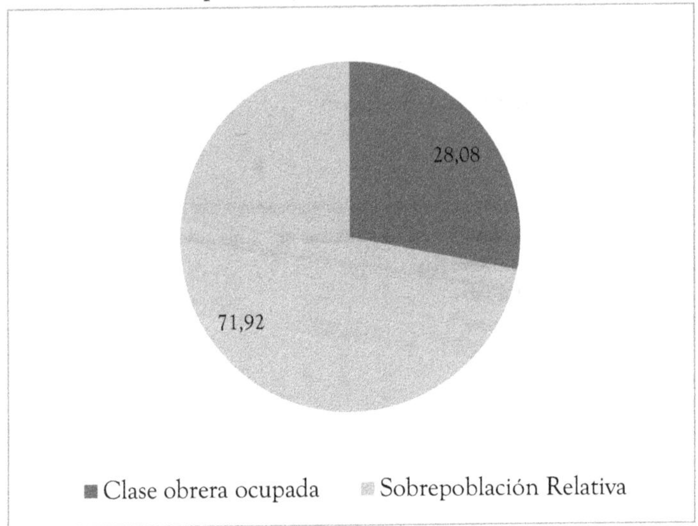

Fuente: Elaboración propia en base a periódicos nacionales, provinciales, partidarios y publicaciones de organismos de DD.HH.

Vemos también aquí una gran diferencia con el gráfico correspondiente a la represión irregular (Gráfico N° 14). En aquel, encontramos una paridad entre ambas fracciones. Aquí, un dominio abrumador de la sobrepoblación relativa. La explicación es que esta está mucho menos estructurada política y sindicalmente. Por lo tanto, resulta más difícil reprimirla con los mecanismos paraestatales. Normalmente, se utilizan fuerzas estatales. A su vez, la represión de trabajadores estructurados en gremios con fuerzas públicas también acarrea un problema político. En cambio, la utilizada contra la sobrepoblación relativa puede justificarse quitándole el carácter colectivo a la acción y transformarla en un delito de "individuos particulares" o "marginales". Por último, no es extraño que una represión que incrementa el peso de las provincias se enfoque en la población sobrante, ya que allí es donde se concentra esa fracción obrera.

Conclusiones

Como vimos en este capítulo, con la llegada del kirchnerismo, la represión estatal, lejos de menguar, aumenta sideralmente. Crece la represión estatal regular y la irregular. Ambas. Sobre todo esta última, que se transforma en un modus vivendi de la política y la lucha de clases. Por lo tanto, no hay ninguna evidencia empírica que permita sostener, no ya que se trata de un gobierno que no reprimió, sino incluso que se trata de un régimen que lo hizo en bajas dosis, en casos muy puntuales o que apeló mayoritariamente al consenso.

Como vemos, no solo se incrementaron las intervenciones represivas en términos absolutos, sino que creció el porcentaje de acciones represivas en relación a las movilizaciones. Es decir, se trata de un gobierno que reprimió en mayores dosis que los que lo precedieron. Hasta se dedicó a perpetrar una mayor cantidad de asesinatos totales. Eso sí, en el triple de años. Eso nos habla de una mayor represión, pero una menor intensidad que sus antecesores. Esa menor intensidad tiene como premisa, como vimos, una menor amenaza. En definitiva, estamos ante un gobierno con mayor voluntad de reprimir y mayor capacidad de hacerlo. También el bajo porcentaje en los años críticos (2001-2002) muestran la escasa capacidad del Estado de responder ante una amenaza más o menos seria.

Vimos que la represión paraestatal no reemplaza a la regular, que sigue incrementándose, sino que la complementa en aquellos espacios donde esta no puede actuar más fluidamente. Por lo tanto, no podemos decir que esos grupos sean una forma de "tercerizar" la represión. Más bien, se trata de un complemento en aquellos espacios (interior de una fábrica o barrio) y situaciones (elecciones, asambleas, asesinatos o secuestros) en las cuales las fuerzas regulares no pueden actuar adecuadamente sin generar un escándalo.

En la mayor parte del período estudiado las acciones regulares superan a las paraestatales, a excepción del año 2002, en que se hacen necesarias ese tipo de acciones para sofocar las relaciones políticas surgidas en el proceso revolucionario. Especialmente, en Capital y el Conurbano. Dentro de las acciones paraestatales, predominan las sindicales, aquellas efectuadas por la burocracia sindical para proteger su dirección, seguidas del accionar de agentes estatales. Otra vez, la excepción son los años 2001 y 2002, en que predominan las segundas.

La fracción más reprimida es la sobrepoblación relativa. En forma aplastante, si tenemos en cuenta solo la represión formal, y con un predominio moderado en relación a la represión total. Solo en la represión paraestatal vemos una paridad. Puede resultar paradójico que, siendo la fracción que privilegió el kirchnerismo para asentarse, haya sido la más reprimida. Se trata de una paradoja solo para quienes creen que el consenso y la represión no constituyen una combinación indisoluble. En realidad, el uso de esta fracción como base de poder implicó no solo el clientelismo, sino la necesidad de disciplinamiento constante, como vimos.

La mayor represión se volcó en Capital y Gran Buenos Aires. La represión formal estuvo más repartida entre provincias, pero la paraestatal se concentró en forma creciente en la provincia de Buenos Aires, el corazón del capitalismo y de la clase obrera argentina. Por lo tanto, estas estructuras de represión irregular se encuentran más desarrolladas allí.

En todos los casos, la represión tiene una dirección clara: el poder político. En el caso de la represión regular, quedan pocas dudas. En el de la irregular, vimos que quienes arman esas patotas son dirigentes sindicales (ligados todos al kirchnerismo, como vimos), intendentes o gobernadores. Puede llegar a descubrirse tal o cual excepción, tal o cual desconocimiento de las autoridades. Pero si observamos el despliegue del fenómeno en una amplia escala de tiempo, vemos que, en lugar de una acumulación de casualidades, se desenvuelve una lógica recurrente: la necesidad del poder político de evitar, en este caso por la fuerza, el desarrollo de la capacidad de intervención de la clase obrera y su evolución política.

Conclusiones
Las pulsaciones del Estado negro

En algún momento, la ideología dominante intentó desterrar a la lucha de clase de la historia. En la última década, se aceptó el conflicto social, pero se lo disfrazó de "patria" contra "los monopolios". Pero toda esa montaña de ignorancia mezclada con mitología nacionalista no soporta ninguna aproximación empírica. Este trabajo, creemos, demuestra justamente eso. Que la lucha de clases está más vigente que nunca, que el Estado no es un ente neutral ni autónomo, que antes que la lucha entre una "patria" (la organización de los intereses burgueses) y "los monopolios" (un fantasma inexistente), está la lucha entre la burguesía y la clase obrera, en todas sus formas. Una de ellas, la más importante, la que define en última instancia los asuntos, es el uso de la fuerza física. Luego de este extenso recorrido por ese escabroso mundo de la represión, de los grupos de tareas ocasionales, ligados a los partidos burgueses, a las mafias, los clubes de fútbol y a las direcciones sindicales, podemos empezar a pasar ciertas conclusiones en limpio.

La democracia burguesa, desde 1999 hasta 2016, ha asesinado al menos a 97 trabajadores que intentaban organizarse y manifestarse por sus intereses. De esos, 46 fueron responsabilidad del kirchnerismo. Registramos, además, al menos 567 acciones de grupos irregulares. Todas, contra la clase obrera, su organización y/o sus militantes. Todas, organizadas por el poder político y/o agentes privados de la burguesía. Pueden cambiar los *modus operandi*, el lugar, la intensidad, pero el objetivo es el mismo, igual que la naturaleza del enfrentamiento.

Esa continuidad puede observarse en las acciones del duhaldismo, quien se dedica a rastrillar el terreno mediante grupos de tareas

420

paraestatales, especialmente en el conurbano bonaerense, que fue donde se concentró la organización de la fuerza revolucionaria (llamada "movimiento piquetero"). En ese sentido, no solo lega a su candidato la devaluación y el default, sino también una avanzada tarea en la liquidación de los elementos conflictivos. Paradójicamente, Néstor Kirchner se mostró como el heredero de los reprimidos (en el 2001, en los 70), cuando en realidad recibió el legado de los represores y, sin la acción de estos, no habría logrado hacer pie, por más renta agraria que tuviese. No obstante (o, mejor dicho, por eso mismo), el kirchnerismo desarrolló y perfeccionó ese aparato, pasando de 76 acciones anuales, en 2003, a 149, en 2012. Es decir, en menos de diez años duplicó el poder represivo contra la clase obrera.

El hecho de que las represiones se lleven a cabo tanto desde el partido de gobierno como desde partidos, gobernaciones o municipios manejados por la oposición, explica la profunda unidad de intereses y la estrategia común de la dirigencia burguesa. Nunca un dirigente opositor fue juzgado ni acusado por la represión estatal o paraestatal. Como indicamos, quien se hizo responsable del asesinato de Carlos Fuentalba no tuvo ningún inconveniente para presentarse, ese mismo año, como candidato a presidente, algo que cualquier gobierno más o menos progresista hubiese impedido.

Las acciones represivas acompañan el ascenso de las movilizaciones. Así, disminuyen desde el 2004 al 2007 y se multiplican luego de 2009, alcanzando un piso del que ya no va a haber retorno. El kirchnerismo no solo aumenta los números absolutos de represión –lo que denominamos la voluntad represiva–, sino los porcentajes de represión sobre movilizaciones –lo que denominamos, la capacidad–, constituyéndose en un clásico gobierno bonapartista que apela a la represión en grandes cantidades y, como veremos, es capaz de preparar un fascismo en ciernes.

La represión se concentra, como vimos, en la sobrepoblación relativa. Aunque, en el caso de las acciones de grupos irregulares, la clase obrera ocupada toma un mayor peso, llegando a la paridad. Si tomamos las acciones paraestatales, las fracciones que más sufren la represión son los estatales y los docentes. El escenario central de la acción represiva es la provincia de Buenos Aires y la Capital. Solo si tomamos en cuenta la represión estatal las acciones se reparten más equitativamente entre las diferentes provincias y la hegemonía bonaerense pierde peso (sin dejar su primer puesto).

En definitiva, el kirchnerismo, versión contemporánea del peronismo, junto con el gobierno de Duhalde, la Alianza y el macrismo comparten la misma política de clase: el enfrentamiento con la clase obrera.

En ese sentido, no puede considerarse al primero como un gobierno, si bien burgués, "progresista" o "reformista". El grado de ataque a la clase obrera, por lo menos en términos físicos, muestra que se comporta como cualquier bonapartismo, que así como puede realizar concesiones, perfectamente puede llegar a altos grados de represión. Tal como vimos, el kirchnerismo llegó a los 46 asesinatos de obreros en situación de conflicto social. De estos, 33 fueron perpetrados por fuerzas estatales y 13 por fuerzas irregulares. El asesinato de Fuentealba o Mariano Ferreyra, entonces, no son excepciones ni excesos, sino que se inscriben en una línea de comportamiento, que este trabajo rastrea desde el año 2000 e incluye la masacre de Plaza de Mayo (20 de diciembre de 2001) y Puente Pueyrredón (26 de junio de 2002). Si pudiésemos remontarnos más atrás aún, habríamos prolongado esa línea hasta mucho más atrás. Por eso, como vamos a ver más adelante, el hecho de que los asesinos materiales y el organizador del crimen de Mariano Ferreyra (Pedraza) vayan presos, no resuelve el problema ni altera sustancialmente el funcionamiento represivo.

Los responsables de la represión paraestatal son elementos de la propia dirección del poder político. Como vimos, se trata de los gobiernos municipales, provinciales o de dirigentes del partido gobernante (PJ o FPV). En otros casos, de agrupaciones propias del kirchnerismo como La Cámpora o Tupac Amaru. Mención especial merece la burocracia sindical, que concentra la responsabilidad en la mayor cantidad de acciones. Podría decirse que esta dirigencia no tiene un vínculo directo con el Estado y, menos aún, con el gobierno kirchnerista. No obstante, como vimos, en muchos casos fueron parte del PJ, integraron listas electorales, se convirtieron en puntales de apoyo al gobierno y fueron elogiados públicamente por Néstor y Cristina Kirchner. Pero si todo esto no fuera suficiente, de 2003 a 2015 encontramos 73 convenios entre el Estado y la dirección sindical para transferencias de fondos para "capacitaciones". Es decir, plata que se le entrega a la burocracia para que arme cursos que, en muchos casos, no son más que formas de adoctrinamiento y regimentación. Pero hay más: entre el año 2008 y 2014, el Ministerio de Trabajo nacional firmó con los sindicatos nada menos que 342 convenios llamados "Apoyo a la Formación Sindical", que constaba justamente en la "capacitación" política y sindical de los delegados y "dirigentes" sindicales. Es decir, donde aprendían cómo conservar su poder. Se comprende cómo se tomaban las decisiones sobre quién debía asistir y quién no, qué se iba a discutir en esas reuniones y el objetivo de las misas. Estamos, entonces, ante un vínculo entre el Estado y la burocracia sindical que está muy lejos de ser ocasional. Queda claro que el kirchnerismo no es ningún aliado posible para un partido revolucionario. Es, lisa y llanamente, un enemigo. Un enemigo mortal.

Vemos, entonces, que la salida de la crisis implicó, para la burguesía, ejercer altas dosis de violencia física. Es decir, la burguesía no sale de la crisis solamente porque se presenten tales o cuales condiciones económicas o logre introducir un consenso ideológico. Siempre es necesaria la coacción. En este caso, como vimos, ejerció un papel para nada despreciable, por no decir primordial. Primordial, pero no único, evidentemente. No se cierra una crisis solo con represión.

Resta resolver una incógnita, la que da origen a este libro: ¿qué es eso que coloquialmente llamamos una "patota"? En primer lugar, es una organización para producir violencia. Puede ser una violencia desplegada o latente (simplemente "estar ahí"). De cualquier manera, esa violencia se utiliza como disuasión. Este punto parece obvio, pero resulta importante porque determina el tipo de reclutamiento y organización. En segundo lugar, se trata de ejercer esa violencia organizadamente, pero por fuera de las estructuras formales del Estado. De cualquier manera, se trata de una acción formalmente ilegal, lo que nos muestra que la ley siempre expresa los intereses generales de la clase dominante, pero no siempre contempla los intereses inmediatos. Ahora bien, en tercer lugar, y esto es primordial, esa violencia se ejerce para resguardar intereses de la clase dominante: proteger la propiedad privada, evitar el desarrollo de partidos revolucionarios, impedir una acción directa de la clase obrera, amedrentar un dirigente o un grupo de militantes de izquierda y mantener posiciones de la burocracia sindical frente a corrientes más combativas, entre otros objetivos concretos. Es decir, esos grupos no operan contra el Estado. Más bien, se arrogan funciones inherentes al mismo, y las llevan a cabo allí donde las estructuras formales de este no pueden operar fluidamente, ya sea por su menor flexibilidad, ya sea por los efectos sociales que podría generar. En cuarto lugar, en todos los casos, la dirección de estos grupos recae en algún personal político burgués, con algún grado de vinculación con el Estado, sin formar parte de él. Por lo tanto, si bien se trata de grupos que operan al margen de la ley, no lo hacen al margen del Estado, sino en forma paralela a él. Paralela, en este caso, debe entenderse como solidaria. De allí la definición de grupos *paraestatales*. Es importante distinguir estas formaciones de los grupos de tareas bajo la dictadura. Estos, aunque ilegales (o de una legalidad dudosa), son administrados por el Estado y responden a sus estructuras formales. En cambio, aquellos, aún dirigidos por algún funcionario, se reclutan y se organizan por fuera del Estado, el que no se hace responsable por esas acciones. No es lo mismo, entonces, la legalidad que la estatalidad.

Pasemos a las características más específicas de la "patota". A diferencia de otras formaciones, como supusimos en el Capítulo I, se trata de grupos con una estructuración muy laxa y reclutados para el momento (o sea para la "tarea" específica). Luego, el grupo se disuelve hasta nuevo aviso. No hay entrenamientos ni jerarquías fijas, de allí que su grado de eficiencia (tanto en términos de su objetivo como de su "invisibilidad") no siempre sea el esperado. El reclutamiento no es ideológico o moral (como pueden ser las organizaciones filofascistas en Norteamérica o como fue la Liga Patriótica, aquí), sino meramente económico: se paga, se asegura un puesto de trabajo o algún otro tipo de concesión o, simplemente, se ordena. Sin embargo, lo que se pierde en "calidad", se gana en "cantidad". Además, ese clientelismo no implica que los vínculos se remitan a esa tarea en particular. Siendo actividades ilegales, se apela a elementos sobre los que se tenga cierta confianza. Es decir, con los que se tiene un vínculo más allá del episodio en cuestión que amerita pedir ese "favor": es decir, las redes delictivas anteceden a la formación de esos grupos y conforman vínculos sólidos, más allá del "trabajo" puntual.

Ese mundo oscuro del cual surgen esos grupos, es el sustrato de las formaciones fascistas. Universo opaco que, como vimos, junta a todo el espectro de la política burguesa (dirigentes sindicales, funcionarios, legisladores, cúpulas de fuerzas de seguridad y dirigentes partidarios) mezclados con el mundo del delito (barras, mafias, narcotráfico) y todo ese Estado oculto (servicios de inteligencia, corrupción policial, diplomacia secreta, negociaciones *en off*). Todo esto nos muestra cómo se manejan las decisiones importantes y cómo se gobierna a la población. Nos hace comprender que la verdadera política no está en nuestras manos ni en nuestro conocimiento. Hay un "Estado negro" que opera al margen, detrás de todo lo que vemos, y decide sobre la vida y la muerte de la mayoría de nosotros. Ese monstruo es inevitable en una sociedad donde gobierna una minoría para sus propios intereses. Pero, como vimos, el kirchnerismo lo alimentó hasta hacerlo crecer a niveles insospechados.

Con todo, lo más importante que resalta este libro es la formidable (y alarmante) expansión de la organización del lumpenproletariado para tareas de represión y el despliegue de un *arditismo*[1] en proporciones históricas nunca vistas. Como vimos, operan por fuera del Estado

---

[1] *Ardtitismo* es la forma en que Gramsci llama a las formaciones paraestatales que intentan reconstruir al Estado por fuera del mismo. Se trata de una estrategia y no de una alianza social. Por lo tanto, no puede trazarse una identidad entre estas y un régimen fascista, aunque este las necesite para su triunfo. Véase Gramsci, Antonio: *Notas sobre Maquiavelo, la política y el estado*, Nueva Visión, Buenos Aires, 2002.

424

para la represión de la clase obrera, allí donde las fuerzas armadas ya no pueden hacerlo. Son, en términos estrictos, elementos fascistas. Son los herederos de la Liga Patriótica, la Alianza Libertadora Nacionalista y la Triple A. El kirchnerismo fue quien llevó esta política a un plano inconcebible en términos cuantitativos. Eso convierte al peronismo (cualquiera sea su presentación), en un bonapartismo de notable tendencia fascistoide. En algunos momentos, latente. En otras, desembozada.

Lo cierto es que esos grupos paraestatales se han constituido, desde por lo menos el 2001, en la principal herramienta de represión en los momentos más álgidos de la lucha de clases (2002-2003 y 2011-2014). Las FF.AA., desde 1983 -y, especialmente, a partir del menemismo- han perdido la capacidad de fuego y de intervención general que tuvieron a lo largo del siglo XX (y eso debería ser un tema de investigación). Por lo tanto, si bien la represión estatal continúa bajo la forma de organismos intermedios, como Gendarmería, el Estado argentino ve mermada su capacidad de movilización ante un alza de la conflictividad. Eso lleva al uso privilegiado de fuerzas irregulares, más baratas (no hay que mantenerlas todo el año, se les paga solo por un trabajo específico), pero también más temerarias (un "particular" puede excederse mucho más que un funcionario público). Está ahí, y no tanto en los organismos policiales, el principal instrumento de la burguesía ante un ciclo insurreccional.

El grado de organización de esas formaciones depende del alcance de la lucha de clases. En caso de que la coyuntura amerite potenciar esos elementos, bastaría dar un encuadre y una dirección técnica centralizada a todo ese material.[2] Podemos pensar en la Triple A, pero si tomamos en cuenta la extensión que ha tomado el fenómeno en estos años, en el caso de una militarización (y se entiende por esto, una disciplina, una jerarquía y una verticalidad), la envergadura del aparato haría ver al grupo de López Rega como una pequeña secta de iniciados. Ese es el peligro que enfrentamos de la mano del kirchnerismo, hoy.

No hay forma de desterrar el peligro fascista, sin extirpar a su progenitor: el peronismo, en cualquiera de sus variantes. No hay forma de terminar con toda esa barbarie sin transformar la sociedad que la produce. Y quienes deben hacerlo, no pueden ser otros que sus principales víctimas: los trabajadores. Este libro intenta explicar simplemente eso.

---

[2] El proceso sería más complejo. La burguesía no delegaría todo el poder a las bandas militares sin una resistencia. El término "bastaría" hace referencia a un problema técnico-organizativo, no político. Pero es claro que, con el avance dado, un régimen fascista no debería empezar de cero.

Bibliografía y fuentes

Bibliografía

AEDD, APEL, CORREPI, CEPRODH, CADEP y Liberpueblo: *Informe sobre criminalización de la pobreza*. Disponible en http://www.anred.org/IMG/pdf/Informe_Criminalizacion_de_la_Protesta.pdf (consulta: 26-09-2016).

Alabarces, Pablo: "Aguante y represión: fútbol, política y violencia en la Argentina", en Carvalho, Sérgio e Marli Hatje (Orgs.), *Revista de Comunicação, Movimento e Mídia na Educação Física*, 1999.

Almeyra, Guillermo: *La protesta social en la Argentina (1990-2004): fábricas recuperadas, piquetes, cacerolazos, asambleas populares*, Continente-Pax Ediciones, Buenos Aires, 2004.

Altamira, Jorge: *Los desafíos de una transición histórica*, Publicación del Partido Obrero, Buenos Aires, 2014.

Altamira, Jorge: *Problemas políticos del 2004*, Publicación del Partido Obrero, Buenos Aires, 2004.

Andersen, Martin: *La Policía. Pasado, presente y propuestas para el futuro*, Sudamericana, Buenos Aires, 2002.

Artese, Matías y Leandro Gielis: "La protesta durante el primer kirchnerismo (2003-2004)", en *Estudios*, N° 32, julio-diciembre de 2014.

Auyero, Javier: "Los cambios en el repertorio de la protesta social en la Argentina", en *Desarrollo Económico*, N° 166, Buenos Aires, 2002.

Azardun, Daniel: *El peronismo. Kirchner y la conquista del reino*, Sudamericana, Buenos Aires, 2008.

Baglieri, Paula y Gloria Perelló (Comps.): *En el nombre del pueblo. La emergencia del populismo kirchnerista*, Ediciones UNSAM, Buenos Aires, 2008.

426

Balsa, Javier (Comp.): *Discurso, política y acumulación en el kirchnerismo*, CCC-UNQ, Buenos Aires, 2013.

Barbosa, Sebastián y Eduardo Barros: "Los senderos del Tercer Kirchnerismo: equilibrio económico, estabilización política y profundización social", en *Revista Sul-Americana de Ciencia Política*, Vol. 1, N° 1, 2013.

Barbosa, Sebastián: "Menemismo y kirchnerismo en Argentina. Un análisis político discursivo de su construcción hegemónica", en *Pensamiento Plural*, N° 6, Universidad Federal de Pelotas, 2010.

Barsky, Osvaldo y Mabel Dávila: *La rebelión del campo. Historia del conflicto agrario argentino*, Sudamericana, Buenos Aires, 2008.

Bastida Bellot, Jonathan: "La ignorancia no disculpa", en *El Aromo*, N° 82, enero-febrero de 2015.

Bonnet, Alberto: *La insurrección como restauración. El kirchnerismo*, Prometeo, Buenos Aires, 2015.

Borón, Atilio: *América Latina en la geopolítica del imperialismo*, Ediciones Luxemburg, Buenos Aires, 2012.

Botana, Natalio (Ed.): *Argentina 2010. Entre la frustración y la esperanza*, Taurus, Buenos Aires, 2010.

Botana, Natalio: *Poder y hegemonía. El régimen político después de la crisis*, Emecé, Buenos Aires, 2006.

Bruno, Diego: "El régimen de la crisis permanente. Un balance de nueve años de kirchnerismo", *Hic Rhodus. Crisis capitalista, polémica y controversias*, N° 12, Buenos Aires, Facultad de Ciencias Sociales, Instituto Gino Germani, 2012.

Campbell, Bruce: "Death Squads: Definitions, Problems, and Historical Context", en Bruce Campbell y Arthur Brenner (Eds.), *Death Squads in Global Perspective*, New York, Palgrave Macmillan, 2002.

Castillo, Christian: *La izquierda frente a la Argentina kirchnerista*, Planeta, Buenos Aires, 2011.

Centro de Estudios Legales y Sociales: *Derechos Humanos en Argentina. Informe 2014*, Siglo XXI, Buenos Aires, 2014.

Centro de Estudios Legales y Sociales: *El estado frente a la protesta social 1996-2002*, CELS, Buenos Aires, 2003.

CORREPI: "No es un policía; el aparato represivo es el Estado", en *El Aromo*, N° 41, marzo-abril de 2008.

Cotarelo, María Celia: *Argentina (1993-2010). El proceso de formación de una fuerza social*, Imago Mundi, Buenos Aires, 2016.

Curi, Carlos Alberto: *Néstor Kirchner: la construcción de poder 2003-2005*, Mesa, Buenos Aires, 2011.

Dammert, Lucía: "Construyendo ciudades inseguras: temor y violencia en Argentina", en *Eure*, N° 82, Pontificia Universidad de Chile, Santiago, 2001.

Diamint, Rut: "La historia sin fin: el control civil de los militares en la Argenitna", en *Nueva Sociedad*, N° 13, enero-febrero de 2008.

Escolar, Diego: *Gendarmería. Los límites de la obediencia*, Editorial SB, Buenos Aires, 2017.

Fernández, Federico: "Fútbol, relaciones asimétricas y poder: Los vínculos entre dirigentes, referentes políticos y barras brava. El caso de Talleres de Perico (Jujuy-Argentina)", en *Revista de Ciencias* Sociales, N° 14, 2004.

Fontana, Andrés: *Fuerzas armadas, partidos políticos y transición a la democracia en Argentina*, CEDES, Buenos Aires, 1984.

Franco, Vilma Liliana: "El mercenarismo corporativo y sociedad contrainsurgente", *Estudios políticos*, N° 21, 2002.

Frederic, Sabina. *Las trampas del pasado: las Fuerzas Armadas y su integración al Estado democrático en Argentina*. Fondo de Cultura Económica, Buenos Aires, 2013.

Frederic, Sabina: *Los usos de la fuerza pública. Debates sobre militares y policías en las ciencias sociales de la democracia*, Biblioteca Nacional, Buenos Aires, 2008.

Garriga Zucal, José: *Nosotros nos peleamos. Violencia e identidad de una hinchada de fútbol*, Prometeo, Buenos Aires, 2010.

Gil, Julián Gastón: "Criminalización, arbitrariedad y doble militancia. La Policía y la violencia en el fútbol argentino", en *Revista de Estudios Sociales*, N° 31, 2008.

Godio, Julio: *El tiempo de Kirchner. El devenir de una "revolución desde arriba"*, Letra Grifa Ediciones, Buenos Aires, 2006.

González, Horacio: *Kirchnerismo: una controversia cultural*, Ediciones Colihue, Buenos Aires, 2011.

Grabia, Gustavo: *La 12. La verdadera historia de la barra brava de Boca*, Sudamericana, 2009.

Grijera, Juan (Comp.): *La Argentina después de la convertibilidad (2002-2011)*, Imago Mundi, Buenos Aires, 2013.

Harari, Ianina: "¿Qué es la burocracia sindical?", en *Razón y Revolución*, N° 30, 2do. semestre de 2017.

Harari, Ianina: *A media máquina. Procesos de trabajo, lucha de clases y competitividad en la industria automotriz argentina (1952-1976)*, Ediciones ryr, Buenos Aires, 2015.

Bil, Damián y Jonathan Bastida Bellot: "Midiendo la rentabilidad de la industria argentina. Un ejercicio con las ramas autopartista y

428

automotriz durante el período de sustitución (1948-1967)", en *Ciclos en la historia, la economía y la sociedad*, Año 23, N° 44, 2do. Semestre 2014.

Huggins, Martha K. (Ed.): *Vigilantism and the state in modern Latin America: essays on extralegal violence*, Praeger, New York, 1991.

Juvenal, Carlos: *Buenos muchachos: la industria del secuestro en la Argentina*, Planeta, Buenos Aires, 1994.

Kabat, Marina: "En el nombre del pueblo. Populismo, socialismo y peronismo en la obra de Ernesto Laclau", en *Razón y Revolución*, N° 26, 2do. semestre de 2013.

Kalyvas, Stathis y Ana Arjona: "Paramilitarismo: una perspectiva teórica", en Rangel, Alfredo: *El poder paramilitar*, Planeta, Bogotá, 2008.

Kosacoff, Bernardo (Ed.): *Estrategias empresariales en tiempos de cambio*, CEPAL-UNQ, Buenos Aires, 1998.

Laclau, Ernesto: *Hegemonía y estrategia socialista. Hacia una radicalización de la democracia*, Siglo XXI, Madrid, 1987.

Laclau, Ernesto: La *razón populista*, FCE, México, 2005.

Leiras, Santiago (Comp.). *Democracia y estado de excepción. Argentina 1983-2008*, Prometeo, Buenos Aires, 2012.

Malamud, Andrés y Miguel De Luca (Coord.): *La política en tiempos de los Kirchner*, Eudeba, Buenos Aires, 2011.

Marticorena, Clara: "Apuntes sobre la relación entre sindicalismo y kirchnerismo (2003-2013)", en *XXIX Congreso ALAS, Crisis y emergencias sociales en América Latina*, 2013.

Marx, Karl: *El dieciocho brumario de Luis Bonaparte*, NEED, Buenos Aires, 1998.

Meiskins Wood, Ellen: *¿Una política sin clases? El post-marxismo y su legado*, Ediciones ryr, Buenos Aires, 2013.

Molinari, Lucrecia: "'Escuadrones de la muerte': Grupos paramilitares, violencia y muerte en Argentina ('73-'75) y El Salvador ('80)", en *Diálogos: Revista electrónica de historia*, N° 10, 2009.

Mora y Araujo, Manuel: *La Argentina bipolar. Los vaivenes de la opinión pública (1983-2011)*, Sudamericana, Buenos Aires, 2011.

Moreira, María Verónica: "Etnografía sobre el honor y la violencia de una hinchada de fútbol en Argentina", *Revista Austral de Ciencias Sociales*, N° 13, 2017.

Novaro, Marcos, Bonvecchi, Alejandro y Nicolás Cherny: *Los límites de la voluntad. Los gobiernos de Duhalde, Néstor y Cristina Kirchner*, Ariel, Buenos Aires, 2014.

O'Donnell, Guillermo: *Contrapuntos: ensayos escogidos sobre autoritarismo y democratización*, Paidós, Buenos Aires, 1997.

Ossona, Jorge Luis: *Punteros, malandras y porongas: Ocupación de tierras y usos políticos de la pobreza*, Siglo Veintiuno, Buenos Aires, 2014.

Zarazaga, Rodrigo y Lucas Ronconi (Comps): *Conurbano infinito. Actores políticos y sociales, entre la presencia estatal y la ilegalidad*, Siglo XXI, Buenos Aires, 2017.

Palermo, Vicente: "Consejeros del príncipe. Intelectuales y populismo en la Argentina de hoy", en *Recso. Revista de Ciencias Sociales*, Vol. 2, Montevideo, 2010.

Parrilli, Marcelo: *Barra brava de Boca. El juicio*, Editorial La Montaña, Buenos Aires, 1997.

Piva, Adrián: *Economía y política en la Argentina kirchnerista*, Batalla de Ideas, Buenos Aires, 2015.

Pucciarelli, Alfredo y Ana Castellani (Coord.): *Los años del kirchnerismo. La disputa hegemónica tras la crisis del orden neoliberal*, Siglo XXI, Buenos Aires, 2017.

Rafele, Esteban y Pablo Fernández Blanco: *Los patrones de la Argentina K*, Planeta, Buenos Aires, 2013.

Redacción del Partido Obrero: "La etapa final de los Kirchner", en *En Defensa del Marxismo*, N° 37, abril de 2010.

Rinesi, Eduardo: "¿Qué es el kirchnerismo?", en AA.VV.: *Qué es el kirchnerismo. Escritos desde una época*, Peña Lillo Editores, Buenos Aires, 2011.

Saín, Marcelo: "Las Fuerzas Armadas en la Argentina. Los dilemas de la reforma militar en una situación de crisis", en *Security and Defense Studies Review*, N° 2, 2002.

Salles Kobilanski, Facundo: "¿Militarización sin militares?: los gendarmes en las calles argentinas durante los gobiernos kirchneristas (2003-2012)", en *Revista Latinoamericana de Seguridad Ciudadana*, N° 12, Quito, diciembre de 2012.

Sanz Cerbino, Gonzalo: "La lógica del enemigo. Los programas de la burguesía argentina y sus límites, 1955-1976", en *Razón y Revolución*, N° 29, 2016.

Sarlo, Beatriz: *La audacia y el cálculo. Kirchner 2003-2010*, Sudamericana, Buenos Aires, 2011.

Sartelli, Eduardo (Dir.): *Patrones en la ruta. El conflicto agrario y los enfrentamientos en el seno de la burguesía, marzo-julio 2008*, Ediciones ryr, Buenos Aires, 2008.

Sartelli, Eduardo y Marina Kabat: *Mentiras verdaderas. Ideología, nacionalismo y represión en la Argentina. 1916-2015*, OPFyL, Facultad de Filosofía y Letras, Universidad de Buenos Aires, 2018.

430

Sartelli, Eduardo: *La plaza es nuestra*, Ediciones ryr, Buenos Aires, 2006.

Sartelli, Eduardo: *La cajita infeliz*, Buenos Aires, Ediciones ryr, 2005.

Scribano, Adrián y Federico L. Schuster: "Protesta social en la Argentina de 2001: entre la normalidad y la ruptura", en *Medio Ambiente y Urbanización*, N° 60, 2004.

Solano, Gabriel: "Congreso del movimiento obrero y la izquierda", en *En Defensa del Marxismo*, N° 42, septiembre de 2014

Svampa, Maristella: "El final del kirchnerismo", en *New Left Review*, N° 53, 2008.

Svampa, Maristella y Claudio Pandolfi: "Las vías de la criminalización de la protesta en Argentina", en *Observatorio Social de América Latina*, N°14, Buenos Aires, 2004.

Verdú, María del Carmen: *Represión en democracia: de la "primavera alfonsinista" al "gobierno de los derechos humanos"*, Herramienta Ediciones, Buenos Aires, 2009.

Villanova, Nicolás: "Demasiado Faucault y poco Marx", en *El Aromo*, N° 41, marzo-abril de 2008.

Villanova, Nicolás: "La vida rota. Sobre el concepto de 'gatillo fácil'", en *El Aromo*, N° 40, enero-febrero de 2008.

Zaffaroni, Eugenio y Néstor Pitrola: *La criminalización de la protesta social. El debate Zaffaroni-Pitrola*, Ediciones Rumbos, Buenos Aires, 2008.

Zanatta, Loris: *El populismo*, Katz Editores, Buenos Aires, 2014.

Fuentes

1. Periódicos

1.1 Nacionales

La Nación
Clarín
Página/12
La Política Online
Perfil

1.2. Provinciales

Buenos Aires:

La Capital (Mar del Plata)
El Día (La Plata)
La Nueva Provincia (Bahía Blanca)
El Sol (Quilmes)

Catamarca:

El Ancasti
La Unión

Córdoba:

La Voz del Interior
Alfil
Hoy

Corrientes:

El Litoral
El Libertador

Chaco:

La Voz
Diario Norte

Chubut:

Crónica
El Patagónico

Entre Ríos:

El Día
El Diario

432

Formosa:

El Comercial
Opinión Ciudadana

Jujuy:

El Tribuno
El Pregón

La Pampa:

La Arena
El Diario

La Rioja:

El Independiente
Nueva Rioja

Mendoza:

Los Andes
El Sol
Diario UNO

Misiones:

El Territorio
Misiones On Line

Neuquén:

LMNequén.com

Río Negro:

El Cordillerano
Al Día

Salta:

El Tribuno
Nuevo Diario
Punto Uno

San Juan:

Diario de Cuyo
El Zonda

San Luis:

Diario de la República
El Chorrillero

Santa Cruz:

El Tiempo Sur
La Opinión Austral
La Prensa de Santa Cruz

Santa Fe:

El Litoral
La Capital
Uno Santa FE

Santiago del Estero:

El Liberal
Nuevo Diario

Tierra del Fuego:

Diario del Fin del Mundo
El Sureño

Tucumán:

La Gaceta

434

El Siglo

2. Portales de organizaciones de DDHH y de noticias

Boletín Informativo de la CORREPI
La Izquierda Diario
Página web de Agencia de Comunicaciones Rodolfo Walsh
Página web de Agrupación Causa Ferroviaria
Página web de Anred
Página web de Comunicación Popular
Página web de CTA de los Trabajadores
Página web Indymedia Argentina
Página web La Fogata Digital
Página web de La naranja de prensa
Página web Marcha
Página web de Metrodelegados
Página web Minuto Uno
Página web Noticias Urbanas
Página web Radio Futura
Página web Rebelión
Página web de Sitraic
Página web Terra
Página web de Tribuna Docente San Martín y Tres de Febrero
Página web Izquierda Punto Info

3. Prensas de Izquierda

Alternativa Socialista, semanario del Movimiento Socialista de los Trabajadores
Prensa Obrera, semanario del Partido Obrero
La verdad obrera, semanario del Partido de los Trabajadores Socialistas
Socialismo o Barbarie, semanario del Nuevo Mas
Hoy, Periódico del Partido Comunista Revolucionario
El Socialista, semanario de Izquierda Socialista
El Aromo, periódico de Razón y Revolución

Índice

Ediciones 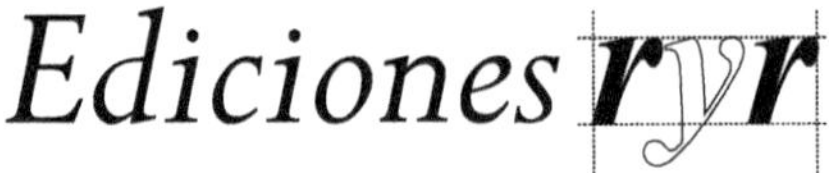

Títulos publicados

Desocupados en la ruta. Dibujos con programa, Nancy Sartelli

La Herencia, Rosana López Rodriguez

Contra la cultura del trabajo, Eduardo Sartelli (comp.)

La plaza es nuestra, Eduardo Sartelli

Lucha de calles. Lucha de clases, Beba Balvé, et al

El '69, Beba Balvé, Beatríz Balvé

La cajita infeliz, Eduardo Sartelli

La Contra, Fabián Harari

Entre tupas y perros, Daniel De Santis

Lecciones de batalla, Gregorio Flores

La guerrilla fabril, Héctor Löbbe

Valor, acumulación y crisis, Anwar Shaikh

Historia del trotskismo, Osvaldo Coggiola

Rojo Amanecer, Osvaldo Coggiola

Lenin, Georg Lukács

Bolivia: La revolución derrotada, Liborio Justo

Belleza en la barricada, Vicente Zito Lema

Patrones en la ruta, Eduardo Sartelli et al.

Obra poética completa, Roberto Santoro

Trelew. El informe, Eduardo Sartelli et al.

Cuentos completos, Humberto Costantini

Poesía y teatro, Humberto Costantini

Obra poética completa, Julio Huasi

Investigaciones CEICS

Del taller a la fábrica, Marina Kabat

Costureras, monjas y anarquistas, Silvina Pascucci

Descalificados, Damián Bil

El ingrediente secreto, Verónica Baudino

Crítica del marxismo liberal, Juan Kornblihtt

Brutos y baratos, Romina De Luca

Hacendados en armas, Fabián Harari

Culpable, Gonzalo Sanz Cerbino

Dios, rey y monopolio, Mariano Schlez

Una espada sin cabeza, Stella Grenat

Nacional y popular, Julieta Pacheco

Cirujas, cartoneros y empresarios, Nicolás Villanova

A media máquina, Ianina Harari

PerónLeaks, Marina Kabat

El origen, Juan Flores

La Triple K, Fabián Harari

Serie Clásicos

El tribuno del pueblo, Graco Babeuf

La agonía de la cultura burguesa, Christopher Caudwell

Historia de la Revolución Rusa, León Trotsky

Literatura y Revolución, León Trotsky

Historia y conciencia de clase, Georg Lukács

Espontaneidad y acción, Rosa Luxemburgo